[광복 후 2012년까지]

성차별 관련판례와 결정례 연구

에피스테메
EPISTEME

성차별 관련 판례와 결정례 연구

© 김엘림, 2013

초판 1쇄 펴낸날 | 2013년 3월 10일

저 자 | 김엘림
발행인 | 조남철
발행처 | (사)한국방송통신대학교출판부
　　　　110-500 서울시 종로구 이화장길 54
　　　　전화 02-3668-4764
　　　　팩스 02-741-4570
　　　　http://press.knou.ac.kr
　　　　출판등록 1982년 6월 7일 제1-491호

출판위원장 | 김무홍
편집 | 이지수 · 이민
편집 디자인 | 홍익 m&b
표지 디자인 | 예진디자인
인쇄 | 한국소문사

ISBN 978-89-20-01101-6 93360

값 27,000원

■ 발간사

한국방송통신대학교의 학술서적으로 발간되는 이 책은 1945년 광복 후부터 2012년까지 성차별과 관련한 판례와 결정례를 가능한 모두 수집하고자 노력하여 수집한 304건에 대하여 분쟁처리기관별, 시대별, 분야별과 사안별, 성차별의 대상별과 인정여부별로 그 특성을 분석하고 아울러 분쟁처리기관들이 여성과 남성의 성별과 성차에 관하여 어떻게 이해하고 분쟁을 처리하였는지에 주안점을 두어 평석한 연구물입니다.

당초 계획은 2010년 9월부터 연구에 착수하여 1년 내 발간하는 것이었는데 2013년 3월에야 발간하게 되었습니다. 이 기간 동안에 학부와 대학원에서 6개 교과목의 강의와 교재 저술을 하고 다양한 주제의 다른 연구들을 병행하였으며, 법학과 학과장과 한국젠더법학회 회장의 직무수행 등을 비롯한 여러 활동을 하느라 이 책의 저술에 전력할 수 없었던 사정도 이유가 됩니다. 하지만 그보다 더 큰 이유는 분쟁처리기관들이 판례와 결정례의 일부만을 공개하기 때문에 성차별과 관련한 판례와 결정례를 수집·정리하는 데 시간이 예상보다 많이 소요되었고, 또한 수집한 판례와 결정례의 분야와 사안이 다양하여 특성을 체계적으로 정리하고 평석하는 작업이 어려웠기 때문입니다.

한편, 저는 2009년 9월부터 여성주의 법학(법여성학)의 정체를 탐구하고 이를 젠더법학으로 발전시키는 연구에 착수하였습니다. 이 책은 젠더법학의 관점과 방법 및 이념에 기초하여 저술된 것입니다. 젠더법학은 법과 법실무·법학이 남성 또는 여성 등의 성별과 성차 등에 관한 왜곡된 이해를 기초로 특정 성에게 합리적 이유 없이 불리하게 대우하는 성차별을 발생, 유지시킬 수 있다는 관점을 가집니다. 그리하여 젠더법학은 법과 법실무·법학의 성에 관한 이해와 태도(젠더)를 분석하여 문제를 규명하고, 모든 사람이 성과 관련한 차별과 폭력·편견을 받지 아니하며, 개인의 존엄과 인권을 존중받고 평등과 상생의 발전·평화가 구현되는 사회와 인간관계를 만들기 위한 법이론과 법실무 방안을 모색하는 연구라 할 수 있습니다. 그런데 저는 이 연구를 하는 데에도 당초 계획했던 것보다 많은 시간이 들었고 어려움을 많이 느꼈습니다.

그럼에도 학교의 규정상 이러한 학술서적의 발간과 논문 발표를 하지 않으면 안 되는 시기에 이르러 더 다듬지 못하고 이제 발간과 발표를 하게 되었습니다.

저는 1983년 9월 1일에 한국여성개발원(현 한국여성정책연구원)의 공채 1기 연구원으로 입사하여 2002년 5월 14일까지 약 20년간 여성의 인권과 성평등에 관한 법연구를 담당하였습니다. 첫 일터인 그곳에서 성차별, 성희롱, 성폭력, 가정폭력, 성매매, 남녀고용평등, 모성보호, 육아휴직, 가족간호휴직, 여성발전에 관련한 많은 법들의 입법방안연구와 성차별 고용분쟁처리제도, 여성부 등의 행정기구설치방안, 남녀평등도시만들기방안 등의 법제연구들을 하였습니다. 2002년 5월 15일부터 한국방송통신대학교 법학과의 교수가 된 후에도 학부와 대학원에 [남녀평등과 법], [젠더판례연구], [차별과 법]의 교과목을 개설하였고, [사회보장법] 교과목에 '젠더폭력피해자의 복지법'이라는 세부강좌와 [근로보호법]의 교과목에 '여성근로자의 근로보호법'이라는 세부강좌를 마련하였으며, 또한 한국젠더법학회에서 초대 및 제6기·제7기 회장활동을 하는 등으로 여성의 인권과 성평등에 관한 연구와 교육에 계속 정진하고자 노력하고 있습니다.

이 책은 이와 같은 저의 약 30년 연구경험을 기반으로 작성되었습니다. 작성하는 과정에서 시간과 체력뿐만 아니라 오랜 세월을 연구했음에도 능력과 내공의 부족을 새삼 절실히 느끼게 되어 성찰의 시간도 가졌습니다.

그러나 한편, 사건 당사자들과 여성주의자들(페미니스트), 여성단체 등의 시민단체들, 인권활동가 등이 가부장적인 사회와 법이 생성한 성차별의 문제를 제기하고 법연구자와 법실무자들과 협력하여 법과 법실무·법학을 변화시킨 사례들과 법관, 재판관, 인권위원, 공익위원들 등의 공적 판단자들이 성차별 관련 분쟁을 진보적으로 처리한 사례들을 발굴·정리하며, 저의 연구경험을 살리고 키우는 즐거움과 소명감으로 연구에 몰두할 수 있었습니다.

비록 부족함이 많지만 이 책은 성차별과 관련한 우리나라 판례와 결정례를 집대성하고 종합적으로 분석한 최초의 연구물이기에, 제가 관련 선행연구들의 도움을 받은 것처럼 관련 연구와 교육을 하는 사람들에게 도움을 줄 수 있으리라 생각합니다. 또한 분쟁처리기관들(법원, 헌법재판소, 국가인권위원회, 노동위원회 등)이 성차별 관련 분쟁사건을 판단, 처리하거나 국회와 정부, 시민단체들이 여성의 인권과 성차별에 관한 대책을 세울 때에도 유용하게 활용될 수 있을 것으로 기대합니다.

이 책을 저술·발간할 수 있는 기회와 여건을 제공해 준 한국방송통신대학교와 판례·결정례를 찾고 정리·교정하는 작업에 도움을 주신 분들께 감사를 표합니다. 특히 법학과의 전·현직 조교인 권유정 씨와 김효영 씨, 학교 출판부의 이지수 씨, 전문교정자 이민 씨의 수고에 고마움을 많이 느꼈습니다. 앞으로 보다 더 깊이 있고 감명을 주는 법학자가 되도록 노력하여 보답하고자 합니다. 늘 사랑과 기도로 보살펴주는 가족들에게도 감사드립니다.

이 책이 읽는 모든 분들께 성차별과 성평등에 관한 감수성과 이해, 판단력과 실천력을 높일 수 있는 디딤돌이 되기를 간절히 바랍니다.

2013년 3월
저자 김 엘 림

■ 연구의 목적과 범위 및 특성

1. 연구의 목적과 의의

이 연구는 광복 후 2012년까지 성차별과 관련한 판례와 결정례를 가능한 모두 수집하여 성차별과 관련한 법적 분쟁의 발생실태와 분쟁처리기관들의 사건처리의 실태를 규명하고 젠더법학에 기초하여 평석하여 법과 법실무·법학이 여성의 인권과 성평등(gender equality)을 구현할 수 있도록 함을 목적으로 한다.

이 연구는 판례와 결정례를 다음 세 가지에 주안점을 두고 분석하여 파악하고자 하였다.

(1) 성차별과 관련한 법적 분쟁이 얼마나, 언제, 어떠한 분야에서, 누구 사이에, 무슨 사유로, 어떻게 발생하였는지를 파악한다.

(2) 분쟁처리기관(법원, 헌법재판소, 국가인권위원회, 노동위원회 등)들이 법을 어떻게 해석, 적용하였고 여성과 남성의 성별과 성차(性差)에 관하여 어떻게 이해하고 분쟁을 처리하였는지를 파악한다.

(3) 여성의 성차별을 인정하거나 불인정한 판례·결정례와 남성의 성차별을 인정하거나 불인정한 판례·결정례의 특성을 파악한다.

이러한 연구와 연구의 결과물로서 발간된 이 책은 다음과 같은 의의와 활용가치를 가진다고 본다.

(1) 이 책은 성차별과 관련한 우리나라 판례와 결정례를 집대성하고 종합적으로 분석한 최초의 학술서적으로서 학술적 가치와 사료(史料)적 가치가 있다.

(2) 성차별의 발생실태와 변화추이를 파악할 수 있는 실증자료이다.

(3) 분쟁처리기관들이 성차별에 관한 분쟁사건을 판단·처리할 때에 참조할 수 있는 선례분석자료이다.

(4) 국회와 정부, 연구기관과 시민단체들이 여성의 인권과 성차별에 관한

대책을 세울 때 활용할 수 있는 참조자료이다.

(5) 성차별에 관한 연구자료이자 교육자료이다.

(6) 법연구자와 법실무자뿐 아니라 법을 전공하지 않은 일반시민이나 학생들도 쉽게 이해할 수 있도록 편성된 성차별 사례의 해설집이다.

2. 연구의 방법

1) 문헌연구

이 연구는 성차별에 관한 판례와 결정례를 7개의 분쟁처리기관(법원, 헌법재판소, 국가인권위원회, 노동위원회, 폐지된 성차별 분쟁전문처리기구인 고용문제조정(고용평등)위원회, 대통령직속 여성특별위원회, 남녀차별개선위원회)에서 발간한 자료들과 홈페이지에 게시된 자료, 관련 선행연구자료, 신문과 인터넷의 검색을 활용하여 304건을 수집하고 검토하는 문헌연구의 방법으로 수행되었다.

2) 젠더법학의 이념과 방법[1]

이 연구의 목적과 법·판례·결정례의 분석방법은 젠더법학의 이념과 방법에 기초한다.

젠더(gender)란 남성과 여성 등의 성별과 성차(性差) 등 성에 관한 인식과 태도를 말한다. 젠더법학(Gender Jurisprudence)이란 법과 법실무·법학의 성에 관한 이해와 태도(젠더)를 분석하여 문제를 규명하고, 모든 사람이 성과 관련한 차별과 폭력, 편견을 받지 아니하며, 개인의 존엄과 인권을 존중받고 평등과 상생의 발전, 평화가 구현되는 사회와 인간관계를 만들기 위한 법이론과 법실무 방안을 모색하는 연구를 말한다.

젠더법학의 이념과 방법은 다음과 같은 특성을 가진다.

(1) 젠더법학은 여성의 경험이나 시각으로 가부장적인 사회에서 생성된 법과 법실무·법학의 여성에 대한 영향과 문제를 규명하고, 여성문제의 해결과 남녀평등한 사회를 실현하기 위한 법이론과 법실무방안을 모색하는 여성주의 법학(법여성학)[2]의 이념과 특성, 추구하는 가치를 계승한다. 다만, 여성주

---

1) 김엘림(2013), "젠더법학에 관한 고찰", 『젠더법학』 제4권 제2호, 한국젠더법학회.
2) 미국에서는 'Feminist Jurisprudence' 또는 'Feminist Legal Theory', 일본에서는 '法女性

의 법학의 시각과 논의의 범위와 대상을 여성에서 젠더로 넓히고 왜곡된 젠더로 인하여 개인의 존엄과 인권을 존중받지 못하는 사람들에는 여성만이 아니라 남성들과 성적 소수자들도 있다는 것을 고려한다.

(2) 젠더법학은 기존의 입법·사법·행정 등의 법실무와 전통법학이 가부장제 사회에서 주로 남성들에 의해 이루어져서 성(性), 젠더로 인하여 발생하는 차별과 폭력 등의 인권침해 문제를 간과하여 왔으며, 또한 성별에 따라 기질과 역할, 능력을 정형적으로 구분하고 남성과 다른 여성의 특성을 열등한 것으로 보는 전통적인 성별역할분업관(성별특질론)을 무비판적으로 수용하여 남녀불평등을 정당시하였다고 비판한다. 그리하여 젠더법학은 성, 젠더를 중요한 분석요소로 하여 법과 법실무·법학이 남성과 여성에 대하여 다르게 영향을 미치고 불평등을 초래할 수 있는 문제를 규명하고 남녀불평등이 발생하지 않도록 하는 성인지적(性認知的, gender sensitive)인 분석을 한다.

(3) 젠더법학은 전통법학이 생활영역을 공적 영역과 사적 영역으로 구분하고 대다수 여성들이 경험하는 성차별, 성희롱, 성폭력, 성매매, 가정폭력, 임신, 출산, 육아, 가사노동 등의 문제를 법의 개입이 필요하지 않은 사적 영역의 문제와 사소한 것으로 취급하여 논의와 대응을 소홀히 한다고 비판한다. 대안으로 법과 법실무·법학의 영역에서 개인적이고 사소한 것으로 취급되었던 여성문제들을 중요한 인권침해문제로 부각시키고 법적 대책을 강구하여 인권법학을 추구한다.

(4) 젠더법학은 전통법학이 법의 문언해석에 치중하는 것을 비판한다. 젠더법학은 법이 실제로 어떻게 시행되고 남녀의 삶과 지위에 어떠한 영향을 미치고 있는지를 판례와 결정례, 통계, 법의 적용·집행에 관한 실태조사와 입법의견조사 등을 통해 분석한다. 그리고 남녀평등의식을 고양하며 남녀불평등한 법, 관습과 관행, 제도를 구체적으로 개선하는 방안을 탐구함으로써 실천법학의 성격을 가진다.

(5) 젠더법학은 성과 관련한 차별과 폭력 등의 피해자가 역사적으로나 현실적으로 여전히 주로 여성이기 때문에 여성인권과 남녀평등의 보장을 주요 목표로 한다. 다만, 젠더법학은 가부장적인 사회에서 생성된 젠더에 의하여

學', 우리나라에서는 '법여성학', '여성주의 법학', '페미니즘 법학'이라고 흔히 말한다.

피해자가 된 남성들과 성적 소수자의 인권보호에도 관심을 가진다.

(6) 젠더법학은 공법, 사법 등의 전통적인 법영역이나 법학교과목의 경계를 탈피하고 젠더와 성평등에 관련한 모든 법령과 국제협약 및 법실무, 관습이나 관행, 자치규범, 정책 등을 종합적으로 분석하여 통합법학으로서의 특성을 가진다. 또한 심도있는 연구를 위해 다양한 학문과의 다학제간 연구를 수행한다.

3. 연구의 범위와 특성

1) 지금까지 성차별과 관련한 판례와 결정례에 관한 연구는 특정 분쟁처리기관이나 특정 분야로 범위를 한정하거나 한 건 또는 소량의 판례 또는 결정례를 분석하는 수준에 그쳤다. 그런데 이 연구는 광복 후부터 2012년까지 모든 분야의 성차별과 관련하여 7개의 분쟁처리기관이 판결하거나 결정한 판례와 결정례 304건을 수집하여 분석하였다. 분쟁처리기관들이 판례와 결정례를 모두 공개하지 않기 때문에 이 책에 실린 304건이 성차별과 관련한 모든 판례와 결정례라고 할 수 없지만, 수집 가능한 성차별에 관한 판례와 결정례들을 최대한 집대성하고 한 것이다.

2) 이 연구에서 성차별이란 성(性)과 관련하여 특정 성에 대하여 합리적 이유 없이 불리하게 대우하는 행위를 말한다. 특정 성에는 남성과 여성뿐 아니라 남성, 여성 어디에도 속하지 않는 제3의 성(성적 소수자)이 있을 수 있지만, 이 연구는 특정 성을 남성, 여성으로 제한하였다. 그 이유는 지금까지 성차별과 관련한 판례와 결정례가 남성과 여성 사이의 성차별 유무(有無)에 관한 판단이기 때문이다. 또한 현행 「국가인권위원회법」도 성적 소수자에 대하여 이성애자보다 불리하게 대우하는 차별을 성적 지향을 이유로 한 차별로 분류하여 성별을 이유로 한 차별과 분리하고 있다. 다만, 남성 사이의 동성애자와 여성 사이의 동성애자를 합리적 이유 없이 다르게 대우하는 행위는 이 연구에서 말하는 성차별에 포함된다.

3) 이 연구는 성차별 관련 판례와 결정례에 업무와 관련하여 성적인 말과 행동으로 상대방에게 불이익을 주는 성희롱은 포함시키지 않았다. 「국가인권위원회법」은 '평등권을 침해하는 차별행위'의 유형에 성희롱행위를 포함시키고 있지만, 이 연구는 성차별과 성희롱을 구분하고, 성차별을 남성 또는 여성

에 대하여 '합리적 이유 없이 우대, 구별, 제한, 배제하는 등으로 다르게 대우하여 불이익을 주는 형태(직접차별)'와 '동일한 조건이나 기준을 적용했으나 그 기준이나 조건이 정당하지 못하여 특정 성에게 불이익을 주는 결과를 초래하는 형태(간접차별)'로 발생하는 차별로 제한하였다. 그 이유는 성희롱도 특정 성에 대한 차별행위에 포함될 수 있지만, 주로 남녀불평등한 사회구조와 남녀관계에서 남성과 여성 사이에 발생하는 신체적·정신적·심리적·성적 폭력행위, 즉 젠더폭력행위에도 포함되며 성희롱에 관한 판례와 결정례의 수가 상당히 많으므로 후속연구에서 별도로 분석하고자 하기 때문이다.

4) 그리하여 이 연구에서 성차별과 관련한 판례와 결정례란 (1) 여성이 가지는 생물학적 특성(생리, 임신, 출산, 수유)을 이유로 여성에게 불이익을 주는 행위, (2) 성별에 따라 기질과 역할, 능력, 성적인 욕구와 행동과 반응이 다르다고 보는 사회문화적인 통념에 기초하여 남녀를 다르게 대우하여 특정 성에게 불이익을 주는 행위, (3) 혼인여부 및 가족상황, 용모 등을 포함한 모든 차별사유와 결합하여 합리적 사유 없이 특성 성에게 불이익을 주는 행위와 관련된 판례와 결정례를 말한다. 이러한 판례와 결정례에는 간접적인 차별행위도 포함된다.

4. 연구의 구성

이 연구는 4개의 부, [제1부 성차별과 법·판례·결정례와의 관계], [제2부 성차별 관련 분쟁처리기관과 판례·결정례의 유형별 특성], [제3부 분야별 성차별 관련 판례·결정례의 개요와 평석], [제4부 남녀대상별 성차별 관련 판례·결정례의 특성]으로 구성되어 있다. 그리고 [주제별 참고자료 목록]과 4개의 부록이 첨부되어 있다.

1) 제1부는 2개의 장으로 구성되어 있다.
(1) [제1장 성차별의 개념과 문제]에서는 성차별의 의미와 유형, 법과 판례의 성차별에 관한 정의, 성차별의 다양한 문제에 관하여 서술되어 있다.
(2) [제2장 법·판례·결정례의 기능과 성차별에 관한 반응]에서는 법과 판례·결정례의 의의와 기능, 이상(理想)과 실제에 관하여 서술되어 있다. 또한 법·판례·결정례의 성차별에 관한 반응의 변화를 여성차별의 불

감시대, 여성들의 법과 판례·결정례에 대한 비판과 도전, 여성차별의 규제, 성차별의 규제로 점차적으로 변하여 온 변화동향과 관련지어 서술하였다.

2) 제2부는 6개의 장으로 구성되어 있다.

(1) [제1장 개관]에서는 성차별 분쟁을 조사·처리하는 분쟁처리기관(권리구제기관)의 종류와 기능, 성차별 관련 판례·결정례의 총 건수와 분쟁처리기관별, 시대별, 분야별, 남녀대상별, 성차별인정여부별 건수가 집계·분석되어 있다.

(2) 제2장부터 제6장까지는 7개의 분쟁처리기관별로 조직과 업무, 성차별 관련 분쟁처리방법과 판례 또는 결정례의 특성에 관하여 서술되어 있다.

3) 제3부에서는 7개의 장에 걸쳐 가족, 고용, 사회보장, 재화·용역·시설 분야, 교육·문화 분야, 군사 분야, 형사 분야의 7개 분야별로 판례와 결정례의 개요와 평석이 각각 수록되어 있다.

4) 제4부는 2개의 장으로 구성되어 있으며, 여성의 성차별을 인정 또는 불인정한 판례·결정례와 남성의 성차별을 인정 또는 불인정한 판례·결정례의 특성에 관하여 각각 서술되어 있다.

5) 부록은 성차별 관련 판례와 결정례의 목록을 분쟁처리기관별·시대별(부록1), 분야별·사안별(부록2), 여성차별 인정여부별(부록3), 남성차별 인정여부별(부록4)으로 나누어 수록하였다. 판례와 결정례의 목록은 판례와 결정례 각각의 사안을 파악할 수 있도록 제목을 작성하여 붙이고 선고 또는 결정의 일시와 사건번호를 명기하여 수록하였다.

▮차 례▮

제1부 성차별과 법·판례·결정례와의 관계

제1장 성차별의 개념과 문제

제2장 법·판례·결정례의 기능과 성차별에 관한 반응

제2부 성차별 관련 분쟁처리기관과 판례·결정례의 유형별 특성

제1장 개관

제2장 법원의 성차별 관련 분쟁처리와 판례

제 2 장   고용 분야의 성차별 관련 판례·결정례의 개요와 평석

표 목차

제1부

성차별과
법·판례·결정례와의 관계

성차별의 개념과 문제

1. 성차별의 개념

1-1 **성차별의 의미와 유형**

1) 성차별의 의미

현재 우리나라에는 성차별을 금지하는 법은 많이 있지만, 성차별이 무엇인가를 정의한 법은 없다.[1] 차별이나 성차별과 관련한 국제협약과 우리나라의 법령과 판례와 결정례, 학설을 참조하여 성차별을 정의해 보면, 성(性)과 관련하여 특정 성에 대하여 합리적 이유 없이 불리하게 대우하는 행위라고 할 수 있다. 이러한 성차별의 의미를 정확히 파악하기 위해서는 '성', '특정 성', '합리적 이유', '불리하게 대우하는 행위'의 의미를 심도 있게 파악해야 할 필요가 있다.

(1) '성'의 의미

성차별에서 '성'이란 세 가지 의미(sex, gender, sexuality)를 가진다. 그러므로 성차별의 의미에는 생물학적 의미의 성차별(sex discrimination), 사회문화적 의미의 성차별(gender discrimination), 성적 의미의 성차별(sexuality discrimination)이 복합되어 있다. UN(국제연합)은 1995년 9월에 북경에서 제4차 세계여성대회를 개최하고 21세기의 남녀평등실현전략을 수립하면서 sex, gender, sexuality가 명확히 구분되는 것이 아니고 연관되어 성차(性差)와 차별을 발생시킨다는 이유로 통합하여 젠더(gender)라는 개념을 재구성하였다. 이러한

---

1) 1999년 2월 8일에 제정된 「남녀차별금지 및 구제에 관한 법률」은 '남녀차별'을 "정치적·경제적·사회적·문화적 생활의 모든 영역에서 인간으로서의 기본적 자유를 인식·향유하거나 권리를 행사함에 있어서 합리적인 이유 없이 성별을 이유로 행하여지는 모든 구별·배제 또는 제한을 말한다."(제2조 제1호)라고 정의한 바 있으나, 2005년 6월 23일에 폐지되었다.

개념의 젠더는 남성과 여성 등의 성의 정체성, 성별, 성차, 성규범을 포함한 성에 관한 이해를 포괄한다. 그 영향으로 종래 성차별금지법은 Sex Discrimination Act라고 표기되었으나 1990년대 후반 이후 Gender Discrimination Act 로 표기되고 있다.

① 성(sex)

성(sex)이란 생물학적·생리적 의미에서의 남성과 여성을 의미한다. 그러므로 생물학적 의미의 성차별(sex discrimination)이란 여성이 남성에게 없는 임신·출산·수유·생리의 기능(모성기능)을 가지는 것과 관련하여 여성에게 불이익을 주는 경우 또는 남성과 여성의 생김새나 신체적 조건이나 특성의 차이를 이유로 남성 또는 여성에게 불이익을 주는 경우를 말한다. 예를 들어, 여성근로자가 임신·출산하면 퇴직시키거나 연고가 없는 지방으로 전보시키는 조치가 이에 해당된다.

② 성별(gender)

성별(gender)이란 남성과 여성에 대한 사회문화적인 이해를 의미한다. 흔히 '남성다움', '여성다움'이란 말로 표현되는데, 남성과 여성 사이에는 기질과 역할, 능력, 태도에 차이가 있다고 보는 오랜 통념(전통적 성별역할분업관 또는 전통적 성별특질론)을 기초로 남성과 여성의 정체성을 구분한 것이다. 사회문화적 의미의 성차별(gender discrimination)이란 전통적 성별역할분업관(성별특질론)과 관련하여 남성 또는 여성에게 불리하게 대우하는 행위를 의미한다. 예를 들어, 사용자가 여성은 남성에 비해 섬세하고 감성적인 반면, 비논리적이고 비조직적인 기질이 있다는 고정관념에 기초하여 여성에게 비서업무를 맡기고 기획부서에는 배치하지 않는 경우와 간호는 여성이 하는 일이라는 고정관념에 기초하여 간호사를 모집·채용할 때 응시자격을 여성으로 제한하는 경우가 이에 해당한다.

③ 성애(sexuality, 性愛)

성애(sexuality)란 성적(sexual)인 욕망과 이를 표현하는 행동이나 반응을 포함하여 사회문화적으로 구성된 성적인 의미의 남성과 여성에 대한 이해를 의미한다. 그러므로 성애 차별(sexuality discrimination)이란 성별에 따라 다른 전통적 성윤리기준이나 성적 정체성에 관한 통념에 기초하여 특정 성에게 불이익을 주는 차별을 말한다. 예를 들어, 남성인 성구매자에 대해서는 남성에게는 성적 욕구가 강한 속성이 있다고 하여 관대하게 처리하는 반면, 여성인 성구매자에 대해서는 사회풍속을 크게 손상시킨다는 이유로 처벌하는 경우와 남성 동성애자보다 여성 동성애자에게 불이익을 더 주는 경우가 이에 해당된다. 그러나 동성애자에게 이성애자보다 불이익을 주는 행위는 성적 지향(sexual orientation)에 의한 차별이므로 이 연구에서 말하는 성차별에는 해당되지 않는다. 「국가인권위원회법」에서도 성별에 의한 차별과 성적 지향에 의한 차별을 구별하고 있다.

(2) '특정 성'의 의미

성차별은 성과 관련하여 어떤 특성을 가지는 개인 또는 집단을 다른 특성을 가지는 개인 또는 집단에 비하여 합리적 이유 없이 불리하게 대우하여 발생한다. 종래 인간은 남성과 여성으로 구성된다고 보아 성차별은 남성과 여성 사이에 발생한다고 보았고, 지금도 그러한 인식은 지배적이다. 그리하여 '남녀평등', '양성평등'이란 용어가 법과 판례에 명시되어 오고 있다.

그런데 근래 남성과 여성 어느 성에도 속하지 않는 사람들(성적 소수자)이 존재하고 그러한 사람들도 성과 관련하여 차별받아서는 안 된다는 인권의식이 높아지면서 성차별에서 특정 성은 남성과 여성 그리고 제3의 성이며, '남녀평등', '양성평등' 대신 '성평등'이란 용어를 사용하자는 의견들이 제시되고 있다.

그러나 이 연구에서는 특정 성을 남성, 여성으로 제한하였다. 그 이유는 지금까지 성차별 관련 판례·결정례가 남성과 여성 사이의 성차별 여부에 관한 판단이었고, 또한 현행 「국가인권위원회법」에서도 성적 소수자에 대한 차별을 성적 지향을 이유로 한 차별로 분류하고 성별을 이유로 한 차별과 분리하고 있기 때문이다. 다만, 남성 사이의 동성애자와 여성 사이의 동성애자를 합리적 이유없이 다르게 대우하는 행위는 이 연구에서 말하는 성차별에 포함된다.

(3) '합리적 이유'의 의미

우리나라의 법과 판례에서 차별이나 성차별의 개념을 정의할 때 공통적으로 등장하는 문구는 '합리적 이유 없이'이다. 즉, 합리적 이유가 있으면 남녀를 다르게 대우하여 특정 성에게 불이익이 초래되더라도 성차별에 해당되지 않는다.

그런데 '합리적 이유'가 무엇을 의미하며 '합리적 이유'의 유무(有無)를 어떻게 판단할 것인가를 둘러싸고 논란이 많다. 그것은 '합리적', '비합리적'이란 의미가 매우 모호하고, 사람에 따라 다르게 판단할 수 있어 주관성이 강하며, 시대와 사회적 가치관의 변화에 따라 쉽게 변화될 수 있기 때문이다. 성차별에 관한 분쟁은 행위자가 합리적이라고 판단하여 행한 행위에 대하여 상대방이 불합리하다고 주장하여 발생하는 경우가 많다. 분쟁을 해결하기 위하여 법원 등의 분쟁처리기관에 소송을 하면 공적인 판단권한을 가진 판단자(판사, 재판관, 인권위원, 공익위원 등)들이 합리적 이유의 유무를 판단하게 되는데 이때 판단자의 가치관, 경험 등이 작용한다.

여성주의자(feminist)들은 성차별 관련 분쟁사건을 조사·처리하는 권한을 가진 사람들 대부분이 남성이라는 사실을 주목하고, 이들이 자의적이거나 남성중심적인 가치관에 기초하여 성차별의 유무를 판단하지 않도록 성차별의 정의규정을 구체화하고 예외를 명시하며 성차별의 판단기준을 구체적으로 제시하려고 노력해 왔다.

2001년 8월에 개정된 「남녀고용평등법」이 차별의 예외를 명확히 규정한 취지도 그러한 노력의 반영이다. 또한 이 법에 근거하여 고용노동부장관이 고용노동부예규로 고시한 「남녀고용평등업무처리규정」은 '합리적인 이유의 판단기준'이라는 제목으로 "성을 사유로 근로자를 달리 대우함에 합리적 이유가 있으려면 해당 사업의 목적과 직무의 성질·태양·작업조건 등을 구체적·종합적으로 고려하여 기업경영상 남녀를 다르게 대우할 필요성이 인정되고 그 방법·정도 등이 적정하여야 한다."(제2조 제1항)고 규정하고 있다. 또한 모집·채용, 임금, 임금 외의 금품, 승진, 퇴직, 정년, 해고에 있어서 차별로 보는 경우와 차별로 보지 아니하는 경우를 구체적으로 예시하고 있다.

한편, 미국 연방대법원은 1970년대부터 정부가 특정 성에 대하여 다른 성에 비하여 우대, 배제, 제한한 조치에 대한 성차별 여부를 판단함에 있어서 합리적 이유의 유무 대신에 정부의 중요한(important) 목적이 있어야 하고, 그러한 목적과 수단 사이에는 실질적인 관련이 있어야 한다는 실질적 관계심사기준(substantial relationship test)[2]을 채택하기 시작하였다. 이 심사기준은 주로 인종과 국적에 관하여 비교대상 간에 다르게 취급하는 조치는 정부의 필요불가피한(compelling) 이익이 있고 수단은 필수적(necessary)이며 엄밀히 고안되어야(narrowly tailored) 차별로 되지 않는다는 엄격한 심사기준(strict or close scrutiny test)과 합리적 차별심사기준의 중간기준이라고 평가된다.[3]

그런데 우리나라 헌법재판소는 제대군인에게 공무원채용시험에서 만점의 3~5%를 가산해 주는 제도의 위헌 여부의 결정(1999.12.23 선고 98헌마363)에서 「헌법」에서 특별히 평등을 요구하여 「헌법」이 스스로 차별의 근거로 삼아서는 아니 되는 기준을 제시하거나 차별을 특히 금지하고 있는 영역을 제시하고 있는 경우(고용, 혼인과 가정생활에서의 여성차별)와 차별적 취급으로 인하여 관련 기본권에 중대한 제한을 초래하게 되는 경우에는 평등권 위반 여부를 심사함에 있어서 합리적 이유의 유무를 심사하는 것에 그치지 아니하고 비례성 원칙에 따른 심사, 즉 차별취급의 목적과 수단 사이에 엄격한 비례관계가 성립하는지를 기준으로 한 엄격한 심사를 해야 한다고 판시하였다.

(4) '불리하게 대우하는 행위'의 의미

「기간제 및 단시간근로자 보호 등에 관한 법률」은 '차별적 처우'를 "임금, 그 밖의 근로조건 등에 있어서 합리적인 이유 없이 불리하게 처우하는 것"(제2조 제3호)이라고 정의하고 있다. 그런데 「근로기준법」은 제6조(균등한 처우)에서 "사용자는 근로자에 대하여 남녀의 성(性)을 이유로 차별적 대우를 하지 못하고, 국적·신앙 또는 사회적 신분을 이유로 근로조건에 대한 '차별적 처

---

2) 이 심사기준은 1976년의 Craig v. Boren 사건의 연방대법원 판결에서 대두되었다. 18세에서 20세까지의 남성이 동일 연령의 여성보다 음주운전과 사고의 위험성이 많다는 통계적 자료를 근거로 알코올성이 약한(3.2% 농도) 맥주의 판매를 불허한 반면, 18세 이상의 여성에게는 허가한 오클라호마주법에 대해 행정상의 편의 또는 사회경제생활에 있어 남녀에게 기대하는 역할과 정형화(stereotype) 관념에 근거한 성을 이유로 한 구별은 정당화될 수 없고 또한 남녀의 경제적 지위, 성별 특성에 관한 고풍적이고도 지나치게 광범위한 일반화에 기반한 분류는 입법목적에 있어 실질적 관계가 존재하지 않기 때문에 평등권 조항에 위반되는 것으로 판단하였다(윤후정·신인령(1989), 『법여성학-평등권과 여성』, 이화여자대학교출판부, 310면).
3) 성차별과 인종차별이 모두 선천적인 특성에 기한 평등권 침해행위라는 공통점이 있는데도 인종차별에 대해 보다 더 엄격한 심사기준을 적용하는 경향은 인종차별이 심한 미국의 역사적·사회적 맥락에 연유하는 것으로 판단된다.

우'를 하지 못한다."라고 규정하여 남녀의 성에 관하여는 '차별적 대우'를 금지한 반면, 국적·신앙 또는 사회적 신분에 관하여는 근로조건에 대한 '차별적 처우'를 금지하고 있다.

이와 같은 법규정들을 살펴볼 때, '불리하게 대우하는 행위'의 의미는 근로조건에 있어서 불이익을 주는 행위뿐 아니라 근로자의 인격을 포함한 대우 전반에 걸쳐 합리적 이유 없이 불이익을 주거나 비우호적인 대우를 하는 것을 의미한다.

2) 성차별의 유형

성차별의 유형에는 직접차별, 간접차별, 성희롱[4]이 있다.

(1) 직접차별(direct discrimination)

직접차별이란 남성과 여성을 합리적 이유 없이 구별, 우대, 제한, 배제 등으로 다르게 대우하여 남성 또는 여성에게 불리하게 대우하는 것을 말한다. 예를 들어, 은행원의 채용기준을 남성으로 제한하고 여성을 배제하는 경우가 이에 해당된다.

(2) 간접차별(indirect discrimination)

남성 또는 여성을 불리하게 대우하는 방식에는 남성과 여성에게 동일한 조건이나 기준을 적용하지만, 그 조건이나 기준이 합리적이지 못하여 남성 또는 여성에게 결과적으로 불이익을 초래하는 방식이 있다. 예를 들어, 은행원

---

4) 성희롱은 성적인 말과 행동으로 특정 성에 대하여 불이익을 주는 행위이다. 「남녀고용평등법」은 '직장 내 성희롱'을, 「여성발전기본법」과 「국가인권위원회법」은 '성희롱'을 정의하면서 "성적 언동 또는 그 밖의 요구 등에 따르지 아니하였다는 이유로 고용에서 불이익을 주는 것"이라는 문구를 공통적으로 포함하고 있다. 그리하여 「국가인권위원회법」은 '평등권을 침해하는 차별행위'의 유형에 성희롱행위를 포함시키고 있다. 그런데 성희롱은 주로 남녀불평등한 사회구조와 남녀관계에서 남성과 여성 사이에 발생하는 신체적·정신적·심리적·성적 폭력행위에 해당되므로 젠더에 기반한 폭력행위에도 포함되며, 피해자가 주로 여성이므로 여성에 대한 폭력행위에도 해당된다. 이와 같이 성희롱은 복합적인 성격을 가지는데다가 관련한 판례와 결정례가 상당히 많으므로 조만간 이에 관한 연구를 후속연구로 하려고 한다. 그래서 이 연구에서는 성차별에 성희롱을 포함시키지 않았다.

을 채용하면서 남녀에게 응시할 기회를 동일하게 주되, 채용조건을 '키 170cm 이상'으로 한 경우이다. 대부분의 여성이 그 조건을 충족시키기 어렵고 은행원의 직무수행상 '키 170cm 이상'이라는 신체조건이 필요한 것임을 사업주가 입증하기 어려우므로 간접차별에 해당된다. 이러한 간접차별은 직접적이고 의도적인 직접차별에 대해 법적 제재가 가해지면서 차별의 형태가 점차 비가시적이고 간접적인 차별로 바뀜에 따라 직접차별에 대한 규제만으로는 평등의 실현이 실질적으로 어렵고, 사회적 소수자에 대한 편견, 통념, 그리고 관습 등의 변화를 가져올 수 없다는 인식에 따라 도입되었다.

미국의 간접차별에 관한 소송에서 원고는 성중립적 관행이나 규칙의 적용으로 인해 특정 성에게 불평등한 효과를 가져온다는 통계를 제시함으로써 성차별의 증거를 제시한다. 예를 들어, 1976년에 앨라배마 주의 교도소가 교도관(correctional counselor)을 모집하면서 신장 5.2피트(158cm) 이상, 체중 120파운드(54.5kg) 이상의 자격요건을 제시하였는데 대학에서 교정심리학을 전공하고 응모한 여성이 체중요건에 미달되어 채용이 거부되자 교도소의 모집·채용조치가 「민권법」 제7편에 위반되는 성별을 이유로 한 고용차별행위라며 고용기회평등위원회(EEOC)에 진정하고 법원에 소송도 제기하였다. 이 사건(Dothard v. Rawlinson, 433 U.S. 321)에서 지방법원은 위법행위를 인정하였다. 연방대법원은 교도소가 제시한 신체 요건에 미달되어 배제되는 미국 여성은 41.3%나 되는 반면, 남자는 단지 1%만이 배제되는 점에서 이 신체요건은 표면상으로는 중립적인 것으로 보이나 남녀 간 불균등한 비율로 여성을 배제하고 있음이 입증된 이상 다른 반증이 있기까지 일단 차별적 효과(disparate impact, 간접차별)이 존재하는 사건(prima facie case of discrimination)으로 인정하고 교도소에 신체요건이 교도관으로서의 직무수행과 밀접한 상당인과관계가 있음을 입증하도록 하였다. 교도소는 교도관으로서 효과적인 직무수행을 위한 체력과 관계가 있다고 주장했으나 그 증명을 하지는 못했다.[5]

---

5) 그러나 연방대법원은 지방법원과 달리 원고패소판결을 내렸다. 교도소 측이 남자수감자들과 일상적으로 접촉하는 직무에 여성의 고용을 금지하는 규칙을 만든 것은 험악한 분위기이고 성범죄자가 다수 수감되어 있는 교도소의 상황에서 최대한의 경호를 위한 필요가 있으므로 진정직업적격에 해당된다고 판시하였다. 이에 관해 소수의견을 제시한 법관들은 교도소의 신체조건과 여성의 직무제한규칙이 여성교도관이 남자죄수들에 의해 성적으로 공격받을 수 있다는 막연한 고정관념에 기초한 것이라고 하였다(윤후정·신인령(2001),

법과 판례의 성차별에 관한 정의

1) UN의 「여성차별철폐협약」

국제기구가 채택한 국제협약 중 여성차별과 관련하여 정의규정을 두고 있는 것은 UN(국제연합)이 1979년 12월 18일에 채택한 「여성차별철폐협약」(The Convention on the Elimination of All Forms of Discrimination against Women)이다. 이 협약은 여성에 대한 모든 형태의 차별을 철폐함으로써 여성의 인권을 보장하기 위하여 국가가 해야 할 조치들을 규정한 국제인권법인데, 현재 약 190개의 국가가 가입되어 있다. 우리나라는 1984년 12월 27일에 비준(批准)하여 이 협약은 1985년 1월 26일부터 국내법과 같은 효력을 가지고 있다.

이 협약은 '여성에 대한 차별'을 "정치적·경제적·사회적·문화적·시민적 또는 기타 모든 분야에 있어서 혼인 여부와 관계없이 남녀평등을 기반으로 여성이 인권과 기본적 자유를 인식, 향유 또는 행사하는 것을 저해하거나 무효화하는 효과 또는 목적을 가지는 성에 근거한 모든 구별, 배제 또는 제한을 의미한다."[6](제1조)고 정의하였다. 그런데 ILO(국제노동기구)의 「고용차별금지협약」(1958년 채택)은 '차별대우'를 "인종, 피부색, 성별, 종교, 정치적 견해, 출신국 또는 사회적 신분을 이유로 행해지는 모든 구별, 배제 또는 우대로서, 고용과 직업에 있어서 기회 또는 대우의 평등을 저해하거나 무효화하는 효과가 있는 것"[7]으로 정의하였다. UN의 「여성차별철폐협약」이 '우대'

『법여성학―평등권과 여성』, 이화여자대학교출판부, 378~379면; 양현아(2005), "실증주의적 방법론과 여성주의 법학", 『서울대학교법학』 제46권 제2호, 서울대학교 법과대학, 213~216면).

6) "Discriminations against women shall mean any distinction, exclusion or restriction made on the basis of sex which has the effect or purpose of impairing or nullifying the recognition, enjoyment or exercise by women, irrespective of their marital status, on a basis of equality of men and women, of human rights and fundamental freedoms in the political, economic, social, cultural, civil or any other fields."

7) the term "discrimination" includes any distinction, exclusion or preference made on the basis of race, colour, sex, religion, political extraction or social origin, which has the effect of nullifying or impairing equality of opportunity or treatment in employment or occupation.

대신 '제한'을 첨가한 것은 협약의 심의과정에서 역사적이고 구조적으로 여성이 차별받아 온 상황과 여성의 신체적·생리적 특성을 고려하여 실질적으로 성차별을 해소하기 위해서는 여성에 대한 우대나 보호가 필요하다는 인식에 기초한 것이다.[8]

이 협약에서 말하는 '여성에 대한 차별'에는 "인권과 기본적 자유를 인식, 향유 또는 행사하는 것을 저해하거나 무효화하는 목적을 가지는" 행위, 즉 직접차별뿐 아니라 그러한 목적이 없어도 "인권과 기본적 자유를 인식, 향유 또는 행사하는 것을 저해하거나 무효화하는 효과"를 가지는 행위, 즉 간접차별도 포함되어 있다.

한편, 이 협약은 차별로 보지 아니하는 예외조치를 모성보호와 잠정적 특별(우대)조치의 두 가지로 명시하였다. 모성보호(maternity protection)란 여성의 임신, 출산, 수유기능과 같이 여성의 특유한 신체적·생리적 특성에 따른 모성기능에 대한 보호를 말한다. 남녀의 본질적 차이인 모성기능을 이유로 남녀를 다르게 대우하는 것은 실질적인 평등이념에 합치된다. 또한 여성이 건강한 상태에서 임신, 출산, 수유하는 것은 여성은 물론 태아와 신생아의 건강보호를 위해서 필수적인 일이며, 건강한 인력을 가정·기업·사회·국가에게 제공하는 사회적 기능과 중요성을 가진다. 이러한 이유로 협약은 모성보호를 차별로 보지 아니한다는 것을 명시한 것이다. 반면, 이 협약은 남성 또는 여성 어느 쪽이 열등하거나 우수하다는 관념 또는 성별에 따라 역할과 능력, 기질이 다르다는 고정관념에서 성별에 따라 개인을 정형적으로 평가하는 전통적 성별역할분업관 내지 성별특질론이 여성차별의 근본요인임을 강조하고 이것이 해소되어야 남성과 여성 사이에 완전한 평등을 달성할 수 있다고 하였다. 또 다른 차별의 예외조치는 남성과 여성 사이의 실질적인 평등을 촉진할 목적으로 당사국이 채택한 잠정적 특별(우대)조치이다. 협약은 이 조치의 실시 결과 불평등한 또는 별도의 기준이 유지되어서는 결코 아니 되고 기회와 대우의 평등이라는 목적이 달성되었을 때 이 조치는 중지되어야 한다는 제한을 두었다.

---

8) 廣瀨和子(1992), "女子差別の定義", 『女子差別撤廢條約註解』, 國際女性の地位協會 編, 44면.

2) 「남녀고용평등과 일 · 가정 양립지원에 관한 법률」

이 법(이하 '남녀고용평등법'이라 한다)은 "대한민국 「헌법」의 평등이념에 따라 고용에서 남녀의 평등한 기회와 대우를 보장하고 모성보호와 여성고용을 촉진하여 남녀고용평등을 실현함과 아울러 근로자의 일과 가정의 양립을 지원함으로써 모든 국민의 삶의 질 향상에 이바지하는 것"(제1조)을 목적으로 한다. 이 법은 고용과 관련한 남녀차별을 구체적으로 금지하는 대표적인 법이다.

(1) 차별의 개념

이 법에서 말하는 '차별'이란 용어의 뜻은 "사업주가 근로자에게 성별, 혼인, 가족 안에서의 지위, 임신 또는 출산 등의 사유로 합리적인 이유 없이 채용 또는 근로의 조건을 다르게 하는 행위"(직접차별)와 그 밖의 불리한 조치를 하는 경우[사업주가 채용조건이나 근로조건은 동일하게 적용하더라도 그 조건을 충족할 수 있는 남성 또는 여성이 다른 한 성(性)에 비하여 현저히 적고 그에 따라 특정 성에게 불리한 결과를 초래하며 그 조건이 정당한 것임을 증명할 수 없는 경우(간접차별)를 포함한다]를 말한다(제2조 제1호).

그리고 이 법은 남녀를 차별하는 행위를 금지하는 규정(모집 · 채용, 배치 · 승진 · 교육, 정년 · 퇴직 · 해고에서의 남녀차별 금지)과 여성을 차별하는 행위를 금지하는 규정(여성에 대한 용모기준채용 금지, 여성의 혼인 · 임신 · 출산을 퇴직사유로 예정하는 근로계약체결의 금지)을 두는 한편, 임금에서의 차별은 남녀동일가치노동 · 동일임금지급 규정으로 규제하고 각각의 위반행위자에 대해 형사처벌하는 벌칙을 두고 있다. 「남녀고용평등업무처리규정」은 이 법이 금지하는 차별행위에 대하여 성차별에 관한 조사연구와 판례 · 결정례를 반영하여 차별로 보는 경우와 차별로 보지 않는 경우를 예시하고 있다.

(2) 차별의 예외

이 법은 "직무의 성격에 비추어 특정 성이 불가피하게 요구되는 경우", "여성근로자의 임신 · 출산 · 수유 등 모성보호를 위한 조치를 하는 경우", "그 밖에 이 법 또는 다른 법률에 따라 적극적 고용개선조치에 해당하는 경우"는 차별에 해당되지 않는다고 규정하였다(제2조 제1호 단서 규정).

① 직무의 성격에 비추어 특정 성이 불가피하게 요구되는 경우

이것은 미국의 「민권법」 제7편에서 말하는 '진정직업자격'(Bona Fide Occupational Qualification : BFOQ)에 해당되며, "종교, 성 또는 국적이 특정 사업 또는 기업의 정상적 운영(normal operation)을 위해서 합리적으로 필요한 경우(reasonably necessary)"를 말한다(제703조(e)).

우리나라 「남녀고용평등업무처리규정」은 이를 "특정 성이 반드시 직무의 핵심적인 내용을 수행하여야 하는 경우로 다음 각 호의 어느 하나에 해당하는 경우를 말한다. 1. 예술, 그 밖의 예능 분야에서 표현의 진실성을 이유로 특정 성을 필요로 하는 경우(예 : 남성 역할을 위한 남성 배우·모델 등), 2. 직무수행상 탈의나 신체접촉 등이 발생하여 프라이버시 유지를 위해 특정 성을 필요로 하는 경우(예 : 여성 목욕탕의 여성 목욕관리사, 여성 장애인·여성 환자의 여성 도우미 등), 3. 사업장의 성격 또는 장소로 특정 성의 근로자가 사용자가 제공하는 시설 외에서 거주하는 것이 불가능하고 적절한 대체시설을 이용하기 어려운 경우(예 : 여성 기숙사의 여성 사감 등), 4. 그 밖에 직무상 특정 성으로 하는 것이 불가피한 것으로 인정되는 경우"라고 규정하고 있다(제2조 제3항).

② 여성근로자의 임신·출산·수유 등 모성보호를 위한 조치를 하는 경우

이 법은 모성보호를 법의 목적의 하나로 규정하고, 「UN여성차별철폐협약」과 같이 차별의 예외로 규정하였다.

모성보호에 관하여 「헌법」은 "여자의 근로는 특별한 보호를 받으며, 고용·임금 및 근로조건에 있어서 부당한 차별을 받지 아니한다."(제32조 제4항)라고 규정하고 있다. 「여성발전기본법」은 "① 국가·지방자치단체 또는 사업주는 임신·출산 및 수유(授乳) 중인 여성을 특별히 보호하며 이를 이유로 불이익을 받지 아니하도록 하여야 한다. ② 국가와 지방자치단체는 취업여성의 임신·출산 및 수유와 관련한 모성보호 비용에 대하여 「사회보장기본법」에 따른 사회보험과 재정(財政) 등을 통한 사회적 부담을 늘려 나가도록 하여야 한다."(제8조)라고 규정하고 있다. 「근로기준법」은 제5장(여성과 소년)에서 모성보호를 위한 특별보호규정들(위험유해직종의 여성사용금지규정, 생리휴가규정, 태아검진시간규정, 임신부의 쉬운 근로로의 전환규정, 출산전후휴가규정, 유산·사산

휴가규정, 여성의 연장근로의 제한규정, 수유시간규정 등)을 두고 있다.

③ 적극적 고용개선조치

이 법은 '적극적 고용개선조치'를 "현존하는 남녀간의 고용차별을 없애거나 고용평등을 촉진하기 위하여 잠정적으로 특정 성을 우대하는 조치"로 정의하고 있다(제2조 제3호).

3) 「국가인권위원회법」

「국가인권위원회법」은 "국가인권위원회를 설립하여 모든 개인이 가지는 불가침의 기본적 인권을 보호하고 그 수준을 향상시킴으로써 인간으로서의 존엄과 가치를 실현하고 민주적 기본질서의 확립에 이바지함"(제1조)을 목적으로 한다.

이 법은 '평등권 침해의 차별행위'를 "합리적인 이유 없이", "성별, 종교, 장애, 나이, 사회적 신분, 출신 지역(출생지, 등록기준지, 성년이 되기 전의 주된 거주지 등을 말한다), 출신 국가, 출신 민족, 용모 등 신체조건, 기혼·미혼·별거·이혼·사별·재혼·사실혼 등 혼인 여부, 임신 또는 출산, 가족 형태 또는 가족 상황, 인종, 피부색, 사상 또는 정치적 의견, 형의 효력이 실효된 전과(前科), 성적(性的) 지향, 학력, 병력(病歷) 등을 이유로 (1) 고용[9]과 관련하여 특정한 사람을 우대·배제·구별하거나 불리하게 대우하는 행위, (2) 재화·용역·교통수단·상업시설·토지·주거시설의 공급이나 그 이용과 관련하여 특정한 사람을 우대·배제·구별하거나 불리하게 대우하는 행위, (3) 교육시설이나 직업훈련기관에서의 교육·훈련이나 그 이용과 관련하여 특정한 사람을 우대·배제·구별하거나 불리하게 대우하는 행위, (4) 성희롱행위"(제2조 제3호)라고 정의하고 있다.

그런데 현존하는 차별을 없애기 위하여 특정한 사람(특정한 사람들의 집단을 포함한다)을 잠정적으로 우대하는 행위와 이를 내용으로 하는 법령의 제정·개정 및 정책의 수립·집행은 평등권 침해의 차별행위로 보지 아니한다(제2조 제3호 단서).

---

9) 모집, 채용, 교육, 배치, 승진, 임금 및 임금 외의 금품 지급, 자금의 융자, 정년, 퇴직, 해고 등을 포함한다.

차별의 영역을 "고용, 재화·용역·교통수단·상업시설·토지·주거시설의 공급이나 그 이용, 교육시설이나 직업훈련기관에서의 교육·훈련이나 그 이용과 관련하여"라고 제한한 것은 국가인권위원회의 인적·물적 여건을 고려하여 진정을 접수하고 조사·처리할 수 있는 업무의 효율화를 위해 제한한 것이다. 그러나 차별행위의 사유에 관해서는 19가지 사유를 예시하고 있을 뿐 제한을 두고 있지 않아 차별에 관한 분쟁처리의 범위가 방대한 상태에 있다.[10]

4) 판례와 결정례의 성차별에 관한 정의

대법원의 판례 중에는 "「근로기준법」 제5조(현행법의 제6조)에서 말하는 남녀간의 차별적인 대우란 합리적인 이유 없이 남성 또는 여성이라는 이유만으로 부당하게 차별대우하는 것을 의미한다."라고 판시한 판례[1988.12.27 선고 85다카657]가 있다.

헌법재판소의 결정례 중에는 "「헌법」 제36조 제1항은 혼인과 가족생활에서 양성의 평등대우를 명하고 있으므로 남녀의 성을 근거로 하여 차별하는 것은 원칙적으로 금지되고, 성질상 오로지 남성 또는 여성에게만 특유하게 나타나는 문제의 해결을 위하여 필요한 예외적 경우에만 성차별적 규율이 정당화된다. 과거 전통적으로 남녀의 생활관계가 일정한 형태로 형성되어 왔다는 사실이나 관념에 기인하는 차별, 즉 성역할에 관한 고정관념에 기초한 차별은 허용되지 않는다."라고 판시한 결정례[2005.2.3 선고 2001헌가9·10·11·12·13·14·15, 2004헌가5(병합)]가 있다.

국가인권위원회의 결정례 중에는 "성차별이란 합리적인 이유 없이 여성 혹은 남성이라는 성별을 이유로 인하여 발생하는 모든 구별, 배제, 제한 그리고

---

10) 미국의 고용기회평등위원회(EEOC), 캐나다의 인권위원회(CHRC), 영국의 평등인권위원회(CEH) 등은 우리나라 국가인권위원회가 국가기관 등에 의한 인권침해와 무제한의 사유에 따른 차별행위에 관한 권리구제를 하는 것과 달리 차별행위에 관한 권리구제업무만 하며, 분쟁을 처리하는 차별행위의 사유도 업무를 신속하고 전문적으로 하기 위해 제한하고 있다. 예를 들면, EEOC는 인종, 성별, 피부색, 종교, 국적, 장애, 연령을 이유로 한 차별과 성희롱, 「남녀동일임금법」의 위반행위를 분쟁처리(권리구제)의 대상으로 한다(김엘림(2010), "고용차별분쟁처리제도의 문제와 정비과제", 『법제연구』 통권 제39호, 한국법제연구원, 469~470면).

폭력을 의미하며 또한 현 사회에 형성되어 있는 고정된 성역할 관념을 근거로 하여 이루어지는 차별도 금지의 대상이 된다."라고 한 결정례들[2006.11.16 결정 06진차42, 2008.12.29 결정 08진차325 등]이 있다.

2. 성차별의 문제

2-1 성차별의 인권침해문제

인권이란 인간으로서의 기본적인 권리와 자유를 말한다. 「국가인권위원회법」에서 '인권'이란 "대한민국 「헌법」 및 법률에서 보장하거나 대한민국이 가입·비준한 국제인권조약 및 국제관습법에서 인정하는 인간으로서의 존엄과 가치 및 자유와 권리"를 말한다(제2조 제1호).

국내외의 인권을 보장하는 법은 성차별을 인권을 침해하는 대표적 행위라고 규정하고 이를 규제하고 있다.

UN은 1945년 10월에 설립되면서 채택한 「UN헌장」(Chapter of The United Nations)에 "성차별 없이 모든 사람의 인권과 기본적 자유를 존중하는 것"을 UN의 주요한 활동목적으로 명시하였다. 1948년 12월 10일에 공포된 「세계인권선언」도 모든 사람은 날 때부터 자유롭고 존엄성, 권리, 자유에 있어 평등하다는 것과 이 선언에서 규정한 인권은 모든 사람이 성차별 없이 향유되어야 함을 명시하였다. 1966년 12월에 채택되어 1976년 3월에 발효한 「경제적·사회적·문화적 권리에 관한 국제규약」과 「시민적·정치적 권리에 관한 국제규약」은 성차별을 금지하는 조항과 각 규약에 보장된 권리가 남녀 동일하게 보장되어야 한다는 조항을 공통적으로 두었다. 「UN여성차별철폐협약」은 '여성에 대한 차별'을 "여성이 인권과 기본적 자유를 인식, 향유 또는 행사하는 것을 저해하거나 무효화하는 효과 또는 목적을 가지는 행위"라고 정의하였다.

한편, 우리나라의 「헌법」은 "모든 국민은 법 앞에 평등하다. 누구든지 성별·종교 또는 사회적 신분에 의하여 정치적·경제적·사회적·문화적 생활의 모든 영역에 있어서 차별을 받지 아니한다."는 조항(제11조 제1항)과 "여자의 근로는 특별한 보호를 받으며, 고용·임금 및 근로조건에 있어서 부당한 차별을 받지 아니한다."는 조항(제32조 제4항) 및 "혼인과 가정생활은 개인의 존엄과 양성의 평등을 기초로 성립되고 유지되어야 하며, 국가는 이를 보장한다."라는 조항(제36조 제1항)을 두고 있다. 「국가인권위원회법」은 성별, 임신 또는 출산 등을 이유로 한 차별행위를 평등권을 침해하는 행위로 규정하고 있다.

그런데 성차별의 피해자는 주로 여성이므로 성차별은 여성에 대한 인권침해의 대표적 행위가 된다.

2-2   성차별의 젠더폭력과 남녀평등에 관한 문제

1) 성차별의 젠더폭력에 관한 문제

젠더폭력이란 남녀불평등한 관계와 가부장제 사회문화에서 왜곡된 젠더(성에 관한 이해)에 기반하여 남성과 여성 사이에 발생하는 신체적·정신적·성적 폭력을 말한다.

젠더폭력은 1993년 12월 12일에 총회에서 만장일치로 채택된 UN의 「여성에 대한 폭력철폐선언」(Declaration on Violence against Women)에서 그 피해자의 절대다수가 여성이라는 사실을 감안하여 '여성에 대한 폭력'으로 표현되었다. 이 선언은 '여성에 대한 폭력'을 "공·사 모든 영역에서 여성에게 신체적·성적 혹은 심리적 손상이나 괴로움을 주거나 줄 수 있는, 성별에 기반한(gender-based) 폭력행위, 그리고 그러한 행위를 하겠다는 협박, 강제, 임의적인 자유 박탈"로 정의하고 그 대표적인 사례로 아내 구타, 여자아동에 대한 성학대, 성폭력, 성희롱, 인신매매 및 강제적 성매매 등을 제시하였다. 그리고 여성에 대한 폭력이 남녀간의 불평등한 힘의 관계를 단적으로 나타내고, 여성의 종속적 지위를 고착시키며, 여성의 인권과 기본적 자유를 침해하는 것이므로, UN의 「여성차별철폐협약」에서 말하는 여성차별에 해당됨을 선언하였다.

그러므로 성차별은 젠더폭력을 초래하는 원인이자 젠더폭력의 결과이다. 우리나라의 「국가인권위원회법」은 성희롱을 '평등권 침해의 차별행위'의 일종으로 규정하고 있다. 또한 성별을 이유로 발생한 폭력을 성차별에 포함시킨 국가인권위원회의 결정례들[2006.11.6 결정 06진차42, 2008.12.29 결정 08진차325 등]이 있다.

2) 성차별의 남녀평등에 관한 문제

1990년대 이후 국제기구의 남녀평등 관련 국제인권문서를 포함하여 국제사회의 법과 정책에서 널리 사용되고 있는 'gender equality'(남녀평등, 성평등, 양성평등, 젠더평등)의 개념은 단순히 성차별의 반대개념이 아니라 남녀가 성(sex, gender, sexuality)을 이유로 차별과 폭력, 소외와 편견을 받지 않고 인권을 동등하게 보장받는 한편, 여성의 고유한 모성기능을 존중하고 남녀의 사회참여의 차이를 고려·시정하며, 가정과 사회에 동등하게 참여하고 권한과 책임을 분담하여 평등·발전(상생)·평화의 이념이 구현되는 사회와 남녀관계를 이루는 것으로 정의할 수 있다.[11]

성차별은 개인의 존엄과 개성, 개인차를 무시하고 법이 추구하는 공정성, 합리성, 사회정의에 반하며 남녀불평등을 초래한다. 남녀평등을 실현하기 위한 가장 기초적인 과제는 성차별의 철폐이다.

2-3 **성차별의 사회발전과 경제발전에 관한 문제**

남녀평등은 인권의 향상뿐 아니라 민주주의를 발전시키고 사회통합을 촉

---

11) 김엘림(2009), 『남녀평등과 법』, 한국방송통신대학교출판부, 8면.

진시키며 여성인적자원을 계발·활용시켜 사회와 경제를 발전시키는 기능을 한다. 성차별은 인구의 반수를 차지하는 여성의 능력을 계발·발휘하지 못하게 하고 사회적 인력으로 활용되지 못하게 하여 개인·가정·사회·국가·인류의 발전을 저해한다.

UN의 「여성차별철폐협약」은 전문(前文)에서 "여성에 대한 차별은 권리평등 및 인간의 존엄성의 존중원칙에 위배되며, 여성이 남성과 동등한 조건하에 국가의 정치적·사회적·경제적 및 문화적 생활에 참여하는 데 장애가 되고, 사회와 가정의 번영과 증진을 어렵게 하며, 국가와 인류에 대한 봉사에 있어서 여성의 잠재력의 완전한 계발을 더욱 어렵게 함을 상기하고, …… 국가의 완전한 발전과 인류의 복지 및 평화를 위해서는 여성이 모든 분야에 남성과 평등한 조건으로 최대한 참여하는 것이 필요함을 확신하고……."라고 선언하였다.

이러한 점을 고려하여 많은 국가에서 21세기의 국가발전전략을 수립할 때 성차별적인 의식과 법과 관행, 사회문화를 해소하여 여성인적자원을 최대한 활용하는 것을 주요과제로 내세우고 있다.

제**2**장

법·판례·결정례의 기능과
성차별에 관한 반응

1. 법·판례·결정례의 기능과 작용

1-1 법의 의의와 기능

법이란 사회와 인간관계를 강제력을 가지고 규율하는 사회규범이다. 법은 가정과 사회, 사업장, 학교, 국가를 포함한 모든 조직의 운영원칙과 사회구성원의 권리·의무 및 지위와 행동기준을 정하고 그 정한 바에 따라 모든 조직과 구성원들로 하여금 행동하도록 하여 분쟁을 예방하고 인권을 보장하며 사회질서를 유지하는 기능을 가진다. 법에 어긋나는 행위는 효력이 없게 되거나 형벌이나 손해배상 등의 제재를 받을 수 있다.

그러므로 법은 남성과 여성 사이의 관계를 규율하여 그 관계와 지위에 큰 영향을 미친다. 그런데 법이 남녀관계를 규율할 때 당시의 사회질서와 남성과 여성에 관한 가치관을 반영한다. 사회질서와 남성관과 여성관이 변화하면 법도 변화하는 한편, 법이 변화하면 기존의 사회질서와 남녀관계에 변화가 초래된다. 즉, 가부장제 사회에서 만들어진 법은 남성중심적 사회질서와 여성에 대한 남성의 지배관계를 생성·유지하고 성차별을 정당한 것으로 간주하지만, 자유와 평등을 기본이념으로 하는 민주적인 사회에서 만들어진 법은 성을 이유로 한 차별과 폭력을 철폐하고 남녀평등한 사회질서와 남녀관계를 만들도록 기능한다. 이러한 점을 감안하여 가부장제 사회를 민주사회로 변화시키려는 사회운동은 법의 변화를 중요한 활동목표로 한다.

판례와 결정례의 의의와 기능

1) 판례와 결정례의 의의

판례와 결정례란 분쟁처리기관(권리구제기관)이 법을 해석·적용하여 분쟁 사건을 처리한 사례를 말한다. 권리구제기관이란 국민의 권리침해 여부가 문 제가 된 분쟁사건에 관하여 법을 해석·적용하여 위법행위의 유무를 조사· 판단하고 피해자의 침해된 권리를 회복시키며 분쟁사건을 처리하는 기관을 말한다.

분쟁처리기관 중 법원의 법관이 분쟁사건에 관하여 법을 해석·적용하여 위법행위의 유무를 조사·판단하고 분쟁처리를 판결한 사례를 판례라고 한 다. 법원을 제외한 분쟁처리기관(헌법재판소, 국가인권위원회, 노동위원회 등)이 분쟁사건에 관하여 법을 해석·적용하여 위법행위의 유무를 조사·판단하고 분쟁처리를 결정한 사례를 결정례라 하여 판례와 구분한다.

2) 판례와 결정례의 기능

판례와 결정례는 법에 의하여 분쟁처리권한을 부여받은 권리구제기관이 법을 해석하여 구체적인 사건에 적용한 사례이므로 법에 관한 유권해석으로 서의 기능을 가지며 유사한 분쟁사건에 관하여 조사·판단할 때 중요한 참조 자료가 된다. 그리고 피해자의 침해된 권리를 원상회복시키고 위법행위자에 게 제재를 하여 사회질서를 법에 따라 유지시키는 기능을 가짐과 아울러 법 이나 관행과 사회질서를 변화시키는 기능도 가진다. 성차별이나 성희롱, 성 폭력, 가정폭력 등에 관한 법규정들은 판례나 결정례를 참조하여 제정되거나 개정되는 사례들이 많다.

성차별에 관한 판결문과 결정문을 살펴보면, 분쟁의 당사자가 누구이며 분 쟁이 어떠한 곳에서 언제, 왜, 어떠한 형태로 발생하였는지를 파악할 수 있 다. 또한 분쟁처리기관(권리구제기관)이 어떠한 법을 어떻게 해석·적용하여 언제, 어떻게 분쟁을 판단·처리하였는지를 파악할 수 있고, 남성과 여성에 대하여 어떻게 인식하였는지도 알 수 있다. 그리고 분쟁처리기관의 판단·처리에 분쟁의 당사자와 관계기관이 어떻게 반응하였는지도 알 수 있다.

1-3 법·판례·결정례의 이상(理想)과 실제[1]

1) 법·판례·결정례의 이상

법은 다양한 가치관과 상반되는 이해관계를 가지는 사회구성원의 관계를 조화롭게 규율하여 사회질서를 유지하고 사회정의를 구현해야 하므로 공정성과 객관성, 합리성이 필수적으로 요구된다.

그리하여 민주국가에서는 법의 공정성·객관성·합리성을 확보할 수 있는 입법·사법·행정의 시스템을 마련하고 있다. 국가의 법은 주로 '국민의 대표자'인 국회의원들이 국회에서 발의, 의결하여 만들어지고 개정된다. 법의 적용은 주로 사법기관을 비롯한 '국민의 인권보장기관'(권리구제기관)이 사회구성원 사이에 분쟁이 발생한 경우에 공정하게 위법 여부를 판정하고 분쟁을 처리하며 피해자의 침해된 권리를 원상회복시키고 위법자에 대해 제재를 하여 이루어진다. 법을 적용하는 과정에 판사, 검사, 변호사 등의 법조인, 경찰 등이 개입한다. 법의 집행은 '국민 전체의 봉사자'인 공무원이 법에 근거하여 정책을 수립·집행하거나 사법기관이 법에 따라 사법절차를 집행하는 등의 방법으로 주로 이루어진다. 또한 법의 해석은 법학교수 등의 법률전문가들이 전문성을 가지고 법의 의미와 문제를 규명하며 대안을 제안하여 이루어지며, 이들의 법해석은 법의 형성·적용·집행에 영향을 미친다.

이와 같이 입법·사법·행정·법학은 국민의 대표자, 인권보장기관, 국민 전체의 봉사자, 전문가 등에 의해 이루어진다. 그리하여 전통법학은 법을 시대와 이해관계를 초월하여 남녀관계를 포함하여 모든 인간관계를 공정하고 객관적·중립적으로 규율하는 장치라고 인식한다.

---

1) 김엘림(2009), 5~7면.

2) 법 · 판례 · 결정례의 실제

그러나 법의 형성(입법) · 적용(사법) · 집행(행정)의 실제는 불공정하고 주관적이며 비합리적으로 이루어지는 경우가 많다. 그것은 법과 판례, 정책이 시대와 사람에 의해 이루어지기 때문이다.

법의 형성 · 적용 · 집행은 주로 (1) 당시의 정치 · 경제 · 사회 · 문화 등의 시대적 상황, (2) 입법 · 사법 · 행정을 담당하는 사람들의 가치관과 경험 · 입장, (3) 이해관계 당사자의 영향력(힘관계), (4) 국민의 의식과 여론이 어떠한가에 따라 크게 좌우되는 것이 현실이다. 이 네 가지 여건이 변화하면 법과 판례, 정책은 변화하게 된다. 그중 특히 입법 · 사법 · 행정 · 법학을 담당하는 사람들(대통령, 국회의원 등의 정치인, 판사와 검사, 변호사 등의 법실무자, 공무원, 법전문가 등)은 권한과 전문성을 가지고 법과 판례, 정책에 그들의 가치관과 경험, 입장, 이해관계를 반영함으로써 큰 영향을 미친다. 그러므로 어떠한 사람들이 입법 · 사법 · 행정을 담당하는가에 따라 법과 판례, 정책은 달라질 수 있다.

그런데 법의 역사가 시작될 때부터 정치와 입법 · 사법 · 행정 · 법학은 주로 남성이 담당하여 왔다. 이에 따라 법은 남성중심적인 가치관과 경험, 이해관계를 반영하여 형성되고 가부장적 질서를 유지하여 왔다.

2. 법·판례·결정례의 성차별에 관한 반응

2-1 여성차별의 불감시대

고대부터 중세까지는 물론이고 1789년에 프랑스에서 근대시민혁명이 성공하여 시민의 인권이 법으로 보장되기 시작하였을 때에도 여성은 가정 내에서 출산과 양육을 담당하는 자로서 존재해야 했고 정치와 사회의 참여는 제한당했으며 투표권과 재산권 등의 기본적 인권조차 부여받지 못했다.[2]

이 시대에 법이 여성이 처한 상황을 인권을 침해하는 성차별로 인식하지 못한 것은 입법·사법·행정·법학을 담당하는 사람들이 남성으로 편중되어 있었고, 남녀평등에 관한 인식이 부족하고 여성은 남성에 비해 열등하고 약한 자이며 사회활동보다 가사노동담당자·피부양자에 적합한 기질, 능력과 역할을 가진다고 보는 사회통념(전통적 성별역할분업관, 성별특질론)이 널리 형성되어 있었기 때문이다.

2-2 법·판례·결정례에 대한 여성들의 비판과 도전[3]

이와 같은 법의 여성차별에 대한 태도에 여성이 집단적으로 불만을 표현한 것은 시민혁명 후 형성된 근대법이 모든 사람의 인권을 보장하는 것이 아니라 남성의 인권을 보장한다는 것을 체험하였기 때문이다. 즉, 여성도 참여하였던 프랑스 시민혁명의 성공 후 선포된 「인간과 시민의 권리선언」은 모든 인간은 자유와 권리에 있어서 평등하고 기본적 권리로서 투표권, 재산권 등의 인권을 가진다는 것을 천명하였지만, 그러한 인권은 남성에게만 부여되었

---

2) 辻村みよ子·金城淸子(1992), 『女性の權利の歷史』, 岩波書店, 14~35면.
3) 辻村みよ子·金城淸子(1992), 35~89면; 김엘림(2009), 29~36면.

다.[4] 이에 여성작가이자 정치가인 올랭프 드 구즈(Olympe de Gouges)는 여성들의 항의를 집약하여 「여성시민의 인권선언」을 1791년에 발표하였다. 이 선언은 여성도 인간이므로 남성과 동등하게 인권을 가진다는 것을 주장하였다. 그 후 그녀는 정치적 반대파에 의해 처형당했다. 1773년에는 여성의 정치결사를 금지하는 법령이 공포되고, 1793년에는 질서가 회복될 때까지 모든 여성은 각자의 가정으로 돌아가야 하고 5명 이상의 여성이 거리에서 같이 모여 있는 것이 발견되면 무력으로 해산하고 명령에 따르지 않는 자는 체포한다는 「가정복귀령」도 공포되었으며, 1795년에는 여성만의 의회 방청과 여성의 정치적 집회에의 참가를 금지하는 법령이 공포되었다. 그 이유는 여성은 흥분하기 쉽고 수치심이 많으므로 정치에 필요한 능력이 없고 가정을 돌보는 것이 천직이라는 것이었다.

미국에서도 노예제 철폐운동에 참여한 여성운동가들이 당시 노예보다 여성에 대한 차별이 심하다는 경험을 하고 1848년에 뉴욕주의 세네카 폴즈(Seneca Falls)에서 집회를 열고 여성의 권리선언서인 「여성의 소신선언」(Declaration of Sentiment)을 발표하였다. 이 선언은 "인류의 역사는 남성이 여성 위에서 절대적인 전제를 확립하기 위하여 여성에 대한 남성의 과도한 권리침해와 횡포의 역사이다.", "모든 남녀는 평등하게 만들어져 조물주에 의하여 일정한 박탈당할 수 없는 권리를 부여받고 그중에는 생명, 자유 및 행복의 추구가 포함된다.", "남성은 여성에게 법을 지키라고 강요하지만, 그 법을 만드는 데에 여성의 목소리가 포함된 적이 없다. 법은 언제나 남성 우위에 근거하여 만들어졌고 권력을 남성의 손에 넘겨 주었다. 그러므로 법은 정당하지 못하다. 남성은 시민으로서의 가장 기본적 권리인 선거권조차 여성에게 허용하지 않았고 재산권, 직업을 가질 권리, 교육을 받을 권리 등을 억제하였다. 우리는 국민의 절반인 미국 여성에게 시민으로서 가져야 할 권리와 특권을 즉각 부여할 것을 주장한다."는 것을 천명하였다.

이러한 사건들을 계기로 여성이 주축이 되어 법의 개혁과 여성의 인권보장

---

4) 프랑스는 시민혁명 후 여성과 일정세금을 납부하지 아니한 서민남성, 유대인, 유색자유인, 식민지 노예 등을 능동시민이 아닌 수동시민으로 분류하여 투표권 등의 시민권을 인정하지 않았으나 여성을 제외한 사회적 소수자들에게는 점차 권리를 부여하여 적어도 19세기 중반에는 권리의 평등이 확립되었다(辻村みよ子·金城淸子(1992), 33~35면).

을 위한 운동이 전개되었다. 그러나 20세기 초반까지 여성은 일반적으로 투표권이나 계약체결권과 같은 완전한 시민권이나 정치권을 부여받지 못하였을 뿐 아니라 노예나 성매매를 위한 인신매매의 대상이 되었다. 민주주의 선진국이라고 하는 미국은 1920년에, 영국은 1928년에 여성에게 투표권을 부여하였고 시민혁명의 발상지인 프랑스는 남성에게 참정권을 부여한 때로부터 약 156년이 지난 1945년에 비로소 여성에게 참정권을 인정했다.

2-3   여성차별에 대한 법의 규제[5]

1) 국제기구의 여성차별철폐활동

여성에 대한 차별문제를 인권문제로 인식하고 국가들이 연대하여 대책을 강구하기 시작한 것은 제1, 2차 세계대전을 겪은 후 세계평화와 인류의 발전을 위한 국제기구로서 1945년 10월에 UN(국제연합)이 창설된 때부터 이루어졌다. UN은 인류의 반수를 차지하는 여성이 성차별로 사회참여를 통해 능력을 발휘하지 못하는 상황은 세계평화와 인류의 발전을 저해하는 중요한 요인이라고 지적하고 성차별의 철폐를 UN의 중요한 활동목적이라고 「UN헌장」에서 선언하였다. 그리고 여성의 인권문제에 관한 업무를 전담하는 특별기구(여성지위위원회)를 두고 여성에 대한 차별을 철폐하기 위한 다양하고 적극적인 활동을 하고 있다. ILO(국제노동기구)는 1919년에 창설되면서부터 「출산휴가협약」, 「여성의 야간근로금지협약」 등을 비롯하여 여성근로자의 보호를 위한 국제노동기준(협약과 권고)을 채택하였고, UN 창설 후에는 UN의 전문기구가 되면서 여성에 대한 차별철폐와 남녀고용평등을 위한 활동에 주력하고 있다.

---

5) Department of Public Information of UN(1995), *The United Nation and The Advancement of Women* 1945-1995, pp.3~676; ILO(1987), *Conditions of Work Digest*: *Women Workers-Protection or Equality*, Vol.6, No.2, 1~267; 國際女性の地位協會(編)(1992), 『女子差別撤廢條約 注解』, 尙學社; 淺倉むつ子(1991), 『男女雇用平等法論－イギリスと日本』, ドメス出版, 1~82면; 辻村みよ子·金城淸子(1992), 124~158면; 김엘림(2009), 35~63면.

이와 같은 국제기구의 여성차별철폐활동은 각 국가로 하여금 여성에 대한 차별을 금지하는 법들을 만들고 시행하도록 하였고 판례와 정책의 변화도 촉진시켰다. 국제기구와 각 국가의 법과 판례, 정책이 여성차별을 철폐하는 유용한 장치가 되는 변화를 촉진시킨 것은 여성의 시각과 경험으로 여성에 대한 차별과 폭력, 소외, 편견을 생성·조장하는 가부장제 사회의 문제를 드러내고 남녀평등한 사회와 남녀관계를 이루기 위한 대안을 모색하는 '여성주의'(feminism)에 기초한 다양한 활동이다.

2) 남녀평등과 여성보호에 관한 기본원칙

그런데 종래 법은 여성을 약자나 열등한 자, 가사노동담당자로 보는 여성관과 전통적 성별역할분업관(성별특질론)에 기초하여 여성의 투표권과 피선거권, 취업과 사회참여를 제한하고 남성보다 여성에게 낮은 임금을 주는 것을 용인하는 한편, 유해위험한 업무나 야간근로나 휴일근로에 여성의 취업을 금지하는 방식으로 여성을 특별보호하는 경향도 있었다. 근로여성에 대한 이러한 보호의 방식이 전통적 여성관을 강화할 뿐 아니라 여성의 취업이나 사회참여, 남녀평등의 실현에 불리한 결과를 초래한다는 비판이 점차 제기되었다. 그리하여 성차별을 금지하고 남녀평등을 추진하는 법을 만들 때나 성차별 여부가 문제가 된 분쟁사건에 관한 판결에 있어서 큰 쟁점이 된 것은 남녀를 법적으로 다르게 대우할 남녀 사이의 차이는 무엇인가, 남녀평등과 양립할 수 있는 여성보호의 방식은 무엇인가에 관한 문제이다.

UN과 ILO는 1975년을 '세계여성의 해'로 선포한 것을 계기로 남녀평등과 여성보호에 관한 논의들을 정리하고 기본원칙을 정립하여 UN의 「여성차별철폐협약」(1979년 12월 채택)과 ILO의 「가족책임을 가진 남녀근로자의 고용평등에 관한 협약」(1981년 6월 채택) 등의 국제문서에 반영시켰다. 그리고 UN은 1993년 12월에 「여성폭력철폐선언」을 채택하였고, '평등과 발전, 평화'를 모토로 하여 국가들의 정부대표와 여성대표들이 참가한 대규모 세계대회를 여러 차례 개최하여 남녀평등을 실현하기 위한 기본원칙과 행동강령을 마련하고 이를 각국의 법과 정책에 반영하도록 촉구하였다.

국제기구의 남녀평등과 여성보호에 관한 기본원칙과 행동강령의 요지는

다음과 같이 정리할 수 있다.[6]

(1) 전통적 성별역할분업관(성별특질론)의 해체

전통적 성별역할분업관(성별특질론)은 개개인의 특성을 고려하지 않고 남성 또는 여성을 성별에 따라 집단적으로 구분하고 평균적으로 평가하여 남성 중심적인 관점에서 남성과 다른 여성의 기질과 역할을 '열등한 것', '중요하지 않은 것'으로 간주한 것이다. 그리고 '여성답다', '남성답다'라는 성별에 따른 이중적 기준을 정형화시켜 이를 벗어난 남성 또는 여성을 비정상적인 사람으로 취급한다. 그런데 실제로 모든 남성이 강하고 논리적인 것은 아니며 모든 여성이 섬세하고 감정적이며 비논리적인 것은 아니다. 강하고 논리적이며 리더십이 강한 여성이 존재한다. 그러므로 이 기준은 합리성이나 타당성을 결여한다. UN의 「여성차별철폐협약」은 일방의 성이 열등 또는 우수하다는 관념 또는 남성과 여성의 고정적 역할에 근거한 편견, 관습 및 기타 모든 관행이 성차별의 근본요인이므로 가입국은 남성과 여성 사이에 완전한 평등을 달성하기 위하여 이를 철폐해야 하고 사회와 가정에서 여성뿐 아니라 남성의 전통적 역할에도 변화가 필요하다는 것을 명시하였다.

(2) 개인의 존엄과 남녀동등한 인권의 존중

남녀평등에 관한 국제인권문서는 개인의 존엄과 가치를 존중한다. 아울러 인권은 인간의 권리이고 여성은 남성과 동등한 인간이므로 남성과 여성은 인권을 동등하게 가진다는 사상을 기초로 한다.

UN의 「경제적·사회적 및 문화적 권리에 관한 국제규약」(A규약, 사회권 규약)과 「시민적·정치적 권리에 관한 국제규약」(B규약, 자유권 규약)은 성차별을 금지하고(제2조), 각 규약에 보장된 권리가 남녀동일하게 보장되어야 함을 규정하였다(제3조).

(3) 남성과 여성의 생리적·사회적 차이의 고려

남녀평등은 남녀 사이의 차이를 일체 무시하고 동일하게 대우하는 절대

---

6) 김엘림(2009), 10~15면.

적·형식적 평등이 아니라 남녀 사이의 차이를 고려하여 상대적·실질적 평등을 도모한다.

① 남성과 여성의 생리적 차이의 고려

여성과 남성의 본질적 차이는 여성이 남성에게는 없는 고유한 모성기능(임신, 출산, 수유)을 가지고 있는 생리적 특수성에 있다. 그러므로 남녀의 본질적 차이인 모성기능을 이유로 남녀를 다르게 대우하는 것은 실질적인 평등이념에 합치된다. 그런데 여성이 건강한 상태에서 임신, 출산, 수유하는 것은 여성은 물론 태아와 신생아의 건강보호를 위해서 필수적인 일이며, 건강한 인력을 가정·기업·사회·국가에 제공하는 사회적 기능과 중요성을 가진다. UN의 「여성차별철폐협약」과 「경제적·사회적 및 문화적 권리에 관한 국제규약」, ILO의 「모성보호협약」 등의 국제문서들은 모성기능으로 인해 여성이 불이익을 받아서는 아니 되며 모성보호는 국가적 차원에서 보호되어야 하고 모성보호의 비용은 국가의 재정 또는 사회보험에 의해 분담되어야 한다는 것을 기본원칙으로 하고 있다.

② 남성과 여성의 사회적 차이의 고려

남녀평등은 남녀 사이의 생물학적 차이뿐 아니라 사회적 차이도 고려한다. 오랜 세월 전통적 성별역할분업관에 기초하여 자녀양육이나 가족간호, 기타 돌봄의 일은 여성이 주로 담당해 왔는데 그 일에 대해 사회적·경제적 가치를 인정받지 못하였다. 이에 따라 여성은 남성에 비해 사회참여가 크게 지체되고 사회의 권력구조 밖에 존재해 왔다. UN의 「여성차별철폐협약」과 「북경행동강령」 등 국제인권문서는 남성과 여성의 사회참여의 현격한 격차를 해소하기 위해 가정에서의 돌봄노동에 남성이 참여하고 여성과 책임을 분담하며, 국가와 사용자는 돌봄노동을 하는 남녀가 직장생활 및 사회생활과 가정생활을 조화롭게 양립할 수 있도록 지원하는 조치와 아울러 차별과 편견 등으로 사회참여에 있어서 열세에 있는 특정 성(주로 여성)을 잠정적으로 우대하여 특정 성의 사회참여를 촉진함으로써 남녀평등을 실질적이고 효과적으로 실현하는 조치를 할 것을 촉구하였다.

(4) 실질적 평등의 도모

남녀평등을 실질적이고 효과적으로 실현하기 위해서는 남녀에게 기회를 동일하게 제공하는 데 그치지 아니하고 경쟁의 조건이 같아지도록 배려하는 조건의 평등과 남녀평등이 실제로 이루어지도록 하는 결과의 평등을 도모해야 한다. 육아와 돌봄노동에 남성이 참여하도록 하는 조치는 조건의 평등을 도모하기 위한 조치이며, 정당이 선거 후보를 공천할 때 일정비율을 여성에게 할당하도록 하는 조치는 결과의 평등을 도모하기 위한 조치이다. 그런데 여성은 인구의 반수를 차지하면서도 성차별과 젠더폭력의 주된 희생자일 뿐 아니라 전통적 성별역할분업관의 영향으로 사회참여에 있어서 남성과 같은 경쟁의 조건을 가지지 못하여 아직도 남성과 여성 사이에 현격한 격차가 있다. 그리하여 여성의 발전을 도모하는 것은 실질적 남녀평등을 이루는 데 필수불가결하다. UN이 1995년 제4차 세계대회에서 채택한 「북경행동강령」은 "여성의 발전과 남녀평등이 여성만의 문제가 아니라 인권의 문제이며, 사회 정의와 모든 인류와 사회의 평등·발전·평화를 위해 필요하고 기본적인 선행조건"임을 천명하였다.

(5) 성차별과 젠더폭력의 철폐

① 성차별의 철폐

UN은 1967년 12월에 「여성차별철폐선언」과 1979년 12월에 「여성차별철폐협약」을 채택하였다. 「여성차별철폐협약」은 「여성차별철폐선언」을 발전시켜 법적 구속력을 가진 국제인권문서로서 각 국가에게 모든 부문에서 법적으로나 관행 등에 의해 발생한 모든 형태의 여성차별을 철폐하기 위해 필요한 입법, 사법, 정책 등의 조치를 할 것을 촉구하였다. 이 협약에 기초하여 많은 국가에서 성차별을 규제하는 법제를 마련하였는데, 그 유형에는 성차별을 금지하는 법제, 동일노동뿐 아니라 실질적으로 차이가 없는 노동 또는 동일가치노동이라고 평가되는 노동에 종사하는 남녀근로자에 대하여 동일임금이 지급되도록 하는 법제, 성차별 피해자의 시정요구를 접수·조사하여 침해된 권리를 구제하는 법제, 잠정적으로 사회참여에 있어서 열세에 있는 특정 성에 대하여 사회참여를 촉진하도록 하는 법제 등 다양한 형태가 있다.

② 젠더폭력의 철폐

UN은 1993년 12월에 총회에서 「여성폭력철폐선언」을 만장일치로 채택하였다. 이 선언은 성희롱, 성폭력, 가정폭력, 강제적 성매매 등의 폭력의 피해자의 절대다수가 여성인 현실은 남녀간의 힘이 불평등하기 때문에 발생하고, 이러한 폭력은 여성의 종속적 지위를 고착시키며 여성의 인권과 기본적 자유를 침해하므로 「여성차별철폐협약」에서 말하는 여성차별에 해당된다는 것을 명시하였다. 그리고 이 선언은 국가가 폭력을 당한 여성의 권리침해를 조사하여 공정하고 효과적인 구제를 도모하며 가해자를 처벌하기 위한 형법상, 민법상, 노동법상, 행정법상 제도를 발전시킬 것과 여성폭력의 방지를 위해 조사, 처벌하고 법을 집행할 책임 있는 공직자에 대하여 여성의 입장을 이해하기 위한 훈련을 받도록 조치해야 하는 등의 책무를 하도록 하였다. 그런데 이러한 폭력은 주로 남녀불평등한 가부장제 사회문화에서 남성관과 여성관을 기초로 발생하며 남성에게도 발생하므로 젠더(gender)에 기반한 폭력행위라고도 일컬어진다.

(6) 성주류화에 의한 사회구조와 남녀관계의 변화

1980년대까지 남녀평등을 실현하기 위한 법과 정책은 여성의 차별과 빈곤 문제를 해소하기 위하여 여성을 대상으로 여성의 지위를 향상시키기 위한 특별조치들을 실시하는 데 초점을 두었다. 그 결과 여성의 지위는 어느 정도 향상되었지만, 남녀불평등한 사회구조와 남녀관계는 크게 변화되지 않았다. 이러한 경험을 바탕으로 남녀평등을 보다 효과적이고 실질적으로 이루기 위해서는 남녀불평등을 생성·유지시키는 사회구조의 근본적 변화가 필요하다는 공감대가 널리 형성되었다. 이를 배경으로 UN이 1995년에 채택한 「제4차 세계여성(북경)행동강령」은 '성주류화'(gender mainstreaming)를 새로운 남녀평등 실현전략으로 제시하였다. '성주류화'란 사회의 모든 분야와 정책의 계획과 운영에 여성의 참여를 촉진시켜 남성과 여성이 동등하게 참여하여 성별에 따라 다른 경험과 관점을 균형 있게 반영하고 권한과 책임을 분담하여 남성주류의 사회구조를 남녀평등하고 민주적으로 변화·발전시키는 방안을 의미한다.

(7) 평등 · 발전 · 평화의 이념 구현

'평등 · 발전 · 평화'는 UN이 개최하는 세계여성대회의 공통된 표어이자 지향목표이다. 평등 · 발전 · 평화의 이념은 차별과 폭력이 없는 사회, 남녀가 함께 가정과 사회에 참여하며 소통과 협력을 통해 상생의 발전을 이루는 사회에서 구현될 수 있다. 2001년 7월에 우리나라 여성부가 여성단체들과 협력하여 선포한 「21세기 남녀평등헌장」도 "우리는 차별이 사라진 평등한 사회, 폭력이 없는 평화로운 사회, 인권이 존중되는 민주사회를 지향한다."고 천명한 바 있다.

3) 우리나라의 동향[7]

우리나라 법 중 처음으로 '남녀평등'이란 용어를 명시한 법은 광복 후 미군정시대에 여성단체들과 대한여자국민당의 요구에 따라 1947년 11월 14일에 공포된 「공창제도폐지령」이다. 이 법령은 "일본 이래의 악습을 배제하고 인도(人道)를 창명하기 위하여 남녀평등의 민주주의적 견지에서" 정부가 관리하던 성매매업소인 공창(公娼)을 폐지한다고 하였다.

우리나라에서 최초로 성차별의 금지를 명시한 법은 1948년 3월 17일에 공포된 「국회의원선거법」이다. 이 법은 일정 연령에 달한 국민은 "성별 등에 관계없이" 선거권과 피선거권을 가진다고 규정함으로써(제1조) 여성도 참정권을 가질 수 있음을 최초로 명문화하였다.

우리나라에서 여성차별적인 법과 관습을 폐지하고 남녀평등을 실현하기 위한 법령이 발전되기 시작한 계기는 1948년 7월 17일에 국가의 기본법이자 최고법인 「헌법」이 제정 · 공포되고, 이 「제헌헌법」에 법 앞의 평등과 성차별 금지, 여성근로에 대한 특별보호, 혼인에서의 남녀동권이 명시된 이후이다. 그 후 「교육법」(1949.12.31), 「노동조합법」(1953.3.8), 「근로기준법」(1953.5.10)이 제정되면서 성차별을 금지하는 조항이 마련되었다. 또한 실질적 평등을

---

7) 김엘림 · 윤덕경 · 장영아(2001), 『20세기 여성인권법제사』, 한국여성개발원; 김엘림(2006), "광복 60년, 여성입법운동의 전개와 성과", 『여성과 역사』, 한국여성사학회, 26~44면; 김엘림(2008), "헌정 60년의 법과 여성의 관계", 『젠더법학』 제1권 제1호, 한국젠더법학회; 김엘림(2009), 8~15면.

도모하기 위하여 근로여성을 보호하는 법규정도 마련되었다.

한편, 남성과 여성의 다름을 강조하고 가정이나 사회에서 남성우위의 위계 질서를 당연시하는 가부장주의가 조선 후기에 정착되고, 일본제국주의에 의한 식민시대를 거치며 강고해져 우리 사회의 통념으로 유지되었다. 또한 민주법치국가의 역사와 경험이 매우 짧고 남성중심의 비민주적 정치·사회질서와 군사문화가 오랫동안 이어져 왔다. 그리하여 남녀평등의 실현을 위한 법령은 제대로 준수되지 않았고, 심지어 「헌법」의 남녀평등이념과 상충되는 여성차별적인 법령과 관행, 문화가 생성·유지되는 면도 있었다. 그 대표적인 법이 「가족법」(「민법」 제4편과 제5편)이다. 1958년 2월에 제정되고 1960년부터 시행된 이 법은 당시 「헌법」이 혼인에서의 남녀동권을 명시하고 있음에도 불구하고 법전편찬위원회가 우리 민족의 윤리와 역사적 전통을 중시해야 한다는 이유로 가부장적·유교적 가족제도와 관습에 기초하여 남계혈통의 가(家)를 직계비속남자가 계승하고 남성지배의 가족규율을 본위로 하는 호주제와 부계(父系)혈통 사이의 혼인을 무제한 금지하는 동성동본금혼(同姓同本禁婚)제도를 골격으로 하였다. 또한 친족범위, 친권과 상속 등에서 아버지, 남편, 아들, 장남에 비해 어머니, 부인, 딸, 특히 시집간 딸(출가외인)의 차별을 법제화하였다. 그 영향으로 남성의 권위를 중시하고 딸보다 아들을 선호하여 여성의 아들 생산을 의무화하는 통념은 더욱 강고해졌다.

그리하여 우리나라에서 남녀평등과 여성인권을 존중하는 법과 사회질서를 이루기 위한 입법을 추진하는 입법운동은 먼저 여성을 차별하는 「가족법」의 개정운동을 중심으로 시작되었다. 1980년대부터는 「헌법」 개정청원활동과 여성노동 관련 법개정운동이 전개되기 시작하였고, 1990년대부터는 여성폭력을 방지하고 피해자를 보호하기 위한 특별법제·개정운동, 여성정책을 전담할 행정기구의 설립추진활동과 여성정책의 기본법인 「여성발전기본법」 제·개정을 위한 다양한 입법활동이 이루어졌다. 이러한 입법활동은 여성단체들과 법전문가들이 협력하여 입법안을 마련해서 입법발의권한이 있는 정부와 국회에 제공하고 국민들에게 입법취지에 대하여 설명하고 공감대를 형성하기 위한 세미나와 집회의 개최, 입법서명운동 등의 다양한 활동을 하는 방식으로 주로 이루어졌다.

여성주의 권리구제활동도 여성차별 등의 여성인권침해를 방지하는 입법이 이루어지는 데 중요한 역할을 하였다. 여성주의 권리구제활동이란 여성의 권리를 보장한 법이 준수되지 않아 피해를 입은 여성의 침해된 권리를 회복하기 위해 법원, 검찰 등의 권리구제기관에 진정, 고소·고발, 소송, 법률구조를 통해 문제를 해결하려는 제반활동을 말한다. 이러한 활동은 성과 관련하여 차별이나 희롱, 폭력 등을 당한 피해여성들이 문제를 제기하고 여성단체들과 노동단체들, 법률구조기관 그리고 인권변호사들과 법학교수 등의 법전문가들이 연대하여 피해자의 법정투쟁활동을 지원하면서 여성인권침해 현실을 사회적으로 이슈화시켜 국민의 공감대를 넓히는 방식으로 추진되었다. 1983년 1월 여성교환원에 의해 제기된 여성차별적 정년무효확인소송사건에 대해 여성단체, 노동단체 등이 후원회를 조직하고 인권변호사들이 무료변론을 하여 원고승소를 이끌어냈을 뿐 아니라 여성차별적 정년을 규정한 법제도를 폐지시키는 결실을 이룬 일이 대표적인 사례이다. 또한 이 사건에 관한 소송이 진행되는 가운데 미혼여사원이 교통사고를 당해 근로를 계속 할 수 없게 되자 가해 택시회사를 상대로 제기한 손해배상청구사건에서 서울지방법원이 1985년에 여성결혼퇴직제를 전제한 판결을 내리자 여성단체들과 여성주의 전문가들이 연대하여 여성조기정년제 철폐운동을 전개하였고 원고에게 항소하도록 지원하여 1986년에 원고가 승소판결을 받은 사례도 여성권리구제활동의 대표적 사례로 들 수 있다. 여성들은 이러한 여성차별사례와 여성권리구제활동 등을 통해 「헌법」과 「근로기준법」이 여성차별을 금지하고 있어도 너무나 추상적이고 포괄적이라 노동현장에서 실제로 여성차별사건이 발생했을 때 적용되지 못하는 문제와 여성차별분쟁을 처리하는 소송절차가 복잡하고 비용과 시간이 많이 드는 문제를 체감하였다. 그리하여 「남녀고용평등법」을 만들어 보다 구체적이며 효과적으로 고용의 모든 과정에서 성차별을 금지하고 신속, 간편하고 비용이 들지 않게 성차별을 분쟁처리할 수 있는 제도를 만들 것을 요구하였다.

한편, 1980년대부터 우리나라에서 여성차별 등의 여성인권침해를 규제하는 법이 제·개정되는 일들이 많아진 데에는 여성주의 입법운동과 여성권리구제활동 외에도 정부의 여성정책 패러다임의 변화와 한국여성개발원(현 한국여성정책연구원)의 여성입법방안연구들과 여성들의 국회와 정부에의 진출확대도 주요한 요인이라 할 수 있다. 정부는 1980년부터 종래 미혼모, 모자가정, 저임금층의 미혼여성근로자 등을 주된 대상으로 하는 부녀복지정책에서 모든 여성에 대한 성차별적인 법과 관습이나 관행, 정책을 개선하고 여성의 능력개발향상 및 인력활용, 사회참여 확대를 통해 국가발전을 도모하는 여성정책으로 정책의 패러다임을 변화시켰다. 아울러 여성들의 청원을 반영하여 세계에 유례없이 정부가 재정지원을 하는 여성문제연구 전담기구인 한국여성개발원을 1983년 4월에 설립하였다. 이 기구는 여성법제연구팀을 조직하여 여성인권과 남녀평등실현을 위한 다양한 입법방안연구를 하였는데 이 연구들은 여성단체, 법전문가, 정부와 국회 등의 여성주의 입법활동에 중요한 참조자료로 활용되었다.[8]

이와 같은 입법여건의 조성으로 성차별을 금지하는 법을 포함하여 남녀평등을 위한 다양한 입법이 1980년대 이후에 마련되었다.

그중 여성차별을 규제하는 대표적인 법은 「헌법」과 「남녀고용평등법」이다. 「헌법」은 모든 법과 정책, 판례의 근거가 되는 국가의 기본법이자 최고법으로 1980년 10월 27일에 개정된 제5공화국 「헌법」은 여성계의 의견을 반영하여[9] "혼인과 가족생활은 개인의 존엄과 양성의 평등을 기초로 성립되고 유지되어야 한다."는 조항을 신설하였다. 이 입법은 우리나라 「가족법」의 기본방향을 명확하게 정립한 의의가 있다. 또한 1987년 10월 27일에 공포되고 1988년 2월 25일 효력이 발생한 제6공화국 「헌법」도 여성계의 의견을 반영하여[10] 다른 나라의 「헌법」보다 여성권익향상과 남녀평등을 위한 다양한 조

---

8) 이은영 교수는 "여성개발원이 설치되어 이곳에서 법여성학연구를 전담하는 법률가가 생기게 된 것도 법여성학의 개척에 큰 도움을 주었다. 이들은 주로 정책적 연구를 담당하였으며 특별법의 분야에서 새로운 제도를 신설하기 위한 각론적 연구에 집중하였다. 1980년대 이후 여성 관련 특별법의 제정과 개정에는 이들의 연구가 큰 도움이 되었다."라고 평가하였다(이은영(2004), "한국여성관련법의 변천과 법여성학의 전개", 『가지 않은 길, 법여성학을 향하여』, 사람생각, 양현아 편, 3면).
9) 한국여성유권자연맹은 우리나라 최초의 여성헌법학자인 윤후정 교수 등 여성법학자들이 참여한 '헌법연구위원회'를 만들고 "양성은 본질적으로 평등하며 성에 의해 가정이나 직장에서 차별받지 아니한다."는 조항의 신설과 권력구조의 개편안을 담은 「헌법」 개정안을 마련하고 그 관철을 위해 노력하였다(한국여성유권자연맹(2000), 『여성유권자운동과 정치발전』, 194~221면).
10) 한국여성단체연합은 토론회를 개최하고 「여성이 바라는 민주헌법에 대한 우리의 견해」라는 입법의견서를 발표하였다. 한국여성개발원도 「여성의 권익향상을 위한 헌법개정의견서」를 작성하여 여·야 여성의원들과 언론에 대해 설명회를 개최하고, 정부와 국회 등 각계에 제출하였다.

항을 보유하게 되었다. 이에 따라 「헌법」의 "혼인과 가족생활은 개인의 존엄과 양성평등에 기초하여 성립되고 유지되어야 한다."는 조항(제36조 제1항)에 "국가는 이를 보장한다."는 문구가 삽입되었다. 또한 "여자의 근로는 특별한 보호를 받으며, 고용·임금 및 근로조건에 있어서 부당한 차별을 받지 아니한다."라는 조항(제32조 제4항)이 신설되었다.[11] 아울러 "국가는 여자의 복지와 권익향상을 위해 노력하여야 한다."는 조항(제34조 제4항)과 "국가는 모성의 보호를 위해 노력하여야 한다."는 조항(제36조 제2항)도 신설되었다. 이러한 「헌법」의 개정은 모든 법령을 남녀평등하게 정비하는 헌법적 근거를 마련한 점에서 입법의의가 크다.

1987년 12월 4일에 우리나라 최초로 남녀고용평등을 도모하는 단행법으로서 제정된 「남녀고용평등법」은 「근로기준법」의 남녀평등대우조항이 적용되지 않는 모집·채용단계를 포함하여 교육, 배치, 승진, 정년에서의 여성차별과 여성의 결혼, 임신, 출산퇴직제를 명시적으로 금지하였다. 또한 여성을 위한 육아휴직제도와 육아시설에 관한 조항과 행정기구가 성차별분쟁처리를 조정으로 신속히 처리하는 제도도 마련하였다. 이 법의 시행 후, 여성들이 고용상의 성차별에 대해 고소·고발하거나 소송을 제기하는 사건들이 늘어났다.

2-4 성차별에 대한 법의 규제

1990년대 후반에는 성차별금지법이 여성에 대한 차별만이 아니라 남성에 대한 차별도 규제해야 평등권에 합치된다는 논의가 많이 이루어졌다. 우리나라에서도 1999년 2월에 제정된 「남녀차별금지 및 구제에 관한 법률」은 남성과 여성에 대한 성차별과 성희롱을 금지하였다. 「남녀고용평등법」은 2001년 8월에 전면 개정될 때, 여성에 대한 차별금지규정들을 남녀에 대한 차별금지

---

11) 「제헌헌법」 이래 "여자와 소년의 근로는 특별한 보호를 받는다."는 조항이 존치되어 왔으나 여성에게 고유한 모성기능에 기초한 '여자의 근로에 대한 특별보호'가 신체적·정신적 약자인 '연소자의 근로에 대한 특별보호'와는 다르다는 이유로 여자와 소년의 보호규정을 분리하는 한편, 여성의 고용차별을 해소하고자 하는 취지로 이루어진 것이다.

규정으로 변경시켰다. 다만, 여성을 모집·채용할 때 직무수행과 관계없는 용모를 기준으로 하는 것을 금지한 규정과 여성이 혼인·임신하면 퇴직한다는 내용의 근로계약을 체결하는 것을 금지한 규정은 여성에 대한 오랜 그리고 아직도 만연해 있는 성차별적 관행을 해소하려는 입법취지가 있기 때문에 존치시켰다. 그리고 여성에 대한 육아휴직규정이 남녀근로자를 적용대상으로 하는 규정으로 변경되었다. 그 후 이 법은 근로자의 육아지원조치들이 강화되면서 2008년 7월부터 「남녀고용평등과 일·가정 양립지원에 관한 법률」로 명칭이 변경되었다. 또한 「모자복지법」은 2003년 6월 19일부터 「모·부자복지법」으로 변경되었고, 2008년 1월 1일부터는 「한부모가족지원법」으로 변경되었다. 그리고 2005년 3월 말의 개정으로 「가족법」상의 여성차별규정들이 거의 삭제되었고 2007년 12월 21일의 개정으로 약혼과 혼인의 최저연령이 '남자 18세 이상, 여자 16세 이상'에서 '남녀 모두 18세 이상'으로 개정되었다. 2007년 7월 23일에는 「국민연금법」의 유족보상연금 수급권자의 1순위가 처에서 부부로 변경되었다. 이러한 입법례들은 남녀평등권과 관련하여 논란이 되어 온 남녀차등규정이 남녀동일규정으로 변경된 사례이다.

또한 2000년대에 남성들이 헌법재판소와 국가인권위원회 등에 여성에 비해 남성에게 불리하게 대우하는 법이나 정책, 조치에 대하여 남성차별이라고 주장하며 헌법소원을 제기하거나 시정을 요구하며 진정을 하는 사례들이 발생하였다. 얼굴 흉터에 대하여 여성보다 남성에게 보상을 적게 하는 법규에 대한 진정과 남성만이 병역의무를 부담하게 하는 「병역법」에 대하여 위헌확인을 구하는 헌법소원심판을 청구한 사건들이 대표적 사례이다.

이와 관련하여 2000년대 이후 여성주의 법학(법여성학)의 연구대상과 방법에도 변화가 생겼다. 여성주의 법학이란 여성의 경험과 시각으로 가부장적 사회에서 생성된 법과 법실무·법학의 여성에 대한 영향과 문제를 규명하고, 여성문제의 해결과 남녀평등한 사회를 실현하기 위한 법이론과 법실무방안을 모색하는 연구를 말한다. 이는 차별과 폭력 등으로 여성을 억압시키는 가부장적 사회구조와 법의 문제를 드러내고 여성인권의 보장과 남녀평등을 현대 법질서의 기본원칙으로 확립시키는 데 기여하였다. 그러나 한편 그 용어로 인해, 그리고 '여성의 시각이나 경험'을 강조함으로써 여성들만 참여하고 여성만을 위한 것으로 오인되고 남성들의 관심과 참여를 저조하게 하며, 가부장제의 성별역할분업관(특질론)에 의해 피해를 받는 남성과 성적 소수자의 문제를 경시한다는 비판을 받고 있다. 그리하여 2000년 이후에 미국과 일본에서는 여성주의 법학의 이념과 특성을 계승하되, 법과 법실무·법학을 분석하는 시각과 논의의 범위와 대상을 여성에서 성에 관한 이해와 태도를 의미하는 젠더로 넓혀 '젠더법학'으로 발시키고 있다. 젠더법학이란 법과 법실무·법학의 성에 관한 이해와 태도(젠더)를 분석하여 문제를 규명하고, 모든 사람이 성과 관련한 차별과 폭력·편견을 받지 아니하며, 개인의 존엄과 인권을 존중받고 평등하며 상생의 발전을 하고 평화로운 사회와 인간관계를 구현하기 위한 법이론과 법실무 방안을 모색하는 연구라고 정의할 수 있다. 젠더법학은 연구대상을 여성만이 아니라 가부장적 사회에서 발생된 젠더의 피해자로 하고, 이에 따라 여성억압의 원인을 규명하고 문제해결을 위해 기존의 정치·사회·경제·문화의 구조적 변화를 도모하는 다양한 사상체계이자 사상을 실현하려는 여성주의와 여성주의를 연구하고 각 분야에 실행시키려는 여성학뿐 아니라 남성학에도 관심을 가진다. 그러나 여전히 성별과 관련한 차별과 폭력, 편견의 피해자는 여성이기 때문에 여성의 인권보장과 젠더(성) 평등의 실현을 주요목표로 한다.[12]

---

12) 김엘림(2013), "젠더법학에 관한 고찰", 『젠더법학』 제4권 제2호, 한국젠더법학회.

제**2**부

성차별 관련
분쟁처리기관과 판례·결정례의
유형별 특성

제1장

개관

1. 성차별 관련 분쟁처리기관의 종류

　성차별 관련 분쟁처리기관(또는 권리구제기관)이란 성차별과 관련하여 분쟁이 발생한 경우에 사실관계를 조사하여 성차별 여부를 판단하고 성차별 피해자의 침해된 권리를 회복시켜 주고 분쟁을 처리하는 기관을 말한다.

　광복 후 2012년까지 성차별 관련 분쟁처리기관은 7개 기관이 있었다. 사법기관인 법원과 헌법재판소, 비사법기관인 국가인권위원회와 노동위원회, 현재는 존재하지 않는 3종의 성차별 분쟁전문처리기관[1](고용문제조정(고용평등)위원회, 대통령직속 여성특별위원회, 남녀차별개선위원회[2])이 그것이다.

　성차별 관련 분쟁처리기관들의 근거법과 가동기간을 도표로 정리하면 〈표 1〉과 같다.

　1) 법원은 사법절차에 의한 권리구제기관으로서 1946년부터 지금까지 가동하고 있으며, 「헌법」과 「법원조직법」이 제정된 이후에는 그에 따라 운영되고 있다.

　2) 노동위원회는 「노동위원회법」에 근거하여 부당해고, 부당전직, 부당징계, 부당노동행위 등에 관한 노사분쟁을 전문적으로 처리하는 행정기관으로서 1953년 3월부터 가동하고 있다.

---

1) 1996년 7월에 정무장관(제2)실 소속하에 성차별개선위원회가 설치된 적이 있다. 「여성발전기본법」과 그 시행령은 이 위원회가 각종 법·제도, 행정조치 및 관행 등에 나타나는 여성에 대한 차별을 시정하고 여성의 발전을 도모하기 위하여 1. 개인 또는 단체로부터 접수된 남녀차별사례, 2. 남녀차별사례의 조사의 결과 위법·부당한 행위 등에 대한 시정방안, 3. 남녀차별적인 법·제도 및 운영의 개선에 관한 사항, 4. 기타 여성발전을 도모하기 위한 사항에 관한 조사·연구·심의를 담당하도록 하였으나 실제로 분쟁처리의 절차를 갖추지 못했고 실적도 없다.

2) 1999년 2월 8일에 「남녀차별금지 및 구제에 관한 법률」이 제정되면서 성차별개선위원회가 폐지되고, 남녀차별개선실무위원회가 1999년 7월에 설치되었다. 이 위원회는 이 법률에 의한 남녀차별개선사무를 전담하고, 성차별과 성희롱에 관한 진정을 처리하여 피해자의 권익을 보호하는 것을 업무로 하였다. 그러나 실제로 분쟁을 처리한 실적은 없었는데 2001년 1월 29일에 여성부가 설치되면서, 남녀차별개선실무위원회의 명칭은 남녀차별개선위원회로 변경되고 조직과 업무가 확대되었다.

〈표 1〉 성차별 관련 분쟁처리기관의 종류

기관명	근거법	가동기간
법원	「헌법」, 「법원조직법」	1946년~현재
노동위원회	「노동위원회법」	1953.3.1~현재
헌법재판소	「헌법」, 「헌법재판소법」	1988.9.1~현재
고용문제조정위원회 (고용평등위원회)	「남녀고용평등법」	1988.4.1~2006.2.28 (1995.8.4 고용평등위원회로 명칭 변경)
대통령직속 여성특별 위원회	「남녀차별금지 및 구제 에 관한 법률」	1999.2.28~2001.1.28
남녀차별개선위원회		2001.1.29~2005.6.23
국가인권위원회	「국가인권위원회법」	2001.11.25~현재

3) 헌법재판소는 「헌법」과 「헌법재판소법」에 근거한 특별재판기관으로서 1988년 9월부터 가동되고 있다.

4) 고용문제조정위원회는 「남녀고용평등법」에 근거하여 1988년 4월부터 가동되었다가 1995년 8월 4일의 법개정에 의해 고용평등위원회로 명칭이 변경되었는데, 차별사건의 시정신청처리를 국가인권위원회로 일원화한다는 정책에 의해 2006년 3월 1일에 폐지되었다. 이하 '고용평등위원회'로 칭한다.

5) 대통령직속 여성특별위원회(이하 '여성특별위원회'라 한다)는 「남녀차별금지 및 구제에 관한 법률」에 근거하여 1999년 2월 28일부터 가동되었는데 2001년 1월 29일에 여성부가 신설되면서 폐지되고 그 업무는 남녀차별개선위원회로 이관되었다.

6) 남녀차별개선위원회는 「남녀차별금지 및 구제에 관한 법률」에 근거하여 여성부 소속기관으로 2001년 1월 29일부터 성차별과 성희롱에 관한 분쟁처리를 전담하였는데, 차별사건의 시정신청처리를 국가인권위원회로 일원화한다는 정책에 의해 2005년 6월 23일에 폐지되었다.

7) 국가인권위원회는 「국가인권위원회법」에 근거한 인권보장기구로서 2001년 11월 25일부터 가동되고 있는데 인권침해행위와 차별행위, 성희롱행위에 대한 권리구제업무를 하고 있다.

민주법치국가에서는 3권(행정권, 입법권, 사법권) 분립의 원칙에 의하여 권리구제는 사법기관이 담당하는 것이 원칙이다. 그런데 사법기관의 소송을 통한 권리구제는 대체로 시간과 비용이 많이 들고 절차가 복잡해 국민이 활용하기가 쉽지 않다. 이러한 문제를 감안하여 분쟁처리와 권리구제를 신속·간편하고, 무료로 처리하기 위하여 전문행정기관(고용문제조정(고용평등)위원회, 대통령직속 여성특별위원회, 남녀차별개선위원회, 노동위원회 등)과 국가인권위원회에 의한 권리구제제도들이 마련된 것이다.

2. 성차별 관련 판례·결정례의 건수와 유형

2-1 성차별 관련 판례·결정례의 총 건수

광복 후부터 2012년까지 성차별과 관련하여 국민이 진정하거나 소송을 제기한 사건에 대하여 〈표 1〉에서 제시한 7종의 분쟁처리기관이 판결하거나 결정한 사례를 조사하여 총 304건이 수집되었다. 이 건수에는 분쟁처리기관들이 판결 또는 결정하기 전에 당사자 사이에 화해를 종용하거나 조정하여 사건이 마무리된 경우는 포함되지 않았다. 또한 판결·결정의 시일이나 내용이 명확하지 않은 것도 제외되었다. 다만, 고용평등위원회가 제시한 조정안을 분쟁사건 당사자가 수락하여 조정이 성립한 사례 5건은 포함되었고, 조정이 불성립하거나 조정신청이 취하된 사례는 포함되지 않았다.

총 304건의 판례·결정례를 분쟁처리기관별로 분류해 보니, 〈표 2〉에서 보는 바와 같이 법원의 판례가 152건(50.0%)으로 반수를 차지하였다. 두 번째로 많은 것은 국가인권위원회의 결정례로 62건(20.4%)이다. 그 다음은 남녀차별개선위원회 37건(12.2%), 노동위원회 22건(7.2%), 여성특별위원회 14건(4.6%),

<표 2> 분쟁처리기관별 성차별 관련 판례·결정례의 건수

	법원	국가인권위원회	노동위원회	헌법재판소	성차별 분쟁전문처리기구				총계
					남녀차별개선위원회	여성특별위원회	고용평등위원회	소계	
건수 (건)	152	62	22	12	37	14	5	56	304
비율 (%)	50.0	20.4	7.2	4.0	12.2	4.6	1.6	18.4	100

헌법재판소 12건(4.0%)의 순이었다. 고용평등위원회의 조정성립례가 5건 (1.6%)으로 가장 적었다. 폐지된 3종의 성차별 분쟁전문처리기구가 처리한 분쟁건수는 총 56건으로 전체의 18.4%를 차지하였다.

이러한 판례·결정례의 건수와 비율이 분쟁처리기관별로 차이가 나는 주요한 이유는 각 기관의 사건처리의 범위와 가동기간의 차이에 있다. 법원은 약 66년간, 국가인권위원회는 약 11년, 남녀차별개선위원회는 약 4년 5개월, 여성특별위원회는 약 2년간 가동하였다. 헌법재판소는 약 24년, 노동위원회는 약 59년 가동하였으나 분쟁처리의 대상이나 범위가 다른 기관에 비해 상당히 제한되어 있다.

각 분쟁처리기관의 성차별 관련 분쟁사건처리의 특성을 보다 심도 있게 분석하기 위해 시대별, 분야별, 대상별과 성차별 인정여부별로 판례와 결정례의 건수를 도표로 정리하면 〈표 3〉, 〈표 4〉, 〈표 5〉, 〈표 6〉, 〈표 7〉과 같다.

〈표 3〉 분쟁처리기관별 · 시대별 성차별 관련 판례 · 결정례의 건수

| 연대 | 법원 | 국가
인권
위원회 | 노동
위원회 | 헌법
재판소 | 성차별 분쟁전문처리기구 | | | | 총계 | |
					남녀 차별 개선 위원회	여성 특별 위원회	고용 평등 위원회	소계	건수 (건)	비율 (%)
1940	4	0	0	0	0	0	0	0	4	1.3
1950	1	0	0	0	0	0	0	0	1	0.3
1960	2	0	0	0	0	0	0	0	2	0.7
1970	0	0	0	0	0	0	0	0	0	0.0
1980	7	0	0	0	0	0	0	0	7	2.3
1990	25	0	19	2	0	3	4	7	53	17.4
2000	113	62	3	10	37	11	1	49	237	78.0
총계	152	62	22	12	37	14	5	56	304	100

〈표 4〉 분쟁처리기관별 · 분야별 성차별 관련 판례 · 결정례의 건수

| 분야 | 법원 | 국가
인권
위원회 | 노동
위원회 | 헌법
재판소 | 성차별 분쟁전문처리기구 | | | | 총계 | |
					남녀 차별 개선 위원회	여성 특별 위원회	고용 평등 위원회	소계	건수 (건)	비율 (%)
가족	35	0	0	4	0	0	0	0	39	12.8
고용	105	25	22	1	28	9	5	42	195	64.2
사회 보장	1	7	0	1	0	0	0	0	9	3.0
재화 등	5	12	0	0	7	5	0	12	29	9.5
교육 · 문화	0	14	0	0	2	0	0	2	16	5.3
형사	6	0	0	2	0	0	0	0	8	2.6
군사	0	4	0	4	0	0	0	0	8	2.6
총계	152	62	22	12	37	14	5	56	304	100

〈표 5〉 분쟁처리기관별 · 남녀대상별 성차별 관련 판례 · 결정례의 건수

| | 법원 | 국가인권위원회 | 노동위원회 | 헌법재판소 | 성차별 분쟁전문처리기구 | | | | 총계 | |
					남녀차별개선위원회	여성특별위원회	고용평등위원회	소계	건수(건)	비율(%)
여성	142	45	22	5	35	14	5	54	268	88.2
남성	10	17	0	7	2	0	0	2	36	11.8
총계	152	62	22	12	37	14	5	56	304	100

〈표 6〉 분쟁처리기관별 · 여성차별 인정여부별 판례 · 결정례의 건수

| 여성차별 | 법원 | 국가인권위원회 | 노동위원회 | 헌법재판소 | 성차별 분쟁전문처리기구 | | | | 총계 | |
					남녀차별개선위원회	여성특별위원회	고용평등위원회	소계	건수(건)	비율(%)
인정	77	39	16	5	22	8	5	35	172	64.2
불인정	65	6	6	0	13	6	0	19	96	35.8
총계	142	45	22	5	35	14	5	54	268	100

〈표 7〉 분쟁처리기관별 · 남성차별 인정여부별 판례 · 결정례의 건수

| 남성차별 | 법원 | 국가인권위원회 | 노동위원회 | 헌법재판소 | 성차별 분쟁전문처리기구 | | | | 총계 | |
					남녀차별개선위원회	여성특별위원회	고용평등위원회	소계	건수(건)	비율(%)
인정	1	10	0	1	0	0	0	0	12	33.3
불인정	9	7	0	6	2	0	0	2	24	66.7
총계	10	17	0	7	2	0	0	2	36	100

2-2 시대별 성차별 관련 판례 · 결정례의 건수

〈표 8〉 **시대별 성차별 관련 판례 · 결정례의 건수**

	1948년 7월 전	「헌법」 제정 후						총계
		1950년대	1960년대	1970년대	1980년대	1990년대	2000년대	
건수(건)	4	1	2	0	7	53	237	304
비율(%)	1.3	0.3	0.7	0.0	2.3	17.4	78.0	100

1) 성차별 관련 판례 · 결정례 304건을 시대별로 분류하면 〈표 3〉과 〈표 8〉에서 보는 바와 같이 1948년 7월 17일에 「헌법」이 제정 · 공포되기 전(美軍政期)에 4건(1.3%)이 있었다. 「헌법」이 제정된 후에는 1950년대에 1건(0.3%), 1960년대에 2건(0.7%), 1980년대에 7건(2.3%), 1990년대 53건(17.4%), 2000년대에 237건(78.0%)으로 많아졌다.

이러한 결과는 1980년대부터 성차별을 금지하는 법들이 만들어지기 시작하여 1990년대를 거쳐 2000년대에 양적으로나 질적으로 발전하였고, 이에 따라 다양한 성차별 관련 분쟁처리기관이 가동하였던 시대적 배경에서 피해 여성들과 여성단체, 노동단체들, 여성주의자들이 이러한 기관들을 활용하여 성차별문제를 제기하고 인권을 보장받으려는 권리구제활동을 적극적으로 펼친 데 따른 것이다.

그런데 1970년대에는 성차별 관련 판례 · 결정례가 1건도 없었고 남녀평등에 관한 입법도 없었다. 그것은 그 시대가 군사정권이 집권하여 고도경제 성장을 추구하기 위해 광복 이후 발전의 싹을 보이던 민주주의와 노동, 남녀평등과 여성근로보호에 관한 법제가 사실상 시행되지 못하는 정치 · 경제 · 사회적 상황이었고 또한 당시 성차별의 철폐보다는 열악한 근로조건의 개선 등이 노동운동, 여성운동의 당면과제였기 때문인 것으로 추정된다.

2) 성차별 관련 판례 · 결정례 304건을 분쟁처리기관별 · 시대별로 살펴보면 〈표 3〉에서 보는 바와 같이, 광복 후 1980년대까지는 법원의 판례 14건만 있었다. 즉, 1940년대에는 4건, 1950년대에는 1건, 1960년대에는 2건, 1980년대에는 7건의 판례만 있었다. 1990년대부터 분쟁처리기관이 다양해짐에 따라 결정례의 건수가 점차 많아졌다. 1990년대에는 법원의 판례가 25건, 노

동위원회의 결정례가 19건, 고용평등위원회의 결정례가 4건, 여성특별위원회의 결정례가 3건, 헌법재판소의 결정례가 2건이 있었다. 2000년대에는 법원의 판례가 113건으로 늘어났고, 국가인권위원회가 신설되어 62건의 결정례를 만들었다. 또한 남녀차별개선위원회도 신설되어 37건의 결정례를 만들었다. 그 외 여성특별위원회의 결정례도 11건으로 늘어났다. 반면, 노동위원회의 결정례는 3건으로, 고용평등위원회의 결정례는 1건으로 줄어들었는데 그 이유는 이 기관들의 분쟁처리대상이나 처리방법, 활용도가 다른 분쟁처리기관들에 비해 상당히 적은 데 있다.

2-3 분야별 성차별 관련 판례 · 결정례의 건수

〈표 9〉 **분야별 성차별 관련 판례 · 결정례의 건수**

	고용	가족	재화·용역·시설	교육·문화	사회보장	형사	군사	총계
건수(건)	195	39	29	16	9	8	8	304
비율(%)	64.2	12.8	9.5	5.3	3.0	2.6	2.6	100

1) 성차별 관련 판례 · 결정례 304건을 분야별로 분류하면, 〈표 4〉와 〈표 9〉에서 보는 바와 같이, 고용 분야가 195건(64.2%)으로 가장 많았다. 두 번째는 가족 분야로 39건(12.8%)이었고, 그 다음은 재화 · 용역 · 시설 분야가 29건(9.5%), 교육 · 문화 분야가 16건(5.3%), 사회보장 분야가 9건(3.0%), 형사 분야와 군사 분야가 각 8건(2.6%)씩이었다.[3]
2) 성차별 관련 판례 · 결정례를 시대별과 분야별로 살펴보면, 〈표 10〉에서

---

3) 이 연구는 성차별이 발생하는 분야가 다양하다는 것을 보여 주기 위해 분야를 7개(고용, 가족, 재화 · 용역 · 시설, 교육 · 문화, 사회보장, 형사, 군사)로 구분하였다. 그런데 「국가인권위원회법」은 권리구제를 하는 분야를 고용, 재화 · 시설 · 용역, 교육 분야로 구분하고 있다. 그러므로 이 연구에서 사회보장 분야에 분류된 9건, 문화 분야에 분류한 2건과 군사 분야의 5건의 국가인권위원회의 결정례는 「국가인권위원회법」에서 말하는 재화 · 시설 · 용역 분야에 포함된다. 또한 이 연구는 제대군인의 취업시험 가산점제도를 군사 분야로 분류했으나, 다른 연구에서는 고용 분야로 분류하여 논의되는 경우가 많다.

보는 바와 같이, 1940년대에는 4건의 가족 분야 판례가 있다. 1950년대에는 1건의 가족 분야 판례가 있다. 1960년대에는 2건의 형사 분야 판례가 있다. 1980년대에는 7건의 고용 분야 판례가 있다. 1990년대에는 고용 분야 46건의 판례·결정례, 가족 분야 5건의 판례·결정례, 형사 분야 1건의 판례, 군사 분야 1건의 결정례가 있다. 2000년대에는 고용 분야 142건, 가족 분야와 재화·용역·시설 분야 각 29건, 교육·문화 분야 16건, 사회보장 분야 9건, 군사 분야 7건, 형사 분야 5건의 판례·결정례가 있다.

〈표 10〉 분야별·시대별 성차별 관련 판례·결정례의 건수　　　　　　　　　　(단위: 건)

| | 1948년 7월 전 | 「헌법」 제정 후 | | | | | | 총계 |
		1950년대	1960년대	1970년대	1980년대	1990년대	2000년대	
가족	4	1	0	0	0	5	29	39
고용	0	0	0	0	7	46	142	195
사회보장	0	0	0	0	0	0	9	9
재화 등	0	0	0	0	0	0	29	29
교육·문화	0	0	0	0	0	0	16	16
형사	0	0	2	0	0	1	5	8
군사	0	0	0	0	0	1	7	8
총계	4	1	2	0	7	53	237	304

2-4　남녀대상별 성차별 관련 판례·결정례의 건수

〈표 11〉 남녀대상별 성차별 관련 판례·결정례의 건수

여성대상		남성대상		총계	
건수(건)	비율(%)	건수(건)	비율(%)	건수(건)	비율(%)
268	88.2	36	11.8	304	100

1) 성차별 관련 판례·결정례 304건을 누구를 대상으로 한 성차별이 분쟁의 사안이 되었는지를 살펴보면, 〈표 11〉에서 보는 바와 같이 여성대상이 268건(88.2%), 남성대상이 36건(11.8%)이다.

〈표 12〉 **남녀대상별 · 시대별 성차별 관련 판례 · 결정례의 건수** (단위: 건)

	「헌법」 제정 전	「헌법」 제정 후							총계
		1950년대	1960년대	1970년대	1980년대	1990년대	2000년대		
여성대상	4	1	0	0	7	52	204		268
남성대상	0	0	2	0	0	1	33		36
총계	4	1	2	0	7	53	237		304

2) 성차별 관련 판례 · 결정례 304건을 분쟁처리기관별과 대상별로 종합적으로 살펴보면, 〈표 5〉에서 보는 바와 같이 여성대상의 성차별 관련 판례 · 결정례의 268건 중에서 법원의 판례가 142건으로 가장 많았고, 국가인권위원회의 결정례 45건, 남녀차별개선위원회의 결정례 35건, 노동위원회의 결정례 22건, 여성특별위원회의 결정례 14건, 헌법재판소의 결정례 5건, 고용평등위원회의 결정례 5건의 순이었다. 노동위원회, 여성특별위원회와 고용평등위원회의 결정례는 모두 여성대상의 성차별 분쟁에 관한 것이다.

3) 남성대상의 성차별 관련 판례 · 결정례의 36건 중에는 국가인권위원회의 결정례가 17건으로 가장 많았고, 법원의 판례 10건, 헌법재판소의 결정례 7건, 남녀차별개선위원회의 결정례 2건의 순이었다.

4) 성차별 관련 판례 · 결정례 304건을 시대별 · 대상별로 종합해서 살펴보면 〈표 12〉에서 보는 바와 같이, 여성대상의 성차별 관련 판례 · 결정례는 「헌법」이 제정되기 전까지는 4건이 있었고 1950년대에 1건, 1980년대에 7건, 1990년대에 52건, 2000년대에 204건으로 늘어났다.

5) 남성대상의 성차별 관련 판례 · 결정례는 1960년대에 2건 있었고, 1990년대에 1건, 2000년대에 33건으로 늘어났다.

6) 성차별 관련 판례 · 결정례를 남녀대상별과 분야별로 종합적으로 살펴보면 〈표 13〉에서 보는 바와 같이, 가족 분야 39건은 모두 여성대상이고, 형사 분야 8건은 모두 남성대상이다. 그 외 고용 분야는 195건 중 여성대상이 186건, 남성대상이 9건이다. 재화 · 용역 · 시설 분야는 29건 중 여성대상이 25건, 4건이 남성대상이다. 교육 · 문화 분야는 16건 중 여성대상이 13건, 남성대상이 3건으로 여성대상이 4배나 많다. 그런데 군사 분야 8건은 여성대상이 4건, 남성대상이 4건으로 같은 비중이며, 사회보장 분야 9건은 남성대상이 8건으

<표 13> 남녀대상별 · 분야별 성차별 관련 판례 · 결정례의 건수 (단위: 건)

	고용	가족	재화·용역·시설	교육·문화	사회보장	형사	군사	총계
여성대상	186	39	25	13	1	0	4	268
남성대상	9	0	4	3	8	8	4	36
총계	195	39	29	16	9	8	8	304

로 여성대상 1건에 비해 압도적으로 많다.

2-5 성차별 인정여부별 판례 · 결정례의 건수

1) 성차별 인정여부별 판례 · 결정례의 건수

성차별 관련 판례 · 결정례 304건을 성차별 인정여부별로 분류하면 〈표 14〉에서 보는 바와 같이, 성차별을 인정한 판례 · 결정례는 184건(60.5%)이고 성차별을 불인정한 판례 · 결정례는 120건(39.5%)이다.

〈표 14〉 성차별 인정여부별 판례 · 결정례의 건수

성차별 인정		성차별 불인정		총계	
건수(건)	비율(%)	건수(건)	비율(%)	건수(건)	비율(%)
184	60.5	120	39.5	304	100

2) 여성차별 인정여부별 판례 · 결정례의 건수

1) 여성대상의 성차별 관련 판례 · 결정례 268건을 여성차별 인정여부별로 살펴보면 〈표 15〉에서 보는 바와 같이, 여성차별을 인정한 것은 172건(64.2%)이고, 여성차별을 불인정한 것은 96건(35.8%)이다.

2) 여성대상의 성차별 관련 판례 · 결정례 268건을 시대별로 살펴보면 〈표 16〉에서 보는 바와 같이, 여성차별을 인정한 판례 · 결정례 172건 중에서 「헌

〈표 15〉 **여성차별 인정여부별 판례·결정례의 건수**

여성차별 인정		여성차별 불인정		여성대상의 판례·결정례	
건수(건)	비율(%)	건수(건)	비율(%)	건수(건)	비율(%)
172	64.2	96	35.8	268	100

법」 제정 전에 2건, 1980년대에 4건, 1990년대 40건, 2000년대에 126건이 있었다. 여성차별을 불인정한 판례·결정례 96건은「헌법」제정 전에 2건, 1950년대에 1건, 1980년대에 3건, 1990년대에 12건, 2000년대에 78건이 있었다.

〈표 16〉 **여성차별 인정여부별·시대별 판례·결정례의 건수**   (단위: 건)

여성차별	1948년 7월 전	「헌법」 제정 후						총계
		1950년대	1960년대	1970년대	1980년대	1990년대	2000년대	
인정	2	0	0	0	4	40	126	172
불인정	2	1	0	0	3	12	78	96
총계	4	1	0	0	7	52	204	268

3) 여성대상의 성차별 관련 판례·결정례를 분야별로 살펴보면 〈표 17〉에서 보는 바와 같이, 여성차별이 인정된 경우는 여성대상의 고용 분야 186건 중 115건(61.8%), 가족 분야 39건 중 26건(66.7%), 재화·용역·시설 분야 25건 중 15건(60.0%), 교육·문화 분야 13건 중 11건(84.6%)이다. 군사 분야는 4건(100%), 사회보장 분야는 1건(100%)이다.

〈표 17〉 **여성차별 인정여부별·분야별 판례·결정례의 건수**

여성차별	고용	가족	재화·용역·시설	교육·문화	사회보장	형사	군사	총계
인정	115	26	15	11	1	0	4	172
불인정	71	13	10	2	0	0	0	96
총계	186	39	25	13	1	0	4	268

3) 남성차별 인정여부별 판례·결정례의 건수

1) 남성대상의 성차별 관련 판례와 결정례 36건을 남성차별 인정여부별로 살펴보면 〈표 7〉에서 보는 바와 같이, 남성차별을 인정한 판례는 1건(8.3%) 밖에 없고 결정례는 11건(91.7%)이 있다. 남성차별을 인정한 판례와 결정례를 분쟁처리기관별로 살펴보니 국가인권위원회의 결정례가 10건, 법원의 판례와 헌법재판소의 결정례가 각 1건씩 있었다.

〈표 18〉 **남성차별 인정여부별 판례·결정례의 건수**

남성차별 인정		남성차별 불인정		총계	
건수(건)	비율(%)	건수(건)	비율(%)	건수(건)	비율(%)
12	33.3	24	66.7	36	100

2) 남성차별을 불인정한 판례와 결정례는 24건(66.7%)이 있는데 그중 〈표 7〉에서 보는 바와 같이 법원의 판례가 9건, 국가인권위원회 7건, 헌법재판소 6건, 남녀차별개선위원회 2건의 결정례가 있다.

3) 남성대상의 성차별 관련 판례·결정례 36건을 시대별로 살펴보면 〈표 19〉에서 보는 바와 같이, 남성차별을 인정한 판례와 결정례(12건)는 모두 2000년대에 있었다. 남성차별을 불인정한 판례와 결정례는 1960년대에 2건, 1990년대에 1건, 2000년대에 21건이 있었다.

〈표 19〉 **남성차별 인정여부별·시대별 판례·결정례의 건수** (단위: 건)

남성차별	「헌법」 제정 전	「헌법」 제정 후						총계
		1950년대	1960년대	1970년대	1980년대	1990년대	2000년대	
인정	0	0	0	0	0	0	12	12
불인정	0	0	2	0	0	1	21	24
총계	0	0	2	0	0	1	33	36

4) 남성대상의 성차별 관련 판례·결정례를 분야별로 살펴보면, 〈표 20〉에서 보는 바와 같이, 남성차별이 인정된 경우는 고용 분야 9건 중 2건(22.2%), 재화·용역·시설 분야 4건 중 2건(50.0%), 사회보장 8건 중 4건(50%), 형사

<표 20> 남성차별 인정여부별 · 분야별 판례 · 결정례의 건수 (단위: 건)

남성차별	고용	가족	재화·용역·시설	교육·문화	사회보장	형사	군사	총계
인정	2	0	2	2	4	1	1	12
불인정	7	0	2	1	4	7	3	24
총계	9	0	4	3	8	8	4	36

분야 8건 중 1건(12.5%), 군사 분야 4건 중 1건(25.0%)이다. 교육·문화 분야의 경우는 3건 중 2건(66.7%)이며, 반면 가족 분야는 한 건도 없다.

제**2**장

법원의 성차별 관련 분쟁처리와
판례

1. 법원의 성차별 관련 분쟁처리

1-1 법원의 조직과 업무

사법(司法)이란 구체적 분쟁이 발생한 경우 당사자로부터 쟁송의 제기가 있으면 법원이 독립된 지위를 가진 제3자의 입장에서 무엇이 법인지, 당사자의 행동이 적법한지 등을 심판함으로써 법질서를 유지하기 위한 작용을 말한다.

「헌법」은 "사법권(司法權)은 법관으로 구성된 법원에 속한다."(제101조 제1항)는 조항과 "법원은 최고법원인 대법원과 각급 법원으로 조직된다."(제101조 제2항)는 조항을 두고 있다.

사법절차의 진행과 분쟁의 위법 여부 판단은 법관이 한다. 법관은 대법원의 대법원장과 13명의 대법관 그리고 그 외 법원의 판사들로 구성된다. 「헌법」은 "법관은 헌법과 법률에 의하여 그 양심에 따라 독립하여 심판한다."(제103조)고 규정하고 있다.

법원의 사법절차의 제1심은 지방법원, 가정법원, 행정법원, 제2심은 고등법원, 제3심은 대법원에서 진행된다. 고등법원은 서울·부산·대전·대구·광주에 있으며, 3명의 판사가 합의하여 심판한다. 지방법원은 각 도마다 있으며 서울만 민사지방법원과 형사지방법원으로 나누어져 있고, 인천·수원·춘천·대전·청주·대구·부산·창원·광주·전주·제주지방법원 등 18개의 지방법원과 40개의 지원이 있으며 민사, 형사재판을 담당한다. 가정법원은 지방법원과 동격의 법원으로 가정에 관한 사건과 「소년법」이 규정한 소년에 관한 사건 등을 관장하며 서울에만 있다. 행정법원은 1998년 3월에 설치되어[1]

---

[1] 1998년 2월까지는 「행정소송법」 등에 의하여 행정청의 행정처분 등에 불복하는 행정소송은 원칙적으로 「행정심판법」에 의한 행정심판을 거친 뒤 제기할 수 있도록 하는 소위 행정심판전치주의를 채택하고 있었고, 이에 불복하는 소의 관할을 고등법원으로 하였다. 1998년 3월부터 행정심판을 거치지 않고도 행정소송을 제기할 수 있도록 하였다.

행정청의 행정처분 등에 불복하는 행정소송을 담당한다.

대법원은 최고법원으로서 원칙적으로 법원의 법의 해석·적용에 관하여 잘못 여부만을 판단하는 법률심(法律審)을 한다.

1-2 법원의 성차별 관련 분쟁처리방법

법원이 성차별 관련 분쟁사건에 관하여 판단한 판례의 유형에는 상대방이 한 행위의 무효 또는 취소를 청구하는 사건의 판례, 상대방에 대한 손해배상 청구사건의 판례, 상대방을 처벌해 달라고 고소한 형사사건에 관한 판례, 국가인권위원회 또는 노동위원회 등의 비사법적(행정적) 권리구제기관이 결정한 처분에 대한 취소를 청구하는 사건의 판례, 법원에 계류된 사건의 위법 여부를 판단하기 위해 적용할 법률이 「헌법」에 위반되는지가 의심이 되는 경우 사건당사자의 신청 또는 법원의 직권으로 위헌 여부 심사를 헌법재판소에 제청하는 것을 결정한 판례 등이 있다.

2. 법원의 성차별 관련 판례의 특성

2-1 최초의 성차별 관련 판례

1) 우리나라 최초의 성차별 관련 판례는 기혼여자녀(出嫁女)를 어머니의 유산상속인에서 제외하는 것이 조선의 관습이라고 판시한 부산지방법원의 판결[1946.4.21 선고]과 대법원 판결[1946.10.11 선고 민상 제32호]이다. 대법원은 어머니의 유산은 남녀를 불문하고 동일가적 내에 있는 직계비속이 평

등의 비율로 상속하고 서출(庶出)자녀는 적자녀(嫡子女)의 반분을 상속하며 혼인하여 동일가적 내에 있지 않은 딸(出嫁女)은 상속권이 없는 것이 우리나라의 관습이라고 판시하였다(제3부 제1장 참조).

2) 우리나라 판례 중 '남녀평등'이란 용어를 처음 사용한 판례는 처가 중요한 법률행위를 하려면 남편의 동의를 받도록 한 일본의「민법」은 남녀평등을 현저하게 부인한 것이므로 광복 후 민주주의에 기초하여 국가를 건설해야 할 우리나라의 상황에 맞지 않는다며 그 적용을 거부한 대법원의 판결[1947.9.2 선고 민상 제33호]이다(제3부 제1장 참조).

2-2 법원의 종류별 특성

법원의 성차별 관련 판례 152건은 동일사건(55종)에 관해 하급심 법원과 대법원이 판결한 건수가 모두 포함된 것이다. 152건의 판례를 법원의 종류별로 살펴보면〈표 21〉에서 보는 바와 같이 대법원의 판례는 29건(19.1%)이다. 하급심 판결 123건 중에는 지방법원 65건(42.8%), 고등법원 39건(25.7%), 행정법원 12건(7.9%), 형사법원 6건(4.0%), 가정법원 1건(0.7%)이 있다.

그런데 고등법원의 성차별 관련 판례 중 부산고등법원의 4건과 대전, 대구 고등법원 각 1건을 제외한 33건이 서울고등법원이 판결한 것이다. 지방법원의 경우도 지방에 소재한 법원이 33건(대전 7건, 부산·수원 각 4건, 전주·대구·창원·인천·청주 각 3건, 광주 2건, 울산 1건)인 데 비해 서울에 소재한 법원이 32건이다. 특수법원의 경우도 지방에 소재한 법원은 전주 1건, 대구 1건에 불과하며 서울에 소재한 법원은 17건이다.

〈표 21〉 **법원의 종류별 성차별 관련 판례의 건수**

	지방법원	고등법원	대법원	특수법원				총계
				행정법원	형사법원	가정법원	소계	
건수(건)	65	39	29	12	6	1	19	152
비율(%)	42.8	25.7	19.1	7.9	3.9	0.7	12.5	100.0

2-3 시대별 특성

1) 시대별로 법원의 성차별 관련 판례를 살펴보면, 〈표 3〉에서 보는 바와 같이 「헌법」 제정 전인 1940년대에 4건(2.9%)이 있었고 「헌법」 제정 후에는 1950년대 1건(1.0%), 1960년대의 2건(1.9%), 1980년대의 7건(6.7%), 1990년대의 25건(21.0%), 2000년대의 113건(66.7%)으로 점차 늘어났다. 1970년대에는 1건도 없었다.

2) 대법원의 판례 29건을 시대별로 살펴보면 1940년대 2건, 1950년대 1건, 1960년대 1건, 1980년대 2건, 1990년대 3건, 2000년대 20건이다.

2-4 분야별 특성

분쟁처리기관의 분야별 성차별 관련 판례·결정례를 살펴보면, 〈표 4〉에서 보는 바와 같이, 법원의 판례 중에는 고용 분야가 105건(69.1%)으로 가장 많았다. 두 번째는 가족 분야로 35건(23.0%)이다. 그 다음은 형사 분야 6건(4.0%), 재화·용역·시설 분야 5건(3.3%), 사회보장 분야 1건(0.7%)의 순이었다. 교육·문화 분야와 군사 분야의 판례는 없었다.

2-5 남녀대상별 특성

1) 대상별로 성차별 관련 판례를 살펴보면, 〈표 5〉에서 보는 바와 같이 여성을 대상으로 하는 성차별 관련 판례가 142건(93.4%)으로 남성대상의 판례 10건(6.6%)보다 14배나 많다.

2) 대법원의 성차별 관련 판례 29건을 대상별로 살펴보면 27건이 여성대상 성차별 관련 판례이며 형사 분야의 2건만이 남성대상 성차별 관련 판례이다.

2-6 성차별 인정여부별 특성

성차별 인정여부별로 판례를 살펴보면, 〈표 6〉과 〈표 7〉에서 보는 바와 같이, 여성대상 판례 142건 중 여성차별을 인정한 판례는 77건(54.2%)으로 여성차별을 불인정한 판례 65건(45.8%)보다 12건 더 많았다. 남성대상 판례 10건 중 남성차별을 인정한 판례는 1건이었다.

이를 종합해 보면, 성차별을 인정한 판례는 78건으로 성차별을 불인정한 판례 74건보다 4건밖에 많지 않다.

제3장

헌법재판소의 성차별 관련
분쟁처리와 결정례

1. 헌법재판소의 성차별 관련 분쟁처리

1-1 헌법재판소의 조직과 업무

헌법재판소는 「헌법」과 「헌법재판소법」에 따라 법원의 제청(提請)에 의한 법률의 위헌(違憲) 여부 심판, 탄핵(彈劾)의 심판, 정당의 해산 심판, 국가기관 상호간과 국가기관과 지방자치단체간 및 지방자치단체 상호간의 권한쟁의(權限爭議)에 관한 심판, 헌법소원(憲法訴願)에 관한 심판을 관장하는 특별재판소이다(「헌법」 제111조 제1항).

헌법재판소는 9명의 재판관으로 구성한다. 재판관은 대통령이 임명하되, 재판관 중 3명은 국회에서 선출하는 자를, 3명은 대법원장이 지명하는 자를 임명한다. 헌법재판소의 장은 국회의 동의를 얻어 재판관 중에서 대통령이 임명한다(「헌법」 제111조 제2항).

1-2 헌법재판소의 성차별 관련 분쟁처리방법

헌법재판 중 성차별 관련 분쟁은 법률의 위헌 여부 심판과 헌법소원이 활용되고 있다.

1) 법률의 위헌(違憲) 여부 심판

법률의 위헌 여부 심판은 법률이 「헌법」에 위반되는지 여부가 재판의 전제가 된 경우 당해 사건을 담당하는 법원(군사법원을 포함)이 직권 또는 당사자의 신청에 의한 결정으로 헌법재판소에 위헌 여부 심판을 제청하여 이루어진다. 헌법재판소는 해당 법률이 「헌법」에 위반되는지를 심사하여 위반된다고 판단하는 경우에 그 법률의 효력을 잃게 하거나 적용하지 못하게 한다.

2) 헌법소원제도

헌법소원(訴願)제도에는 권리구제형 헌법소원제도와 규범통제형 헌법소원제도가 있다.

권리구제형 헌법소원제도는 국가권력(공권력)의 행사 또는 불행사로 인해 「헌법」상 보장된 기본권이 직접 그리고 현실적으로 침해당한 국민이 공권력의 위헌여부의 심사를 청구하여 기본권을 구제받는 제도를 말한다. 기본권의 침해가 있음을 안 날부터 90일 이내에, 기본권의 침해가 있는 날부터 1년 이내에 청구하여야 하고, 이 둘 중 어느 하나의 기간이 지났으면 헌법소원은 할 수 없다.

규범통제형 헌법소원제도는 법률이 「헌법」에 위반되는지의 여부가 재판의 전제가 되어 국민이 법원에 위헌법률심판 제청신청을 하였으나 법원이 이를 기각한 경우에 국민이 직접 그 법률의 위헌 여부 심사를 청구하는 제도를 말한다. 법원으로부터 위헌제청신청을 기각(또는 각하)한다는 결정문을 송달받은 날부터 30일 이내에 청구하여야 한다.

3) 헌법재판소의 결정의 효력

헌법재판소에서 법률의 위헌결정, 탄핵의 결정, 정당해산의 결정 또는 헌법소원에 관한 인용결정을 할 때에는 재판관 6명 이상의 찬성이 있어야 한다(「헌법」 제113조 제1항). 만일 그 정족수에 미치지 못하면 합헌결정을 하게 된다. 법률의 위헌결정은 법원과 그 밖의 국가기관 및 지방자치단체를 기속(羈束)한다. 위헌으로 결정된 법률 또는 법률의 조항은 그 결정이 있는 날부터 효력을 상실한다. 다만, 형벌에 관한 법률 또는 법률의 조항은 소급하여 그 효력을 상실하는데, 이 경우에 위헌으로 결정된 법률 또는 법률의 조항에 근거한 유죄의 확정판결에 대하여는 재심을 청구할 수 있다.

헌법재판소는 그 외 다양한 변형결정을 하게 되는데, 성차별 관련 분쟁에 관해 많이 내린 결정이 헌법불합치결정이다. 이것은 비록 위헌성이 인정되는 법률이라고 하더라도 국회의 입법권을 존중하고자 그리고 위헌결정의 효력을 즉시 발생시킬 때 오게 될 법률의 공백을 막아 법적인 안정성을 유지시키고자 위헌법률을 일정기간 지속시키는 것이다.

2. 헌법재판소의 성차별 관련 결정례의 특성

2-1 최초의 성차별 관련 결정례

헌법재판소의 최초의 성차별 관련 결정례는 성(姓)과 본(本)이 같은 사람 사이의 혼인을 금지한 「민법」 제809조 제1항이 「헌법」에 위반되는지를 가정법원이 제청한 사건에서 헌법불합치결정을 내린 결정례이다(제3부 제1장 참조).

2-2 시대별 특성

헌법재판소의 성차별 관련 결정례 12건을 시대별로 분류해 보면, 〈표 3〉에서 보는 바와 같이, 2000년대가 10건(83.3%)으로 가장 많았다. 그 다음이 1990년대로 2건(16.7%)이다. 헌법재판소가 1988년 9월부터 가동하였으므로 그 이전 시기의 결정례는 없다.

2-3 분야별 특성

헌법재판소의 성차별 관련 결정례를 분야별로 분류해 보면, 〈표 4〉에서 보는 바와 같이 가족 분야와 군사 분야가 각 4건(33.3%)으로 가장 많다. 그 다음은 형사 분야 2건(16.7%)이며 고용 분야와 사회보장 분야의 결정례가 각각 1건 (8.3%)의 순이었다. 교육·문화 분야와 재화·시설·용역 분야는 없다.

2-4   남녀대상별 특성

헌법재판소의 성차별 관련 결정례를 대상별로 분류해 보면, 〈표 5〉에서 보는 바와 같이, 여성을 대상으로 하는 결정례가 5건(41.7%)으로 남성대상의 결정례 7건(58.3%)보다 2건이 적다.

2-5   성차별 인정여부별 특성

성차별 인정여부별로 결정례를 살펴보면, 〈표 6〉, 〈표 7〉에서 보는 바와 같이 성차별을 인정한 결정례와 성차별을 불인정한 결정례는 각 6건씩이었다. 여성대상의 성차별 관련 결정례 5건 중 여성차별을 인정한 결정례는 5건 (100.0%)이며, 남성대상의 성차별 관련 결정례 7건 중 남성차별을 인정한 결정례는 1건(14.3%)이다.

2-6   성차별 관련 결정의 유형

헌법재판소에 성차별과 관련하여 심판을 신청한 12건의 사건에는 위헌법률심판제청이 8건, 헌법소원심판제청이 4건이 있다.

헌법재판소의 성차별 관련 결정의 유형은 합헌결정이 6건, 헌법불합치결정이 4건, 위헌결정이 2건이다. 이것은 재판관 9명의 다수의견이다. 재판관 9명의 의견이 일치된 결정례는 3건이다. (1) 부계(父系)혈통주의에 의한 자녀의 국적취득에 관한 위헌법률심판[2000.8.31 선고 97헌가12](헌법불합치, 여성차별 인정), (2) 양성평등채용목표제의 공립중등학교 교사임용후보자 선정경쟁시험에 대한 적용제외에 관한 헌법소원심판[2006.5.25 선고 2005헌마362](합헌, 여성차별 불인정), (3) 제대군인의 취업시험 가산제에 관한 헌법소원심판 [1999.12.23 선고 98헌마363](위헌, 여성차별 인정)의 결정례가 이에 해당된다.

그 외 8건에는 소수의견이 명시된 결정례들이다. 헌법재판소의 성차별 관련 결정의 유형은 〈표 22〉와 같다.

〈표 22〉 헌법재판소의 성차별 관련 결정의 유형

사건명	심판 유형	결정 유형	재판관 의견
동성동본금혼제 (1997년)	위헌법률심판	헌법불합치	단순위헌 5명, 헌법불합치 2명, 합헌 2명
부계(父系)혈통주의에 의한 국적 취득(2000년)	위헌법률심판	헌법불합치	9명 의견일치
제대군인의 취업시험가산제도 (1999년)	헌법소원	위헌	9명 의견일치
혼인빙자간음죄의 "음행의 상습 없는 부녀"대상(2002년)	위헌법률심판	합헌	합헌 7명, 위헌 2명
호주제(2005년)	위헌법률심판	헌법불합치	헌법불합치 6명, 합헌 3명
자녀의 부성(父姓) 계승주의의 전면적용(2005년)	위헌법률심판	헌법불합치	헌법불합치 5명, 위헌 2명 합헌 1명(재판관 총 8명)
공립중등학교 교사임용후보자 선정경쟁시험에 대한 양성채용 목표제의 적용제외(2006년)	헌법소원	합헌	9명 의견일치
단기복무군인 중 여성에게만 육아휴직 허용(2006년)	헌법소원	합헌	합헌 7명, 위헌 2명
유족보상연금수급자격 1순위를 처로 규정한 「국민연금법」 (2008년)	위헌법률심판	합헌	합헌 5명, 위헌 4명
혼인빙자간음죄의 "음행의 상습 없는 부녀"대상(2009년)	헌법소원	위헌	위헌 6명, 합헌 3명
남성의 병역의무제(2010년)	헌법소원	합헌	합헌 6명, 위헌 2명, 각하 1명
남성의 병역의무제(2011년)	헌법소원	합헌	합헌 7명, 위헌 1명, 각하 1명

제4장

국가인권위원회의 성차별 관련 분쟁처리와 결정례

1. 국가인권위원회의 성차별 관련 분쟁처리

1-1 국가인권위원회의 조직과 업무

국가인권위원회는「국가인권위원회법」을 근거로 하여 인권의 보장과 향상을 위해 정책과 제도의 개선, 연구와 교육, 권리구제 등에 관한 업무를 하는 국가기구로 2001년 11월 25일에 출범했다. 부산과 광주, 대구에 지방사무소가 설치되어 있다.

국가인권위원회는 위원장 1명과 3명의 상임위원을 포함한 11명의 인권위원과 사무처로 구성된다. 인권위원은 인권문제에 관하여 전문적인 지식과 경험이 있고 인권의 보장과 향상을 위한 업무를 공정하고 독립적으로 수행할 수 있다고 인정되는 자 중에서 국회가 선출하는 4명(상임위원 2명 포함), 대통령이 지명하는 4명, 대법원장이 지명하는 3명을 대통령이 임명한다. 위원 중 여성은 4명 이상이 되어야 한다(제5조).

국가인권위원회는「국가인권위원회법」과「국가인권위원회법 시행령」및「인권침해 및 차별행위 조사구제규칙」등에 따라 권리구제를 한다.

권리구제의 대상은 인권침해행위, 평등권침해의 차별행위, 성희롱행위이다(제3조, 제19조, 제30조).

1) 인권침해행위

「국가인권위원회법」에서 말하는 '인권침해행위'란 국가기관, 지방자치단체,「초·중등교육법」제2조,「고등교육법」제2조와 그 밖의 다른 법률에 따라 설치된 각급 학교,「공직자윤리법」제3조의2 제1항에 따른 공직유관단체 또는 구금·보호시설[1)]의 업무수행(국회의 입법 및 법원·헌법재판소의 재판은 제외한다)과

---

1) ① 교도소·소년교도소·구치소 및 그 지소, 보호감호소, 치료감호시설, 소년원 및 소년분

관련하여 「대한민국 헌법」 제10조, 제12조부터 제22조까지의 규정에서 보장된 인권[2]을 침해당하거나 차별행위를 당한 경우를 말한다(제30조 제1항 제1호).

2) 평등권침해의 차별행위

「국가인권위원회법」의 평등권침해의 차별행위는 국가기관, 지방자치단체, 「초·중등교육법」 제2조, 「고등교육법」 제2조와 그 밖의 다른 법률에 따라 설치된 각급 학교, 「공직자윤리법」 제3조의2 제1항에 따른 공직유관단체 또는 구금·보호시설의 업무수행(국회의 입법 및 법원·헌법재판소의 재판은 제외한다)과 관련하여 또는 법인, 단체 또는 사인(私人)에 의해 「대한민국 헌법」 제11조에서 보장한 평등권을 침해하는 행위를 모두 포괄한다(제30조 제1항 제2호).

'평등권침해의 차별행위'란 합리적인 이유 없이 성별, 종교, 장애, 나이, 사회적 신분, 출신 지역(출생지, 등록기준지, 성년이 되기 전의 주된 거주지 등을 말한다), 출신 국가, 출신 민족, 용모 등 신체조건, 기혼·미혼·별거·이혼·사별·재혼·사실혼 등 혼인 여부, 임신 또는 출산, 가족 형태 또는 가족 상황, 인종, 피부색, 사상 또는 정치적 의견, 형의 효력이 실효된 전과(前科), 성적(性的) 지향, 학력, 병력(病歷) 등을 이유로 ① 고용(모집, 채용, 교육, 배치, 승진, 임금 및 임금 외의 금품 지급, 자금의 융자, 정년, 퇴직, 해고 등을 포함한다)과 관련하여, ② 재화·용역·교통수단·상업시설·토지·주거시설의 공급이나 이용과 관련하여, ③ 교육시설이나 직업훈련기관에서의 교육·훈련이나 그 이용과 관련하여 특정한 사람을 우대·배제·구별하거나 불리하게 대우하는 행위와 ④ 성희롱을 하는 행위를 말한다(제2조 제3호 가목~다목).

류심사원, ② 경찰서 유치장 및 사법경찰관리가 그 직무수행을 위하여 사람을 조사·유치 또는 수용하는 데 사용하는 시설, ③ 군교도소(지소·미결수용실 및 헌병대영창을 포함), ④ 외국인보호소, ⑤ 다수인 보호시설(아동복지시설, 장애인복지시설, 정신복지시설, 노숙인복지시설, 노인복지시설(노인주거복지시설, 노인의료복지시설), 성매매 피해자 등 지원시설, 한부모가족복지시설)

2) 인간의 존엄과 가치를 존중받을 권리 및 행복을 추구할 권리(제10조), 신체의 자유(제12조), 죄형법정주의와 소급입법의 금지(제13조), 거주이전의 자유(제14조), 직업선택의 자유(제15조), 주거의 보장(제16조), 사생활의 비밀과 자유(제17조), 통신의 비밀(제18조), 양심의 자유(제19조), 종교의 자유(제20조), 언론·출판과 집회·결사의 자유(제21조), 학문과 예술의 자유(제22조) 등

3) 성희롱행위

국가인권위원회는 성희롱행위를 차별행위에 포함하여 진정을 접수·처리한다. 성희롱이란 "업무, 고용, 그 밖의 관계에서 공공기관(국가기관, 지방자치단체, 「초·중등교육법」 제2조, 「고등교육법」 제2조와 그 밖의 다른 법률에 따라 설치된 각급 학교, 「공직자윤리법」 제3조의2 제1항에 따른 공직유관단체를 말한다)의 종사자, 사용자 또는 근로자가 그 직위를 이용하여 또는 업무 등과 관련하여 성적 언동 등으로 성적 굴욕감 또는 혐오감을 느끼게 하거나 성적 언동 또는 그 밖의 요구 등에 따르지 아니한다는 이유로 고용상의 불이익을 주는 것"을 말한다(제2조 제3호 라목).

1-2 국가인권위원회의 성차별 관련 분쟁처리방법

1) 진정의 접수

국가인권위원회는 평등권침해의 차별행위를 받았다고 주장하는 사람 또는 그 사실을 알고 있는 개인 또는 단체(노동조합, 시민단체 등)로부터 진정을 접수한다. 진정은 문서, 우편, 팩시밀리, 메일, 구술 또는 전화의 방법으로 접수할 수 있다. 인권상담센터는 진정인을 상담하고 상담으로 종결하거나 진정을 안내할 수 있다. 부산과 광주, 대구 근방에 거주하는 사람은 국가인권위원회의 지방사무소에 진정해도 된다.

피진정인은 피해자에게 인권침해 등을 유발하였다고 진정인에 의하여 특정된 국가기관, 지방자치단체, 각급 학교, 공직유관단체, 구금·보호시설, 법인, 단체 및 그 소속 공무원과 직원 또는 사인(私人)이 된다.

국가인권위원회는 사건이 발생한 날로부터 1년이 지난 사건과 진정이 제기될 당시 진정의 원인이 된 사실에 관하여 법원 또는 헌법재판소의 재판, 수사기관의 수사 또는 그 밖의 법률에 따른 권리구제절차가 진행 중이거나 종결된 경우 등 법 제32조 제1항이 정한 각하(却下)사유[3]에 해당되면 접수하지

---

3) 1. 진정의 내용이 위원회의 조사대상에 해당하지 아니하는 경우, 2. 진정의 내용이 명백히

않고 각하할 수 있다. 진정은 이를 접수한 날로부터 3개월 이내에 처리하는 것을 원칙으로 한다. 다만, 부득이한 사정으로 그 기한을 연장할 경우에는 문서로 진정인에게 그 사유를 설명하여야 한다.

2) 조사

국가인권위원회는 진정접수를 받아 조사한다. 진정이 없는 경우에도 인권침해나 차별행위가 있다고 믿을 만한 상당한 근거가 있고 그 내용이 중대하다고 인정할 때에는 이를 직권으로 조사할 수 있다(제30조 제3항).

조사는 국가인권위원회의 조사관들이 진정인·피해자·피진정인 또는 관계인에 대한 출석요구 및 진술청취, 자료제출요구, 실지조사 등에 의한다(제36조). 조사부서의 장은 진정사건에 대한 조사를 마친 경우 조사결과보고서를 작성하여 소관 소위원회에 상정하여야 한다.

3) 소위원회의 심의의결

소위원회에는 침해구제위원회, 차별시정소위원회, 장애인차별시정위원회가 있다. 차별시정소위원회는 상임위원 1명과 인권위원 2명으로 구성된다. 소위원회는 조사관이 작성한 조사결과보고서를 토대로 심의의결을 하여 기각결정을 하거나 사안에 적합한 권리구제를 한다. 소위원회는 (1) 진정내용이 사실이 아님이 명백하거나 사실이라고 인정할 만한 객관적인 증거가 없는

거짓이거나 이유 없다고 인정되는 경우, 3. 피해자가 아닌 사람이 한 진정에서 피해자가 조사를 원하지 아니하는 것이 명백한 경우, 4. 진정의 원인이 된 사실이 발생한 날부터 1년 이상 지나서 진정한 경우. 다만, 진정의 원인이 된 사실에 관하여 공소시효 또는 민사상 시효가 완성되지 아니한 사건으로서 위원회가 조사하기로 결정한 경우에는 그러하지 아니하다, 5. 진정이 제기될 당시 진정의 원인이 된 사실에 관하여 법원 또는 헌법재판소의 재판, 수사기관의 수사 또는 그 밖의 법률에 따른 권리구제절차가 진행 중이거나 종결된 경우. 다만, 수사기관이 인지하여 수사 중인「형법」제123조부터 제125조까지의 죄에 해당하는 사건과 같은 사안에 대하여 위원회에 진정이 접수된 경우에는 그러하지 아니하다, 6. 진정이 익명이나 가명으로 제출된 경우, 7. 진정이 위원회가 조사하는 것이 적절하지 아니하다고 인정되는 경우, 8. 진정인이 진정을 취하한 경우, 9. 위원회가 기각한 진정과 같은 사실에 대하여 다시 진정한 경우, 10. 진정의 취지가 그 진정의 원인이 된 사실에 관한 법원의 확정판결이나 헌법재판소의 결정에 반하는 경우

경우, (2) 조사결과 인권침해행위와 차별행위에 해당하지 아니하는 경우, (3) 이미 피해회복이 이루어지는 등 별도의 구제조치가 필요하지 아니하다고 인정되는 경우에 기각결정을 한다(제39조).

4) 합의의 권고

위원회는 조사 중이거나 조사가 끝난 진정에 대하여 사건의 공정한 해결을 위하여 필요한 구제조치를 당사자에게 제시하고 합의를 권고할 수 있다(제40조). 진정사건을 조사하는 과정에서 진정인 또는 피해자와 피진정인 사이에 합의가 이루어진 경우에는 당사자는 당사자의 서명 또는 날인이 포함된 합의서를 작성하여 위원회에 제출하여야 한다. 조사부서의 장은 당사자에게 합의서에 기재된 내용을 확인한 후, 그 합의내용 및 결과를 소관 소위원장에게 보고하고 해당 진정사건을 종결한다. 보고를 받은 소위원장은 그 합의내용 및 결과를 소위원회에 보고하여야 한다.

5) 조정

조정(調停)은 조정위원회가 담당한다. 성차별 분쟁에 관한 조정은 성차별 조정위원회에서 담당한다. 조정위원회는 인권위원 1명과 분야별 위촉위원 2명으로 구성된다. 조정위원회는 당사자의 신청이나 위원회의 직권으로 조정절차를 시작할 수 있다. 조정은 당사자가 합의한 사항을 조정서에 적은 후 당사자가 기명날인하고 조정위원회가 이를 확인함으로써 성립한다. 조정위원회는 조정절차 중에 당사자 사이에 합의가 이루어지지 않는 경우 사건의 공정한 해결을 위하여 조정에 갈음하는 결정을 할 수 있다. 이 결정에는 (1) 조사대상 인권침해행위나 차별행위의 중지, (2) 원상회복, 손해배상, 그 밖의 필요한 구제조치, (3) 동일하거나 유사한 인권침해 또는 차별행위의 재발을 방지하기 위하여 필요한 조치를 포함시킬 수 있다. 당사자가 결정서를 송달받은 날부터 14일 이내에 이의를 신청하지 아니하면 조정을 수락한 것으로 본다.

6) 구제조치의 권고

국가인권위원회는 진정을 조사한 결과 인권침해나 차별행위가 일어났다고 판단하는 때에는 피진정인, 그 소속기관·단체 또는 감독기관의 장에게 구제조치를 권고할 수 있다. 구제조치에는 (1) 조사대상 인권침해나 차별행위의 중지, 원상회복·손해배상, 그 밖의 필요한 구제조치, (2) 동일 또는 유사한 인권침해나 차별행위의 재발을 방지하기 위하여 필요한 조치, (3) 법령·제도·정책·관행의 시정 또는 개선의 사항이 포함된다.

권고를 받은 기관의 장은 그 권고사항을 존중하고 이행하기 위하여 노력하여야 하고, 그 권고내용을 이행하지 않을 경우 그 이유를 위원회에 문서로 설명하여야 한다. 위원회는 필요하다고 인정하는 경우 위원회의 권고와 의견표명 및 권고를 받은 기관의 장이 설명한 내용을 공표할 수 있다.

7) 고발

국가인권위원회는 진정을 조사한 결과 진정의 내용이 범죄행위에 해당하고 이에 대하여 형사처벌이 필요하다고 인정할 때에는 검찰총장에게 그 내용을 고발할 수 있다. 다만, 피고발인이 군인 또는 군무원인 경우에는 소속 군 참모총장 또는 국방부장관에게 고발할 수 있다.

8) 징계의 권고

국가인권위원회는 진정을 조사한 결과 인권침해가 있다고 인정할 때에는 피진정인 또는 인권침해에 책임이 있는 자에 대한 징계를 소속기관 등의 장에게 권고할 수 있다. 위원회로부터 권고를 받은 소속기관 등의 장은 이를 존중하여야 하며 그 결과를 위원회에 통보하여야 한다.

9) 피해자를 위한 법률구조의 요청

국가인권위원회는 진정에 관한 위원회의 조사, 증거의 확보 또는 피해자의 권리구제를 위하여 필요하다고 인정하는 경우에는 피해자를 위하여 대한법률구조공단 또는 그 밖의 기관에 법률구조를 요청할 수 있다. 그 요청은 피해자의 명시한 의사에 반하여 할 수 없다.

10) 긴급구제조치의 권고

국가인권위원회는 진정을 접수한 후 조사대상 인권침해나 차별행위가 계속 중에 있다는 상당한 개연성이 있고, 이를 방치할 경우 회복하기 어려운 피해 발생의 우려가 있다고 인정할 때에는 그 진정에 대한 결정 이전에 진정인이나 피해자의 신청에 의하여 또는 직권으로 피진정인, 그 소속기관 등의 장에게 필요한 조치를 하도록 권고할 수 있다. 필요한 조치에는 (1) 의료, 급식, 의복 등의 제공, (2) 장소, 시설, 자료 등에 대한 현장조사 및 감정 또는 다른 기관이 하는 검증 및 감정에 대한 참여, (3) 시설수용자의 구금 또는 수용 장소의 변경, (4) 인권침해나 차별행위의 중지, (5) 인권침해나 차별행위를 하고 있다고 판단되는 공무원 등을 그 직무에서 배제하는 조치, (6) 그 밖에 피해자의 생명, 신체의 안전을 위하여 필요한 사항이 포함된다.

2. 국가인권위원회의 성차별 관련 결정례의 특성

2-1 최초의 성차별 관련 결정례

국가인권위원회의 최초의 성차별 관련 결정례는 「산업재해보상보험법 시행령」이 동일한 정도의 얼굴 흉터에 대해 여성보다 남성에 대해 재해보상을 낮게 정한 것은 남성에 대한 차별이라고 2002년 11월 25일에 결정한 결정례

(02진차2, 36)이다(제3부 제4장 참조).

2-2 시대별 특성

1) 국가인권위원회의 결정례 62건을 시대별로 분류하면, 〈표 3〉에서 보는 바와 같이 모두 2000년대에 속했다. 그것은 국가인권위원회가 2001년 11월 25일부터 권리구제업무를 하였기 때문이다.

2) 결정례를 연도별로 분류해 보면 2002년에 1건, 2003년에 2건, 2004년에 4건이다가 2005년에 7건으로 많아졌다. 그 이유는 2005년 6월 23일에 남녀차별개선위원회가 폐지되고 남녀차별시정업무가 국가인권위원회로 이관되었기 때문이다. 2006년에는 13건으로 가장 많았는데, 고용평등위원회도 2006년 3월 1일에 폐지되어 남녀차별에 대한 권리구제업무를 국가인권위원회가 사실상 전담했기 때문이다. 그런데 2007년에는 7건, 2008년에 11건, 2009년에 7건이었으나, 2010년에 2건, 2011년에 5건, 2012년에 3건으로 줄어드는 경향을 보이고 있다. 이는 성차별을 금지하는 법제가 점차 강화되고 성차별적인 의식이나 관행, 문화가 줄어든 영향도 있는 것으로 추정된다. 그런데 한편, 근래 성희롱에 대한 진정과 결정례가 많아지는 추세를 보면, 성차별의 형태가 남녀를 차등대우하는 형태에서 업무 관련한 성적인 언동을 통해 불이익을 주는 형태로 변화되고 있다고 추정된다.

2-3 분야별 특성

국가인권위원회의 결정례 62건을 분야별로 분류해 보면, 〈표 4〉에서 보는 바와 같이, 고용 분야가 25건(40.3%)으로 가장 많다. 두 번째로는 교육·문화 분야로 14건(22.6%)이다. 그 다음은 재화·시설·용역 분야 12건(19.4%), 사회보장 분야 7건(11.3%), 군사 분야 4건(6.4%)이다. 가족 분야와 형사 분야는 1건도 없다.

2-4 남녀대상별 특성

국가인권위원회의 결정례 62건을 대상별로 분류하면, 〈표 5〉에서 보는 바와 같이, 여성을 대상으로 하는 성차별 관련 결정례는 45건(73.0%)으로 남성대상 17건(27.0%)보다 28건이 더 많다.

2-5 성차별 인정여부별 특성

성차별 인정여부별로 국가인권위원회의 결정례를 살펴보면, 〈표 6〉과 〈표 7〉에서 보는 바와 같이, 성차별을 인정한 결정례는 49건(79.4%)으로 불인정한 결정례 13건(20.6%)보다 4배 이상 많다. 성차별을 인정한 결정례 49건 중 여성차별을 인정한 결정례는 39건(78.0%), 남성차별을 인정한 결정례는 10건(22.0%)이다. 성차별을 불인정한 결정례 13건 중 여성차별을 불인정한 결정례는 6건(46.2%), 남성차별을 불인정한 결정례는 7건(53.8%)이다.

제5장

노동위원회의 성차별 관련 분쟁처리와 결정례

1. 노동위원회의 성차별 관련 분쟁처리

1-1 노동위원회의 조직과 업무

노동위원회는 「노동위원회법」에 근거하여 노사분쟁을 신속하고 공정하며 전문적으로 처리하기 위해 설치된 행정기관이다. 노동위원회는 중앙노동위원회와 지방노동위원회(12개소), 특별노동위원회(선원노동위원회, 교원노동관계조정위원회, 공무원노동관계조정위원회)로 구분된다. 노동위원회 위원은 근로자대표·사용자대표·공익대표 3자로 구성된다. 공익위원은 주로 교수, 변호사, (고용)노동부 전직 고위공무원들로 구성되며 심판담당 공익위원, 조정담당 공익위원, 차별시정담당 공익위원으로 구분된다.

노동위원회는 고용노동부 산하에 설치된 행정기관이지만, 고용노동부와 독립되어 업무를 수행한다. 또한 노동위원회는 사법기관처럼 위법 여부를 판정하고 구제명령을 내릴 수 있는 권한을 가진다. 그리하여 준사법적 합의제 행정기관이라 한다.

노동위원회는 1) 근로자에 대한 부당인사와 부당징계, 부당해고의 구제신청의 접수와 조사·판정·구제명령, 2) 기간제근로자·단시간근로자·파견근로자의 차별시정신청의 접수와 조사·판정시정명령 또는 조정·중재, 3) 사용자가 근로계약의 체결 시에 명시한 근로조건이 사실과 다른 경우의 손해배상명령, 4) 기준미달의 휴업수당지급에 대한 승인, 5) 휴업보상 또는 장해보상의 예외 인정과 재해보상의 심사 또는 중재, 6) 노동조합의 위법한 규약과 결의·처분 및 단체협약의 시정명령, 7) 노동조합의 임시총회소집권자의 지명과 해산의결, 8) 부당노동행위의 구제신청접수와 조사·판정·구제명령, 9) 노동쟁의의 조정과 중재 등의 업무를 수행한다.

1-2 노동위원회의 성차별 관련 분쟁처리방법

노동위원회는 부당인사와 부당징계, 부당해고의 구제신청 접수와 조사·판정·구제명령으로 성차별 관련 분쟁사건을 처리할 수 있다. 「근로기준법」은 "사용자는 근로자에게 정당한 이유 없이 해고, 휴직, 정직, 전직, 감봉, 그 밖의 징벌(懲罰)(이하 "부당해고 등"이라 한다)을 하지 못한다."(제23조 제1항)라고 규정하고 "부당해고 등"에 관하여 노동위원회가 구제하는 방법과 절차에 관하여 규정하고 있다.

고용노동부의 예규인 「남녀고용평등업무처리규정」은 "남녀차별적인 해고는 「근로기준법」 제23조 제1항에 따른 정당한 이유 없는 해고로 본다."(제11조 제3항)라고 규정하였다.

1) 부당해고의 구제신청

근로자가 부당해고 구제신청을 하려면 해고를 당한 날로부터 3개월 이내 사업장을 관할하는 지방노동위원회에 부당해고 구제신청서와 아울러 부당해고라는 주장을 뒷받침할 수 있는 자료(단체협약, 취업규칙, 근로계약 등)를 제출해야 한다(제28조). 이 제도를 이용할 수 있는 근로자는 상시 5명 이상의 근로자를 사용하는 사업장에 종사하거나 종사하였던 근로자이다. 이에 따라 상시 4명 이하의 근로자를 사용한 사업장의 근로자는 노동위원회의 부당해고 구제절차를 이용하지 못하고 민사소송을 제기하여 부당해고문제를 해결해야 한다. 이러한 현행의 법제는 개선되어야 한다.

노동위원회는 2008년부터 저소득(2012년 현재 월 평균 170만 원) 근로자가 부당해고 구제신청을 할 때 대리인 신청을 하면 노동위원회가 지정한 공인노무사로부터 무료로 법률지원서비스(법률상담, 구제신청 이유서와 답변서 작성, 심판회의 참석 및 대리, 화해절차 참여 등)를 받을 수 있는 지원제도를 실시하고 있다.

2) 조사

노동위원회는 구제신청을 받으면 조사관에게 지체 없이 필요한 조사를 하게 하여야 한다(제29조 제1항). 조사관은 사용자로부터 답변서를 접수하고 조사보고서를 작성한다.

3) 심문

노동위원회는 관계당사자를 심문(審問)하여야 한다(제29조 제1항). 심문은 노동위원회가 심판회의를 소집하여 공익위원 3명, 근로자위원 1명, 사용자위원 1명이 관계당사자 또는 관계당사자가 대동한 대리인(변호사, 공인노무사 등)에게 한다. 심문을 할 때에는 관계당사자의 신청이나 직권으로 증인을 출석하게 하여 필요한 사항을 질문할 수 있다(제29조 제2항). 이 경우 관계당사자에게 증거 제출과 증인에 대한 반대심문을 할 수 있는 충분한 기회를 주어야 한다(제29조 제3항).

4) 판정

심문이 끝난 후 부당해고의 성립 여부의 판정과 기각결정 또는 구제명령의 결정은 공익위원들이 근로자위원과 사용자위원의 의견을 청취한 후 다수결로 의결한다. 노동위원회는 부당해고가 성립한다고 판정하면 사용자에게 구제명령을 하여야 하며, 부당해고가 성립하지 아니한다고 판정하면 구제신청을 기각하는 결정을 하여야 한다(제30조 제1항).

5) 노동위원회의 결정에 관한 불복

지방노동위원회의 결정에 불복하는 관계당사자는 지방노동위원회의 구제명령서나 기각결정서를 통지받은 날부터 10일 이내에 중앙노동위원회에 재심을 신청할 수 있다. 중앙노동위원회의 재심결정에 불복하는 관계당사자는 중앙노동위원회의 재심판정서를 송달받은 날부터 15일 이내에 행정소송을 제기할 수 있다. 노동위원회의 구제명령, 기각결정 또는 재심판정은 중앙노동위원회에 대한 재심신청이나 행정법원에 대한 행정소송 제기에 의하여 그 효력이 정지되지 아니한다(제32조). 그러므로 사용자는 지방노동위원회의 부당해고 결정서와 해고근로자의 원직복귀명령을 받은 경우 이에 불복하여 중앙노동위원회에 재심신청을 하더라도 일단 그 결정 및 명령에 따라야 한다. 만일 관계당사자가 기한 내에 중앙노동위원회에 재심을 신청하지 않거나 행정소송을 제기하지 않으면 구제명령, 기각결정 또는 재심판정은 확정된다(제31조 제3항). 확정된 구제명령 또는 구제명령을 내용으로 하는 재심판정을 이행하지 아니한 자는 1년 이하의 징역 또는 1천만 원 이하의 벌금에 처한다(제111조). 그런데 제111조의 죄는 노동위원회의 고발이 있어야 공소를 제기할 수 있다(제112조).

6) 부당해고의 구제명령

노동위원회는 부당해고가 성립한다고 인정하면, 사용자에 대하여 원상회복적 구제명령을 내린다. 즉, 사용자에게 부당해고를 당한 근로자를 원직복직시키고 부당해고가 없었다면 근로자가 받았을 임금을 지급하라는 명령을 내린다. 만일 근로자가 원직복직을 원하지 아니하면 원직복직을 명하는 대신 근로자가 해고기간 동안 근로를 제공하였더라면 받을 수 있었던 임금 상당액 이상의 금품을 근로자에게 지급하도록 명할 수 있다(제30조 제3항). 노동위원회는 구제명령(구제명령을 내용으로 하는 재심판정을 포함한다)을 하는 때에는 30일 이내의 이행기한을 정하여야 하고(시행령 제11조), 사용자가 구제명령을 받은 후 이행기한까지 구제명령을 이행하지 아니하면 2천만 원 이하의 이행강제금을 부과한다(제33조 제1항). 노동위원회는 최초의 구제명령을 한 날을 기준으로 매년 2회의 범위에서 구제명령이 이행될 때까지 반복하여 2년 이내에 최장 4회의 이행강제금(8천만 원 한도)을 부과·징수할 수 있다(제33조 제4항). 노동위원회는 중앙노동위원회의 재심판정이나 법원의 확정판결에 따라 노동위원회의 구제명령이 취소되면 직권 또는 사용자의 신청에 따라 이행강제금의 부과·징수를 즉시 중지하고 이미 징수한 이행강제금을 반환하여야 한다. 노동위원회가 이행강제금을 반환하는 때에는 이행강제금을 납부한 날부터 반환하는 날까지의 기간에 대하여 고용노동부령으로 정하는 이율을 곱한 금액을 가산하여 반환하여야 한다(시행령 제15조).

근로자는 구제명령을 받은 사용자가 이행기한까지 구제명령을 이행하지 아니하면 이행기한이 지난 때부터 15일 이내에 그 사실을 노동위원회에 알려 줄 수 있다(제33조 제8항).

2. 노동위원회의 성차별 관련 결정례의 특성

노동위원회의 심판은 2심제이다. 지방노동위원회의 결정을 초심결정이라 하고, 중앙노동위원회의 결정을 재심결정이라 한다. 노동위원회의 성차별 관련 결정례 22건 중 중앙노동위원회의 재심까지 한 것은 7건(31.8%)이다. 15건은 지방노동위원회의 초심으로 사건이 종결되었다. 지방노동위원회의 지역별로 살펴보면, 서울지방노동위원회가 9건이고 경남, 전남, 경기, 부산, 충남, 강원 지방노동위원회가 각 1건이다.

2-1 최초의 성차별 관련 결정례

1) 지방노동위원회의 최초의 성차별 관련 결정례는 대형 건설회사에서 사보기자로 일하던 여성이 회사에 결혼을 통보하자 회사에서 그 여성을 지방계열사로 전보시켜 담당업무 없이 복사 등의 보조업무를 시킨 조치에 대하여 여성근로자가 제기한 부당전직 구제신청사건에 관한 결정례이다. 서울지방노동위원회는 1990년 5월 11일에 회사의 조치를 부당전직이라고 인정하였다. 사용자는 이에 불복하여 중앙노동위원회에 재심신청하였는데, 중앙노동

위원회도 1991년 3월 8일에 부당전직으로 결정하였다.

2) 중앙노동위원회의 최초의 성차별 관련 결정례는 방송사에서 결혼한 여성아나운서와 여성PD를 해고하여 제기된 부당해고 구제재심신청사건에 대하여 1990년 8월 1일에 부당해고를 인정한 결정례이다. 이 사건에 대한 초심 결정은 경남지방노동위원회가 1990년 5월 26일에 부당해고를 인정하였다.

2-2　시대별 특성

노동위원회의 성차별 관련 결정례 22건을 시대별로 분류하면, 〈표 3〉에서 보는 바와 같이, 19건(90.5%)이 1990년대에, 3건(9.5%)은 2000년대(2002년)에 이루어졌다. 1990년대에 노동위원회의 결정례가 집중된 것은 「남녀고용평등법」의 시행에 관한 구체적인 사항을 규정한 「남녀고용평등업무처리규정」이 1992년 4월 1일에 제정되어 혼인, 임신, 출산, 여성을 이유로 한 전보 또는 해고 등의 "남녀차별적인 해고는 「근로기준법」 제23조 제1항에 따른 정당한 이유 없는 해고로 본다."는 것을 명시하였기 때문이다. 반면, 2000년대에 2건밖에 없는 것은 2000년대부터 국가인권위원회, 남녀차별개선위원회 등과 같이 성차별적 전보 또는 해고사건을 전문적으로 처리하는 권리구제기관이 다양해졌기 때문이라고 추정된다.

2-3　분야별 특성

노동위원회의 성차별 관련 결정례를 분야별로 살펴보면, 〈표 4〉에서 보는 바와 같이, 노동위원회의 기관과 업무의 성격상 고용 분야밖에 없다. 그 내용을 살펴보니 퇴직·해고에 관한 구제신청 7종에 결정례가 10건(45.5%)으로 가장 많다. 두 번째로는 정년에 관한 사건으로 구제신청 3종에 6건(27.3%)의 결정례가 있다. 그 다음은 전보 관련으로 구제신청 3종에 4건(18.2%)의 결정례가 있고, 승진에 관해서는 1종의 구제신청에 2건(9.9%)의 결정례가 있다.

2-4 　남녀대상별 특성

남녀대상별로 노동위원회의 성차별 관련 결정례를 살펴보면, 〈표 5〉에서 보는 바와 같이, 22건 모두 여성대상의 성차별이 문제가 된 사건의 결정례이다.

2-5 　성차별 인정여부별 특성

성차별 인정여부별로 노동위원회의 성차별 관련 결정례를 살펴보면, 〈표 6〉과 〈표 7〉에서 보는 바와 같이 성차별을 인정한 결정례는 16건(71.4%)이고, 성차별을 불인정한 결정례는 6건(28.6%)이다.

제**6**장

폐지된 성차별 분쟁전문처리기관의
분쟁처리와 결정례

1. 고용문제조정(고용평등)위원회

1-1   조직과 성차별 관련 분쟁처리방법

「남녀고용평등법」은 1987년 12월에 제정될 때 이 법의 여성에 대한 차별금지규정들과 육아휴직규정에 관하여 근로여성의 고충이 사업장 내에서 자율적으로 해결되지 아니한 경우 지방노동행정기관의 장이 그 근로여성과 당해 사업주의 쌍방 또는 일방으로부터 그 고충의 해결에 대한 지원을 요청받은 때에 그 관계당사자에게 필요한 조언·지도 또는 권고를 하거나 고용문제조정위원회로 하여금 조정하도록 하였다. 고용문제조정위원회는 1988년 4월 6개 지방노동청에 분쟁을 조정하기 위해 설치되었고 근로자대표위원, 사용자대표위원, 공익위원 각각 5명씩 모두 15명으로 구성되었다. 위원회는 관계당사자가 신청한 분쟁의 조정을 위하여 필요하다고 인정하는 경우에는 관계당사자의 출석 또는 필요한 보고를 요구할 수 있고, 분쟁의 조정안을 작성하여 이를 관계당사자에게 수락하도록 권고할 수 있다. 이 법과 관련한 분쟁해결에서의 입증책임은 사업주가 부담한다.

고용문제조정위원회는 1995년 8월 4일의 「남녀고용평등법」 개정에 의해 고용평등위원회로 명칭이 변경되고, 조정기능 외에 관할지역의 여성취업촉진과 고용평등에 관한 협의기능이 추가되었다. 그러나 이 위원회는 당사자들이 직접 활용할 수 없고, 지방노동관서의 장이 조정을 신청하여야 조정이 개시되는 등의 문제로 활용도나 조정실적이 매우 낮았다.

「남녀고용평등법」이 2001년 8월 4일에 크게 개정되면서 고용평등위원회는 조정업무범위와 처리절차에 다음의 변화가 있었다.

1) 업무범위에 여성차별금지규정이 남녀에 대한 차별금지규정으로 변화되었고 직장 내 성희롱, 육아휴직 관련 규정도 포함되었다.

2) 종전과 달리 근로자 또는 근로자가 속한 사업장의 노동조합과 당해 사

업주(관계당사자)의 쌍방 또는 일방은 이 법에 관한 분쟁이 발생한 경우 고용평등위원회에 직접 조정을 신청할 수 있다. 조정의 신청은 원인이 되는 행위가 있은 날(계속되는 행위는 그 종료일)부터 3월 이내에 이를 행하여야 한다.

3) 관계당사자가 조정안을 수락한 때에는 위원회는 조정서를 작성하여야 하며, 조정서에 정한 기준에 달하지 못하는 근로조건을 정한 근로계약은 그 부분에 한하여 무효로 하고, 무효로 된 부분은 조정서에 정한 기준에 의한다.

그런데 고용평등위원회는 차별시정업무를 국가인권위원회에서 전담한다는 정책에 따라 2006년 3월 1일 폐지되었다.

1-2 성차별 관련 조정성립례의 특성

고용문제조정(고용평등)위원회가 1999년 이전에 성차별과 관련하여 분쟁사건을 의뢰받은 건수는 13건이다. 13건 중 조정신청을 받은 건수는 9건으로 그중 4건의 조정이 성립되었고, 2건이 조정안에 대하여 당사자 중 일방 또는 쌍방이 수락을 거부하여 조정이 불성립되었으며, 3건은 당사자의 합의로 조정신청이 취하되었다.[1]

그 후 1999년부터 2006년 3월 1일 폐지될 때까지 고용평등위원회가 처리한 건수를 노동부의 고용평등심의관실이 제시한 위원회의 운영실적자료[2]에서 살펴보면 90건인데, 그중 조정신청에 대한 조정업무는 6건에 불과하고 의견을 청취한 건수가 39건, 협의한 건수가 45건이었다.

고용문제조정(고용평등)위원회의 조정이 성립된 결정례는 5건 중 고용문제조정위원회의 명칭으로 조정한 사례가 1건이며, 4건은 고용평등위원회의 명칭으로 조정한 것이다.

1) 최초의 성차별 관련 조정성립례

고용평등위원회의 최초의 성차별 관련 조정성립례는 대전의 A병원이 결혼

---

1) 김엘림(1999), 『남녀고용평등법 10년의 성과와 과제』, 한국여성개발원, 150~151면.
2) 노동부(2007), 『2007년도 여성과 취업』, 70면.

한 여성물리치료사를 직권면직시킨 조치에 대하여 대전지방노동청의 고용문제조정위원회가 여성차별로 인정하고 병원측에게 여성을 원직복귀시키되, 여성물리치료사에게는 승진에 대한 차별은 증거가 불명확하므로 진정을 철회하도록 조정안을 제시하였고 당사자들은 이를 수락한 사건에 관한 것이다.

2) 시대별 특성

고용문제조정(고용평등)위원회의 성차별 관련 조정성립례를 시대별로 살펴보면, 〈표 3〉에서 보는 바와 같이, 1990년대에 4건(80.0%), 2000년대에 1건(20.0%)이 있다.

3) 분야별 특성

고용평등위원회 조정성립례를 분야별로 살펴보면, 〈표 4〉에서 보는 바와 같이, 위원회의 성격상 고용 분야의 조정례밖에 없다. 그 내용은 임금과 퇴직·해고에 관한 조정이 각 2건이다. 나머지 1건은 성별로 직군을 분리한 사건에 관한 조정례인데 모집·채용, 임금, 승진과 관련된 사건이다.

4) 남녀대상별·성차별 인정여부별 특성

고용평등위원회의 성차별 관련 조정성립례를 대상별로 살펴보면, 〈표 5〉에서 보는 바와 같이 모두 여성을 대상으로 하였다. 그리고 〈표 6〉에서 보는 바와 같이 모두 여성차별을 인정하였다.

2. 대통령직속 여성특별위원회

2-1 조직과 성차별 관련 분쟁처리방법

대통령직속 여성특별위원회는 김대중 대통령이 집권하면서 개정된 「정부조직법」에 따라 여성정책의 기획·종합 등 여성의 지위향상을 위하여 대통령 직속으로 설치된 행정기구이다.

「남녀차별금지 및 구제에 관한 법률」[3]은 1999년 2월 8일 제정될 때, 대통령직속 여성특별위원회가 남녀차별사항의 조사·시정권고, 남녀차별적 법령·제도나 정책 등의 개선에 대한 권고 또는 의견표명, 남녀차별금지에 대한 기준 및 개선지침의 수립·보급, 기타 남녀차별개선사무를 수행하게 하였다.

1999년 7월부터 시행된 이 법률은 고용, 교육, 재화·시설·용역 등의 제공 및 이용, 법과 정책의 집행에서의 남녀차별과 성희롱을 금지하였다. 이 법에 따라 남녀차별로 피해를 입은 자(자연인에 한한다)는 위원회에 이 법에 의한 시정을 신청할 수 있었다. 위원회는 남녀차별사항의 시정신청을 접수하거나 남녀차별이 있다고 믿을 만한 근거가 있는 때에는 직권으로 그 사실에 관하여 필요한 조사를 하여야 한다. 다만, 당해 남녀차별사항의 원인이 되는 사실이 발생한 날부터 1년이 경과하거나 남녀차별사항의 내용이 그 자체로서 허위임이 명백하거나 정당한 이유가 없다고 인정되는 사항, 다른 법령에 의하여 처리되었거나 그 처리를 위한 절차가 진행 중인 사항, 그 밖에 위원회가 조사하는 것이 적절하지 아니하다고 인정하는 사항 등에 대해서는 조사하지 않을 수 있다. 위원회의 사건처리방법은 다음과 같이 다양하다.

1) 시정신청을 조사하는 과정에서 남녀차별사항에 해당한다고 인정하는 때에는 신청인 및 피신청인에게 합의를 권고할 수 있다.

---

3) 김엘림(2003), 『남녀차별금지 및 구제에 관한 법률 해설서』, 여성부.

2) 신청인과 피신청인 사이에 합의권고에 따른 합의가 이루어지지 아니한 경우에는 당해 시정신청을 조정에 회부하여 조정서를 수락할 것을 권고할 수 있다.

3) 위원회는 조사의 결과, 남녀차별사항에 해당한다고 인정할 만한 상당한 이유가 있을 때에는 남녀차별임을 결정하고 당해 공공기관의 장 또는 사용자에게 시정을 위하여 필요한 조치(남녀차별행위의 중지, 원상회복·손해배상, 기타 필요한 구제조치, 재발방지를 위한 교육 및 대책수립 등을 위한 조치, 일간신문의 광고란을 통한 공표 등)를 권고하여야 한다.

4) 위원회는 남녀차별사항을 조사한 결과 그 내용이 관계법률의 형사처벌 규정에 위반된다고 인정할 때에는 관할수사기관 등에 고발할 수 있다.

5) 위원회는 남녀차별사항으로 결정된 사항에 대하여 여성발전기금으로 소송을 지원할 수 있다.

6) 위원회는 남녀차별사항을 조사·결정하는 과정에서 법령·제도나 정책 등의 개선이 필요하다고 인정되거나 부당한 행위 또는 이 법의 규정을 위반할 우려가 있는 사실을 발견한 때에는 당해 공공기관의 장이나 사용자에게 이에 대한 합리적인 개선을 권고하거나 의견을 표명할 수 있다.

7) 이 법에 의한 위원회의 시정조치의 권고에 대하여 불복이 있는 자는 그 처분의 고지를 받은 날부터 30일 이내에 그 사유를 갖추어 위원회에 이의신청을 할 수 있다. 위원회는 이의신청에 대하여 원칙적으로 30일 이내에 재결을 하여야 한다.

2-2 성차별 관련 결정례의 특성

1) 최초의 성차별 관련 결정례

여성특별위원회의 최초의 성차별 관련 결정례는 여직원을 승진에서 제외한 사건에 관한 1999년 10월 23일의 결정례이다. 여성특별위원회는 피신청인(○○지구의료보험조합)이 4급 승진 인사발령에서 합리적인 승진심사기준 없이 여성을 제외시킨 조치는 '여성은 대외적인 업무수행에 애로가 많기 때문에 승진은 곤란하다'는 남녀차별적인 인식에 기인한 기준을 적용한 것으로 판단되므로 시정하고 본건과 유사한 남녀차별 사례의 재발방지계획을 수립하여 시행할 것을 권고하였다.

2) 시대별 특성

시대별로 여성특별위원회의 성차별 관련 결정례를 살펴보면, 〈표 3〉에서 보는 바와 같이, 1990년대에 3건(21.4%), 2000년대에 11건(78.6%)이 있었다. 이 것은 위원회가 1999년 7월부터 2001년 1월 28일까지 존속하였기 때문이다.

3) 분야별 특성

여성특별위원회의 성차별 관련 결정례를 분야별로 살펴보면 〈표 4〉에서 보는 바와 같이, 고용 분야가 9건(64.3%)으로 가장 많았다. 그 다음은 재화·시설·용역 분야의 5건(35.7%)이다.

4) 남녀대상별 · 성차별 인정여부별 특성

대상별 · 성차별 인정여부별로 여성특별위원회의 성차별 관련 결정례를 살펴보면 〈표 5〉, 〈표 6〉에서 보는 바와 같이, 모두 여성을 대상으로 한 것이었다. 그리고 여성차별을 인정한 결정례가 8건(57.1%), 여성차별을 불인정한 결정례가 6건(42.9%)이었다.

3. 남녀차별개선위원회

3-1 조직과 성차별 관련 분쟁처리방법

2001년 1월 29일에 대통령직속 여성특별위원회가 폐지되고 여성부가 설치되었으며, 이에 따라 「남녀차별금지 및 구제에 관한 법률」이 전면개정되었다. 개정법은 이 법에 따른 남녀차별사항의 조사·시정권고, 기타 이 법에 의한 남녀차별개선사무를 여성부장관 소속기관인 남녀차별개선위원회가 담당하게 하였다.

남녀차별개선위원회는 위원장(여성부장관)과 상임위원 1명(여성부의 차별개선국장)을 포함한 민·관의 11명 이내(변호사 자격자 2명 이상)의 위원으로 구성되었는데 성별에 따른 편파시비를 해소하기 위해 남성 또는 여성의 위원비율은 6/10을 초과할 수 없게 하였다.

위원회의 주요 업무는 1) 남녀차별사항에 대한 자료요구 등 조사, 2) 남녀차별 여부의 결정·조정·시정권고·고발, 3) 남녀차별적 법령·제도나 정책 등의 개선에 대한 권고 또는 의견표명, 4) 남녀차별금지에 대한 기준 및 개선지침의 수립·보급 등이다.

위원회에 남녀차별피해의 시정신청을 할 수 있는 사람은 이 법에서 금지하는 고용(제3조), 교육(제4조), 재화·시설·용역의 제공과 이용(제5조), 법과 정책의 집행(제6조)에 위반한 남녀차별행위와 성희롱(제7조)으로 인한 피해를 입은 '자연인(自然人)'(피해자 개인)이었다. 피신청인은 신청인에 대해 남녀차별과 성희롱을 한 행위자와 그 행위자의 직무수행을 지휘·감독할 책임이 있고, 「남녀차별금지법」에 따라 남녀차별과 성희롱의 예방과 방지를 위한 조치를 실시할 의무자로 규정된 자 및 남녀차별개선위원회의 시정조치를 실시해야 할 공공기관과 민간사업장 또는 그 대표가 되었다.

시정신청의 접수와 상담은 위원회가 설치한 남녀차별신고센터에서 하였다.

위원회의 조사대상은 원칙적으로 당해 남녀차별사항의 원인이 되는 사실이 발생한 날부터 1년이 경과하지 않은 신청사안이며, 서류조사, 실지조사, 직권조사의 방법으로 조사한다.

위원회의 성차별 관련 분쟁의 처리방법은 여성특별위원회와 같이 조정과 합의권고, 시정권고(남녀차별행위의 중지, 원상회복, 손해배상, 재발방지를 위한 교육과 대책수립조치, 일간신문에서의 공표), 남녀차별제도 개선에 관한 의견표명, 소송지원 등이다.

3-2 성차별 관련 결정례의 특성

1) 최초의 성차별 관련 결정례

남녀차별개선위원회의 최초의 성차별 관련 결정례는 2001년 5월 14일에 결정한 다음 2건의 결정례이다.

(1) 주식회사에서 비서업무를 하고 있는 여성근로자에 대하여 임신을 이유로 퇴직을 권유하면서 대기발령시킨 행위는 남녀차별임을 결정하고 회사측에 신청인에게 대기발령기간 동안의 수당 미지급분을 지급하며, 정신적 고통에 대한 손해배상 3백만 원을 지급하고, 향후 임신으로 인한 부당한 인사조치 등이 다시 발생되지 않도록 필요한 대책을 수립하고 이를 회사 전 직원에게 공지하도록 권고한 결정례(01고용10)이다.

(2) 국가보훈처가 소관하고 있는 「국가유공자 등 예우 및 지원에 관한 법률 시행령」 제8조는 유족 중 부모의 경우에 있어서만 "국가유공자를 주로 부양・양육한 자가 우선한다."라고 규정하고 있는 바, '주로 부양 또는 양육한 자'를 판단할 때에 현실적으로 경제적 부양능력을 중요시하게 되고 따라서 사회통념상 경제적 활동이 적은 여성이 주로 부양 또는 양육한 자로 선정되기는 어려우므로 법률에 의한 위와 같은 유족증 발급기준은 결과적으로 남녀차별의 소지가 있다고 볼 것이라며 국가보훈처에게 법령개정 또는 제도개선에 상응한 조치를 취할 것을 의견표명한 결정례(00법집행13)이다.

2) 시대별 특성

남녀차별개선위원회의 성차별 관련 결정례 37건을 시대별로 살펴보면, 〈표 3〉에서 보는 바와 같이, 모두 2000년대에 이루어졌다. 이것은 위원회가 2001년 1월 29일부터 2005년 6월 23일까지 가동했기 때문이다.

3) 분야별 특성

남녀차별개선위원회의 성차별 관련 결정례를 분야별로 살펴보면, 〈표 4〉에서 보는 바와 같이, 고용 분야가 28건(75.7%)으로 가장 많다. 두 번째로는 재화·시설·용역 분야가 7건(18.9%)이고 그 다음은 교육·문화 분야 2건(5.4%)이었다. 가족 분야, 사회보장 분야, 군사 분야, 형사 분야는 1건도 없다.

4) 남녀대상별 특성

남녀차별개선위원회의 성차별 관련 결정례를 대상별로 살펴보면, 〈표 5〉에서 보는 바와 같이, 여성을 대상으로 한 것이 35건(94.6%), 남성을 대상으로 한 것이 2건(5.4%)이었다.

5) 성차별 인정여부별 특성

성차별 인정여부별로 결정례를 살펴보면, 〈표 6〉, 〈표 7〉에서 보는 바와 같이 여성대상 성차별 관련 결정례 35건 중 여성차별을 인정한 것은 22건(62.9%), 불인정한 것은 13건(37.1%)이었다. 남성대상 성차별 관련 결정례 2건은 모두 남성차별을 불인정하였다.

제3부

분야별 성차별 관련
판례·결정례의 개요와 평석

제1장

가족 분야의 성차별 관련 판례·
결정례의 개요와 평석

1. 개요

광복 후 2012년까지의 성차별과 관련한 판례·결정례 304건 중 가족 분야의 판례·결정례는 39건(12.8%)이며, 다음과 같은 특성을 가진다.

1) 분쟁처리기관별로 보면, 법원이 35건, 헌법재판소가 4건이다.

2) 시대별로 보면, 1940년대(美軍政期)에 4건, 1950년대에 1건, 1990년대에 5건, 2000년대에 29건이다.

3) 남녀대상별로 성차별 분쟁사안을 살펴보면 모두 여성대상의 성차별이 문제가 되었다.

4) 분쟁처리기관들의 성차별 인정여부를 보면, 26건이 여성차별을 인정하고 13건이 여성차별을 불인정하였다.

5) 내용을 보면, 혼인과 가정생활에 관한 법제도 관련이 15건(판례 11건, 결정례 4건)이고, 나머지 24건은 종중(관습)에 관련한 판례이다.

〈표 23〉 **가족 분야의 성차별 관련 판례·결정례의 내역**

혼인과 가정생활에 관한 법제도 관련(15건)	• 법률행위능력의 부부차등 2건 • 동성동본금혼제 2건 • 호주제 4건 • 친자관계의 부모차등 5건 • 재산상속에서의 출가녀(出嫁女) 제외 2건
종중 관련(24건)	• 여성의 종중원자격 9건 • 여성종중원에게 소집통지를 하지 않은 종중총회의 의결 11건 • 종중재산의 여성에 대한 차등분배 4건

2. 혼인과 가정생활에 관한 법제도 관련

2-1 법률행위능력의 부부차등

[1] [전주지방심리원 1947.3.27 선고](여성차별 인정)
[2] [대법원 1947.9.2 선고 민상 제88호](여성차별 인정)

우리나라는 1945년 8월 15일 일본으로부터 해방되었지만, 약 3년간 정부가 수립되지 못하고 미군정(美軍政)하에 있었다. 미군정기에는 국가의 기본 법인 「헌법」과 민사관계 법령이 제정되지 못했기에 1947년 9월 2일에 공포된 「군정법령」제21호에 의하여 일본의 「민법」[1]이 민사관계에 계속 적용되었다. 일본의 「민법」 중에는 처가 재산의 처분이나 재산에 관한 소송을 수행하는 등의 중요한 법률행위[2]와 가정의 평화를 해칠 행위를 할 때에는 남편의 허가를 받아야 하고, 남편의 존재가 불분명하거나 남편이 정신상태가 이상하거나 구금(拘禁)을 당한 상태에 있는 경우에는 시부모의 허가를 받아야 한다고 규정한 조항(제14조 제1항)이 있었다.

그런데 건물관리인이었던 원고(여성)가 피고에게 가옥의 명도를 청구하는 소송을 제기하였는데 이에 관하여 원심(原審)[전주지방심리원 1947.3.27 선

---

1) 1910년 한국이 일본에 합병된 후, 1912년에 공포·실시된 「조선민사령(朝鮮民事令)」은 일본의 「민법」을 조선에 의용(依用)하도록 하면서도, 제1조에서 친족 및 상속에 관한 「일본민법」의 규정은 조선인에게 적용하지 않고 관습에 따르도록 하였다(윤진수(2004), "헌법이 가족법의 변화에 미친 영향", 『서울대학교 법학』 제45권 제1호, 서울대학교법학연구소, 235면). 1921년 11월 14일에 「조선민사령」은 제1차 개정(制令 제14호)되어 1921년 12월 1일부터 시행되었는데, 이때 「일본 민법」을 의용하여 처의 무능력제도를 도입한 바 있다.
2) 돈을 빌려주거나 빌리는 일, 보증을 서는 일, 부동산 또는 중요한 동산에 관한 권리의 득실을 목적으로 하는 행위, 소송행위, 증여, 화해 또는 중재계약, 상속의 승인과 포기, 증여나 유증의 수락과 거절, 근로계약 등 신체의 구속을 받을 계약의 체결행위.

고]이 원고승소판결을 내리자,[3] 피고가 원심이 여성이 소송행위와 같은 법률행위를 할 때 남편의 허가가 있었는지 여부를 검토해야 함에도 하지 않은 것은 심리를 잘못한 것이어서 무효라며 대법원에 상고하였다. 대법원은 「일본민법」의 조항이 남녀불평등하여 민주주의 이념에 반한다며 그 적용을 거부하고 남편의 상고를 기각하였다.

 대법원의 판결[2]요지[4]

처에 대하여는 「일본 민법」 제14조 제1항에 의하여 그에 해당한 행위에는 부(夫)의 허가를 수(受)함을 요하며, 그 능력을 제한한 바, 이는 부부간의 화합을 위한 이유도 없지 않으나 주로 부(夫)에 대하여 우월적 지배권을 부여한 취지라고 인정하지 않을 수 없다. 그런데 서기 1945년 8월 15일로 아방(我邦)은 일본의 기반(羈絆)으로부터 해방되었고 우리는 민주주의를 기초삼아 국가를 건설할 것이고, 법률·정치, 경제문화 등 모든 제도를 민주주의 이념으로써 건설할 것은 현하(現下)의 국시(國是)일 것이다. 그러므로 만민(萬民)은 모름지기 평등할 것이고 성(性)의 구별로 인하여 생(生)한 차별적 제도는 이미 민주주의 추세에 적응한 변화를 본 바로서 현하(現下) 여성에 대하여 선거권과 피선거권을 인정하고 기타 관공리(官公吏)에 임명되는 자격도 남성과 구별이 없어 동등한 공권(公權)을 향유함에 이르는 바인즉 여성의 사권(私權)에 대하여도 또한 같을 것이매 남녀평등을 부인하던 구(舊)제도로서 그 차별을 가장 현저히 한 「일본 민법」 제14조는 우리 사회상태에 적합하지 아니하므로 그 적용에 있어서 적당한 변경을 가할 것은 자연의 사세(事勢)이다. 이에 본원(本院)은 사회의 진전과 법률의 해석을 조정함에 의하여 비로소 심판의 타당을 기할 수 있음에 비추어 그에 따른 처의 능력제한을 인정치 아니하는 바이다.

---

3) 이 소송의 사실관계와 원심의 판시이유, 상고이유는 대법원의 판결문을 보고 구성한 것인데 대법원의 판결문은 이 부분에 관하여 구체적이고 명확하게 언급하고 있지 않다.

4) 이 판결요지는 정광현(1967), 『한국가족법연구』, 서울대학교출판부, 273~274면; 양창수(1999), "우리나라 최초의 헌법재판논의-처의 행위능력 제한에 관한 1947년 대법원 판결에 대하여-", 『서울대학교법학』 제40권 2호, 서울대학교 법학연구소, 127~128면을 인용하였다.

이 대법원 판결은 우리나라 판례 중 '남녀평등'이란 용어를 처음 사용하고 성차별을 최초로 인정하며 성차별이 민주주의 이념에 반한다고 판시한 최초의 판례이다.

그런데 이 판결은 즉각적으로 남성법학자들 사이에 쟁론을 발생시켰다. 이 논의는 "최초의 법학논쟁, 최초의 헌법재판논의"[5]라고 평가되었는데, 여성의 지위와 성별, 성차(性差)에 관한 최초의 여성주의 법학, 젠더법학 논쟁이라고도 평가할 수 있다.

당시 이 판결에 관한 쟁점은 두가지였는데 하나는 재판소가 현존하는 법의 적용을 거부할 수 있는가의 여부와 다른 하나는 처의 법률행위능력을 제한한 「일본 민법」 제14조 제1항이 여성차별인가라는 것이었다.

여성차별 여부에 관한 논의를 살펴보면, 부부의 관계를 남녀평등하게 보지 않는 인식을 전제로 대법원 판결을 비판하는 견해들이 있다. 그중에는 이 조항이 "반드시 여성에 대한 남성의 우월적 지위를 부여하였다기보다는 부부의 공동생활을 보호하기 위한 것으로 여성이기 때문이 아니라 처라는 이유에서 그 능력을 제한한 것으로 이해해야 한다."는 견해[6]가 있다. 또한 "현실면에 있어서는 부(夫)는 처에 대하여 어느 정도 우월적 지배권이 있기 때문에 부부 간의 화합이 유지되고 있다. …… 만일 여자가 법률상 남자와 동등한 사권(私權)을 향유한다면 제사상속도 할 수 있고 호주상속, 재산상속도 남녀균등하여야 하며, 여자에게도 사양자(嗣養子)가 될 권리를 부여해야 하고 부(夫)에게는 처와 같이 법률상 정조의 의무를 인정하여야 할 것이다."라고 하며 여성이 공권(公權)과 사권(私權)에서 남성과 동일한 권리를 가진다는 판결의 판시를 반박한 견해[7]도 있다. 또한 "부녀자의 사회적 지위가 아직 얕은 조선의 현실에서 처의 지위만을 향상시킨다면 결국은 부부생활의 원만을 깨는 데 일조(一助)가 되는 일 이외에는 아무런 효과도 없을 것이다. …… 남녀평등이 실현되더라도 처에 대한 어느 정도의 제한은 별도로 남을 수 있는 것이어늘, 「의용민법」 제14조가 조선 현재의 실정에 적합지 않기 때문에 적용할 수 없

---

5) 양창수(1999), 128면.
6) 김갑수(1947), "군정과 일본법적용의 한계", 『법정』 통권 제13호, 36~37면(양창수(1999), 129~130면에서 재인용).
7) 김안진(1947), "처의 소송능력", 『고대(高大)신문』 제1호(1947.11.3), 2면(양창수(1999), 131~132면에서 재인용).

다 함은 도저히 정당한 견해라 할 수 없다."는 견해[8]도 있다.

반면, 이 대법원 판결에 대한 찬성론 중에는 "부부의 화합을 위하여 능력제한이 필요하다면 부(夫)의 능력을 제한하거나 부처(夫妻)의 능력을 공(共)히 제한하지 아니하고 왜 하필 처의 능력을 제한하였는가? 부부의 화합이란 미명(美名) 뒤에는 남녀차별이 숨어 있는 것이다. …… 새조선 건국에 있어 이러한 봉건적 잔재의 소탕에는 모름지기 과감하여야 한다. 대법원이 이러한 보수성이 가장 농후한 신분법의 분야에서 봉건적 잔재의 소탕의 선편(先鞭)을 가한 것은 더욱이 반가운 일이다. 대법원의 헌법재판이 앞으로도 더욱이 이러한 진보적 방향으로 걸어가기를 기대하여 마지 않는다."라는 견해[9]가 있다.

이 판결 후 1947년 11월 14일에 공포된 「공창제도폐지령」(군정법령 제7호)은 대법원 판결문의 판시와 유사하게 "일본 이래의 악습을 배제하고 인도를 창명하기 위하여 남녀평등의 민주주의적 견지에서 공창제도를 폐지하고 일체의 매춘행위를 금지함"(제1조)을 목적으로 하였다. 그리고 1948년 3월 17일에 제정된 「국회의원선거법」(군정법령 제175호)은 만 21세에 달한 국민은 선거권을, 만 25세에 달한 국민은 피선거권을 성별, 재산, 교육, 종교의 구별이 없이 가진다는 조항(제1조)을 두었다. 또한 「민법」의 제정과정에서 처의 법률행위에 대한 무능력제도를 「민법」 제4편(가족법)에 규정할 것인가에 관한 논의도 있었지만, 1958년 2월 22일에 제정된 「민법」 제4편에는 이를 도입하지 아니하고 고유재산에 관해 처가 독자적으로 처분할 수 있는 부부별산제를 도입하였다.

그런데 모(母)의 친권행사제한에 관한 1954년의 대법원 판결[1954.9.7 선고 민상 제50호]은 처의 법률행위능력제한에 관한 이 대법원 판결이 미군정기의 판결이므로 대한민국 정부수립 후에는 효력이 없다고 판시하였다. 이 대법원 판결은 동아일보가 2008년에 사법 60주년을 맞이하여 대법원과 대한변호사협회 등의 의견을 듣고 기사화한 '법조계가 뽑은 시대를 바꾼 명판결' 22건에 포함되었다.[10]

---

8) 김증한(1947), "민법 제14조에 대한 판례비평", 『법정』 통권 제18호, 40~43면(양창수(1999), 133~134면에서 재인용).

9) 홍진기(1947), "사법재판소의 법률심사", 『법정』 통권 제14호, 8면(양창수(1999), 37면에서 재인용).

10) 동아일보, 2008.9.26 기사("법조계가 뽑은 시대를 바꾼 명판결 22건")

혼인제도 : 동성동본금혼제(同姓同本禁婚制)

[3] [서울가정법원 1995.5.17 선고 95호파3029 내지 3036](위헌법률심판제청, 여성차별 인정)
[4] [헌법재판소 1997.7.16 선고 95헌가6](헌법불합치결정, 여성차별 인정)

「민법」(가족법)은 1958년 2월 22일 제정될 때 "① 동성동본인 혈족 사이에서는 혼인하지 못한다. ② 남계혈족의 배우자, 부의 혈족 및 기타 8촌 이내의 인척이거나 이러한 인척이었던 자 사이에서는 혼인하지 못한다."(제809조)라고 규정하였다.

가족법개정론자들은 이 조항이 호주제와 함께 우리나라의 가부장적 가족제도를 유지시키는 대표적인 위헌조항이며 세계에서 가장 넓은 범위로 혼인을 금지한다고 비판하였다. 특히 성(姓)과 본(本)이 같으면 혼인을 금지한 제809조 제1항의 위헌성이 크게 논쟁의 대상이 되었다. 쟁점은 동성동본금혼제가 중국의 제도인지, 우리나라의 전통인지의 여부와 근친혼으로 인한 윤리적인 문제와 우생학적인 문제를 회피하기 위한 합리성을 가지는 지, 합리성이 없이 부계혈족과 남계혈족 사이의 혼인을 상당히 넓게 제한하여 혼인의 자유와 평등권을 침해하는 것인지의 여부에 관한 것이었다. 동성동본금혼제 때문에 혼인신고를 할 수 없어 상속 등에서 배우자의 지위를 인정받지 못하며 자녀를 혼인 외 자녀(사생아)로 만들 수 밖에 없는 사실혼 부부들의 고통이 사회적인 문제가 되자 1977년, 1987년, 1995년에 「혼인에 관한 특례법」을 제정하여 8촌을 넘는 동성동본자 사이의 혼인신고를 행정관청이 한시적으로 접수하여 구제하는 조치를 취하였다.

그런데 동성동본금혼제의 위헌성에 관한 최초의 사법부 판단은 1995년에 가정법원이 위헌법률심판제청을 결정한 것이다.

가정법원의 제청은 동성동본(同姓同本)인 자와 혼인하려 하는 제청신청인들이 행정관청으로부터 이 조항을 근거로 혼인신고를 거부당하자 서울가정법원에 행정처분의 불복을 신청하면서 헌법재판소에 위헌법률심판을 청구할 것을 요청한 것을 계기로 한다. 한편, 유림(儒林)은 동성동본인 혈족 사이의 혼인을 금지하는 제도는 중국의 제도를 모방한 것이 아니고 고대로부터 현재까지 내려온 관습으로서 지금도 우리 국민의 정서에 완전 부합하여 대다수의 국민이 그 제도의 존치를 바라고 있으며 유전학상으로도 필요하다고 주장하였다.

서울가정법원은 제청신청인들이 제기한 7건의 행정처분 불복소송과 위헌법률심판제청의 신청에 대하여 「민법」 제809조 제1항의 위헌 여부가 그 사건들의 재판의 전제가 된다 하여 1995년 5월 17일에 위헌법률심판제청결정을 하고 헌법재판소에 제청하였다.

 서울가정법원의 위헌법률심판제청결정[3]의 요지

「민법」 제809조 제1항의 규정이 모든 국민으로 하여금 행복을 추구할 권리를 갖게끔 보장하는 「헌법」 제10조의 정신을 침해하고, 모든 국민의 법 앞에서의 평등과 불합리한 차별대우의 금지를 정한 「헌법」 제11조 제1항에 위반된다는 신청인들의 주장에는 상당한 이유가 있다고 인정된다.

헌법재판소는 1997년 7월 16일에 「민법」 제809조 제1항(동성동본금지혼)에 대하여 재판관 5명은 단순위헌결정을 내리고 재판관 2명은 헌법불합치결정을 선고함이 상당하다는 의견을 제시하였다. 반면 재판관 2명은 「헌법」에 합치한다는 의견[11]을 제시하였다. 이와 같이 동성동본금지혼(同姓同本禁止婚)

---

11) [합헌의견(소수의견)의 요지] 동성동본금혼제는 중국에서 유래한 것이 아니라 단군 건국 초부터 전래되면서 관습화된 우리 민족의 미풍양속으로서 전통문화의 하나이며, 비록 1970년대 이래 급속한 경제성장에 따라 우리의 사회환경이나 의식이 여러 면에서 변화하고 있지만 우리의 혼인관습이 본질적으로 변하였다고 할 수는 없다. 그리고 「민법」 제809조 제1항은 전통적인 혼인관습을 법제화·강제화함으로써 사회질서를 유지하고자 함을 입법목적으로 하며, 전통문화라는 역사적 사실과 전통문화의 계승이라는 「헌법」의 이상에 부응하는 것이므로 합헌이다. 또한 국민의 행복추구권, 즉 혼인의 자유와 상대방을 자유롭게 선택할 수 있는 자유도 전통문화의 계승이라는 한계 내에서 제한되며 그 본질적 내용을 침해하지 않는 한도에서 법률로써 제한할 수 있다. 이 사건 법률조항의 입법목적의 정당성을 긍정하는 한 이 조항이 배우자 선택권을 지나치게 제한하여 그 본질을 침해한다고 할 수 없다.

을 규정한 조항이 「헌법」에 위반한다는 점에서는 재판관 7명의 의견이 일치했으나, 법률의 위헌을 결정할 때 필요한 심판정족수(6명)에 이르지 못하여 결국 헌법불합치결정을 선고하였다.

 헌법재판소의 결정[4]요지

1) 단순위헌의견의 요지

중국의 동성금혼 사상에서 유래하여 조선시대를 거치면서 법제화되고 확립된 동성동본금혼제는 그 제도 생성 당시의 국가정책, 국민의식이나 윤리관 및 경제구조와 가족제도 등이 혼인제도에 반영된 것으로서, 충효정신을 기반으로 한 농경중심의 가부장적, 신분적 계급사회에서 사회질서를 유지하기 위한 수단의 하나로서의 기능을 하였다. 그러나 자유와 평등을 근본이념으로 하고 남녀평등의 관념이 정착되었으며 경제적으로 고도로 발달한 산업사회인 현대의 자유민주주의사회에서 동성동본금혼을 규정한 「민법」 제809조 제1항은 이제 사회적 타당성 내지 합리성을 상실하고 있음과 아울러 "인간으로서의 존엄과 가치 및 행복추구권"을 규정한 「헌법」이념 및 "개인의 존엄과 양성의 평등"에 기초한 혼인과 가족생활의 성립·유지라는 「헌법」규정에 정면으로 배치될 뿐 아니라 남계혈족에만 한정하여 성별에 의한 차별을 함으로써 「헌법」상의 평등의 원칙에도 위반되며, 또한 그 입법목적이 이제는 혼인에 관한 국민의 자유와 권리를 제한할 "사회질서"나 "공공복리"에 해당될 수 없다는 점에서 「헌법」 제37조 제2항에도 위반된다 할 것이다.

2) 헌법불합치 의견

「민법」 제809조 제1항이 「헌법」에 위반된다는 결론에는 다수의견과 견해를 같이하지만, 동성동본금혼제는 수백 년 동안 이어져 내려오면서 우리 민족의 혼인풍속이 되었을 뿐만 아니라 윤리규범으로 터 잡게 되었다. 혼인제도는 입법부인 국회가 우리 민족의 전통·관습·윤리의식 등 여러 가지 사정을 고려하여 입법정책적으로 결정하여야 할 입법재량사항이다. 그러므로 비록 이 조항에 위헌성이 있다고 하여도 헌법재판소가 곧바로 위헌결정을 할 것이 아니라 입법형성권을 가지고 있는 국회가 우리 민족의 혼인풍속, 윤리의식, 친족관념 및 그 변화여부, 동성동본금혼제가 과연 사회적 타당성이나 합리성을 완전히 상실하였는지 여부, 그 제도의 개선방법, 그리고 동성동본금혼제를 폐지할 때 현행 근친혼 금지규정이나 혼인무효 및 취소에 관한 규정을 새로 정비할 필요는 없는지 등을 충분히 고려하여 새로이 혼인제도를 결정할 수 있게 하여야 한다.

그리하여 헌법재판소는 「민법」 제809조 제1항은 입법자가 1998년 12월 31일까지 개정하지 않으면 1999년 1월 1일부터 그 효력을 상실한다는 것과 법원, 기타 국가기관 및 지방자치단체는 입법자인 국회가 이 법을 개정할 때까지 이 법률조항의 적용을 중지하여야 한다는 의견을 결정문에 명시하였다.

그런데 국회는 동성동본금혼규정의 개정을 둘러싼 찬반론이 크게 대립하자 개정하지 않고 방치하였다. 그리하여 동성동본금혼규정은 효력이 없어졌지만 법전에는 남아 있는 현상이 초래되었고, 이로 인해 호적업무처리에 혼선도 초래되었다. 그 후 2005년 3월 31일에 「가족법」이 혁신적으로 개정될 때, 동성동본금혼규정은 완전히 삭제되고 근친혼금지규정도 개정되었다. 이 개정으로 제809조의 표제는 '동성혼 등의 금지'에서 '근친혼 등의 금지'로 변경되었다. 현재 근친혼금지의 범위는 "남계혈족의 배우자, 남편의 혈족, 기타 8촌 이내의 인척이거나 인척이었던 자 사이의 혼인"에서 ① 8촌 이내의 혈족(친양자의 입양 전의 혈족을 포함한다) 사이의 혼인, ② 6촌 이내의 혈족의 배우자, 배우자의 6촌 이내의 혈족, 배우자의 4촌 이내의 혈족의 배우자인 인척이거나 인척이었던 자 사이의 혼인, ③ 6촌 이내의 양부모계의 혈족이었던 자와 4촌 이내의 양부모계의 인척이었던 자 사이의 혼인으로 규정되고 있다.

2-3 호주제

[5] [서울지방법원 서부지원 2001.3.27 선고 2001헌가9](위헌법률심판제청, 여성차별 인정)

[6] [서울지방법원 북부지원 2001.3.29 선고 2001헌가10 내지 15](위헌법률
심판제청, 여성차별 인정)

[7] [대전지방법원 2004.2.9 선고 2002헌가5](위헌법률심판제청, 여성차별 인정)

[8] [헌법재판소 2005.2.3 선고 2001헌가5, 9](헌법불합치결정, 여성차별 인정)

「민법」제4편과 제5편(가족법)은 1958년 2월에 제정될 때 호주제를 가족제
도의 근간으로 하였는데, 그 주된 이유는 우리나라의 전통적 가족제도라는
것이다. 호주제란 실제 생활공동체와는 별개로 호주라는 가(家)를 상징하고
통치하는 가장(家長)과 그 호적에 입적된 가족구성원으로 구성하는 관념적·
법률적인 가(家)제도를 말한다(제779조). 호주의 지위는 전(前)호주의 직계비
속남자(장남, 차남, 손자 등)에게 그들의 의사와 관계없이 법이 정한 순서에 따
라 상속되었다. 이에 따라 제일 먼저 장남이 호주를 무조건 상속하고 상속 전
에 장남이 사망하면 장남의 큰아들(전호주의 장손)이 호주상속하며 장남에게
아들이 없으면 전호주의 차남에게 상속되었다.

호주제는 남계혈통과 남성의 가장권을 계승하는 가부장적 가족제도의 근
간이며 우리나라「가족법」뿐 아니라 가족과 관련된 모든 법제도와 관습, 사
회문화의 가부장성을 유지시켜 왔다. 여자는 호주상속할 남자가 없는 경우에
만 호주가 될 수 있고, 혼인하면 남편의 가(家)로 입적하도록 한 법에 따라 호
주의 지위를 상실하게 된다. 그 가는 호주의 지위를 상속할 여자(전호주의 어머
니, 며느리 등)가 없으면 폐가(廢家)가 되어 소위 대(代)가 끊어지므로 남성중심
주의와 아들선호사상도 조장하였다. 이러한 호주제를 두고 있는 국가는 당시
세계에서 우리나라밖에 없었다. 호주제를 먼저 두었던 중국은 1930년에, 일본
은 1947년에 폐지하였다.

가족법개정론자들은 호주제가 우리나라의 오랜 전통이 아니며 조선시대에
중국의 유교적이고 가부장적인 가족제도를 도입한 것인데 일제강점기시대에
천황제의 영향으로 가부장성이 강화된 것이라 규정하고 비민주적이며 남녀
불평등하다는 비판을 하였다.

가족법개정운동의 영향으로 1990년 1월 3일에 개정된「가족법」(1991년 1월
1일부터 시행)은 호주의 지위를 상속할 자가 원하지 아니하면 포기할 수 있는

승계제도로 변경하였고, 승계의 순위를 전호주의 장남 다음에 차남이 승계하는 것으로 변경하였다. 그러나 호주의 지위에 있어서 여성은 예외적으로만 승계하고 혼인하면 남편의 가(家)에 입적하는 것을 원칙으로 한 법규정은 존치시켰다.

그런데 호주제에 따라 호적공무원들의 행정처분에 불복하는 소송을 제기한 청구인들이 법원에 호주제에 관한 「민법」의 규정(제781조, 제778조 등)이 "혼인과 가정생활은 개인의 존엄과 양성의 평등을 기초로 성립되고 유지되어야 하며 국가는 이를 보장한다."라고 규정한 「헌법」 제36조 제1항에 위반한다며 위헌법률심판제청을 해 줄 것을 신청한 사건이 3건 있었다.

이에 지방법원들 [5], [6], [7]은 모두 그 신청을 받아들여 2001년과 2004년에 헌법재판소에 위헌법률심판을 제청하였다.

 지방법원의 위헌법률심판제청 [5], [6], [7]의 요지

1) 호주제도는 호주에게 우월적 지위를 부여하여 일가를 구성하는 구성원들로 하여금 호주를 정점으로 강제적이고 일률적으로 순위 지워지게 함으로써 존엄한 인격을 가진 개인들이 평등한 차원에서 공동체를 형성하는 것을 불가능하게 하고 있으므로 위 법조는 민주적 기본질서를 규정한 「헌법」 전문 및 제4조에 위반된다.
2) 호주제도는 개인에게 자신의 법적 지위를 스스로 형성할 기회를 부여하지 아니하는 결과 개인의 의사와 무관하게 각자를 지배·복종 관계에 강제로 편입시키고 호주 아닌 가족을 호주에게 종속시킴으로써 개인의 자율적인 법률관계 형성을 전면적으로 부인하고 열위의 지위를 강제하여 인격권을 침해하는 결과를 가져오므로 위 법조는 인간으로서의 존엄과 가치 및 행복추구권을 규정한 「헌법」 제10조에도 위반된다.
3) 호주제도는 혼인과 가족생활에서 그 구성원 상호간의 평등한 법률관계 형성을 막고 남성에게 호주가 되는 우선적인 지위를 인정함으로써 합리적 근거 없이 아내의 지위를 남편보다 하위에, 어머니의 지위를 아버지보다 하위에 각 위치하게 하는 정당성 없는 남녀차별을 초래하여 성별에 의한 차별을 금지한 「헌

법」 제11조 제1항과 개인의 자율적 의사와 양성의 평등에 기초한 혼인생활과 가족생활의 자유로운 형성을 보장하는 「헌법」 제36조 제1항에 각 위반된다.

4) 우리 사회의 가족제도를 유지하기 위하여 개인의 권리를 부득이 제한할 필요가 있다 하더라도 호주제도는 목적의 정당성, 수단의 적합성, 법익의 최소침해성 및 법익침해의 균형성을 갖춘 정당한 기본권 제한이 아닐 뿐만 아니라 기본권의 본질적 내용까지 침해하고 있어 위 법조는 과잉금지원칙을 규정한 「헌법」 제37조 제2항에 위배된다.

5) 「민법」 제781조 제1항 본문 후단은 부계중심주의 원칙을 채택하여 자녀가 속할 가(家)를 원칙적으로 아버지의 가(家)로 정하여 남녀의 성(性)에 따른 차별을 두고 있으므로 「헌법」 제11조 제1항 및 제36조 제1항에 위배된다.

6) 「민법」 제781조 제1항 본문 후단("자는 …… 부가(父家)에 입적한다.")을 비롯한 자녀의 입적에 관한 「민법」의 체제는 일단 아버지의 가에 속하게 된 자녀가 부모의 이혼 등으로 아버지와의 가족공동생활이 불가능하게 된 경우에도 자녀에 대하여 어머니의 가(家)로의 전적의 여지를 두지 아니하고 있는데 이는 모자(母子)의 권리를 지나치게 침해하는 것으로서 「헌법」 제37조 제2항에 위배된다.

헌법재판소[2005.2.3 선고 2001헌가5, 9]는 재판관 6명이 호주제가 위헌적 가족제도이지만, 호주제에 따른 호적제를 대체할 새로운 가족신분기록제가 나올 때까지 잠정적으로 효력을 유지하는 것이 필요하다는 의견을 제시하여 헌법불합치결정을 선고하였다. 그런데 3명의 재판관은 합헌의견[12]을 제시하였다.

---

12) [합헌의견(소수의견)의 요지] ① 현행법상의 호주제는 고대 이래 조선 중기까지 이어져 온 우리 고유의 합리적 부계혈통주의의 전통을 이어받아 부계혈통주의의 존립을 위한 극히 기본적인 요소만을 담고 있는 것으로서, 일제 잔재로서의 색채를 불식하고 우리 고유의 관습으로 복귀한 것으로 평가할 수 있다. ② 혼인과 가족관계를 규율하는 「가족법」은 전통성·보수성·윤리성을 강하게 가질 수밖에 없어서 혼인과 가족관계에 관한 「헌법」 규정을 해석하는 데는 「가족법」의 전통적 성격을 고려하지 않을 수 없고, 특히 「가족법」의 영역에서 도식적인 평등의 잣대로 우리의 전통문화를 함부로 재단함으로써 전통가족문화를 송두리째 부정하고 해체하는 결과를 초래하여서는 아니 된다. ③ 현행법상의 호주제는 우리 사회의 오랜 전통과 현실에 기초한 것일 뿐만 아니라 여성에 대한 실질적 차별을 내용으로 하고 있는 것으로 보기 어렵다는 점에서 평등원칙에 위반되지 아니하며, 임의분가, 호주승계권의 포기 등 이를 완화하는 제도를 두고 있으므로 개인의 존엄을 존중하지 않는 것이라고 보기도 어려우므로 결국 「헌법」 제36조 제1항에 위반되지 아니한다.

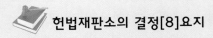 **헌법재판소의 결정[8]요지**

1) 「헌법」과 전통의 관계

(1) 「헌법」은 국가사회의 최고규범이므로 가족제도가 비록 역사적·사회적 산물이라는 특성을 지니고 있다 하더라도 「헌법」의 우위에서 벗어날 수 없으며, 「가족법」이 「헌법」 이념의 실현에 장애를 초래하고, 「헌법」 규범과 현실의 괴리를 고착시키는 데 일조하고 있다면 그러한 「가족법」은 수정해야 한다. (2) 「헌법」은 제정 당시부터 특별히 혼인에서의 남녀동권(男女同權)을 혼인질서의 기초로 선언함으로써 우리 사회 전래의 가부장적인 봉건적 혼인질서를 더 이상 용인하지 않겠다는 헌법적 결단을 표현하였으며, 현행 「헌법」에 이르러 양성평등과 개인의 존엄은 혼인과 가족제도에 관한 최고의 가치규범으로 확고히 자리 잡았다. (3) 한편 「헌법」 전문과 「헌법」 제9조에서 말하는 '전통', '전통문화'란 역사성과 시대성을 띤 개념으로서 「헌법」의 가치질서, 인류의 보편가치, 정의와 인도정신 등을 고려하여 오늘날의 의미로 포착하여야 한다. 그러므로 가족제도에 관한 전통·전통문화란 적어도 그것이 가족제도에 관한 「헌법」 이념인 개인의 존엄과 양성의 평등에 반하는 것이어서는 아니 된다는 한계를 도출할 수 있으므로, 전래의 어떤 가족제도가 「헌법」 제36조 제1항이 요구하는 개인의 존엄과 양성평등에 반한다면 그 「헌법」적 정당성을 주장할 수 없다.

2) 호주제의 성차별성

(1) 호주제는 성역할에 관한 고정관념에 기초한 차별로서, 호주승계 순위, 혼인으로 인한 신분관계 형성, 자녀의 신분관계 형성에서 정당한 이유 없이 남녀를 차별하는 제도이다. 특히 호주지위를 승계하는 데에 철저히 남성우월적 서열을 매김으로써 남자라는 이유만으로 어머니와 누나를 제치고 아들이, 또한 할머니, 어머니를 제치고 유아인 손자가 호주의 지위를 차지하게 된다. (2) 혼인을 하더라도 남자는 자신의 가(家)에 그대로 머무르거나 법정분가하면서 새로운 가(家)의 호주가 되는 반면, 여자는 자신의 가(家)를 떠나 남편이 속한 가(家) 또는 남편이 호주로 된 가(家)의 가족원이 될 뿐이다. 부부는 혼인관계의 대등한 당사자임에도 불구하고 처가 일방적으로 편입되는 이러한 제도로 인해 처의 남편에 대한 수동적·종속적 관계가 정착된다.

3) 자녀의 부가(父家)입적조항의 문제

이 조항은 그 자체로 부계(父系)혈통우위의 사고에 기초한 것으로서, 이로 말미암아 부모가 이혼하고 모(母)가 자녀의 친권자이자 양육자로서 자녀와 함께 살더라도, 당사자의 의사나 자녀복리의 관점에서 아무리 모가(母家)입적이 절실한 경우에도 그 자녀는 여전히 부가(父家)에 소속되고 그 부(父)가 자녀들의 호주가 될 수밖에 없다. 또한 여자가 재혼하여 재혼부(夫)의 동의하에 전부(前夫)소생의 자녀들과 함께 살더라도 전부(前夫)의 동의가 없으면 자녀들과 각기 다른 가(家)의 구성원이 될 수밖에 없다. 이와 같이 모와 자녀가 현실적 가족생활대로 법률적 가족관계를 형성하지 못하여 비정상적 가족으로 취급받음으로써 겪는 불편과 고통은 이혼율과 재혼율이 점차 높아지는 상황에서 심각하게 받아들여야 할 사회문제이다.

4) 호주제의 개인의 존엄침해

호주제는 당사자의 의사나 복리와 무관하게 남계혈통중심의 가(家)의 유지와 계승이라는 관념에 뿌리박은 특정한 가족관계의 형태를 일방적으로 규정·강요함으로써 개인을 가족 내에서 존엄한 인격체로 존중하는 것이 아니라 가(家)의 유지와 계승을 위한 도구적 존재로 취급하고 있는데, 이는 혼인·가족생활을 어떻게 꾸려 나갈 것인지에 관한 개인과 가족의 자율적 결정권을 존중하라는 「헌법」 제36조 제1항에 부합하지 않는다.

5) 가족구조의 변화

오늘날 가족관계는 한 사람의 가장(호주)과 그에 복속하는 가속(家屬)으로 분리되는 권위주의적인 관계가 아니라, 가족원 모두가 인격을 가진 개인으로서 성별을 떠나 평등하게 존중받는 민주적인 관계로 변화하고 있고, 사회의 분화에 따라 가족의 형태도 모와 자녀로 구성되는 가족, 재혼부부와 그들의 전혼소생자녀로 구성되는 가족 등으로 매우 다변화되었으며, 여성의 경제력 향상, 이혼율 증가 등으로 여성이 가구주로서 가장의 역할을 맡는 비율이 점증하고 있다. 이러한 점에서 호주제가 설사 부계혈통주의에 입각한 전래의 가족제도와 일정한 연관성을 지닌다고 가정하더라도, 이와 같이 그 존립의 기반이 붕괴되어 더 이상 변화된 사회환경 및 가족관계와 조화되기 어려운 호주제를 존치할 이유를 찾아보기 어렵다.

2005년 2월 3일에 헌법재판소의 헌법불합치결정을 받은 후 2005년 3월 31일의 「가족법(민법)」 개정으로 2008년 1월 1일부터 호주제와 가(家)와 관련된 조항(입적, 분가 등)은 모두 폐지되었다. 또한 호적제도 2008년부터 「가족관계의 등록 등에 관한 법률」에 따른 가족관계신분등록제로 대체되었다.

2-4 친자관계의 부모차등

1) 모(母)의 친권행사의 제한

> [9] [대법원 1954.9.7 선고 민상 제50호](여성차별 불인정)

친권이란 미성년자녀를 보호하고 양육할 부모의 권리이자 의무이며 자녀를 대신하여 신분적·재산적 법률행위를 할 권한을 중요한 내용으로 한다.

그런데 「일본(依用) 민법」 제886조는 미성년자의 친권자가 아버지인 경우에는 독자적으로 법률행위를 대리할 수 있으나, 어머니가 친권자로서 미성년인 자(子)를 대신하여 일정한 법률행위(보증, 부동산 또는 중요한 동산에 관한 권리의 취득과 상실행위, 상속파기, 증여 등)를 하려면 친족회의 동의를 얻어야 하고 친족회의 동의를 얻지 못한 행위는 취소할 수 있다고 규정하였다.

이 사건에서 원심판결은 이 조항을 적용하여 피고 등의 친권자 모가 친족회의 동의 없이 본건 부동산 매매를 한 행위에 관하여 그 매매계약은 실효된다고 하였다.[13]

그런데 1948년 7월 17일에 제정·공포된 「헌법」은 제8조에서 "모든 국민은 법률 앞에 평등이며 성별, 신앙 또는 사회적 신분에 의하여 정치적, 경제적, 사회적 생활의 모든 영역에 있어서 차별을 받지 아니한다."고 규정하고 제100조에서 "현행 법령은 「헌법」에 저촉되지 아니하는 한 효력을 가진다."고 규정하였다.

상고인(친권자인 여성)은 대법원에 「일본(依用) 민법」 제886조가 「헌법」 제

---

13) 원심판결의 사건번호에 대하여 대법원 판결문은 언급하지 않고 있으며 다른 문헌에서도 발견하지 못하여 이 연구에서 집계한 304건에 원심판결은 포함되어 있지 않다.

8조(법 앞의 평등)에 저촉된다고 주장하고, 대법원이 처의 법률행위능력을 규정한 「일본 민법」 제14조 제1항에 대하여 무효라고 판결[1947.9.2 선고 민상 제88호]을 한 바도 같은 취지라며 무효를 선고해 줄 것을 요청하였다. 그러나 대법원[1954.9.7 선고 민상 제50호]은 상고를 기각하였는데, 그 이유 중 성차별에 관하여 판시한 내용은 다음과 같다.[14]

 대법원의 판결[9]요지

「헌법」 제8조가 남녀평등의 원칙을 선언한 것은 법률상 남녀에 따라 인간으로서의 근본적, 인격적 대우를 달리할 수 없음은 물론이나 그 평등이 무엇에나 절대 무차별적 평등을 의미하고 배분적 공평을 무시한 것이 아니며 균등과 배분적 공평을 포함한 것이라고 봄이 타당할 것이다. 배분적 공평이라 함은 각인에 대하여 그 기능, 지식과 경험에 따라 그에 상당한 처우함을 말하는 것이다. 부모의 자에 대한 친권에 있어서도 그것을 동등으로 할 것이냐 그렇지 않고 부와 모에 따라 어느 정도의 차등을 둘 수 있느냐는 각기 사회의 생활상태와 남녀의 교육관계, 기타를 표준으로 하여 이를 정하여야 할 것이며 그에 차등을 둘 상당한 이유가 있을 때에는 법률로서 부와 모의 친권의 내용에 다소 차등을 두어도 헌법위반이라 할 수 없을 것이다. 따라서 법문이 현존하는 이상 법을 적용하는 법원으로서는 이를 헌법위반의 이유로 배제할 수 없는 것이며 소론 판결(所論 判決)[대법원 1947.9.2 선고 민상 제88호]은 미군정하의 판결로 구속력이 없다.

이 대법원 판결의 판시는 두 가지 점에서 주목된다. 첫째는 1948년에 제정된 「제헌헌법」 제8조에서 명시한 남녀평등원칙이 균등과 배분적 공평을 포함하여 남녀를 무조건 동일하게 대우하는 것이 아니라 남녀 사이에 차등이 있는 경우에는 다르게 대우하는 것임을 처음으로 명시한 점이다. 둘째는 남녀 사이의 차등 정도에 대하여 '사회의 생활상태와 남녀의 교육관계, 기타'를

---

14) 이 판결요지는 정광현(1967), 『한국가족법연구』, 서울대학교출판부; 양창수(1999), 144면에 게시된 내용을 이해하기 쉽게 정리한 것이다.

표준으로 하여 이를 정하여야 한다는 판단기준을 제시한 점이다.

　　그러나 이 판결은 사건의 분쟁사안이 된 친권에 관하여 아버지, 어머니 사이에 사회의 생활상태와 남녀의 교육관계 등에 법률상 다르게 대우할 만한 어떠한 차이가 있다는 것인지를 명확하게 제시하지 않은 채 친권에 부모차등을 둔 것을 헌법위반이라 할 수 없을 것이라고 판시하였다. 또한 처의 법률행위능력을 제한한 「일본 민법」 제14조에 대하여 남녀평등에 반한다고 판시한 [대법원 1947.9.2 선고 민상 제88호] 판결을 단순히 미군정하의 판결이라는 이유로 구속력이 없다고 한 문제가 있다. 또한 「제헌헌법」이 제20조에서 "혼인은 남녀동권을 기본으로 하며"라고 규정하였는데, 대법원은 이 「헌법」 조항을 적용하지 아니한 점도 문제라고 생각한다.

　　이 판결 후 1958년 2월 22일 제정된 「민법」은 제909조(친권자)에서 "① 미성년자인 자는 그 가에 있는 부의 친권에 복종한다. ② 부가 없거나 기타 친권을 행사할 수 없는 때에는 그 가에 있는 모가 친권을 행사한다."고 규정하여 부권(父權)우선주의를 취하였다.

2) 부계(父系)혈통주의에 의한 국적취득

[10] [서울고등법원 1997.8.20 선고 97부776](위헌법률심판제청, 여성차별 인정)
[11] [헌법재판소 2000.8.31 선고 97헌가12](헌법불합치결정, 여성차별 인정)

　　1948년 12월 20일에 제정된 「국적법」은 남편이나 아버지의 국적취득과 국적변경으로 처와 자녀의 국적이 자동으로 변동되도록 규정하였다.

　　그런데 우리나라가 UN이 1979년 12월에 채택한 「여성차별철폐협약」의 가입국이 되고자 하였을 때 국내법과 상충되는 협약의 조항이 많아 비준 여부가 문제가 되었다. 그중 가입국은 처와 자녀의 국적취득, 변경, 상실 및 귀화에 있어서 남편이나 아버지의 국적에 따라 자동변동되지 않도록 해야 한다는 협약의 조항(제9조)은 「국적법」과 정면으로 충돌되었다. 이 문제를 감안하여 1997년 12월 13일에 개정된 「국적법」은 국적취득의 부계혈통주의(父系血統主義)를 부모 중 어느 한쪽이 대한민국 국민이면 그 자녀에게 대한민국 국적을 부여하는 부모양계혈통주의(父母兩系血統主義)로 변경하였다. 그런데 개정될 때 부칙조항을 두어 개정법 시행 전 10년 동안에 대한민국의 국민을 모(母)로 하여 출생한 자는 이 법의 시행일부터 3년 내에 대통령령이 정하는 바에 의하여 법무부장관에게 신고하여야 대한민국의 국적을 취득할 수 있게 하였다.

그런데 이 부칙조항에 의해 「국적법」이 개정되기 전에 조선인 부모 사이에 출생하였으나 중국 국적을 가지고 있던 청구인이 귀화한 어머니를 따라 대한민국 국적을 취득하려 했으나 아버지가 대한민국 국민이 아니어서 대한민국 국민이 될 수 없게 되자 부계혈통주의에 기초한 국적취득조항과 신법의 경과규정으로 인하여 평등권을 침해받았다며 위헌법률심판신청을 제기하였다. 서울고등법원[10]은 이를 받아들여 다음과 같은 이유로 위헌법률심판제청을 헌법재판소에 하였다.

 서울고등법원의 위헌법률심판제청[10]의 요지

구(舊) 「국적법」은 국적취득에 관하여 부계혈통주의를 규정하여 성별에 의한 차별을 금지하는 「헌법」 제11조 제1항에 위반되고, 혼인과 가정생활에서도 부(父) 또는 부(夫)의 지위를 모(母) 또는 처(妻)의 지위에 비하여 우월하게 취급하고 있으므로 양성평등의 원칙을 규정하고 있는 「헌법」 제36조 제1항에도 위배된다.

헌법재판소[2000.8.31 선고 97헌가12]는 「국적법」이 개정된 후인 2000년 8월 31일에 구 「국적법」의 조항에 대하여 다음과 같은 이유로 위헌결정을 하였고, 1997년의 개정법의 부칙에 대하여는 헌법불합치 및 잠정적용명령을 내렸다.

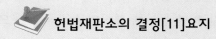 **헌법재판소의 결정[11]요지**

1) 부계혈통주의 원칙을 채택한 구법조항은 출생한 당시의 자녀의 국적을 부의 국적에만 맞추고 모의 국적은 단지 보충적인 의미만을 부여하는 차별을 하고 있다. 이렇게 한국인 부와 외국인 모 사이의 자녀와 한국인 모와 외국인 부 사이의 자녀를 차별취급하는 것은, 모가 한국인인 자녀와 그 모에게 불리한 영향을 끼치므로「헌법」제11조 제1항의 남녀평등원칙에 어긋난다.

2) 한국인과 외국인 간의 혼인에서 배우자의 한쪽이 한국인 부인 경우와 한국인 모인 경우 사이에 성별에 따른 특별한 차이가 있는 것도 아니고, 양쪽 모두 그 자녀는 한국의 법질서와 문화에 적응하고 공동체에서 흠없이 생활해 나갈 수 있는 동등한 능력과 자질을 갖추었는데도 불구하고 전체 가족의 국적을 가부(家父)에만 연결시키고 있는 구법조항은「헌법」제36조 제1항이 규정한 "가족생활에 있어서의 양성의 평등원칙"에 위배된다.

3) 모가 한국인인 자녀들은 외국인이므로 원칙적으로 대한민국의 공무원이 될 수 없고, 거주·이전의 자유, 직업선택의 자유, 재산권, 선거권 및 피선거권, 국가배상청구권 및 사회적 기본권 등을 누릴 수 없거나 제한적으로밖에 향유하지 못하게 된다. 그러므로 구법조항은 자녀의 입장에서 볼 때에도 한국인 모의 자녀를 한국인 부의 자녀에 비교하여 현저하게 차별취급을 하고 있으므로「헌법」상의 평등원칙에 위배된다.

4) 신법이 구법상의 부계혈통주의를 부모양계혈통주의로 개정하면서 구법상 부가 외국인이기 때문에 대한민국 국적을 취득할 수 없었던 한국인 모의 자녀 중에서 신법 시행 전 10년 동안에 태어난 자에게 신고 등 일정한 절차를 거쳐 대한민국 국적을 취득하도록 하는 경과규정으로서 구법조항의 위헌적인 차별로 인하여 불이익을 받은 자를 구제하는데, 신법 시행 당시의 연령이 10세가 되는지 여부는「헌법」상 적정한 기준이 아닌 또 다른 차별취급이므로 부칙조항은「헌법」제11조 제1항의 평등원칙에 위배된다.

5) 그러나 헌법재판소가 위헌결정 또는 단순한 헌법불합치결정만을 선고할 경우 부칙조항은 헌법재판소가 결정을 선고한 때부터 더 이상 적용할 수 없게 되고, 이 경우 그나마 신법 시행 전 10년 동안에 태어난, 모가 한국인인 자녀에게

국적취득의 길을 열어 놓고 있는 근거규정(부칙조항)이 효력을 잃게 됨으로써 법치국가적으로 용인하기 어려운 법적 공백이 생기게 된다. 따라서 부칙조항은 「헌법」에 합치하지 아니하나 입법자가 새로운 입법을 할 때까지 이를 잠정적으로 적용하도록 명하는 것이다.

우리나라는 「국적법」의 부계혈통주의, 남편중심주의 때문에 1984년 12월에 UN의 「여성차별철폐협약」을 비준할 때 「국적법」에 상충되는 협약의 조항(제9조)에 대한 비준을 유보하였다. 그 후 1997년 12월 13일의 법개정으로 부모양계혈통주의, 부부평등주의로 변동된 후인 1999년 8월에 비준유보를 해제하였다.

헌법재판소의 결정은 이러한 입법 변화가 있은 후에 부계혈통주의, 남편중심주의의 위헌을 확인한 것이며, 아울러 개정법의 부칙조항의 위헌성을 지적하여 「국적법」이 다시 개정되도록 하였다.

3) 자녀의 부성(父姓)계승주의의 전면적용

[12] [서울지방법원 북부지원 2003.2.13 선고 2002호파84](위헌법률심판제청, 여성차별 인정)
[13] [헌법재판소 2005.12.22 선고 2003헌가5, 6(병합)](헌법불합치결정, 여성차별 인정)

「민법」은 제정될 때 "자녀는 부(父)의 성(姓)과 본(本)을 따르고"(제781조 제1항)라고 규정하였다. 그런데 친아버지 성을 따라 곽씨 성을 가진 남매가 아버지 사망 후 어머니가 재혼하자 의붓아버지의 양자로 입양되었는데 제781조 제1항에 따라 양아버지의 성(姓)을 취득할 수 없게 되자 각각 호적정정을 법원에 신청하고 아울러 제781조 제1항에 대한 위헌법률심판제청을 신청하였다.

서울지방법원 북부지원[12]은 위헌법률심판제청을 하였는데 그 판결의 요지는 다음과 같다.

서울지방법원 북부지원의 위헌법률심판제청[12]의 요지

재혼하여 새로운 가정을 이루는 경우에, 남편이 전처와의 사이에서 낳은 자녀를 새로운 재혼가정에서 양육하는 때에는 문제되지 않으나, 부인이 전남편과의 사이에서 낳은 자녀를 새로운 재혼가정에서 양육하는 때에는 이 사건 법률조항으로 인해 그 자녀들이 생부의 성과 본을 따라야 하고 새로운 아버지의 성과 본을 따를 수 없는 불이익을 받게 되어 있다. 이와 같은 성불변의 원칙은 과거 충효정신을 기반으로 한 농경중심의 가부장적 계급사회에서 사회질서를 유지하기 위한 수단으로서 기능하였으나 신분적 계급제도와 남존여비사상이 배척되고 혼인에 대한 관념이 '집안과 집안 간의 결합'에서 '인격 대 인격의 결합'으로 바뀌었으며 가족의 형태도 가부장적 대가족에서 분화된 핵가족으로 바뀐, 자유와 평등을 근본이념으로 하는 현대 자유민주주의 사회에서는 그 사회적 타당성이나 합리성이 상실되었다. 따라서 이 사건 법률조항은 인간으로서의 존엄과 가치 및 행복추구권을 규정한 「헌법」 제10조 및 개인의 존엄과 양성의 평등에 기초한 혼인과 가족생활의 성립과 유지를 규정한 「헌법」 제36조 제1항에 반하며, 부계혈족의 유지만을 강조하여 성별에 의한 차별을 함으로써 「헌법」 제11조 제1항의 평등원칙에도 위반된다.

헌법재판소는 헌법불합치결정을 선고하고 2007년 12월 31일까지 잠정적인 적용을 명하였다. 그런데 헌법불합치 주문에 대한 이유에 있어 재판관들의 의견은 두 가지로 나뉘어졌다. 즉 이 사건 법률조항이 부성주의(父姓主義)를 원칙으로 규정한 것 자체는 「헌법」에 위반되지 아니하나 부성주의를 강요하는 것이 부당한 경우에 대해서도 예외를 규정하지 않은 것은 「헌법」에 위반되므로 헌법불합치를 선고하고 잠정적용을 명하여야 한다는 재판관 5명의 의견과 이 사건 법률조항이 부성주의를 규정하고 있는 것이 「헌법」에 위반되므로 위헌을 선고하여야 하지만 법적 공백과 혼란의 방지를 위해 헌법불합치를 선고하고 잠정적용을 명하여야 한다는 재판관 2명의 의견이 있었다. 합헌의견을 제시한 재판관은 2명 있었다.[15]

---

15) [합헌의견의 요지] 가족제도 중에도 부성주의는 「헌법」에 선행하는 문화이다. 기존의 문

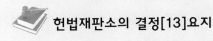

헌법재판소의 결정[13]요지

1) 헌법불합치 의견(부성주의 자체의 합헌성은 인정한 의견)

(1) 양계혈통을 모두 성으로 반영하기 곤란한 점, 부성의 사용에 관한 사회 일반의 의식, 성의 사용이 개인의 구체적인 권리의무에 영향을 미치지 않는 점 등을 고려할 때 「민법」 제781조 제1항 본문(2005.3.31 법률 제7427호로 개정되기 전의 것) 중 "자(子)는 부(父)의 성(姓)과 본(本)을 따르고" 부분(이하 '이 사건 법률조항'이라 한다)이 성의 사용기준에 대해 부성주의를 원칙으로 규정한 것은 입법형성의 한계를 벗어난 것으로 볼 수 없다.

(2) 출생 직후의 자(子)에게 성을 부여할 당시 부(父)가 이미 사망하였거나 부모가 이혼하여 모가 단독으로 친권을 행사하고 양육할 것이 예상되는 경우, 혼인외의 자를 부가 인지하였으나 여전히 모가 단독으로 양육하는 경우 등과 같은 사례에 있어서도 일방적으로 부의 성을 사용할 것을 강제하면서 모의 성의 사용을 허용하지 않고 있는 것은 개인의 존엄과 양성의 평등을 침해한다.

(3) 입양이나 재혼 등과 같이 가족관계의 변동과 새로운 가족관계의 형성에 있어서 구체적인 사정들에 따라서는 양부 또는 계부 성으로의 변경이 개인의 인격적 이익과 매우 밀접한 관계를 가짐에도 부성의 사용만을 강요하여 성의 변경을 허용하지 않는 것은 개인의 인격권을 침해한다.

(4) 이 사건 법률조항의 위헌성은 부성주의의 원칙을 규정한 것 자체에 있는 것이 아니라 부성의 사용을 강제하는 것이 부당한 것으로 판단되는 경우에 대해서까지 부성주의의 예외를 규정하지 않고 있는 것에 있으므로 이 사건 법률조

화 내지 제도가 후행의 헌법적 가치에 어긋난다는 의심을 받는 경우에는 기존의 문화가 가지는 합리성을 확인하고 그 합리성과 헌법적 가치 사이의 간극의 크기를 측정한 후, 그 간극의 크기가 더 이상 용납하기 어려운 경우에 그 간극을 해소하는 기술의 합리성을 확인하며, 그 다음으로 시기의 적합성을 판단하여야 한다. 부성주의는 출산과 수유라는 사실로 인해 외관상 확인 가능한 모와의 혈통관계에 비해 본질적으로 불확실한 부와의 혈통관계를 대외적으로 공시하고 부와 자녀 간의 일체감과 유대감을 강화하여 가족의 존속과 통합을 보장한다. 기호체계에 불과한 성이 여성의 실체적인 법적 지위나 법률관계에 영향을 미친다고는 볼 수 없으며, 부성의 사용으로 인해 재혼이나 입양 등의 경우에 있어서 개인이 받는 불이익은 재혼이나 입양에 대한 사회적 편견 내지 사시(斜視)가 그 원인이지 부성주의가 그 원인은 아니다. 추상적인 자유와 평등의 잣대만으로 우리 사회에서 여전히 유효하게 존속하면서 그 가치를 인정받고 있는 생활양식이자 문화현상인 부성주의의 합헌성을 부정하는 것은 시기상조(時機尙早)의 부적절한 일이다.

항에 대해 헌법불합치결정을 선고하되 이 사건 법률조항에 대한 개정법률이 공포되어 2008.1. 그 시행이 예정되어 있으므로 2007.12.31까지 이 사건 법률조항의 잠정적인 적용을 명함이 상당하다.

2) 헌법불합치 의견(부성계승주의의 위헌성 인정)

(1) 이 사건 법률조항은 모든 개인으로 하여금 부의 성을 따르도록 하고 모의 성을 사용할 수 없도록 하여 남성과 여성을 차별취급하고 있으면서도 그와 같은 차별취급에 대한 정당한 입법목적을 찾을 수 없어 혼인과 가족생활에 있어서의 양성의 평등을 명하고 있는 「헌법」 제36조 제1항에 위반된다.

(2) 이 사건 법률조항은 혼인과 가족생활에 있어 개인의 성을 어떻게 결정하고 사용할 것인지에 대해 개인과 가족의 구체적인 상황이나 의사를 전혀 고려하지 않고 국가가 일방적으로 부성의 사용을 강제하고 있음에도 그와 같은 부성 사용의 강제에 대한 구체적인 이익을 찾을 수 없어 혼인과 가족생활에 있어서의 개인의 존엄을 보장한 「헌법」 제36조 제1항에 위반된다.

(3) 이 사건 법률조항이 「헌법」에 위반되므로 위헌결정을 하여야 할 것이지만 헌법재판소가 이 사건 법률조항에 대해 위헌결정을 선고한다면 성의 결정과 사용에 대한 아무런 기준이 없어지게 되어 법적 공백과 혼란이 예상되므로 이 사건 법률조항이 개정되어 시행되기 전까지는 그 효력을 유지시켜 잠정적인 적용을 허용하는 내용의 헌법불합치결정을 선고함이 상당하다.

2005년 3월 31일에 개정된 「민법」은 부성계승주의를 원칙으로 하되 어머니의 성과 본을 따를 수 있는 경우를 확대하여 2008년 1월부터 시행하고 있다. 자녀가 어머니의 성(姓)과 본(本)을 따를 수 있는 경우는 (1) 아버지가 외국인인 경우, (2) 아버지를 알 수 없는 경우, (3) 부모를 알 수 없는 자녀가 법원의 허가를 받아 성과 본을 창설한 후 어머니를 알게 된 경우, (4) 부모가 혼인신고서에 자녀가 출생하면 어머니의 성과 본을 따르기로 협의한 사실을 기재한 경우, (5) 아버지 성을 계승한 자녀의 성과 본을 자녀의 복리를 위하여 어머니의 성으로 변경할 필요가 있는 경우에 어머니 또는 자녀의 청구에 의하여 법원의 허가를 받아 어머니의 성으로 변경한 경우이다(제781조).

그런데 UN의 「여성차별철폐협약」은 국가가 혼인과 가정생활에서 법률상으로 뿐 아니라 관습, 관행에 대하여도 여성차별철폐조치를 해야 한다는 것을 명시하되, 협약과 충돌하는 국내법과 관습을 가진 국가는 그 부분에 한하여 비준을 유보하고 향후 협약에 맞게 점진적으로 개선할 수 있도록 하는 유보제도를 두었다. 우리나라는 1984년 12월에 비준할 때, 혼인과 가정생활(제16조), 국적취득(제9조)에서 여성에 대한 차별철폐조치를 규정한 조항들에 대해 비준을 유보하였다. 그 후 1990년에「가족법」이 개정된 후 정부는 협약의 가족 관련 조항(제16조)의 비준유보를 철회하였다. 또한 1997년 12월 13일「국적법」의 여성차별적인 조항이 폐지된 후 국적 관련 조항(제9조)에 대한 비준유보도 1999년 8월에 철회하였다. 그러나 "가족성(家族姓) 및 직업을 선택할 권리를 포함하여 부부로서의 동일한 개인적 권리"를 규정한 조항(제16조(g))에 관해서는「가족법」이 자녀의 성(姓)을 아버지의 성(姓)에 따르도록 하는 것을 원칙으로 하고 있기 때문에 여전히 비준을 유보한 상태이다. 그런데 2005년 3월에 자녀의 부성(父姓)계승원칙에 대한 예외를 확대하면서 정부는 협약 제16조(g)의 비준유보 해제를 검토하겠다고 했지만, 아직 유보해제의 신청은 하지 않고 있다.

2-5 재산상속에서의 출가녀(出嫁女) 제외

[14] [부산지방법원 1946.4.21 선고](여성차별 불인정)
[15] [대법원 1946.10.11 선고 민상 제32호](여성차별 불인정)

어머니가 사망하자 상속재산(토지)의 분배를 둘러싸고 상속인인 자녀들 사이에 분쟁이 생겼다. 상속인에는 피상속인(어머니)의 장남의 사후양자(死後養子)와 상속 당시 미혼이었으나 그 후 혼인하여 출가(出嫁)한 장녀와 서녀(庶女)가 있었는데 피상속인의 장남의 사후양자가 혼자 그 토지를 소유하자 딸들이 소송을 제기한 것이다.

부산지방법원[1946.4.21 선고][16)]이 상속인들의 공동분배를 인정하여 원고승

---

16) 이 사건의 사실개요와 쟁점은 대법원 판결문에 있는 내용을 재구성한 것이며 부산지방법

소판결을 내리자 피상속인의 장남의 사후양자는 대법원에 상고하였다. 상고이유는 조선 관습상 가족의 유산이라 할지라도 비속(卑屬)인 여자에게는 상속권이 없으며 조선 관습은 고래로 출가녀는 친가에 있는 재산상속인이 될 자격을 상실함이 당연한 것인데 이 지방법원의 판결은 그 후 출가한 여자녀에게도 상속을 인정함으로써 상속에 관한 관습인정의 위법이 있다는 것이다.

대법원[1946.10.11 선고 민상 제32호]은 상고를 기각하였다.

 대법원의 판결[15]요지

조선의 관습법에 있어 모의 유산은 남녀를 불문하고 자녀가 이를 상속하고 동일가적에 있고 없음을 구별하지 아니한다는 설이 있으나 우리나라의 실정에 적합지 아니하고 또 종래의 관습상 모의 유산이라도 남자만 상속하고 여자는 전연 상속지 못한다는 것은 현하(現下) 우리나라의 실정에 적합지 아니하므로 근래 우리나라의 실정에 비추어 가족인 모의 유산은 남녀를 불문하고 동일가적 내에 있는 직계비속이 평등의 비율로 상속하고 서출자녀는 적자녀의 반분을 상속하고 출가녀는 상속권이 없는 것이 우리나라의 관습이라 할 것이다.

그런데 본 건에 있어 딸들은 출가하여 현재 실가(實家)의 가적(家籍)에 있지 아니하지만, 피상속인(어머니)이 사망하여 본 건 상속이 개시된 1942년 12월 19일에는 미혼녀로서 실가에 재적한 것은 분명하므로 피상속인의 유산인 본 건 각 토지는 상속인의 자녀들이 공동으로 상속한 것이라 할 수밖에 없는 바이니 원고 등이 그 후 다른 가(家)에 출가하였더라도 한 번 상속한 권리에 변동은 없음은 당연한 것이므로 결국 원판결은 타당하고 상고의 논지는 이유 없다.[17]

이 부산지방법원의 판례와 대법원의 판례는 필자가 수집한 판례 중에서 최초의 성차별 관련 판례들이다. 그런데 이 판결문에서 상고인이 "원래 조선 관습상 가족의 유산이라 할지라도 비속(卑屬)인 여자에게는 상속권이 없으므로

원의 사건번호가 기재되어 있지 않다.

17) 이 대법원의 판결요지는 필자가 판결문에 있는 당사자들의 이름을 빼고 고어, 한자어를 이해하기 쉽게 현대어로 고친 것이다.

종전의 고등법원 판례로 이를 시인하여 왔다(대정 11년 10월 26일 언도판결 및 소화 6년 9월 25일 언도판결 참조). 조선 관습은 고래로 출가녀는 실가에 있는 재산상속인이 될 자격을 상실함이 당연한 것이다. 피상속인의 가에 있는 재산상속인 될 자에 한하여 재산상속권이 있으며 타가에 있는 자는 상속권이 전무함이 전부터 내려온 관습이었던 고로 고등법원도 이를 시인하여 왔던 바(대정 2년 4월 15일 언도판결 및 대정 13년 9월 2일 언도판결 참조), 그 후 전술한 바와 같이 「일본 민법」의 법리를 억제(抑制)적용하려는 의도로 전부터 내려온 조선의 전통적 미풍에 배치됨을 고려치 않고 판결을 변경하였다."고 상고이유를 제시한 부분이 있는 것으로 보아 이 판례들이 있기 전(광복 전)에 여자녀의 상속권을 둘러싼 분쟁과 판례들이 있었음은 분명하나, 그 판례들은 수집하지 못했다.

광복 후에 제기된 이 사건의 소송에서 대법원은 우리나라의 관습은 상속인인 자녀들은 균분하게 상속받되, 출가녀는 친정어머니의 재산상속인에서 제외하는 것이라고 정리하였다. 그리고 상속 당시 미혼이면 딸도 균분상속받는데 상속 후에 혼인하여 출가하였더라도 이미 행사한 상속권에 변동이 있는 것은 없다고 정리하였다.

그런데 1958년 2월 22일에 제정된 「민법」 제5편의 상속분에 관한 규정(제1009조)은 "① 동순위의 상속인이 수인인 때에는 그 상속분은 균분으로 한다. 그러나 재산상속인이 동시에 호주상속을 할 경우에는 상속분은 그 고유의 상속분의 5할을 가산하고 여자의 상속분은 남자의 상속분의 2분의 1로 한다. ② 동일가적 내에 없는 여자의 상속분은 남자의 상속분의 4분의 1로 한다. ③ 피상속인의 처의 상속분은 직계비속과 공동으로 상속하는 때에는 남자의 상속분의 2분의 1로 하고 직계존속과 공동으로 상속하는 때에는 남자의 상속분과 균분으로 한다."고 규정하였다.

3. 종중 관련

　종중이란 공동선조의 분묘수호, 제사, 종원 상호간의 친목을 목적으로 하는 공동선조의 후손들의 조직체로서 법제도에 의해 설립·운영되는 것이 아니라 관습에 의해 만들어진 조직체이다. 공동선조의 사망과 동시에 그 후손에 의하여 자연발생적으로 성립하는 것이라고 보는 판례들이 많다.

　종중과 관련한 성차별 분쟁의 유형은 크게 세 가지로 구분할 수 있다. 종중의 회원을 남성으로만 구성하는 관습에 관한 분쟁, 여성을 종중원으로 인정하면서도 여성종중원에게 총회소집을 통보하지 않고 총회를 소집하여 의결한 사항의 효력 여부에 관한 분쟁, 종중재산에 대한 출가녀의 차등분배에 관한 분쟁이다.

　이와 같은 종중과 관련한 성차별 분쟁은 모두 여성후손들이 소송을 제기한 것이므로 '딸들의 반란'이라고도 일컬어지는데, 이에 관한 판례는 모두 11종의 24건이 있다.

3-1　여성의 종중원자격

　종중의 회원을 남성으로만 구성한 관습에 관한 소송은 4종이 있고 그에 관한 판례는 9건이 있다.

1) 종중의 남성회원제를 여성차별로 보지 않은 판례

[16] [대법원 1992.12.11 선고 92다30153]
[17] [수원지방법원 2001.3.23 선고 2000가합5711]

[18] [서울고등법원 2001.12.11 선고 2001나195994]
[19] [서울고등법원 2002.1.11 선고 2000나36097]

여성의 종중원자격을 인정하지 않는 종중의 관습에 대하여 2005년 3월 31
일에 「가족법」이 전면개정되기 전의 판례들[16], [17], [18], [19]은 여성차별
을 인정하지 않았다.

대법원의 판결[16]요지

종중은 공동선조의 분묘수호, 제사, 종원 상호간의 친목을 목적으로 하여 공동
선조의 후손 중 성년 이상의 남자를 종원으로 하여 구성되는 종족의 자연적 집
단으로서 혈족 아닌 자나 여자는 종중의 구성원이 될 수 없고, 타가에 출가한 자
와 그 자손 역시 공동선조의 제사봉행이라는 종중의 주 목적과 종래 관습상 양
자제도의 취지에 비추어 볼 때 친가의 생부를 공동선조로 하는 종중의 구성원
이 될 수 없다.

2) 종중의 남성회원제를 여성차별로 본 판례

[20] [서울고등법원 1992.6.16 선고 91나38312]
[21] [대법원 2005.7.21 선고 2002다1178]
[22] [대법원 2005.7.21 선고 2002다13850]

서울고등법원[1992.6.16 선고 91나38312]은 원고인 종친회가 의결권을 남
녀 구분 없이 부여한 조치에 대해 법적으로 효력이 있다고 했지만, 원고 종친
회가 같은 지역에 사는 일부 종친의 모임으로 보았기 때문이며 "종족의 자연
적 집단으로서 관습상 당연히 성립되고 조직행위로 구성원을 제한 또는 확장
할 수 없는 고유한 의미의 종중"과는 다르다고 판시하여 종중의 남성회원제

를 반대한 것은 아니라는 것을 암시하였다.

여성의 종중원자격을 인정하지 않는 종중의 관습에 대해 여성차별로 본 판례들은 모두 2005년 3월 31일에 「가족법」이 전면개정된 후에 나왔다.

(1) 2005년 7월 21일의 대법원 판례

종중의 여성배제 관습에 큰 변화를 초래한 판례는 2005년 7월 21일에 대법원이 선고한 2건의 판례이다. 그중 [대법원 2005.7.21 선고 2002다1178]은 종중규약에서 종중원의 자격을 '성년후손'으로 정해 놓았음에도 여성후손을 종중원에서 배제시킨 종중의 조치에 관한 판례이며, [대법원 2005.7.21 선고 2002다13850]은 성년후손에서 남자후손으로 종중원의 자격을 개정한 종중규약에 관한 판례이다. 이 2건의 판례는 종중의 남성회원제를 지지한 대표적 판례인 [대법원 1992.12.11 선고 92다30153]을 변경하고, 종중이 후손 중 여성에 대해 종중원이 되지 못하게 한 조치는 위헌적인 성차별행위라고 하였다. 그리하여 「헌법」의 남녀평등원칙이 미치는 범위를 종중과 같은 관습에 의한 임의단체로 확장하였다. UN의 「여성차별철폐협약」은 가입국에게 법령뿐 아니라 관습, 관행에 의해 사실상 발생하는 여성에 대한 차별을 철폐하기 위한 입법, 사법, 행정 등 모든 조치를 할 의무를 부과하였다.

이 대법원 판결[21]은 2008년에 '사법 60주년'을 맞이하여 대법원이 선정한 '한국을 바꾼 시대적 판결 12건'과 동아일보가 대법원과 대한변호사협회 등의 의견을 듣고 기사화한 '법조계가 뽑은 시대를 바꾼 명판결 22건'에 포함되었다.[18)]

대법원의 판결[21], [22]요지

종원의 자격을 성년남자로만 제한하고 여성에게는 종원의 자격을 부여하지 않는 종래 관습에 대하여 우리 사회 구성원들이 가지고 있던 법적 확신은 상당 부분 흔들리거나 약화되어 있고, 무엇보다도 「헌법」을 최상위 규범으로 하는 우

---

18) 조선일보, 2008.7.17 기사("한국을 바꾼 시대적 판결"); 동아일보, 2008.9.26 기사("법조계가 뽑은 시대를 바꾼 명판결 22건")

리의 전체 법질서는 개인의 존엄과 양성의 평등을 기초로 한 가족생활을 보장하고, 가족 내의 실질적인 권리와 의무에 있어서 남녀의 차별을 두지 아니하며, 정치·경제·사회·문화 등 모든 영역에서 여성에 대한 차별을 철폐하고 남녀평등을 실현하는 방향으로 변화되어 왔으며, 앞으로도 이러한 남녀평등의 원칙은 더욱 강화될 것인바, 종중은 공동선조의 분묘수호와 봉제사 및 종원 상호간의 친목을 목적으로 형성되는 종족단체로서 공동선조의 사망과 동시에 그 후손에 의하여 자연발생적으로 성립하는 것임에도, 공동선조의 후손 중 성년남자만을 종중의 구성원으로 하고 여성은 종중의 구성원이 될 수 없다는 종래의 관습은, 공동선조의 분묘수호와 봉제사 등 종중의 활동에 참여할 기회를 출생에서 비롯되는 성별만에 의하여 생래적으로 부여하거나 원천적으로 박탈하는 것으로서, 위와 같이 변화된 우리의 전체 법질서에 부합하지 아니하여 정당성과 합리성이 있다고 할 수 없으므로, 종중 구성원의 자격을 성년남자만으로 제한하는 종래의 관습법은 이제 더 이상 법적 효력을 가질 수 없게 되었다.

(2) 남성후손만을 종중원으로 한 종중의 대표자선임

[23] [대전지방법원 2008.8.20 선고 2008나977](유효, 여성차별 불인정)
[24] [대법원 2009.11.5 선고 2008다70220](무효, 여성차별 인정)

[23]의 대전지방법원 판결은 남성후손만을 종중원으로 한 종중에 대하여 종중규약을 정하고 부동산을 종중재산으로 등기하여 관리하는 등 종중의 실체를 갖추었다고 판단하고 그 대표자선임의결을 유효하다고 본 것이다. [24]의 대법원 판결 종중원에 2명의 딸이 포함되지 않은 사실을 중시하고 다음과 같은 이유로 원심판결에는 원고 종중의 대표권에 관한 심리를 다하지 아니함으로써 판결결과에 영향을 미친 위법이 있다 하여 이를 파기환송하였다.

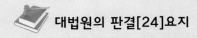

대법원의 판결[24]요지

공동선조와 성과 본을 같이 하는 후손은 성별의 구별 없이 성년이 되면 당연히 종중의 구성원이 되므로 딸도 종중원이 되는데 딸을 종중원에 포함하지 않고 종중의 대표자선임을 위한 임시총회를 열어 한 결의는 종중규약에 정한 의결정족수를 채우지 못하여 무효이므로, 그 결의에 의하여 선임된 자를 종중의 대표자로 하여 제기한 소는 권한 없는 자에 의하여 제기된 것으로 부적법하다.

3-2 여성종중원에게 소집통지를 하지 않은 종중총회의 의결

1) 여성종중원을 배제한 종중총회의 회원자격과 수용보상금 대여 의결

[25] [대전지방법원 2006.7.26 선고 2006가합1545](무효, 여성차별 인정)
[26] [대전고등법원 2007.5.2 선고 2006나8847](무효, 여성차별 인정)
[27] [대법원 2007.9.6 선고 2007다34982](무효, 여성차별 인정)

여성종중원에게 소집통지를 하지 않고 남성종중원들만 참석한 종중총회에서 한 의결의 효력에 관한 분쟁은 5종이 있고 그에 관한 판례는 11건이 있다. 그중 2건을 제외하고 모두 여성에 대한 차별을 인정하였다.

[25], [26], [27]의 판결의 피고종중은 여성후손들에게 종중원의 자격을 인정하면서도 여성종중원에게는 소집통지를 하지 않고 남성종중원만을 대상으로 임시총회를 소집하여 여성후손은 종중원이 되기를 원하는 경우에만 준회원이 되도록 하며 종중 소유 부동산에 관한 수용보상금을 남성종중원들에게만 대여하기로 의결하였다. 이 의결에 대하여 여성후손들이 제기한 소송에서 [25], [26], [27]의 법원은 종중의 족보에 종중원으로 등재된 성년여성들에게 소집통지를 함이 없이 개최된 종중 임시총회에서의 결의는 무효라고 판결하였다.

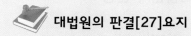

대법원의 판결[27]요지

1) 종중이란 공동선조의 분묘수호와 제사 및 종원 상호간의 친목 등을 목적으로 하여 구성되는 자연발생적인 종족집단이므로, 종중의 이러한 목적과 본질에 비추어 볼 때 공동선조와 성과 본을 같이하는 후손은 성별의 구별 없이 성년이 되면 당연히 그 구성원이 된다고 보는 것이 조리에 합당하다.

2) 종중총회는 특별한 사정이 없는 한 족보에 의하여 소집통지 대상이 되는 종중원의 범위를 확정한 후 국내에 거주하고 소재가 분명하여 통지가 가능한 모든 종중원에게 개별적으로 소집통지를 함으로써 각자가 회의와 토의 및 의결에 참가할 수 있는 기회를 주어야 하고, 일부 종중원에게 소집통지를 결여한 채 개최된 종중총회의 결의는 효력이 없으나, 그 소집통지의 방법은 반드시 직접 서면으로 하여야만 하는 것은 아니고 구두 또는 전화로 하여도 되고 다른 종중원이나 세대주를 통하여 하여도 무방하다.

또한 피고 종중이 2005년 11월 21일에 임시총회의 결의로 종중규약을 개정하면서 "여손(女孫) 본인이 종원자격을 원할 경우에 한하여 준종원자격을 주며, 준종원은 총회에서의 의결권을 인정하지 않는다."고 한 것과 2005년 12월 18일에 임시총회의 결의로 종중 소유 부동산에 관한 수용보상금의 처리방법을 정하면서 "남자종원 69명에 한하여 1명당 4,000만 원씩 대여한다."고 정한 것은 모두 여성의 종원으로서의 자격 자체를 부정하는 전제하에서 한 처분이어서 원고들이 종원으로서 가지는 고유하고 기본적인 권리의 본질적인 내용을 침해하는 것이므로 무효이다.

2) 여성종중원을 배제한 종중총회에서 선출된 대표자의 지위

[28] [서울고등법원 2007.12.20 선고 2006나89673](유효, 여성차별 불인정)
[29] [대법원 2009.2.26 선고 2008다8898](무효, 여성차별 인정)

3) 여성종중원을 배제한 종중총회의 소집권자 선정

[30] [대구고등법원 2009.2.12 선고 2007나9789](여성차별 인정)
[31] [대법원 2010.12.9 선고 2009다26596](여성차별 인정)

4) 여성종중원을 배제한 종중총회의 총유재산 보존 의결

[32] [서울고등법원 2009.9.22 선고 2008나113082](무효, 여성차별 인정)
[33] [대법원 2010.2.11 선고 2009다83650](무효, 여성차별 인정)

5) 여성종중원을 배제한 종중총회의 회원자격 개정

[34] [부산고등법원 2009.10.28 선고 2009라86](유효, 여성차별 불인정)
[35] [대법원 2010.7.22 선고 2009마1948](무효, 여성차별 인정)

종중원인 여성을 배제한 종중총회에서 한 의결에 대하여 2개의 고등법원 [28], [34]은 유효하다고 판결하였으나 2개의 고등법원 [30], [32]은 여성차별을 인정하였다. 대법원의 판례 [29], [31], [33], [35]들도 모두 무효라고 판단하였다. 대법원의 판결 [29]는 종중원인 여성을 배제한 종중총회에서 선출된 대표자가 한 소송제기는 권한 없는 자에 의해 제기된 것이므로 효력이 없다고 판결한 것이다. 대표자를 선임하기 위하여 개최되는 종중총회의 소집권을 가지는 연고항존자를 확정함에 있어서 여성을 제외할 아무런 이유가 없으므로, 여성을 포함한 전체 종원 중 항렬이 가장 높고 나이가 가장 많은 사람이 연고항존자가 된다고 판결한 [31], 종중원인 여성을 배제한 종중총회에서 총유재산 보존에 관한 의결은 효력이 없다고 한 [33], 종중원인 여성을 배제한 종중총회에서 회원자격을 성년남성후손으로 개정한 조치는 무효라고 판결한 [35]도 모두 2005년 7월 21일의 대법원판결 [21], [22]을 인용하였다.

3-3   종중재산의 여성에 대한 차등분배

종중재산의 여성에 대한 차등분배에 관한 분쟁은 2종이 있다. 하나는 종중 재산분배에서 여성에 대하여 남성의 60% 정도만 분배한 조치에 관한 분쟁이고, 다른 하나는 종중재산의 출가녀에 대한 차등분배에 관한 분쟁이다.

1) 종중재산의 남녀차등분배

[36] [수원지방법원 2009.10.8 선고 2008가합19235](여성차별 인정)

여성종중원 71명은 종중이 임시총회를 열어 토지보상금 430억 원을 남성 100%, 여성 40%, 며느리와 취학 미성년자 각 18%, 미취학 미성년자 11% 비율로 분배하기로 결의한 것에 대해 종중총회결의 효력정지 등 가처분신청을 하였다. 수원지방법원은 가처분신청을 2008년 7월 20일에 인정하였고 그 후 제기된 본안소송에서 다음과 같은 판시로 2009년 10월 8일에 원고승소 판결을 내렸다. 이 판결은 종중재산분배의 남녀평등원칙을 인정한 최초의 판결이다.

수원지방법원의 판결[36]요지

사회일반의 인식과 법질서의 변화 등에 의해 성년여자들에게도 종원의 지위가 인정되는 이상 원칙적으로 여자종원은 남자종원과 동일하게 종원으로서의 권리를 누리고 의무를 부담한다고 할 것인바, 이는 종원들에게 종중재산을 분배할 때에도 마찬가지로서, 특별한 사정이 없는 한 남녀종원 사이에 동등한 분배가 이루어져야 할 것이고, 가령 종중이 종중의 유지·발전 등에 특히 기여한 바가 많은 특정 종원들에게 다른 일반 종원들에 비해 더 많은 종중재산을 분배하는 것이라면, 그와 같이 더 많은 종중재산을 분배받는 것이 특히 남자종원들이라고 하여 그와 같은 분배방법이 차별적이거나 불합리하다고는 할 수 없을 것이나,

종중이 종중재산을 단순히 남자와 여자라는 성별만을 기준으로 남자종원에 비해 여자종원 전체에게 일반적으로 불이익하게 분배하는 것은 성별에 의한 차별금지 및 양성평등을 선언한 헌법 이념에도 부합하지 아니할 뿐 아니라, 이는 성년여자에게도 종원의 지위가 인정되게 된 사회적 인식과 법질서의 변화에도 역행하는 것이어서 여자종원의 고유하고 기본적인 권리의 본질적 내용을 침해한다고 볼 여지가 충분하다. 따라서 그와 같은 차별적인 분배방법에 대하여는, 최소한 불리한 대우를 받게 되는 여자종원들도 이를 수긍하여 동의(즉, 다수결원칙에 의하여 여자종원들의 과반수 출석에 출석자 과반수 찬성을 얻는 방법 등이 있을 것이다)하고 있다든지 남녀종원 사이에 재산분배상 차등을 두는 것이 오히려 더 합리적이라는 등의 특별한 사정이 있어야 한다고 봄이 상당하다.

여자종원에게 남자종원의 절반 이하의 비율로 재산을 분배하는 것을 내용으로 하는 종중총회의 결의의 유효 여부가 문제된 사안에서, 오로지 성별을 이유로 여자종원을 남자종원에 비하여 불리하게 취급하고 있고 이에 관하여 여자종원들의 동의를 얻었다거나 혹은 남자종원에 비하여 여자종원에게 재산을 적게 분배해야 할 만한 특별한 사정 역시 인정되지 않는다면 그러한 종중총회의 결의는 무효로 보아야 한다.

2) 종중재산의 출가녀(出嫁女)에 대한 차등분배

[37] [서울서부지방법원 2006.11.10 선고 2006가합2070](여성차별 불인정)
[38] [서울고등법원 2007.9.5 선고 2006나112351](여성차별 불인정)
[39] [대법원 2010.9.30 선고 2007다74775](여성차별 불인정)

그런데 중중재산의 분배에 있어서 독립세대주와 성이나 본이 다른 남자와 결혼한 출가녀를 차등한 종중의 의결에 대해서는 [37], [38], [39]의 판결은 부계혈족을 중심으로 구성된 중중의 특성과 종중의 자율성을 고려하여 여성차별을 인정하지 않았다.

이 사건 총회는 종중 소유의 땅이 SH공사에 수용되면서 137억 4,877만 원의 수용보상금을 받게 되자, 2005년 10월 총회를 열어 보상금 중 50억 원은 독립세대주에게 지급하고, 20세 이상 비세대주와 20세 이상의 딸(세대주인 출가녀 포함)들에게 40억 원을 나눠주기로 하고 구체적 분배 방식은 이사회에 위임하기로 의결했다. 이사회는 20세 이상 남성 세대주에게는 3,800만 원, 20세 이상 비세대주와 출가외인에게는 1,500만 원씩을 지급하며, 아울러 미망인과 배우자, 종중 발전 기여자, 장애우, 취학 미성년자에게는 700만 원, 미취학 미성년자에게는 400만 원을 분배하기로 의결했다. 이 의결에 대하여 여성 종중원 27명은 "보상금을 차등 분배하기로 한 총회결의는 그로 인해 불이익을 받게 될 종중원의 동의를 얻지 않은 이상, 또한 출가한 여성 종중원들을 차별해 평등권을 침해하는 반사회적 행위로 무효"라고 주장하며 배당된 1,500만 원의 수령을 거부하고 종중을 상대로 분배금 청구소송 소송을 제기하였다.

이 소송에 대하여 1심인 서울서부지방법원은 다음과 같이 판시하며 원고 패소 판결을 내리고 중중에게 분배금을 수령하지 못한 출가녀 종중원들에게 분배 결의에 따라 1,500만 원을 지급하라고 판시했다.

 서울서부지방법원의 판결[37]요지

성이나 본을 달리하는 남자와 결혼한 여자 종중원에게 종중재산을 차등 분배하기로 한 종중총회의 종중재산처분에 관한 결의가 외견상으로는 불합리한 기혼여성차별이라고 볼 여지가 있지만, 종중이 공동선조의 분묘수호와 제사 및 종원 상호간의 친목 등을 목적으로 구성되는 자연발생적인 종족집단이기 때문에 공동선조와 성과 본을 같이하는 후손을 중심으로 구성된 세대와 여자 후손으로 타 종중원과 결혼하여 타 종중의 후손을 낳게 되어 구성된 세대를 차등화한 것은 부계혈족을 중심으로 구성된 종중의 특성상 합리적인 범위 내라면 허용될 수 있다. 그러므로 총회결의가 사적자치 원칙의 한계를 넘었다거나, 법률상 현저하게 불공정해 무효라고까지 단정하기 부족하다.

이 판결 후 소송을 제기했던 여성종중원들 중 8명은 분배금을 수령하였고,

19명은 항소했다. 그러나 서울고등법원[38]도 같은 논지로 항소를 기각하였다. 그 후 3명의 여성은 대법원에 상고하였다. 대법원[39]은 총회가 출가녀에 대해 차등분배하기로 한 결의에는 합리성이 있고 이사회가 종중재산에 남녀 간에 현격한 차등을 초래하는 결의를 한 것은 남녀평등에 반하지만 원고들이 총회 결의만을 문제삼았으므로 원심판결은 유효하다고 하였다.[19]

 대법원의 판결[39]요지

(1) 이 사건 총회결의에 관하여 보면, 피고의 연락 가능한 종원 308명 중 125명의 독립세대주에게는 50억 원을 지급하면서 나머지 종원들인 비세대주 종원 및 여자 종원 172명에게는 그보다 적은 40억 원을 지급하기로 하는 것은 일응 그 분배 내용이 불공정하다고 볼 여지도 있다. 그러나 공동선조와 성과 본을 같이 하는 후손들로 구성되는 종중의 성격 및 종중의 자율성에 비추어, 성년이 되지 않아 종원은 아니지만 공동선조와 성과 본을 같이 하는 미성년의 후손들에게도 재산을 분배하기로 하는 것은 그 분배금액이 합리적인 범위 내라면 허용된다고 할 것인데, 피고의 경우 미성년의 후손들이 100여 명에 이르고 있고 이들 미성년의 후손들 대부분이 세대주의 세대원으로 편입되어 있을 것으로 보이는 사정을 고려하면, 이 사건 총회결의가 단순히 적은 인원수의 독립세대주에게 그보다 많은 인원수의 비세대주 종원과 여자 종원에 비하여 오히려 더 많은 금액을 분배하였다고 하여 곧바로 현저하게 불공정하다고 단정할 수 없고, 이러한 결의로 인하여 결과적으로 여자 종원의 자녀들로서 공동선조와 성과 본이 다른 자녀들에게는 종중재산이 분배되지 않아 자녀를 둔 남녀 종원 사이에 분배금액에서 차등이 발생한다고 하더라도 이를 두고 종원의 성별에 따라 차별을 두고 재산분배를 한 것이라고 평가할 수 없다.
(2) 이 사건 총회결의에서 구체적인 분배기준을 정하도록 위임받은 이사회가, 세대주인 종원과 비세대주인 종원 사이에 분배금에 2배 이상의 차이를 두면서도 세대주의 세대원들인 미성년의 후손들, 나아가 배우자들에게까지 다시 별도

---

19) 이 사건의 경과 과정은 오마이뉴스, 2010.10.4 기사("대법-종중재산 남녀차등분배는 무효") 참조

로 분배금을 지급하고, 세대주에 1인 세대주까지 포함시키는 것으로 결의한 것은 단지 주민등록표상 세대주로 등재되었다는 사정만으로 종원을 차별하는 것으로서 합리적인 근거가 있다고 볼 수 없고, 또한 남자 종원의 경우는 혼인 여부에 관계없이 주민등록표상 세대주이면 1인 세대주라도 비세대주 종원에 비하여 많은 금액을 분배받을 수 있도록 하면서도 여자 종원의 경우에는 세대주 종원이 아닌 비세대주 종원으로서만 분배받을 수 있도록 한 것은 남녀 종원 사이의 성별에 따라 차별을 둔 것에 불과하여 합리적인 근거가 있다고 할 수 없으므로 결국 이 사건 이사회결의는 그 내용이 현저하게 불공정하여 무효라고 할 것이다. 또한 이사회가 이 사건 총회결의로 비세대주 종원 및 여자 종원의 몫으로 배정된 40억 원 중 일부를 종원이 아닌 미성년자 및 배우자에게도 지급하기로 결의한 것은 총회로부터 위임받은 권한의 범위를 넘어서 결의한 것으로 이 역시 무효라고 보아야 할 것이다.

(3) 그러나 이 사건 이사회결의는 이 사건 총회결의와는 별개의 결의이므로 이사회결의가 무효라고 하여 이 사건 총회결의까지 무효라고 볼 수는 없는데, 기록에 의하면 원고들은 이 사건 총회결의에 대하여만 무효확인을 구하고 있을 뿐이다. 결국 이 사건 총회결의는 무효라고 볼 수 없고 원고들의 무효확인 청구를 배척한 원심의 판단은 비록 이유 설시에 있어서 부적절한 면이 있으나 결론에 있어서 정당하므로 원고들의 이 부분 상고이유의 주장은 이유 없다.

제**2**장

고용 분야의 성차별 관련 판례·
결정례의 개요와 평석

1. 개요

　광복 후 2012년까지의 성차별 관련 판례·결정례 304건 중 고용 분야의 것은 195건(64.2%)이며, 다음과 같은 특성을 가진다.

　1) 권리구제기관별로는 법원의 판례 105건과 결정례 90건(국가인권위원회의 결정례 25건, 남녀차별개선위원회의 결정례 28건, 노동위원회의 결정례 22건, 여성특별위원회의 결정례 9건, 고용문제조정(고용평등)위원회의 결정례 5건, 헌법재판소의 결정례 1건)이다.

　2) 시대별로는 1980년대 7건, 1990년대 46건, 2000년대 142건이다.

　3) 대상별로는 여성대상 186건, 남성대상 9건이다.

　4) 성차별 인정여부별로는 여성대상 186건 중 여성차별을 인정한 건수는 115건이며 여성차별을 불인정한 건수는 71건이다. 남성대상 9건 중 남성차별을 인정한 건수는 2건이며, 남성차별을 불인정한 건수는 7건이다.

　5) 내용별로는 퇴직·해고 관련이 74건으로 가장 많고, 그 다음은 임금 관련 34건, 모집·채용 관련 31건, 정년 관련 23건, 업무배정과 전근 등 인사관리 관련 18건, 승진 관련 15건의 순이다.

2. 모집·채용 관련

　1987년 12월 4일에 제정된 「남녀고용평등법」은 사업주는 근로자를 모집하거나 채용할 때 여성을 차별하여서는 아니 된다고 규정하였으며, 1989년 4월

〈표 24〉 고용 분야의 성차별 관련 판례 · 결정례의 내역

모집 · 채용 관련 31건	• 모집 · 채용대상에서의 여성배제 5건 • 모집 · 채용대상에서의 남성배제 5건 • 모집 · 채용의 요건과 방법의 남녀차등 12건 • 모집 · 채용에서의 여성지원자의 탈락 7건 • 양성평등채용목표제의 적용 2건
임금 관련 34건	• 남녀동일가치노동에 대한 동일임금지급 23건 • 임금체계의 남녀차등 4건 • 임금의 남녀차등지급 4건 • 출산휴가 사용에 따른 여성의 임금불이익 3건
업무배정과 전근 등 인사관리 관련 18건	• 전근 · 부서변경에서의 여성불이익 11건 • 업무배정의 남녀차등 3건 • 여성정규직의 계약직 전환 2건 • 징계에서의 남녀차등 2건
승진 관련 15건	• 승진에서의 여성의 지체 8건 • 승진에서의 여성의 배제 또는 탈락 4건 • 승진요건의 남녀차등 3건
정년 관련 23건	• 정년의 남녀차등 21건 • 여성의 조기정년 2건
퇴직 · 해고 관련 74건	• 여성의 결혼퇴직제 23건 • 여성의 임신 · 출산을 이유로 한 퇴직권유와 해고 15건 • 구조조정에 따른 여성집단해고 33건 • 징계해고에서의 남녀차등 3건

1일에 개정된 법에서 위반자에 대하여 250만 원 이하의 벌금을 부과하는 제 재규정이 마련되었다. 그 후 2001년 8월 14일에 개정된 법에서 차별금지대상 이 남녀로 확대되었다.

현행 「남녀고용평등과 일 · 가정 양립 지원에 관한 법률」(이하 '남녀고용평등 법'이라 한다)은 제7조(모집 · 채용)에서 "① 사업주는 근로자를 모집하거나 채 용할 때 남녀를 차별하여서는 아니 된다. ② 사업주는 여성근로자를 모집 · 채용할 때 그 직무의 수행에 필요하지 아니한 용모 · 키 · 체중 등의 신체적 조 건, 미혼조건, 그 밖에 고용노동부령으로 정하는 조건을 제시하거나 요구하 여서는 아니 된다."고 규정하고 있다. 위반자는 5백만 원 이하의 벌금에 처한 다(제37조 제4항 제1호).

이 법의 시행령 및 시행규칙에 따라 이 법의 내용에 관한 필요한 사항을 구

체적으로 정한 「남녀고용평등업무처리규정」(고용노동부 예규, 2010.6.22 일부개정)은 법 제7조에서 '모집·채용'이란 "신문·방송 등을 통한 광고모집이나 직접모집뿐만 아니라, 직업안정기관에 구인신청·위탁모집·연고채용 등 명칭이나 방법에 관계없이 사업주가 불특정인에게 임금·근로시간 등 근로조건을 제시하고 근로를 권유한 후(모집) 이들을 대상으로 시험 등을 거쳐 특정인을 선정하여 근로계약을 체결하는 행위(채용)를 말한다."라고 규정하였다(제3조 제1항). 그리고 법 제7조 제1항에 따라 사업주가 근로자를 모집하거나 채용할 때 하여서는 아니 되는 남녀차별적인 행위를 다음과 같이 예시하고 있다(제3조 제2항).

1. 특정 성에게 모집·채용의 기회를 주지 아니하는 경우

2. 직종·직무별로 남녀를 분리하여 모집하거나 성별로 채용 예정인원을 배정함으로써 특정 직종·직무에 특정 성의 채용기회를 제한하는 경우

3. 채용 시 특정 성에게만 별도의 구비서류 등을 요구하는 경우

4. 모집·채용에 있어 특정 성만을 가리키는 직종의 명칭을 사용하는 경우. 다만, 특정 성을 배제하는 것이 아님이 분명한 경우는 제외한다.

5. 학력·경력 등이 같음에도 불구하고 특정 성을 다른 성에 비해 낮은 직급 또는 직위에 모집·채용하는 경우

6. 남녀가 동일자격임에도 특정 성을 다른 성보다 불리한 고용형태로 채용하는 경우

7. 구인광고 내용에 합리적인 이유 없이 특정 성을 우대한다는 표현을 하는 경우. 다만, 특정 성의 비율이 현저히 낮은 사업장에서 현존하는 차별을 해소하기 위하여 특정 성을 우대하는 것은 합리적인 이유가 있는 것으로 본다.

8. 특정 직종의 모집연령을 합리적인 이유 없이 성별로 차이를 두는 경우

9. 특정 성에게만 직무수행에 필요하지 않는 용모 등 신체적 조건이나 미혼 등의 조건을 부과하는 경우

10. 특정 직종을 모집함에 있어서 특정 성이 충족하기 어려운 신장·체중·체력을 채용조건으로 한 것으로 인하여 특정 성의 채용비율이 다른 성에 비해 현저하게 적고, 해당 기준의 직무 관련성과 정당성을 사업주가 입증하지 못하는 경우

11. 면접·구술시험의 경우 객관적인 기준에 의하지 아니하고 특정 성을

불리하게 대우함으로써 채용기회를 제한하는 경우

　12. 그 밖에 합리적인 이유 없이 근로자의 모집·채용에 있어서 특정 성을 차별하여 근로자를 모집·채용하거나 모집·채용기준은 성 중립적이나 그 기준이 특정 성이 충족하기에는 현저히 어려워 결과적으로 특정 성에게 불이익이 발생하고 사업주가 그 기준의 정당성을 입증하지 못하는 경우

　그러나 「근로기준법」 제65조, 제72조 및 같은 법 시행령 제40조 등 관계법령상 여성취업이 금지된 직종에 남성만을 채용하는 경우와 야간 또는 시간외 근로가 불가피한 직종으로서 여성을 과다하게 고용할 경우 「근로기준법」 제70조 및 제71조와 관련하여 해당 사업의 정상적인 운영에 지장을 가져올 우려가 있어 여성채용 예정인원을 제한하여 모집·채용하는 경우는 남녀차별적인 행위로 보지 아니한다(제3조 제3항).

　그런데 모집·채용에 있어서 성차별과 관련한 판례·결정례는 총 31건(법원의 판례 11건, 국가인권위원회의 결정례 11건, 남녀차별개선위원회의 결정례 6건, 고용평등위원회·여성특별위원회·헌법재판소의 결정례 각 1건)이 있다. 그중 27건이 2000년대에 있었고, 나머지 4건은 1990년대에 있었다. 성차별의 문제를 제기한 사람이 여성인 경우는 24건인데, 그중 여성차별을 인정한 판례와 결정례는 18건이다. 남성이 문제제기를 한 사안 7건 중에서는 2건의 국가인권위원회 결정례가 남성차별을 인정하였다. 내역을 보면, 모집·채용방법의 남녀차등 관련이 12건으로 가장 많다. 그 다음은 모집·채용에서의 여성지원자의 탈락 관련 7건, 모집·채용대상에서의 여성배제 관련 5건과 남성배제 관련 5건, 양성평등채용목표제의 적용 관련 2건이 있다.

2-1 　모집·채용대상에서의 여성배제

　모집·채용에 있어서 성차별과 관련한 판례·결정례 중 "특정 성에게 모집·채용의 기회를 주지 아니하는 경우"와 관련된 것은 10건이다. 그중 여성을 대상으로 한 경우와 관련된 판례·결정례는 다음 5건(4종)이 있는데 모두 여성차별을 인정하였다.

[40] 남성으로 지원자격을 제한한 사원모집광고
　　[서울형사지방법원 1990.5.26 선고(약식명령)](여성차별 인정)
[41] 남성으로 모집대상을 제한한 시험감독 아르바이트 채용
　　[남녀차별개선위원회 2004.4.6 결정 04남녀차별16](여성차별 인정)
[42] 남성으로 지원자격을 제한한 직원채용
　　[국가인권위원회 2007.3.28 결정 07진차56](여성차별 인정)

■ 남성으로 지원자격을 제한한 생산직원 모집광고([43], [44])
[43] [대전지방법원 천안지원 2009.5.21 선고 고단 310](여성차별 인정)
[44] [대전지방법원 2009.7.22 선고 2009노1195](여성차별 인정)

1) 남성으로 지원자격을 제한한 사원모집광고

서울형사지방법원[40]은 "62년 1월 이후 출생한 남자로 병역필 또는 면제자" 등으로 지원자격을 남자로 제한한 사원모집 채용광고를 하여 서울지역 여대생대표자협의회로부터 고소당하고 검찰로부터 약식기소된 4개 기업체 법인(신도리코(주), 동아제약, 대한교육보험(주), 대한생명보험(주))과 그 대표 4명에 대하여 신규채용하고자 한 직종이 영업직, 사무직, 생산직, 연구직 등으로서 일반적으로 여성에게 부적합한 직종이라고 볼 수 없기 때문에 합리적인 차별 이유로 볼 수 없다는 이유로 「남녀고용평등법」 위반죄로 각각 벌금 100만 원의 약식명령을 내렸다.

이 사건은 우리나라에서 성차별이 법적으로 금지된 이래, 사업주가 여성에 대한 차별행위로 인해 처벌받은 첫 번째 사례이다. 그리고 「남녀고용평등법」이 1989년 4월 1일에 개정되어 모집·채용에서 차별금지행위자에 대하여 형사처벌규정이 마련된 후 첫 번째로 적용된 사건이며, 처음으로 구직자에 의해 제기된 고소사건이라는 의의를 가진다. 또한 검찰과 형사법원이 「남녀고용평등법」 위반사건을 처음으로 처리한 사건이라는 등의 다양한 역사적 의미도 가진다.

2) 남성으로 모집대상을 제한한 시험감독 아르바이트 채용

남녀차별개선위원회[41]는 (재)△△진흥회가 시험진행을 위한 입실감독

아르바이트를 모집하면서 감독자가 여성일 경우 시험종료 후 문제지 및 답안지 제출을 지연하는 등 비협조적으로 행동하는 응시자들 때문에 발생할 수 있는 상황을 고려하여 남성만을 모집한 사건에 대하여 그 업무의 성격에 비추어 남성이 불가피하게 요구되는 경우로 보기 어렵다는 등의 이유로「남녀차별금지 및 구제에 관한 법률」제2조 제1호에 규정된 남녀차별이라고 결정하였다. 그리고 피진정인에게 이후 직원교육 등을 통해 이러한 남녀차별 사례의 재발을 방지하기 위한 대책을 수립할 것을 권고하였다.

3) 남성으로 지원자격을 제한한 직원채용

국가인권위원회[42]는 피진정인(○○주식회사)이 직원채용공고문에 재경부문, 영업부문, 기술연구직부문의 지원자격을 남자로만 제한한 조치에 대하여 차별행위로 결정하고 피진정인에게 직원을 채용함에 있어 지원자격을 남성만으로 제한하여 선발하지 말 것과 성차별 방지를 위한 대책을 수립하여 통보할 것을 권고하였다.

국가인권위원회의 결정[42]요지

성별을 이유로 한 차등행위는 성별이 '직무의 성질상 불가피하게 요구되는 경우'에 한하여 정당성이 인정된다. 직무의 성질상 특정 성별이 불가피하게 요구되는 경우란 본질적 업무와 부수적 업무를 구분하여 성별이 본질적 업무를 성공적으로 수행하기 위한 결정적 요소, 즉 필수적 직무자격요건인 경우를 말한다. …… 피진정인은 현금을 수송해야 하고 무거운 샘플을 가지고 다니면서 영업을 해야 하는 점, 건설현장에서 직접 시험시공을 해야 한다는 점 등의 이유로 여성이 근무하기에 어려운 조건이라서 여성을 채용할 수 없다고 주장하였으나 그러한 업무를 남성만이 할 수 있다고 보기 어려워 '직무의 성질상 불가피하게 요구되는 경우'에 해당되지 않는다.

4) 남성으로 지원자격을 제한한 생산직원 모집광고[1]

대전지방법원 천안지원[43]은 의약품 제조와 판매업을 목적으로 하는 법인과 그 생산부장이 구인게시판에 남성 생산직원을 채용한다고 광고한 조치가 「남녀고용평등법」 위반임을 인정하고 각각에게 50만 원의 벌금을 부과하였다.

그러나 대전지방법원[44]은 이 사건의 항소심 판결에서 위법한 성차별적인 모집광고를 했음을 인정하면서도 피고(부장)가 초범이고 당해 사원모집공고가 게재된 기간이 길지 않아서 실제 모집·채용에 영향을 미치지 않은 점, 깊이 반성하는 점 등을 고려하여 벌금을 감경하였다.

2-2 모집·채용대상에서의 남성배제

모집·채용대상을 여성으로 제한하여 남성에게 고용기회를 주지 않아 분쟁 사안이 된 사건은 5건(3종)이 있는데 1건만이 남성차별을 인정받았다.

[45] 주·정차단속검사원 채용에서의 '18~29세 여성'의 응시자격
　　[국가인권위원회 2005.12.12 결정 05진차273](남성차별 불인정)
[46] 간호사의 모집·채용에서의 남성배제
　　[국가인권위원회 2008.1.28 결정 07진차654](남성차별 인정)

■ 병원의 '원무행정 여 대졸이상'의 채용공고([47]~[49])
[47] [청주지방법원 충주지원 2011.8.26 선고 2009고단681등(병합)](남성차별 불인정)
[48] [청주지방법원 2011.12.30 선고 2010노1035-1(분리)](남성차별 불인정)
[49] [청주지방법원 2012.1.13 선고 2010노1035(분리)](남성차별 불인정)

---

1) 구미영(2012), "고용상 성차별 관련 판결례의 분석", 『제2차 여성노동 판례포럼 자료집』, 한국여성정책연구원 인권·안전센터, 3면; 박선영 외(2012), 『여성·가족관련판례에 대한 성인지적 분석 및 입법과제(Ⅰ)-여성노동판례집』, 한국여성정책연구원, 7~8면.

1) 주 · 정차단속검사원 채용에서의 '18~29세 여성'의 응시자격

국가인권위원회[45]는 서울특별시가 주정차단속검사원(계약직 공무원) 채용공고를 하면서 '18~29세 여성'으로 응시자격을 제한한 것은 젊은 여성을 하위직업무에 배치시키겠다는 남녀차별적 사고에서 비롯된 것으로 성별에 의한 평등권침해라고 주장하며 전국공무원노동조합 서울지역지역본부가 한 진정에 대하여 2004년 채용 시 나타난 성별 불균형 및 청년실업을 해소하기 위한 한시적 조치로 볼 수 있으므로 평등권침해에 해당하지 않는다고 판단하였다.

2) 간호사의 모집 · 채용에서의 남성배제

국가인권위원회[46]는 건강검진센터가 모집 · 채용공고에서는 성별 제한을 명시하지 않았으나 남성으로서 간호사자격이 있는 진정인이 전화로 문의하니 업무특성상 남성은 채용하지 않는다는 답변을 한 것에 대하여 다음과 같은 이유로 남성차별행위임을 인정하고 피진정인(한국건강관리협회 ○○지부장)에게 향후 간호사 모집 시 간호사자격증을 보유한 남성지원자의 응시를 제한하지 않도록 할 것과 남성이라는 이유로 채용에서 배제하지 않을 것을 권고하였다.

 국가인권위원회의 결정[46]요지

신체가 노출되는 진료 및 치료에서 일반적으로 여성환자들이 남성간호사보다 여성간호사를 더 선호할 수 있다는 것은 인정된다. 그러나 피진정인은 종합검진 업무의 내용이 위 · 대장 내시경 및 자궁암 검진을 주로 하는 것이었기에 남성보다는 여성간호사가 더 적합할 것으로 판단하여 간호사 모집 시에 남성을 배제하였다고 하지만, 채용 예정 업무에서 대장 내시경 또는 자궁암 검진과 관련된 업무는 전체 업무에 비하여 많지 않은 비율을 차지하고 있다. 따라서 피진정인이 남성간호사를 꺼려 하는 여성환자를 배려하고 싶다면 이와 같은 검사를 할 때에는 여성간호사에게 검사하도록 할 수도 있다. 또한 향후 종합검진 수요가 확대되어 종합검진 업무를 전담할 간호사를 채용할 경우에도 기존에 해 왔던 간호사들의 부서이동, 업무 재배치 등을 통해 위와 같은 업무를 여성간호사가 담당하도록 할 수도 있는 것이다. 이러한 노력들을 통해 얼마든지 성차별 없이 우수 인력을 채용할 수 있음에도 불구하고 단순히 남성이라는 이유로 채용에서 배제하는 것은 합리적 이유 없는 차별행위라고 판단된다.

국가인권위원회는 간호사관생도 모집에서 신입생의 자격을 여성으로 제한한 조치에 관한 결정례[2006.7.18 결정 06직차6]와 전문대학 간호과의 입학생을 여성으로 제한한 조치에 관한 결정례[2012.9.17 결정 12진정0486102]에서도 그러한 조치는 간호의 일을 여성의 일로 보는 전통적이고 정형화된 고정관념에 기초한 것이므로 차별행위에 해당된다고 하였다.

3) 병원의 '원무행정 여 대졸이상'의 채용공고

병원에서 지역광고신문인 교차로에 '원무행정 여 대졸이상'의 채용기준을 제시한 모집광고를 하였다고 병원의 원무부장과 그 병원이 소속된 의료법인의 대표를 「남녀고용평등법」 위반으로 검사가 공소한 사건에서 청주지방법원 충주지원[47]은 피고인들에 대하여 범의(犯意)를 인정하기에 증거가 부족하다는 이유로 무죄를 선고하였다. 항소심은 2명의 피고인에 대해 분리하여 진행되었다. 원무부장에 대한 항소심 판결[48]은 원심과 같은 이유로 무죄를 선고하였다. 병원장에 대한 항소심 판결[49]은 「남녀고용평등법」 제38조에 따라 사업주가 위법행위를 직접 하지 않아도 그가 고용한 사용자 등이 위법행위를 한 경우에는 사업주가 그 위반행위를 방지하기 위하여 해당 업무에 관하여 상당한 주의와 감독을 게을리하지 아니한 경우를 제외하고는 사업주도 위반자에게 부과된 벌금형을 부과받게 되어 있으나, 원무부장이 무죄를 선고받은 이 사건에서 병원장이 처벌받을 근거가 없으며, 병원대표가 3개의 의료법인의 대표를 맡은데다가 원무부장이 소수의 근로자를 채용할 때는 대표에게 보고 없이 할수 있다고 증인들이 진술하고 있는 점 등에 비추어 보면 병원장이 채용공고를 결정하는 데 관여하였다고 단정하기 어렵다며 무죄를 선고하였다.

2-3 모집 · 채용의 요건과 방법의 남녀차등

모집 · 채용의 방법을 남녀에 대하여 다르게 하여 남성 또는 여성에게 불이익을 주는 조치에 관한 성차별 분쟁은 12건으로, 이는 모집 · 채용에서의 성차별 분쟁 31건 중에서 가장 많은 비중(38.7%)을 차지한다. 12건의 남녀차등 유형을 살펴보면, 채용의 인원과 연령의 남녀차등 관련 4건, 여성의 용모채용 기준 관련 2건, 채용의 직종과 직급의 남녀차등 관련 5건, 채용방법의 남녀차등 관련 1건이 있다.

1) 채용의 인원과 연령의 남녀차등

모집 · 채용에 있어서 채용의 인원에서의 남녀차등이 분쟁의 사안이 된 것은 모두 여성의 채용인원을 남성보다 현저히 적게 정하여 여성에게 불이익을 준 사례인데, 이에 관한 3건의 판례 · 결정례 [50], [51], [52]는 모두 여성에 대한 차별을 인정하였다. 채용시험의 응시연령을 남녀 다르게 한 조치에 관한 결정례 [53]도 여성에 대한 차별을 인정하였다.

[50] 병원외과 인턴합격자 인원의 남녀차등
   [전주형사지방법원 1991.8.19 선고(약식명령)](여성차별 인정)
[51] 경찰공무원 채용인원의 남녀차등
   [국가인권위원회 2005.12.5 결정 04진기213](여성차별 인정)
[52] 소방공무원의 채용분야와 채용인원의 남녀차등
   [국가인권위원회 2007.8.27 결정 05진차430](여성차별 인정)
[53] 경찰공무원 채용시험의 응시연령의 남녀차등
   [국가인권위원회 2004.10.18 결정 03진차589](여성차별 인정)

(1) 병원외과 인턴합격자 인원의 남녀차등

전주형사지방법원[50]은 전주예수병원에서 인턴과정 전공의 15명을 모집하면서 여성인턴합격자를 4명으로 제한하여 그 결과 남성합격자보다 높은 점수를 받고도 불합격된 여성이 소송을 제기하고 검사가 약식기소한 사건에서 외과는 여성으로서 감당하기 어렵고 레지던트과정에서 외과인력수급문제가 발생할 수 있다는 병원측의 주장은 근거가 불확실하여 여성을 달리 취급해야 할 합리적인 이유가 아니기 때문에 성차별에 해당한다며 병원 원장에 대하여 100만 원의 벌금형을 부과하였다.

(2) 경찰공무원 채용인원의 남녀차등

경찰공무원과 소방공무원의 채용에 있어서 여성의 채용인원과 연령을 남성보다 적게 한 조치에 대하여 국가인권위원회는 세 가지 결정례 [51], [52], [53]에서 일관되게 진정직업적격을 심사하여 직무수행상 남녀를 다르게 취급할 합리적 이유가 없다며 성차별을 인정하였다. 그중 결정례 [51]에서는 피진정인(경찰청장)에게 경찰공무원 공개채용시험에서 성별에 따라 채용인원을 정하여 구분모집하지 말 것을 권고하였다.

 국가인권위원회의 결정[51]요지

1) 채용기준은 특정 집단의 해당 직군에 진입 여부를 결정하므로 그 기준 채택을 엄격하게 해야 하는 바, 이 사건에서 피진정인이 남성채용인원보다 현저히 적은 여성채용인원을 정하여 채용하는 것은 성별을 이유로 한 차등적 대우이므로 이러한 기준은 성별이 '직무의 성질상 불가피하게 요구되는 경우'에 한하여 정당성이 인정되며, 직무의 성질상 특정 성별이 불가피하게 요구되는 경우란 본질적 업무와 부수적 업무를 구분하여 성별이 본질적 업무를 성공적으로 수행하기 위한 결정적 요소, 즉 필수적 직무자격요건인 경우를 말한다.
2) 공개채용하는 경찰공무원의 모든 직무가 범죄자 제압능력 등 신체적·체력적 우위를 요구한다거나, 모든 직무에 대해 성별이 직무수행 가능 여부를 결정

하는 요인이 된다고 볼 수 없음에도 불구하고, 피진정인이 구체적인 직무내용을 고려하지 않은 채 모든 경찰공무원 업무에 성별을 기준으로 채용인원을 정하는 것은 정당화되기 어렵다.

(3) 소방공무원의 채용분야와 채용인원의 남녀차등

국가인권위원회[52]는 피진정인(소방방재청장)에게 소방공무원 채용시험에서 성별에 따라 채용분야 및 채용인원을 달리 정하여 구분모집하는 것은 합리적 이유 없이 남성과 여성을 차별하는 행위로 판단되므로 성별에 따른 분리모집을 중지하고 양성에게 평등한 채용시험제도를 운영할 것을 권고하였다.

국가인권위원회의 결정[52]요지

강인한 신체적·체력적 조건은 소방업무를 하려고 하는 남성과 여성 모두에게 동등하게 적용되는 요건으로서 이를 구체적으로 검증하기 위한 합리적인 기준 설정 및 객관적인 측정을 통하여 판단되어야 하는 것이지, 단순히 일반적으로 여성들보다는 체력적으로 우위에 있는 남성들이 많다는 현상만을 근거로 소방공무원의 업무가 반드시 남성들만에 의해 행하여져야 하는 업무인 것으로 볼 수는 없다. 따라서 소방공무원을 성별에 따라 구분모집하는 것이 '진정직업자격'에 해당되지는 않는다고 판단된다.

(4) 경찰공무원 채용시험의 응시연령의 남녀차등

국가인권위원회[53]는 경찰청장에게 순경공개경쟁채용시험에서 응시연령을 남자는 21세 이상 30세 이하, 여자는 18세 이상 27세 이하로 규정하고 있는 「경찰공무원임용령」 제39조 제1항을 차별적 요소가 없도록 개정할 것을 권고하였다.

국가인권위원회의 결정[53]요지

경찰공무원 채용시험 중 순경공개경쟁채용시험에서 남자의 응시연령을 21세 이상 30세 이하로 정함으로써, 남자의 경우 군복무 여부와 상관없이 21세가 될 때까지 기다려야 하고, 여자의 경우 27세로 응시기회가 끝나게 되어 4년제 대학을 졸업한 응시자가 늘어나고 있는 현실을 감안할 때 남녀에 따라 응시연령을 달리 정하고 있는 것은 합리적인 이유가 없이 성별을 이유로 「헌법」제11조의 평등권을 침해하는 차별행위로 인정된다.

2) 여성의 용모채용기준

모집·채용에 있어서 성차별 분쟁이 발생한 사안 중 하나는 여성에 대하여 용모를 채용기준으로 한 것이다. 이에 관한 2건의 판례·결정례는 다음과 같다.

[54] 고졸여사원의 용모채용기준
    [서울형사지방법원 1995. 선고(약식명령)](여성차별 인정)
[55] KTX 고객서비스업무의 여성·용모채용기준
    [국가인권위원회 2006.9.11 결정 06진차116, 06진차136(병합)](여성차별 인정)

(1) 고졸여사원의 용모채용기준

1993년에 44개 대기업이 여자상업고등학교들에게 졸업예정자에 대한 직원 채용추천을 의뢰하면서 '신장 160cm 이상, 체중 50kg 이하, 안경쓰지 말 것' 등의 신체적인 채용조건을 제시하였다.

전교조 출신의 남자교사가 이는 중대한 교육과 노동의 문제라고 판단하여 한국여성민우회에 제보하여 전교조, 참교육시민모임, 학계와 여성계의 인사 등 33명과 함께 1994년 5월 25일 이 회사들을 「헌법」과 「남녀고용평등법」

위반혐의로 서울지방검찰청에 집단 고발했다. 고발자들은 여성의 신체조건을 채용조건으로 삼는 기업들이 크게 증가하고 있는데다 이로 인해 학생들이 학업에 열중하기보다는 극도의 외모콤플렉스에 시달려 실업교육이 파행을 거듭하고 있다고 고발경위를 밝혔다.

이 사건은 용모를 여성을 채용하는 중요한 기준으로 삼았던 기업의 인사관행에 대하여 문제 삼고 유명 대기업들을 무더기로 고발함으로써 많은 언론과 사회적 관심을 모았다. 그리고 조순경 교수가 주도하여 여성학, 사회학, 철학, 심리학, 법학 등 다양한 분야의 여성전문가들이 여성용모채용관행의 문제를 다각도로 규명하는 토론회를 1994년 6월 30일에 개최하였으며,[2] 여성단체 등의 시민단체들은 검찰과 법원이 여성인권보장을 진보시키는 방향으로 고소사건을 처리하기를 촉구하는 서명운동을 전개하였다.

그런데 1994년 12월 30일 검찰은 「남녀고용평등법」을 위반하는 남녀차별 행위로 인정하려면 근접한 시기에 동일직종과 동일학력의 남성을 채용할 때에는 요구하지 않은 신체조건을 여성에게만 부과하여 여성에게 불이익을 준 사실이 있어야 한다는 이유로 고발된 44개 기업체 가운데 8개 기업만 벌금 100만 원에 약식기소하였다. 반면, 여성만을 채용하면서 여성에게 특정한 신체적 조건을 요구한 32개 기업의 행위는 비교대상이 되는 남성이 없기 때문에 「남녀고용평등법」 위반으로 볼 수 없다며 무혐의 처리하였다. 또한 남녀를 동시에 뽑으면서 남녀 모두에게 동일한 신체조건을 요구한 4개 기업에 대해서는 "남녀의 평균신장을 비교하여 여성에게 더 불리한 경우는 남녀차별로 볼 수 있으나 그러한 경우도 법을 위반하려는 의도가 없기 때문에 남녀차별은 아니다."라고 불기소처분을 내렸다. 그 후 서울형사지방법원[54]은 1995년에 약식기소된 8개 기업에 대하여 벌금 100만 원의 약식명령을 내렸다.

이러한 검찰과 법원의 처리에 대하여 직무수행에 필요하지도 않고 다분히 자의적인 신체기준을 여성에게만 요구함으로써 그 기준에 맞지 않은 여성들에게 응시기회를 원천적으로 봉쇄하며 여성을 성적 대상화하여 여성에게 고용상의 불평등과 불이익을 초래하는 문제의 본질을 직시하지 못하고 형식논리에 빠진 결과라는 등의 다양한 비판이 제기되었다.

---

2) 모집, 채용고발사건 대책 교수모임(1994), 『용모제한, 어떻게 볼 것인가? ─ 모집, 채용차별 고발사건을 계기로』(남녀고용평등을 위한 교수 의견 발표회).

여성계는 여성국회의원들과 이 문제를 입법적으로 해결하는 방안을 강구하였다. 그 결과 1995년 8월 4일에 개정된 「남녀고용평등법」에서 사업주는 "여성근로자를 모집, 채용함에 있어서 모집, 채용하고자 하는 직무의 수행에 필요로 하지 아니하는 용모, 키, 체중 등의 신체적 조건, 미혼조건, 기타 노동부령이 정하는 조건을 제시하거나 요구하여서는 아니 된다."라는 조항(현행법 제7조 제2항)이 신설되었다.

(2) KTX 고객서비스업무의 여성 · 용모채용기준

국가인권위원회[55]는 피진정인(한국철도공사 사장)이 KTX 고객서비스업무를 여성의 업무로 한정하고 다른 승무업무에 대해서는 직원을 직접 고용하면서도 여승무원의 업무를 외주화함으로써 임금 · 상여금 등 고용조건에서 KTX 내 다른 승무원에 비해 부당한 차별을 한 것과 여승무원에 대하여 신장 등의 용모와 나이를 채용기준으로 한 조치는 성별을 이유로 한 고용차별에 해당하므로, 이와 같은 성차별적 고용구조를 개선할 것을 권고하였다.

 국가인권위원회의 결정[55]요지

1) 성차별의 기준 : 성차별이란 합리적인 이유 없이 여성 혹은 남성의 성별을 이유로 하여 발생하는 모든 구별, 배제, 제한 및 폭력을 의미하며, 또 사회통념상 고정된 성역할 관념을 근거로 하여 이루어지는 차별도 포함된다. 고용상의 성차별에 대한 판단은 성별이 해당 업무에 필수적 요건인지, 성별을 진정직업자격으로 하는지 여부를 살펴보고자 이를 둔 행위에 합리적인 이유가 없는 경우 차별로 판단한다.
2) 성별이 진정직업자격에 해당하는지 여부 : 여승무원은 열차팀장과 상당히 유사한 업무를 수행하고 있으므로 이 업무가 성별을 진정직업자격으로 하거나 성별이 필수적 자격요건이라고 판단되지 않는다. 여승무원이 고객서비스업무만을 담당하는 경우에도 고객서비스업무 역시 여성을 진정직업자격으로 하는 것이 아니므로 여성으로 특정하여 직제를 분리하여야 할 이유가 되지 않는다. 그럼에도 피진정인은 열차승무업무 중 고객서비스업무만을 분리하여 부가가치

가 낮은 단순, 반복적인 업무로 규정하고 이를 여성들에게 전담시키기로 결정하였는바, 이는 고객서비스업무가 여성집중직무이며 여성집중직무는 단순·저부가가치노동이라는 성차별적 편견에 근거하여 직제를 분리하여 채용한 것이다.

3) 모집·채용에서 성차별을 하였는지 여부 : 피진정인이 서비스업무에 적합한 용모의 여성을 채용하도록 요구함에 따라 모집·채용에서 대상을 여성으로 한정하고, 여승무원업무에 있어 신장과 나이의 제한이 업무상 필요하다는 입증이 없음에도 이를 채용기준으로 삼은 것은 성별, 외모 및 나이를 기준으로 평가를 달리한 행위로서, 용모·키·체중 등의 신체적 조건을 채용기준으로 제시하거나 요구하는 것을 금지하고 있는 「남녀고용평등법」 제7조 제1항 및 제2항을 위반한 차별행위에 해당한다.

4) KTX 여승무원에 대해 고용조건에서 차별하였는지 여부 : 다른 정규직 일반 열차 승무원들의 임금은 연공급으로서 근속연수에 따라 매년 상승하는 반면 여승무원의 임금은 근속연수가 증가하여도 호봉이 증가하지 않아 그 자체로 불리한 임금체계이며, 합리적 이유 없이 상여금을 100% 적게 지급하는 등 인센티브 지급에 있어서도 차별한 증거들이 확인된다. 피진정인은 여승무원에게 휴가·휴식시간 등 임금의 고용조건에서도 불리하게 처우한 점이 확인된다. 또한 피진정인은 단기 업무위탁계약을 체결하고 여승무원들을 비정규직으로 고용하게 하였는 바, 여승무원은 연공급에 따른 보수 상승의 체계와 장기간 근로를 통한 숙련, 이를 바탕으로 한 승진체계에서 배제되었다. 이는 여성에 대해서는 미숙련 단순노동·저부가가치노동을 부여하고 단기간 고용·저임금의 고용조건을 제공하여도 무방하다는 성차별적 편견에 기반한 분리채용으로서 명백하고 지속적인 차별의 결과를 가져온다.

5) 그렇다면 이러한 행위는 동일한 채용기준, 동일한 고용기회, 수당을 포함하여 동등한 보수를 받을 권리 등을 보장한 「여성차별철폐협약」 제11조 제1항 (b) 내지 (d) 및 「국가인권위원회법」 제2조 제4호를 위반한 것이므로 성별을 이유로 한 고용차별의 행위라고 판단된다.

그런데 이 결정 이후에 KTX 여승무원들은 한국철도공사(현 코레일)가 실질적인 사용자로서 자신들을 직접 고용하라는 요구를 하며 파업을 하고 대량

해고된 후 근로자의 지위를 확인하는 소송을 여러 차례 제기하였다. 이에 대하여 법원은 한국철도공사와 철도유통이 위탁협약이라는 외관을 갖추었지만 실질적으로 업무수행의 독자성이나 사업경영의 독립성을 갖추지 못했으며 철도공사의 일개 사업부서로서 기능하거나 노무대행기관의 역할을 수행하였을 뿐이므로 코레일이 실제 사용자이며 해고는 무효이고 해고기간 중의 임금 지급을 명하는 취지의 판결들[서울중앙지방법원 2010.8.26 선고 2008가합 118219 등]을 일관되게 내렸다.

3) 채용직종과 직급의 남녀차등

근로자의 모집·채용에 있어서 남녀를 다른 직종과 직급, 직군으로 채용한 사업주의 행위에 관하여 성차별 분쟁이 발생한 경우는 5건이 있다. 그 판례와 결정례 중 여성차별을 인정한 경우는 4건이고, 여성차별을 불인정한 경우는 1건이다.

[56] 금융회사의 직원채용직종의 남녀차등
　　[서울지방법원 1998.9.19 선고 97가합55091](여성차별 불인정)
[57] 대학의 행정직원채용직급의 남녀차등
　　[남녀차별개선위원회 2001.6.18 결정 00고용49](여성차별 인정)
[58] 은행원의 성별 직군분리채용
　　[서울지방노동청 고용평등위원회 2004.11.16 조정성립](여성차별 인정)

■ 사무직채용직급의 남녀차등([59], [60])
[59] [부산지방법원 2007.11.21 선고 2007고정405](여성차별 인정)
[60] [부산지방법원 2008.5.22 선고 2007노4889](여성차별 인정)

(1) 금융회사의 직원채용직종의 남녀차등

아세아종합금융회사에서 근로계약기간을 1년으로 하는 촉탁근로계약을 맺고 매년 재계약하는 방식으로 일하던 여사원이 TOEIC시험에서 부정행위자로 적발되어 퇴실조치를 당하자, 회사가 회사의 명예를 실추시켰다는 이유로 재계약 체결을 거부하였다. 이에 당해 여성은 업무성격상 남녀를 구분하여 배치해야 할 합리적 이유가 없음에도 회사가 1983년 이후에 촉탁사원제도를 시행하면서 남성은 정규직으로 채용하고 촉탁사원은 여성만을 채용하는 것은 성차별이라고 주장하며 소송을 제기하였다. 그러나 서울지방법원[56]은 이 조치를 성차별문제로 보지 않고 촉탁근로계약의 성격상 재계약 여부에 대한 사업주의 재량문제로 보고 원고의 주장을 인정하지 않았다.

(2) 대학의 행정직원채용직급의 남녀차등

남녀차별개선위원회[57]는 대학교 부속의료원이 신규직원 모집공고 시에 사무원은 남성으로, 사무보조원은 여성으로 구분하여 모집한 사례와 직원인 사규정상의 신규채용 제한연령에 있어 남성은 병역필 또는 면제자로서 30세 미만인 자를, 여성은 25세 미만인 자로 하여 과도한 남녀차등제한을 두는 것은 합리적 이유 없이 남녀를 차별할 소지가 있으므로 개선을 권고하였다.

(3) 은행원의 성별 직군분리채용

서울지방노동청 고용평등위원회[58]는 하나은행이 대부분 남성으로 구성되는 행원 A군과 전원 여성인 행원 B군을 분리하여 은행원을 채용하고 A군과 B군 사이에 배치·승진·임금에 있어 차등을 두었는 바, 이는 성차별에 해당한다며 하나은행 노조가 제기한 진정에 대하여 하나은행의 인사제도가 「남녀고용평등법」에 위반한다는 의견을 서울지방노동청에 제시하였다.

 고용평등위원회의 의견[58]

하나은행의 인사제도는 1) 2001년 1월 10일 이래 '전담텔러' 모집공고상의 채용조건이 "전문대졸 이상 학력 소지자로 24세 미만"으로 정하여 사실상 4년제 대졸 남자 군필의 지원을 불가능하게 하고 실제 전원 여성을 채용한 것이 모집 및 채용에 있어서 남녀를 차별한 것이고, 2) 대부분 남성인 행원 A와 전원 여성인 행원 B 사이에 임금체계와 금액에 차등을 두어 여직원의 임금을 합리적인 이유 없이 낮게 정하여 동일가치노동에 대하여 동일임금을 지급하지 않았으며,

3) 교육·배치 및 승진에 있어서도 행원 A·B의 업무가 무엇인지 명확히 구분되어 있지 않은 상황에서, 직렬을 이유로 대부분의 여성을 창구업무 및 사무업무에 배치하고 본부 부서 및 업무에서 배제하면서 책임자 승진 시 승진인원, 승진경로 및 대우상의 차별을 두는 것은 합리적인 이유 없이 여성근로자를 불리하게 대우한 것이다.

이 시정지시는 어느 한 개인에 대한 차별적 처우가 아니라 인사제도 자체가 차별적으로 설계되어 운영되고 있는 것을 '법 위반'이라고 판단한 획기적인 일이라 할 수 있다. 그리고 직접 성별을 이유로 행해진 차별이 아니지만, 모집·채용에 있어서 "어느 한 성이 충족하기 현저히 어려운 인사에 관한 기준이나 조건을 적용"하는 이른바 '간접차별' 개념을 적용한 거의 유일한 유권해석이라는 점에서 매우 큰 의미를 갖는다고 할 수 있다.[3]

(4) 사무직채용직급의 남녀차등

부산지방법원[59]은 택시사업조합에서 민원 및 기획담당 사무직 근로자를 채용하면서 남성은 6급으로, 원고인 여성은 7급으로 채용한 조치에 대하여「남녀고용평등법」위반의 죄가 성립하다고 판단하였다. 법원은 다른 「근로기준법」위반사건과 병합하여 조합과 대표자 각각에게 100만 원의 벌금을 선고하였다.

그런데 부산지방법원[60]은 항소심 판결에서 "남성근로자는 여성근로자와 달리 외근업무를 맡고 채용되기 전부터 이 사업장과 관련된 업무를 수행하면서 고객과 원만한 대인관계를 유지해 왔으며, 여성근로자와 달리 수습기간 없이 업무에 투입된 점 등에 비추어 채용 및 배치차별에 대한 합리적 이유는 아니더라도 어느 정도는 차별의 근거가 일부 될 수도 있기 때문에 형량이 부당하게 무겁다."고 판시하면서 벌금 50만 원의 선고유예로 감형하였다.[4]

---

3) 김진(2006), "증권산업 고용차별의 법률적 검토", 『증권산업 여성, 비정규노동자 고용실태와 성차별』(공청회 자료집의 토론문), 전국증권산업노동조합.
4) 구미영(2012), 3~4면.

4) 비행기 승무원 채용방법의 남녀차등

[61] [국가인권위원회 2008.10.27 결정 07직차2](남성차별 인정)

국가인권위원회[61]는 대한항공이 2008년 '신입 객실승무원 모집안내'에서 명시적으로 지원자격을 여성으로 제한하고 1997년 이후 객실 남승무원은 일반직 공채로 입사한 직원 중에서 사내공모를 통해서만 채용하는 반면, 객실 여승무원은 사내공모와 공개채용을 병행하여 채용하고 있는 사실을 직권조사하여 밝힌 후, 기본권제한의 비례성심사를 하여 평등권침해행위라고 결정하고, 대표이사에게 객실승무원 모집 시 여성에 한정하여 모집하여 남성을 차별하는 일이 없도록 채용관행을 시정할 것을 권고하였다.

 국가인권위원회의 결정[61]요지

1) '성별을 이유로' 한다는 것은 불리한 대우의 원인이 성별에 기인한 경우이고, '불리한 대우'란 유사한 상황에 있는 다른 성별 구성원과 비교하여 특정 성별의 구성원을 불이익하게 취급하는 것을 말한다. '합리적 이유'가 존재하여 '불리한 대우'가 정당화되려면 성별에 근거한 차별취급이 정당한 목적을 달성하려는 것이어야 하고 추구하는 목적은 합법적이고 합리적이어야 하며, 차별취급은 목적을 달성함에 적합하고 불가피한 것이어야 하며, 차별취급을 통해 달성하려는 목적과 차별취급의 정도가 적절한 균형관계를 이루어야 하는 바, 위와 같은 비례의 원칙의 심사기준이 충족되지 않으면 차별에 해당한다.

2) 대한항공에서 여성은 승무직에 바로 지원할 수 있지만 남성은 이중의 과정을 거쳐야 하고 특히 토익 470점 이상 750점 미만의 남성과 관련 전공학과 외 남성은 일반직 공채에도 응시할 수 없어 동 기준의 여성과 달리 객실승무원이 될 기회조차 부여받지 못한다. 따라서 현행 대한항공의 객실승무원 채용관행은 남성을 차별하여 취급하고 있다.

3) 대한항공은 여성이 남성보다 섬세함과 친절함 등 객실승무원 업무수행에 필수적인 요소가 많다고 주장한다. 그러나 객실승무원의 본질적인 업무는 「항공

법」제2조 제3의2에서 명시하는 바와 같이 비상탈출진행 등 안전업무인 점, 고객에 대한 서비스업무는 직무의 성질상 여성에게만 요구되는 업무가 아니라는 점, 인정사실과 같이 대한항공을 제외한 모든 국내항공사와 한국인 객실승무원을 채용한 다수의 국외항공사가 지원자격에 특정 성별을 제한하고 있지 않다는 점 등을 고려할 때, 설령 고객만족도조사에서 객실 여승무원에 대한 만족도가 남승무원보다 높게 나타났다고 하더라도 공개채용 시 남성에게 응시기회를 부여하지 않은 것에 대한 합리적인 이유를 발견할 수 없다.

미국의 법원은 남성이 객실승무원을 지원했으나 여성만 뽑는다는 이유로 고용을 거부한 사건에서 항공사의 "승객의 심리상태를 고려해야 하는 객실봉사업무에 여성이 더 적합하고 승객들도 여자승무원을 더 선호하기 때문에 사업의 필요상 여자승무원이 더 적합하다."라는 주장에 대해 "항공사의 가장 중요한 기능은 안전한 수송이므로 비록 여자승무원에 의해 쾌적한 환경이 만들어지고 이러한 일을 남성보다 여성이 더 잘 수행한다고 할지라도 이러한 서비스는 항공사업의 본질적 업무인 안전수송에 비해 부수적인 일이라고 판단한다. 따라서 법원은 항공기 객실승무원이 여성이어야만 하는 이유를 발견할 수 없으며 또한 남자승무원을 채용함으로써 사업운영에 치명적인 타격을 받는다고도 여겨지지 않으므로 항공사측이 주장하는 고객의 선호, 구인난 등의 이유는 진정직업자격의 항변으로 정당하지 않다."고 1971년에 판결한 바 있다. 이후 진정직업자격문제에서 '편의성' 보다는 '본질적 기준'('essence' rather than 'convenience' test)이라는 원칙이 생겼다.[5]

2-4 모집 · 채용에서의 여성지원자의 탈락

모집 · 채용에서 여성 개인(진정인)의 탈락이 여성차별에 해당하는지 여부가 사안이 된 분쟁사건에 관한 결정례는 7건이 있다. 그중 여성지원자를 탈

---

5) Dias v. Pan American World Airways Inc., 442 F, 2d 385(5th Cir.1971); 404 U.S.950(1971); 윤후정 · 신인령(2001), 『법여성학 – 평등권과 여성』, 이화여자대학교출판부, 337면.

락시킨 2건의 조치에 대하여 여성차별을 인정하였고, 5건의 조치에 대하여 여성차별을 인정하지 않았다.

1) 여성지원자 탈락조치의 여성차별 인정

[62] 보건소 의사채용에서 임신 중인 여성지원자 탈락
　　[국가인권위원회 2007.3.9 결정 06진차618](여성차별 인정)
[63] 성희롱 관련 고소를 한 여성들의 채용 탈락
　　[국가인권위원회 2009.6.22 결정 08진차1048 · 08진차1049(병합)]
　　(여성차별 인정)

　여성지원자를 탈락시킨 조치에 대하여 여성차별을 인정한 2건의 국가인권위원회의 결정례는 여성지원자가 탈락한 주된 원인이 임신인 경우[62]와 직장내 성희롱 행위자에 대한 고소[63]인 것은 합리적 이유가 없다고 하였다. [62]에서 국가인권위원회는 임신·출산의 차별과 여성차별의 관련성을 피력하였고, 면접위원의 발언으로 임신이 탈락원인이라고 인정하는 적극성을 보였다.

 국가인권위원회의 결정[62]요지

1) 임신 또는 출산은 여성의 고유한 기능이자 특성이므로 임신 또는 출산을 이유로 한 차별은 곧 여성에 대한 차별이 되고 모성기능은 사회의 인력을 재생산한다는 중요한 사회적 기능이 있으므로 사회적 보호가 필요하다. 따라서 출산을 앞둔 응시자를 채용하는 것이 산전후휴가의 부담 등 일정기간 인력운용의 어려움을 야기한다고 하더라도 이러한 문제는 사업주와 국가가 공동으로 분담해야 하는 문제이지 임산부 개인에게 임용상 불이익을 주는 것으로 해결할 수 없는 문제이고 만약 임산부 개인에게 불이익을 준다면 이는 부당한 고용차별행위에 해당한다.

2) 고용차별을 다투는 사건의 경우 그 증거를 수집하기 어렵고 특히 면접위원들에게 상당한 재량권이 있는 응시자의 면접결과를 놓고 차별 여부를 판단하는 것이어서 응시자의 성, 장애, 병력, 외모 등이 고용상 차별적 요소로 작용했는지 여부를 확인하는 것은 면접위원들이 스스로 인정하지 않는 한 확인이 불가능한 경우가 많은 것이 현실이다. 이런 이유로 이 사건에서 보건소장의 위치에 있는 피진정인이 면접과정에서 진정인에게 출산을 앞두고 "무슨 생각으로 원서를 냈는지 듣고 싶다"라는 내용으로 발언한 것은 매우 중요한 차별의 증거가 되는 것이고 그 내용 또한 명백한 차별의 의도가 있었음을 담고 있는 경우이므로 피진정인이 달리 해당 발언의 진의를 설득력 있게 증명하지 못하는 한 부당한 차별이 있었던 것으로 보는 것이 타당하다.

[63]에서 국가인권위원회는 ○○구청과 1년간 관제센터 모니터 감시원과 청소용역계약을 체결한 업체(주식회사 ○○종합기업)가 이전 용역업체의 근로자들을 채용하면서 경찰관에 대해 성희롱 고소를 주도적으로 하였던 2명의 여성을 제외시킨 조치를 성차별행위로 결정하고, 피진정인에게 진정인들에 대하여 정신적·경제적 피해에 대한 보상으로 3백만 원을 지급할 것을 권고하였다.

2) 여성지원자 탈락조치의 여성차별 불인정

[64] 전공과 학과가 불일치한 기간제 여교수의 재임용 탈락
　　[여성특별위원회 2000.3.31 결정 99고용-219](여성차별 불인정)
[65] 교수채용에서의 여성지원자 탈락
　　[남녀차별개선위원회 2003.6.16 결정 03남녀차별13](여성차별 불인정)
[66] 전문연구원 채용에서의 여성지원자 탈락
　　[남녀차별개선위원회 2003.3.24 결정 02남녀차별44](여성차별 불인정)
[67] 국립대 기능직공무원 채용에서의 여성지원자 탈락
　　[남녀차별개선위원회 2004.11.22 결정 04남녀차별54](여성차별 불인정)
[68] 보건소장 채용에서의 여성지원자 탈락
　　[남녀차별개선위원회 2002.3.4 결정 01고용35](여성차별 불인정)

모집·채용에서 여성지원자를 탈락시킨 조치를 여성차별로 보지 않은 5건의 결정례(남녀차별개선위원회 4건, 여성특별위원회 1건)는 탈락의 주요 요인이 여성지원자의 자격 또는 능력의 부족에 있으며, 성별(여성)이라고 볼 증거가 부족하다는 것을 이유로 제시하였다.

2-5 양성평등채용목표제의 적용

[69] 검찰사무직렬에 대한 양성평등채용목표제의 적용제외
  [국가인권위원회 2003.9.1 결정 자03진차10](여성차별 인정)
[70] 공립중등학교 교사임용후보자 선정 경쟁시험에 대한 양성평등채용목표제의 적용제외
  [헌법재판소 2006.5.25 선고 2005헌마362](남성차별 불인정)

정부는 여성이 공무원에 임용될 기회를 확대하기 위하여 1995년 12월 12일에 개정된 「공무원임용시험령」과 1996년 3월 23일 개정된 「지방공무원임용령」에 근거하여 한시적으로(1996년부터 2002년까지) 여성채용목표제를 실시하였다. 이 제도는 5급 행정고시와 외무고시, 7급 행정·공안직·외무행정직 등의 공개경쟁채용시험에서 여성합격자 수가 매년 책정되는 여성채용목표율(1996년 10% → 1997년 13% → 1998년 15% → 2000년 이후 20%)에 미치지 못하는 경우에 여성의 합격선을 일정하게 낮추어서 목표비율만큼 여성을 정원 외로 합격처리하는 방식으로 추진되었다. 이 제도의 실시는 1989년과 1991년에 여성공무원 성별분리채용제도의 폐지조치 및 1999년 12월의 제대군인가산제도의 폐지조치와 함께 여성의 공무원시험 응시자와 합격자 수를 크게 증가시켰다. 여성채용목표제는 여성채용목표비율이 미달하는 경우에 실시되고, 실시되더라도 여성을 정원 외로 추가합격시키므로 남성에게 합격이나 임용에 불이익을 주지 않는다.

그럼에도 여성채용목표제에 대해 남성에 대한 차별이라는 시비가 생기고, 더구나 매년 여성의 공무원시험 합격자가 여성채용목표제의 여성합격비율을

훨씬 상회할 정도로 증가하고 우수합격자도 크게 늘어나자 여성채용목표제의 지속 여부에 대한 논란이 발생했다.

한편, 여전히 부서나 직무, 직급에 따라 성비 불균형이 심한 현실을 개선하고 정책결정과정에 남녀가 함께 참여하여 성별에 따라 다른 경험과 가치관을 조화롭게 반영하여 정책을 수립·집행하도록 하기 위해 적극적 차별시정조치(남녀평등촉진조치)가 필요하다는 의견이 많았다. 이에 따라 2002년 12월 26일에 개정된 「공무원임용시험령」에 근거하여 2003년부터 2007년까지 한시적으로 일정한 공무원시험에 남성 또는 여성의 합격률이 일정비율(30%) 이하일 때 특정 성을 정원 외로 합격시켜 공직 내 양성의 평등을 제고하고, 직렬 또는 기관별로 최소한 일정비율의 성비균형을 맞추는 양성평등채용목표제가 실시되었다. 또한 행정안전부는 2008년부터 2012년 12월 31일까지 행정고등고시, 외무고등고시, 행정안전부가 실시하는 제한경쟁 특별채용시험 중 선발예정인원이 5명 이상인 시험단위를 대상(다만 검찰사무직렬·교정직렬·소년보호직렬은 제외)으로 하여 양성평등채용목표제의 시한을 연장하는 것을 포함한 「균형인사지침」을 2008년 6월 30일에 제정·발표하였다. 2009년 2월 6일 개정된 조항(제20조)은 "① 시험실시기관의 장은 여성과 남성의 평등과 공무원임용기회를 확대하기 위하여 필요하다고 인정하는 경우에는 제23조·제25조·제30조 및 제40조에도 불구하고 한시적으로 여성 또는 남성이 시험실시단계별로 선발예정인원의 일정비율 이상이 될 수 있도록 선발예정인원을 초과하여 여성 또는 남성을 합격시킬 수 있다."고 규정하였다.[6]

이러한 양성평등채용목표제의 적용범위에 관하여 2건의 결정례가 있다.

1) 검찰사무직렬에 대한 양성평등채용목표제의 적용제외

국가인권위원회[69]는 검찰사무직렬에 대한 적용제외조치는 차별행위라고 결정하였다.

---

6) 김엘림(2009), 192~193면.

국가인권위원회의 결정[69]요지

1) 검찰직원이 하는 업무 중에서 피의자 체포나 구속 등 신병확보업무에 어느 정도 물리력이 필요한 경우가 있을 것이나 그러한 업무에 언제나 물리력 행사가 따른다고 볼 근거가 없고, 그러한 업무를 여성 검찰사무직원이 담당하지 못한다고 볼 자료도 없으며, 일부 검찰청에서는 여성직원이 당직근무를 하고 있는 점 등에 비추어 검찰업무의 특성이 양성평등채용목표제 적용의 제외사유가 된다고 보기 어렵다.

2) 검찰사무직 여성직원의 비율이 가장 높은 9급의 경우에도 전체의 18.2% 수준에 머무르고, 7급의 경우 전체의 3.4%, 5급의 경우 한 명의 여성직원도 없는 실정에 비추어 보면 검찰사무직에 한시적으로 양성평등채용목표제를 적용한다고 해서 검찰사무직의 사기가 저하된다거나 검찰사무직의 인식이 폄하되는 결과를 초래한다고 보기 어렵고, 양성평등채용목표제는 목표인원에 미달하는 인원만큼 당초의 정원을 초과하여 어느 한 성을 추가선발하는 것이지 합격선에 든 다른 성의 합격자를 탈락시키는 것은 아니어서, 공개경쟁시험의 취지에서 벗어나는 것도 아니므로 양성평등채용목표제는 남녀평등을 촉진하기 위한 잠정적 조치로서 남녀차별로 볼 수 없다고 판단된다.

2) 공립중등학교 교사임용후보자 선정 경쟁시험에 대한 양성평등 채용목표제의 적용제외

반면, 헌법재판소[70]는 양성평등채용목표제를 실시하는 절차를 두고 있지 않은 진정입법부작위에 대한 헌법소원심판청구를 각하하였다.

 헌법재판소의 결정[70]요지

공립중등학교 교사는 법적으로 국가공무원의 일종인 교육공무원의 신분을 지니는데, 「교육공무원법」에 의하면 교사자격이 있는 자에게는 공개전형시험에서 자신의 능력을 실증함으로써 교사로 임용될 수 있는 균등한 기회가 부여되어야 한다. 다만, 「헌법」의 기본원리나 특정 조항에 비추어 능력주의원칙에 대한 예외를 인정할 수 있는 경우가 있다. 그러한 헌법원리로는 우리 「헌법」의 기본원리인 사회국가원리를 들 수 있고, 「헌법」조항으로는 여자·연소자근로의 보호를 규정하고 있는 「헌법」 제32조 제4항 등을 들 수 있다.

그런데 능력주의원칙의 예외로서 교육공무원의 임용 시에 여성과 남성의 평등한 임용기회를 보장하기 위하여 여성 또는 남성이 선발예정인원의 일정비율 이상이 될 수 있도록 하는 양성평등채용목표제를 실시하는 법률을 제정할 것을 입법자에게 입법위임을 하는 그러한 규정은 우리 「헌법」 어디에도 없다. 또한 「헌법」 해석상 그러한 법령을 제정하여 교육공무원 내 남녀의 성비가 균형을 이루도록 함으로써 양성의 평등을 제고하여야 할 입법자의 행위의무 내지 보호의무가 발생하였다고 볼 여지 또한 없다. 따라서 이 사건은 진정입법부작위에 대하여 헌법소원을 제기할 수 있는 경우에 해당하지 아니한다고 할 것이다.

3. 임금 관련

임금에 있어서 성차별과 관련한 판례·결정례는 34건(법원의 판례 23건, 남녀차별개선위원회의 결정례 5건, 국가인권위원회의 결정례 4건, 고용평등위원회·여성특별위원회의 결정례 각 1건)이 있다. 그중 30건이 2000년대에 있었고, 나머지 4건은 1990년대에 있었다. 성차별의 문제를 제기한 사람은 모두 여성이었는데 그중 여성차별을 인정한 판례와 결정례는 30건이다. 내역을 보면, 남녀동일가치노동·동일임금 관련이 23건으로 가장 많다. 그 다음이 임금체계의 남녀차등 관련 4건, 임금의 남녀차등지급 관련 4건, 출산휴가 사용에 따른 여성의 임금불이익 관련 3건이다.

3-1 남녀동일가치노동에 대한 동일임금지급

'남녀동일가치노동의 동일임금원칙'이란 서로 비교되는 남녀간의 노동이 동일하거나 거의 같은 성질인 노동 또는 두 업무가 다소 다르더라도 직무평가 등의 방법에 의해 본질적으로 동일한 가치가 있다고 인정되는 노동에 종사하는 경우, 사업주는 그 남성과 여성에 대하여 동일한 임금을 지급해야 한다는 임금지급의 기본원칙을 말한다. 임금에서의 평등대우를 구현하려는 법원칙은 동일한 노동에 종사하는 근로자에게는 동일한 임금이 지급되어야 한다는 '동일노동·동일임금원칙'으로 출발하였다. 그런데 성별에 따라 역할과 능력이 다르다고 보는 전통적 성별분업관 등에 의해 직무와 직종, 직급이 성별로 분리되어 있어 남녀가 동일노동에 종사하는 경우가 드문 노동현실상 '동일노동·동일임금원칙'은 남녀임금차별문제에 실제로 적용되기가 어려운 경우가 많다. 이러한 문제를 감안하여 동일임금의 지급대상을 동일한 노동뿐만 아니라 거의 차이가 없는 유사한 노동, 다르지만 동일한 가치가 있다고 평가되는 노동으로 확대함으로써 임금에서의 평등대우원칙을 보다 넓은 범위로 확장하고 실효화하고자 이 원칙이 생성되었다.

ILO가 1951년 6월에 채택한 「남녀동일가치노동에 대한 동일보수에 관한 협약」(제100호)을 비롯하여 여러 국제협약과 많은 국가의 법에서 이 원칙을 도입하고 있는데, 우리나라는 1989년 4월 1일에 개정된 「남녀고용평등법」에서 도입하였다.

현행 「남녀고용평등법」은 제8조(임금)에서 "① 사업주는 동일한 사업 내의 동일 가치 노동에 대하여는 동일한 임금을 지급하여야 한다. ② 동일 가치 노동의 기준은 직무 수행에서 요구되는 기술, 노력, 책임 및 작업 조건 등으로 하고, 사업주가 그 기준을 정할 때에는 제25조에 따른 노사협의회의 근로자를 대표하는 위원의 의견을 들어야 한다. ③ 사업주가 임금차별을 목적으로 설립한 별개의 사업은 동일한 사업으로 본다."고 규정하고 있다. 제8조 제1항을 위반하여 동일한 사업 내의 동일 가치의 노동에 대하여 동일한 임금을 지급하지 아니한 자는 3년 이하의 징역 또는 2천만 원 이하의 벌금에 처한다(제37조 제2항 제1호).

「남녀고용평등업무처리규정」(고용노동부 예규)은 제4조(동일가치노동 동일임금지급)에서 "① 법 제8조 제1항에서 동일가치노동이란 노동수행에서 요구되는 기술, 노력, 책임 및 작업조건 등의 기준에서 볼 때 서로 비교되는 남녀간의 노동이 동일하거나 거의 같은 성질인 노동 또는 두 업무가 다소 다르더라도 직무평가 등의 방법에 의해 본질적으로 동일한 가치가 있다고 인정되는 노동을 말한다. ② 법 제8조 제2항에서 직무수행에 요구되는 기술, 노력, 책임 및 작업조건 등은 다음 각 호와 같다. 1. 기술 : 자격증, 습득된 경험 등 업무수행능력 또는 솜씨의 객관적 수준 2. 노력 : 업무수행에 필요한 육체적 · 정신적 힘의 작용 3. 책임 : 업무에 내재된 의무의 성격 · 범위, 사업주가 당해 직무에 의존하는 정도 4. 작업조건 : 소음, 열, 물리적 · 화학적 위험의 정도 등 당해 업무에 종사하는 근로자가 통상적으로 처하는 작업환경 ③ 서로 비교되는 남녀간의 노동이 동일가치노동인지 여부를 판단할 때에는 법 제8조 제2항에 예시된 기술, 노력, 책임 및 작업조건 등의 기준 외에 해당 근로자의 학력 · 경력 · 근속연수 등을 종합적으로 고려하여야 한다."고 규정하고 있다.

그리고 동일가치노동에 대하여 동일임금을 지급하지 아니한 경우에 해당하는 행위를 다음과 같이 예시하고 있다(제4조 제4항).

1. 성별에 따라 일률적으로 책정된 일당을 적용하여 특정 성에게 낮은 임금을 지급하는 경우

2. 근로의 질 · 양 등에 관계없이 근로자에게 생활 보조적 · 후생적 금품(가족수당 · 교육수당 · 통근수당 · 김장수당 등. 단, 임금의 범주에 포함되는 것에 한함)을 지급함에 있어 성을 이유로 차별하는 경우

3. 기본급 · 호봉산정 · 승급 등에 있어서 성에 따라 그 기준을 달리 적용함으로써 임금을 차별하는 경우

4. 모성보호 등을 위하여 여성근로자에게 더 많은 비용이 지출된다는 이유로 여성의 임금을 낮게 책정하는 경우

5. 군복무자에 대하여 호봉을 가산하는 경우에 있어서 그 가산의 정도가 군복무기간을 상회하거나 병역면제자 또는 미필자인 남성에게도 호봉가산을 적용하여 지급하는 경우

6. 특정 성이 대다수인 직종의 임금을 합리적인 이유 없이 다른 직종보다 낮게 정하여 지급하는 경우

7. 그 밖에 합리적인 이유 없이 남녀를 차별하여 임금을 지급하는 경우

또한 임금지급에 있어 성차별행위로 보지 아니하는 경우에 관하여 다음과 같이 예시하고 있다.

1. 비교되는 남녀근로자가 동일하거나 비슷한 일을 하더라도 당해 근로자 사이의 학력 · 경력 · 근속연수 · 직급 등의 차이가 객관적 · 합리적인 기준으로 정립되어 임금이 차등지급되는 경우

2. 임금형태를 직무급 · 능률급 · 능력급 등으로 정하여 비교되는 남녀근로자 사이에 능력 또는 업적상의 격차가 구체적 · 객관적으로 존재함으로써 임금이 차등지급되는 경우

1) 환경미화원의 남녀임금차등

[71] 여성청소원과 남성방호직 사이의 임금차등
   [서울민사지방법원 서부지원 1991.6.27 선고 90가단7848](여성차별 불인정)
[72] 환경미화원의 남녀임금차등
   [인천지방법원 2012.8.16 선고 2011가합15717](여성차별 인정)

남녀동일가치노동 · 동일임금지급과 관련한 판례 · 결정례 23건 중에서 2건이 여성환경미화원(청소원)의 임금에 관한 것이다. 법원은 남성방호직을 비교대상으로 한 사건[71]에서는 여성차별을 불인정하였고, 남성환경미화원을 비교대상으로 한 사건[72]에서는 여성차별을 인정하였다.

(1) 여성청소원과 남성방호직 사이의 임금차등

우리나라 최초의 남녀동일가치노동 · 동일임금원칙에 관한 소송은 연세대의 여성일용직 청소원 3명이 같은 대학의 남성방호원과 동일가치노동을 함에도 불구하고 최저임금에도 미달하는 낮은 임금을 받았다며 그 차액을 청구하는 민사소송을 1990년 9월에 제기함으로써 이루어졌다.

서울민사지방법원 서부지원[71]은 주로 미국의 「동일임금법」과 관련 규칙을 참조하여 동일가치노동의 판단기준을 구체적으로 제시하였다. 1992년에 제정된 「남녀고용평등업무처리규정」(예규)은 이 판결이 판서한 동일가치노동의 판단요소를 반영하였다. 그럼에도 이 판결은 당해 사안을 판단함에 있어서는 그 판단기준에 따라 여성일용직 청소원들과 동일한 경력을 가지고 유사한 노동을 하고 있는 남성방호원들과 여성청소원들의 노동이 동일가치노동인가 아닌가를 분석하지 아니하고, 고용형태와 업무내용이 다르다는 것을 주된 판단이유로 제시하며 원고패소판결을 내렸다. 그리하여 이 판결은 사실상 동일노동 여부를 판단한 것이라 볼 수 있다.

서울민사지방법원 서부지원의 판결[71]요지

1) 피고법인의 방호원은 인사규정에 따라 총장이 임용하며 인사규정상의 제반 규정의 적용을 받는 정규직인 반면, 여자일용직 청소원은 피고법인의 정식직원이 아니고 임시직이다. 2) 방호원은 주, 야간을 불문하고 방호 등의 업무에 종사하고, 남자일용직 청소원은 주로 여자들에게는 부적합한 옥외청소, 세차, 야간경비, 도서관, 수영장 등의 관리업무에 종사한다. 반면, 여자일용직 청소원의 업무는 주로 건물 내의 청소에 국한된다. 3) 「남녀고용평등법」이 동일가치노동의 징표로 들고 있는 요소 중 '기술'은 자격증, 학위, 습득된 경험에 의한 능력을, '노력'은 육체적 및 정신적 노력, 작업수행과 관련된 물리적 및 정신적 긴장 즉 노동강도를, '책임'은 직업에 내재한 의무의 성격, 범위, 복잡성, 그리고 고용주가 피고용주에게 의지하는 정도를, '작업조건'이란 소음, 일, 물리적 위험, 고립, 추위의 물리적 환경을 각 의미한다. 4) 그러므로 피고법인의 일용직 청소원인 원고의 노동과 정식직원인 남자방호원의 노동은 그 담당하는 업무의 성질, 내용, 책임의 정도, 작업조건 등에 비추어 「남녀고용평등법」 제6조의2 제1항 소정의 동일가치노동에 해당된다고 볼 수 없다.

(2) 환경미화원의 성별임금차등

인천지방법원[72]은 인천국제공항 여객터미널의 환경미화업무를 수행하는 용역회사인 피고가 주간조 남성근로자에게 주간조 여성근로자보다 월 85,000원에서 월 90,000원, 야간조의 경우 월 40,000원의 급여를 더 지급한 조치에 대하여 동일가치의 노동에 대하여 성별을 이유로 원고들에게 동일한 임금을 지급하지 않았다고 판결하였다. 이 판결은 생산직의 남녀임금차등에 관한 한길사사건에 대한 판결[대법원 2003.3.14 선고 2002도3883]의 논지를 인용하였다.

 인천지방법원의 판결[72]요지

높은 지역에서 이루어지는 작업, 환경미화용품 운반 등에 있어서 남녀근로자들의 업무분담에 어느 정도 차이가 있다고 보이지만, 관련 증거를 종합하면, 1) 과업내용서상 업무의 내용과 투입인원의 자격 및 관리기준, 업무분담에 있어 남녀간의 구분이 전혀 없는 점, 2) 남녀근로자가 대부분 함께 환경미화작업을 하고 있어 '작업환경'에 별다른 차이가 있다고 볼 수 없는 점, 3) 신규 근로자를 채용할 때 특별한 기준이나 자격을 요구하지 않았고 신체건강한 자를 채용조건으로 하고 있으며 달리 위 여객터미널에서 남성근로자의 작업이 일반적인 환경미화원에 비하여 특별히 고도의 기술이나 노동강도를 요한다고 인정할 만한 자료가 없으므로 남녀간 임금의 차별지급을 정당화할 정도로 '기술'과 '노력'상의 차이가 있다고 볼 수는 없는 점, 4) '기술'과 '노력' 면에서 임금차별을 정당화할 만한 실질적 차이가 없는 한 체력이 우세한 남자가 여자에 비하여 더 많은 체력을 요하는 노동을 한다든가 여자보다 남자에게 적합한 기계작동 관련 노동을 한다는 점만으로는 남성근로자에게 더 높은 임금을 주는 것은 정당화되지 않는 점 등의 사정에 비추어 보면, 피고회사의 주간조(오후조) 남녀근로자들 사이에 위 업무분담 차이에도 불구하고 그 임금격차가 직무수행에 요구되는 기술, 노력, 책임, 작업조건의 차이, 근로자의 학력·경력·근속연수 등의 차이 등에 따른 것으로 볼 수 없고, 달리 이를 인정할 만한 증거가 없으므로, 피고는 동일가치의 노동에 대하여 성별을 이유로 원고들에게 동일한 임금을 지급하지 않았다.

2) 생산직의 남녀임금차등

남녀동일가치노동·동일임금지급과 관련한 판례·결정례 23건 중에서 21건
(8종)이 생산직의 남녀임금차등사건에 관한 것이다.

(1) 성별 임금책정과 직무분리에 따른 임금차등

[73] [수원지방법원 평택지원 2001.9.23 선고 1997고단1484](여성차별 인정)
[74] [수원지방법원 2002.7.11 선고 2001노3321](여성차별 불인정)
[75] [대법원 2003.3.14 선고 2002도3883](여성차별 인정)

수원지방법원 평택지원[73]은 취업규칙에 "종업원에 대한 임금은 성별, 학
력, 연령, 경력, 기술 정도에 따라 결정한다."라는 조항을 두고 성별에 따라
일률적으로 책정된 일당을 적용하여 여성에게 남성보다 낮게 지급한 피고회
사(타일제조공장 한길사)를 여성근로자들이 고소한 사건에 대하여 「남녀고용
평등법」 제8조의 위반죄를 인정하였다. 그런데 수원지방법원[74]은 항소심에
서 다음과 같은 논지로 사업주에 대하여 무죄를 선고하였다.

 수원지방법원의 판결[74]요지

각 공정 중 여성들이 담당한 업무는 특별한 기술이나 숙련도, 체력을 요하지 아
니하는 업무인 반면, 남성들이 담당한 업무는 무거운 기계나 원료를 운반, 투입
하여야 하는 체력을 필요로 하는 업무이거나, 기계에 대한 숙련도와 전문적인
기술을 요하는 업무이다. 그러므로 여성과 남성의 노동은 그 담당하는 업무의
성질, 내용, 기술, 노력, 책임의 정도, 작업조건 등에 비추어 볼 때 '동일가치의
노동'에 해당된다고 볼 수 없다.

대법원[75]은 원고인 여성근로자들이 제기한 상고심에서 원심판결 중 무죄
부분을 파기하고, 이 부분 사건을 수원지방법원 본원 합의부에 환송한다는

판결을 내렸다.

 대법원의 판결[75]요지

1) '동일가치의 노동'이라 함은 당해 사업장 내의 서로 비교되는 남녀간의 노동이 동일하거나 실질적으로 거의 같은 성질의 노동 또는 그 직무가 다소 다르더라도 객관적인 직무평가 등에 의하여 본질적으로 동일한 가치가 있다고 인정되는 노동에 해당하는 것을 말하고, 동일가치의 노동인지 여부는 같은 조 제2항 소정의, 직무수행에서 요구되는 기술, 노력, 책임 및 작업조건을 비롯하여 근로자의 학력 · 경력 · 근속연수 등의 기준을 종합적으로 고려하여 판단하여야 하며, '기술, 노력, 책임 및 작업조건'은 당해 직무가 요구하는 내용에 관한 것으로서, '기술'은 자격증, 학위, 습득된 경험 등에 의한 직무수행능력 또는 솜씨의 객관적 수준을, '노력'은 육체적 및 정신적 노력, 작업수행에 필요한 물리적 및 정신적 긴장, 즉 노동강도를, '책임'은 업무에 내재한 의무의 성격 · 범위 · 복잡성, 사업주가 당해 직무에 의존하는 정도를, '작업조건'은 소음, 열, 물리적 · 화학적 위험, 고립, 추위 또는 더위의 정도 등 당해 업무에 종사하는 근로자가 통상적으로 처하는 물리적 작업환경을 말한다.

2) 회사는 제정된 취업규칙 제53조에서 "종업원에 대한 임금은 성별, 학력, 연령, 경력, 기술정도에 따라 결정한다."고 규정하고 있어 성별을 임금결정의 중요한 기준으로 삼아 왔다. 실제로 일용직 근로자를 신규채용함에 있어 취업규칙에 근거하여 학력, 경력, 기술 등 다른 기준에서 별다른 차이가 없는 남녀근로자에 대하여 성별에 따라 미리 일률적으로 책정된 일당을 적용하여 남자보다 여자의 임금을 낮게 정하였다.

3) 소외 회사의 공정 구분 및 남녀직원 배치에 관한 원심의 사실인정이 정당한 것인가 자체가 의심스럽다. 공정 구분과 남녀직원 배치에 관한 원심의 사실인정을 수긍한다고 하더라도, 소외 회사의 신규채용 일용직 근로자의 경우, 남녀 모두 하나의 공장 안에서의 연속된 작업공정에 배치되어 협동체로서 함께 근무하고 있고 공정에 따라 위험도나 작업환경에 별다른 차이가 있다고 볼 수 없어 그 '작업조건'이 본질적으로 다르다고 할 수는 없다.

4) 이들은 모두 일용직 근로자로서 그 '책임'의 면에서 별다른 차이가 있다고 보기도 어렵다.

5) 일반적으로 '기술'과 '노력'의 면에서 임금차별을 정당화할 만한 실질적 차이가 없는 한 체력이 우세한 남자가 여자에 비하여 더 많은 체력을 요하는 노동을 한다든가 여자보다 남자에게 적합한 기계작동 관련 노동을 한다는 점만으로 남자근로자에게 더 높은 임금을 주는 것이 정당화되지는 않는다. 그런데 소외 회사의 공장의 경우에 남녀근로자가 하는 작업이 작업의 성격이나 기계작동의 유무의 면에서 다소의 차이가 있고, 작업공정에 따라서는 남자근로자가 무거운 물건을 운반하고 취급하는 등 여자근로자에 비하여 더 많은 체력을 소모하는 노동에 종사한 것이 사실이다. 그러나 그렇다고 하여 남자근로자의 작업이 일반적인 생산직근로자에 비하여 특별히 고도의 노동강도를 요하는 것이었다든가 신규채용되는 남자근로자에게 기계작동을 위한 특별한 기술이나 경험이 요구되었던 것은 아닌 것으로 보이므로, 원심 인정과 같은 정도의 차이만으로 남녀간 임금의 차별지급을 정당화할 정도로 '기술'과 '노력'상의 차이가 있다고 볼 수는 없다.

6) 그렇다면 이 사건 사업장 내에서 일용직 남녀근로자들이 하는 일에 다소간의 차이가 있기는 하지만 그것이 임금의 결정에 있어서 차등을 둘 만큼 실질적으로 중요한 차이라고 보기는 어려우므로, 그들은 실질적으로는 거의 같은 성질의 노동에 종사하고 있다고 봄이 상당하다. 따라서 남녀근로자 사이의 임금차별이 합리적인 기준에 근거한 것임을 알아볼 수 있는 자료가 없는 이상, 소외 회사는 임금책정에 있어 성에 따라 그 기준을 달리 적용함으로써 여자근로자에게 동일가치의 노동에 종사하는 남자근로자보다 적은 임금을 지급한 것이라고 보아야 할 것이다.

7) 그럼에도 원심은 그 판시와 같은 이유만으로 이 사건 사업장 내 남녀근로자의 일이 동일가치의 노동이라고 볼 수 없다고 판단하였으니, 거기에는 동일가치노동에 관한 법리를 오해하여 판결에 영향을 미친 위법이 있다고 할 것이다.

이 대법원 판결은 동일가치노동·동일임금원칙에 관한 규정을 적용하여 우리나라 최초로 남녀임금차별을 인정한 의의가 있다. 대법원의 판결은 「남녀고용평등업무처리규정」 제5조 제1항부터 제3항까지의 규정을 그대로 인용하여 동일가치노동의 정의와 판단기준을 제시하였다.

그런데 구미제국의 직무평가에서 문제로 가장 많이 지적되는 것이 남성이 통상 수행하는 직무, 즉 육체적 노동이나 기계작동 등의 업무를 과대평가하고 여성이 수행하는 직무를 과소평가하여 결과적으로 성차별적 임금을 정당화하는 경우인데, 이 판결은 이러한 점을 고려하여 임금차별을 정당화할 만한 실질적 차이가 없는 남녀간의 업무차이에 따른 임금차등을 차별로 해석한 의의가 있다. 즉, 이 판결은 성차별적 통념에 의해 남성의 직무를 여성의 것보다 더 많은 기술·노력이 필요한 것으로 평가하여 성차별의 결과를 초래할 수 있는 가능성을 고려하여, 남녀간에 직무가 다르더라도 임금차별이 인정되는 경우를 매우 제한함으로써, 동일가치노동 여부를 판단하는 모형을 제시하였다는 데 그 의의가 있다.

그러나 이 판결은 남녀의 다른 직무에 대해 동일가치노동 여부를 판단하면서 분석근거를 정밀하게 제시하거나 직무평가방법을 실시한 결과에 기초를 두지 않아 그 판단의 적절성에 관한 논란의 여지를 남기고 있다.[7]

(2) 유사한 업무를 하는 남녀근로자의 기본급차등

[76] [국가인권위원회 2007.10.8 결정 07진차232](여성차별 인정)
[77] [서울행정법원 2008.6.12 선고 2007구합45057](여성차별 인정)
[78] [서울고등법원 2009.5.28 선고 2008누17631](여성차별 인정)
[79] [서울형사지방법원 2010.2.11 선고 2009노1951](여성차별 인정)

8명의 여성근로자들은 2002년부터 2005년 사이에 전자부품 조립회사인 기

---

7) 우리나라와 유사한 상황에 있는 일본의 경우를 보면, 교토지방법원(2001.9.20 선고)은 남녀간의 직종이 다른 직무에 대하여 동일가치노동 여부가 다툼이 된 사건에서, 분석적 직무평가방법을 전문가인 대학교수에게 의뢰하였다. 그리하여 그 교수가 모든 직무에 대하여 그 내용을 정확하게 서술한 직무기술서를 작성하고 각 직무의 ① 지식, ② 기능, ③ 책임, ④ 정신적인 부담과 피로도를 주요 비교항목으로 설정하여 중요도에 따라 점수를 부과하여 작성한 감정의견서(원고제출증거)와 피고회사의 관리직의 증언, 원고본인심문 등에 기초를 두어 원고와 비교대상자의 직무의 가치에 특별한 차이가 없다고 판정하였다(中村和雄(2001), "同一價値勞動 同一賃金原則の確立に向けて 一步 前進", 『勞働法律旬報』 第1517卷, 94~95면).

룽전자에서 계약직으로 근무하였는데 당시 동일 신분으로서 동종 업무를 하던 남성계약직 근로자에 비해 낮은 임금을 받았는 바 이는 평등권침해의 차별행위라고 국가인권위원회에 진정하였다.

국가인권위원회[76]는 진정인들이 2005년 8월경 모두 해고되었고 이후 회사가 생산업무 일체를 외부 업체에 맡겨 생산직 근로자가 존재하지 않게 되어 정책과 관행의 개선을 권고하기에 부적절한 경우로 판단하여 피진정인(대표이사)에게 진정인들에 대하여 임금조건에서 남성근로자에 비해 불리한 차별대우를 한 것에 대한 손해를 배상할 것을 권고하였다. 이 결정례는 양성평등의 의미와 차별의 예외가 되는 '합리적 이유'의 유무에 대한 판단기준을 제시하였다. 또한 2003년의 대법원 판결[75]과 유사한 논리로 남녀동일가치노동·동일임금원칙에 위반됨을 인정하였다.

 국가인권위원회의 결정[76]요지

1) 검토기준

양성평등이란 「헌법」과 「국제인권법」이 보장하고 있는 평등권에 기초하여 여성 또는 남성이 단지 성별이 다르다는 이유만으로 차별과 폭력, 소외를 당하지 않고 인간으로서의 존엄과 권리 및 자유를 동등하게 보장받는 한편, 개성과 성별에 따른 고유한 특성을 인정받으며 가정과 사회에 동등하게 참여하고 책임을 분담하는 것을 의미한다. 「국가인권위원회법」 제2조 제4호는 합리적인 이유 없이 특정한 사람에 대하여 우대·배제·구별하거나 불리하게 대우하는 행위를 평등권침해의 차별행위로 규정하고 있다. 이때 '합리적인 사유'라 함은 특정한 직무나 업무를 수행하는 데 있어 그 개인이 가진 속성이 직무를 수행하는 데 반드시 필요하다는 것을 입증하는 경우나 특정 소수자 집단을 우대하는 적극적인 조치 등을 말한다. 개인이나 집단의 특정한 속성이 어떤 직무를 수행하기에 반드시 필요한 조건임을 입증하지 못할 경우에는 합리적인 이유가 없다고 판단한다.

2) 이 사건 임금격차가 차별행위에 해당하는지 여부

이 사건의 계약직으로 근무한 여성근로자들이 동일한 신분으로 근무하였던 남성근로자들과 비교하여 성별을 이유로 차별받았는지 여부를 판단하기 위해서는, 해당 남녀근로자들이 동일한 노동 또는 동일한 가치로 평가받을 수 있는 노동을 수행하였는지 여부 및 노동의 질과 양이 동일함에도 피진정인이 임금을 지급함에 있어 여성근로자를 달리 대우할 합리적인 이유가 있었는지 여부를 살펴야 할 것이다. 그런데 제품의 생산단계에서 여성 또는 남성만이 할 수 있는 업무의 특성이 발견되지 아니하였고, 실제로 조립 및 포장 등 생산업무 또한 각 근로자에게 고유한 업무가 지정된 것이 아니라 제품의 생산 및 반품 정도, 결원 등 상황에 따라 성별 및 고용형태의 구분 없이 자유롭게 근로자를 배치하여 왔음이 인정된다. 피진정인 또한 근로자채용 시 업무나 공정에 따른 남녀 구분에 대하여 명시하지 않고 근로자를 채용하였으며, 남녀근로자는 연속된 작업공정에서 각 단계에 배치되어 조립부터 포장, 상차까지 협동체로서 동일한 업무를 수행한 것으로 인정된다. …… 설사 피진정인의 주장대로 여성근로자들은 주로 조립업무를, 남성근로자들은 주로 상차업무를 담당하였다 하더라도 그것만으로써 남녀근로자들을 달리 대우할 합리적 이유가 되지 못하는 바, 이들은 모두 계약직 근로자로서 책임의 면에서 별다른 차이가 없고, 남녀근로자가 하나의 라인에서 연속된 작업공정에 배치되어 협동체로서 근무했으므로 작업조건이 본질적으로 다르다고도 할 수 없으며 단순한 근력을 필요로 하는 상차업무가 섬세함과 집중력, 습득된 경험을 필요로 하는 조립업무에 비해 더 높은 임금을 지급해야 할 만큼의 많은 노력과 높은 기술을 요한다고도 볼 수 없다.

회사는 국가인권위원회의 손해배상권고의 취소를 구하는 행정소송을 제기하였으나 서울행정법원[77]이 기각하자 항소하였고 서울고등법원[78]도 이 항소를 기각하였다. 국가인권위원회의 결정례와 법원의 판례들은 노력과 기술의 측면에서 동일가치노동 여부를 판단하면서 섬세함과 집중력, 경험을 근력만큼 중요한 요소임을 분명히 하여 성인지적 관점에서 직무가치를 평가해야 함을 명시했다는 점에서 높이 평가할 수 있다.[8]

그 후 근로자들은 회사를 「남녀고용평등법」 위반으로 고소하여 회사는 서울형사지방법원[79]으로부터 유죄판결을 받았다.

---

8) 구미영(2013), "한국의 임금차별 관련 판례의 동향", 『한·일 임금차별사건 판례의 동향과 평가』(한일 여성노동 포럼자료집), 29면.

서울행정법원의 판결요지

진정인들과 이○○(남성근로자)은 원고 회사의 생산직 근로자로서 연속된 작업 공정의 각 단계에 배치되어 협동체로서 육체적, 정신적 부담이 거의 비슷한 일련의 업무를 수행한 것으로 봄이 상당하고, 달리 이○○이 진정인들에 비해 기본급을 더 지급받을 합리적 이유를 인정할 만한 증거가 없다.

(3) 남성정규직과 여성비정규직의 임금차등

[80] [서울남부지방법원 2008.7.2 선고 2007가단16179](여성차별 불인정)
[81] [서울고등법원 2010.10.29 선고 2009나41184](여성차별 불인정)

원고들(2명의 여성근로자)은 소성실 전기로를 관리하는 남성, 정규직 사원들과 '동일가치노동'을 수행함에도 단지 여성, 비정규직(시간제)이라는 이유로 피고(한국TDK)로부터 임금에서 불법한 차별을 받아 왔으므로 피고는 원고들에게 2004.3.1~2007.12. 차액으로 청구취지 상당 금액을 지급하여야 한다며 소송을 제기하였다.

서울남부지방법원[80]은 동일가치노동에 대한 대법원 판결[2003.3.14 선고 2002도3883]의 해석을 인용하면서 이 사건의 원고들과 소성부에 근무하는 남자정규직은 책임과 노력면에서 동일가치노동으로 볼 수 없다며 원고의 청구를 기각하는 판결을 내렸다.

 서울남부지방법원의 판결[80]요지

1) 작업조건에서, 피고는 전기로가 1천 도가 넘는 고온으로 가동되고 수리 시 화상의 위험성도 있다는 점을 드나 현장검증 결과에 변론의 전체 취지를 종합하면 원고들도 정렬 제품의 운반을 위해 수시로 드나들며, 남자직원들은 별도로 소성실 내 사무실 냉방구역에서 휴식을 취할 수 있는 점에서 작업조건의 차이

는 인정하기 어렵다.

2) 또한 기술에서, 피고는 전기로 관리작업이 공업고 혹은 동등 이상 학력을 필요로 하는 업무인 반면 원고들 작업은 주부사원으로 족한 작업이라며 기술의 차이를 주장하나 남자직원들 중 관련 공업고 출신은 2명에 불과한 점, 전기로 설정 온도는 외부에서 주어지고 현장검증 결과에 변론의 전체 취지를 종합하면 전기로 온도 설정작업은 소성실 배치 후 현장교육으로 충분하고 사전에 자격, 학위, 경험을 필요로 하는 것으로는 보이지 않는 점에서 기술의 차이는 인정할 것이 없다.

3) 그러나 책임에서, 원고들과 남자직원들이 직제상 같은 소성계(혹은 제조3계)에 배치되었고, 원고들이 이 사건 소송으로 문제삼기 이전에는 남자직원들도 정렬작업을 하는 등으로 일부 중복된 일을 하였다는 점을 들어 원고들은 비교 대상 남자직원들과 사실상 동일한 업무를 하였으나 일부 작업만 구분되었다고 주장한다. 그러나 원고들의 정렬작업과 남자직원들의 전기로 관리작업은 각기 본연의 업무로 보이는 점, 원고들은 남자직원들이 전담하는 온도 관리업무에 관여한 적은 전혀 없는 점, 남자직원들이 원고들의 정렬업무를 수시로 동참할 수 있었던 것은 유휴시간을 이용한, 전기로 가동률을 높이기 위한, 정렬실 여자직원들을 위한 호의적인 업무로 보이는 점, 원래 정렬실 작업자가 아닌 남자직원들도 원고들 업무를 할 수 있었다는 점은 원고들 업무를 단순노동으로 볼 여지가 있는 점, 소성실 전기로 온도관리가 잘못될 경우 당해 전기로에 투입된 모든 제품이 손상되는 반면에 원고들의 정렬업무가 초래하는 위험은 당장에 정렬작업 중인 소량의 수량에 불과한 점, 남자직원들의 전기로 작업은 모든 제품을 대상으로 하고, 품목별 설정 온도는 영업비밀로서 관리되는 반면 원고들의 정렬작업은 수취기로 자동정렬이 안 되는 전체 20~25%가량의 제품만을 대상으로 하는 점 등을 종합하면, 원고들과 전기로 관리 남자직원들의 업무는 책임이 다르다고 할 것이다.

4) 노력에서, 남자직원들의 작업인 전기로 1회 공정은 12시간가량의 장시간이고 오작동이 일어나는 경우 이러한 긴 공정이 허사가 될 뿐 아니라 물량손실도 크며, 24시 3교대 체제로 업무 인수인계가 필요한 점에서 원고들 업무와 정신적 노력과 긴장의 차이를 인정할 수 있다.

원고들은 서울고등법원에 항소를 제기하면서 비교대상을 소성부 남자직원 뿐 아니라 포장부 남자직원도 포함시키고 이들과 동일가치노동 내지 동종 또는 유사한 업무를 수행하였음에도 불구하고 여성이고 시간제라는 이유만으로 임금차별을 받고 있다고 주장하였다.

서울고등법원[81]은 원고와 소성부 남자직원들의 노동에 대하여 원심[80]과 같은 이유로 동일가치노동을 인정하지 않았다. 또한 포장부 남성근로자의 직무도 여성근로자의 직무와 동일한 가치가 아니라고 판단하였다. 포장업무의 내용에 비추어 기술, 노력의 측면에서 다르다고 볼 수 없다고 하였으나 포장업무가 출하 시까지 운반, 적재 확인 등의 일련의 업무를 모두 수행하기 때문에 중간작업에 불과한 원고의 업무와 책임의 측면에서 다르다고 하였다. 또한 원고의 업무와 포장부 남자직원의 업무는 그 내용이 전혀 다르므로 작업조건의 측면에서도 다르다고 볼 수 있다고 하였다. 또한 '시간제 주부사원으로 근무하고 있는 점과 동일한 근속의 남성 임금의 82.33% 내지 85.53%에 달하는 점'을 종합했을 때 불합리한 임금차별로 볼 수 없다고 하였다.

그런데 고등법원[81]은 책임과 작업조건이 남녀근로자 사이에 얼마나 차이가 있는지, 그 차이에 상응하여 여성근로자의 임금이 남성근로자의 임금에 비해 적게 지급된 것인지에 관한 구체적인 분석결과를 제시하지 않았다. 또한 남녀임금격차가 왜 불합리한 임금차별로 볼 수 없다는 것인지에 대한 구체적 이유도 제시하지 않았다.[9] 고등법원의 판결에 원고들은 대법원에 상고하였고, 현재 상고심에 계류 중이다.

(4) 성별 직종과 직무 분리채용에 따른 남녀임금차등

[82] [국가인권위원회 2008.10.27 결정 07진차981](여성차별 인정)
[83] [울산지방법원 2009.2.19 선고 2007가단22834](여성차별 불인정)
[84] [부산고등법원 2010.1.27 선고 2009나4947](여성차별 불인정)

국가인권위원회[82]는 효성회사(울산의 화학섬유업체)의 5급 생산직 여성근로자들이 5급 기능직 남성근로자들과 동일한 자격증, 학력, 기술자격요건으

---

9) 구미영(2013), 30~31면.

로 입사하였고, 근무형태는 조금씩 다르나 동일 또는 유사한 노동을 하고 있음에도, 회사가 남성근로자는 기능직 호봉으로, 여성근로자는 생산직 호봉으로 지급하는 사실상 남녀분리호봉제를 실시함으로써, 피해자들에게 남성근로자에 비해 25~40% 정도 낮은 임금을 지급하고 있다며 이러한 성별을 이유로 한 차별행위로 인해 지급받지 못한 임금 및 상여금 상당액을 지급함과 더불어 남녀분리호봉제를 단일호봉제로 전환하는 등 차별행위를 시정해야 한다고 진정한 사건에서 차별을 인정하였다. 그리고 피진정인에게 생산직, 기능직에 따라 분리한 호봉제에 대하여 성차별이 해소될 수 있는 방향으로 개선할 것, 생산직과 기능직 채용에서 성별에 따라 분리하여 채용하지 않을 것과 아울러 피해자들에게 차별로 인해 미지급된 임금을 지급할 것을 권고하였다.

 국가인권위원회의 결정[82]요지

1) 성차별은 성별을 이유로 하여 비교대상자에 비해 불리한 대우가 이루어지고 그러한 조치에 합리적인 이유가 없는 경우를 의미한다. 규정 또는 문서에 성별을 명시적인 구분사유로 둔 경우뿐 아니라 명시적이지 않은 경우라 하더라도 실질적으로 성을 구분사유로 삼은 경우에는 성별을 이유로 처우를 달리하였다고 볼 것이다. 이 사건에서 생산직에는 모두 여성만이, 기능직에는 모두 남성만이 채용, 배치되었고, 생산직과 기능직 사이에 전보, 배치전환은 이루어지지 않았으며, 생산직의 경우에는 가장으로서의 급여수준이 아닌 저임금으로 책정되었다는 진술 등을 종합할 때 생산직은 사실상 여성 전용직종으로 취급되었다고 할 수 있다. 따라서 생산직에 대하여 기능직과 호봉표를 달리 정한 이 사건은 생산직이라는 여성 전용직종에 대하여 달리 대우한 행위이다.

2) 성차별에 해당하는지 여부 : 이 사건 피해자들과 기능직근로자들은 채용 시 달리 자격증 또는 직무기술을 요구받지 않았으며, 채용 이후에도 배치에 앞서 별도의 능력테스트를 거치지 않았다. 그럼에도 여성은 전원 생산직에, 남성은 전원 기능직에 배치되었으며, 이후 직무교육 및 훈련이 현장훈련(OJT, On The Job Training)을 통해 이루어짐으로써 생산직과 기능직으로의 배치는 교육·훈

련에서의 차이로 이어졌다. 결국 이 사건 피해자들은 채용 및 배치에서 구분되었으며 교육 및 훈련에서도 배제된 결과 임금차별은 더욱 견고하게 되었다. 특정 성만을 채용하고 배치하더라도 직무의 진정직업자격이 인정되거나 합리적인 이유가 있는 경우에는 성차별에 해당하지 않으므로 이를 살펴본다. 피진정인은 기능적 업무가 피해자들이 여성이므로 수행하기 어려운 직무라고 주장하고 있으나, 기능직에 남성만을 채용하기 위해서는 기능적 업무를 수행함에 있어 남성이라는 조건이 진정직업자격에 해당함을 보여야 하나 이러한 증거는 확인되지 않는다. 또한 기능직 내에서도 업무의 난이도에 차이가 있으므로 모든 기능직근로자가 여성이 수행하기 어려운 정도로 육체적인 노력이 필요한 업무를 수행하고 있는 것은 아니다. 그럼에도 여성을 기능직에서 배제하는 방식으로 이루어진 채용, 배치, 교육 및 훈련과 그로 인해 심화된 임금차별은 성차별에 해당한다.

3) 피진정회사는 피해자들과 기능직근로자들이 동일가치노동이 아니며 기능직 직무가 더 가치 있는 직무이므로 임금차이에 합리적인 이유가 있다고 주장하고 있다. 그러나 회사의 임금형태는 직무급이라기보다 오히려 연공급의 성격이 강하며 따라서 피해자와 기능직근로자의 임금차액을 비교함에 있어 동일가치노동인지 여부는 중요한 판단기준이 아니다. 연공급의 경우 동일가치노동인지 여부보다 동일 또는 유사한 근속연수 근로자의 임금과 비교하여 임금차별을 비교하는 것이 더욱 적절하다. 그럼에도 피진정회사의 주장에 따라 피해자들과 기능직근로자들의 동일가치노동 여부를 살펴보면, 기능직근로자들이 육체적인 힘을 더 사용하거나 중합, 방사 등 난이도가 높은 업무를 수행하고 있다는 점을 인정하더라도 모든 기능직근로자가 이처럼 난이도가 높고 어려운 직무를 수행하고 있지는 않으며, 피해자들의 경우 리와인더를 기준으로 보면 근무시간 동안 오전과 오후에 각 20분을 제외하면 직립상태로 지속적인 근무를 수행하는 다른 측면의 노력을 기울이고 있음을 확인할 수 있다. 기술은 입사 시에 동일하였으며 차이가 발생하였다면 이는 직무 훈련과정에서 습득된 것이므로 배치 및 훈련에서의 배제에 기인한 측면이 있다. 책임은 조장 또는 반장이 아닌 일반조원의 경우에는 생산직과 기능직의 책임의 정도를 달리 판단할 이유가 없다. 작업조건의 경우 방사, 중합 등 매우 어려운 작업환경에서 근무하고 있는 기능직이 있으나, 이들은 기능직 중에서도 대체로 10~15년 이상의 경력자들이며 모든

기능직의 작업조건이 이와 같지는 않다. 결론적으로 생산직과 기능직은 피진정회사에서 통일체로 일련의 공정을 담당하여 근무하여 왔으며, 현재는 리와인더 등 여성만이 근무하는 공정이 있으나, 2006.6. 이전까지는 투포원 연사기, 슐저 제작 등에서 생산직과 기능직이 혼재된 상태로 근무해 온 과거로부터의 흐름을 고려하면, 동일가치노동이 아니라는 피진정회사의 주장은 수용하기 어렵다.

그런데 회사가 법원에 국가인권위원회의 권고를 취소하는 소송을 제기하자 울산지방법원[83]과 부산고등법원[84]은 이 사건 회사의 남성기능직들이 하는 방사 및 중합공정이 다른 공정에 비하여 기술, 노력, 작업환경의 측면에서 직무가치가 더 크므로 생산직과 기능직의 직무가치가 동일하지 않다는 판단을 하였다. 이 판결들은 직무가치의 비교대상 설정을 쟁점으로 다룬 최초의 판결이라는 점에서 특징적이다.

울산지방법원의 판결[83]요지

1) 비교의 대상
남녀가 하는 노동이 동일가치를 가지는지 여부는 대상이 되는 노동의 비교를 통해서 알 수 있는데, 「남녀고용평등법」은 동일가치노동의 비교범위를 동일사업장으로 한정하고 있고 이 사건에서 기능직 남성근로자는 각 공정에 전환배치 되고 있으므로 중합, 방사, 권취, 연사, 제직공정에서 기능직의 노동과 원고들이 근무한 제직 또는 연사리와인딩공정에서 생산직의 노동을 비교하여 그 동일가치 여부를 판단할 수 있고, 원고들이 근무한 제직공정과 연사공정 내의 기능직 남성근로자의 노동에 비교대상을 한정할 수는 없다.

2) 공정별 노동의 비교 및 판단
피고회사의 화학섬유 생산공정은 생산용 기계와 장비를 관리하고 각 기계를 점검하는 작업이 주종을 이루고 작업기계의 성격상 고온, 고소음의 작업장에서 장시간 상당한 주의력을 가지고 기계를 관리할 것이 요구되고 기계관리에 상당한 노동력을 필요로 하므로 노동집약적 성격이 강하다고 할 것이다. 피고회사의

○○공장에서 일하는 기능직근로자와 원고들을 포함한 생산직근로자들의 노동의 차이가 그 임금차이를 정당화할 수 있을 정도로 기술, 노력, 책임, 작업조건의 면에서 차이가 있는지 살펴보면, 제직공정 내의 생산직과 기능직은 책임의 측면에서, 연사공정과 연사리와인딩공정은 책임과 작업조건의 측면에서 동일가치라고 평가하기 어려울 뿐 아니라, 전체 공정 중 중합·방사·권취·연사 공정의 작업조건 측면에서의 기능직근로자들의 노동가치 등을 고려하면 기능직근로자들의 노동가치가 나타내는 스펙트럼과 원고들이 속한 생산직근로자들의 노동가치 스펙트럼이 동일하다고 할 수는 없으며 이러한 차이는 상이한 임금을 지급하는 피고회사의 조치를 정당화할 수 있을 정도라 할 것이므로 원고들의 노동과 기능직 남성근로자들의 노동이 동일가치임을 전제로 한 원고들의 주장은 이유 없다.

(5) 동일가치노동을 수행한 남녀근로자 사이의 임금격차

[85] [광주지방법원 2002.1.9 선고 2001고단2938](여성차별 인정)

광주지방법원[85]은 동일사업장 내 남성근로자와 동일가치노동을 수행하고 있는 여성근로자에 대하여 정당한 사유 없이 임금을 적게 지급하고 「근로기준법」의 여성야간근로 제한규정과 여성시간외근로시간 제한규정을 위반한 사업주와 사용자에 대하여 각 징역 1년 및 벌금 50만 원에 처하되 2년간 집행을 유예하는 판결을 내렸다.[10]

(6) 남녀동일가치노동·동일임금원칙의 위반죄

[86] [대전지방법원 논산지원 2008.8.8 선고 2007고단731](여성차별 인정)
[87] [대전지방법원 2008.10.10 선고 2008노2053](여성차별 인정)
[88] [대법원 2009.5.14 선고 2009도9909](상고기각)(여성차별 인정)

---

10) 박선영 외(2012), 15면.

피고회사(콜텍)는 악기와 관련 제품의 제조·판매를 주된 영업으로 하다가 2007년 10월에 폐업하고 국내에 본사 영업부만 남겨둔 채 중국으로 사업체를 이전하여 동일한 상표로 제품을 만들어 국내에 판매하고 있다.

원고들은 이 회사의 대전공장에서 근무하다 회사의 폐업으로 정리해고당한 여성근로자들이다. 원고들은 회사에 대하여 위장폐업에 따른 부당해고 원직복직투쟁을 하는 한편, 임금정책기준과 관련된 취업규칙, 단체협약 등의 규정이 없이 공장장이 임의로 임금을 지급함으로써 2004년 12월경에 기계반 소속으로 5년 8개월을 근속한 남성근로자에게 일급 30,700원을 지급하였으나, 같은 반 소속으로 10년 4개월을 근속한 여성근로자에게는 일급 25,300원을 지급하는 등을 비롯하여 남녀근로자 사이에 불합리한 임금격차를 발생시킨 것은 「남녀고용평등법」의 남녀동일가치노동에 대한 동일임금조항의 위반에 해당되고 동일임금지급을 위한 임금체계 개선에 관한 단체교섭의 합의사항[11]을 파기한 것이라며 회사대표이사를 고소하였다.

이에 관한 공소에 대하여 대전지방법원 논산지원[86]은 회사가 동일가치노동에 대해 동일임금을 지급하지 않았다는 범죄사실을 인정하여 대표이사에게 벌금 1천만 원의 유죄판결을 하였다. 회사측은 항소하였으나 대전지방법원[87]은 기각하였고, 대법원[88]도 상고를 기각하여 형사사건의 원고승소판결은 확정되었다.[12]

(7) 남녀동일가치노동에 대한 동일임금액의 청구소송

[89] [서울남부지방법원 2010.7.28 선고 2008가소346192](여성차별 인정)
[90] [서울고등법원 2010.12.24 선고 2010나90298](여성차별 인정)
[91] [대법원 2011.4.28 선고 2011다6632](여성차별 인정)

---

11) [대전지방법원 논산지원 2008.8.8 선고 2007고단731]에서 법원은 임금과 배치와 관련한 사실관계를 파악하면서, "2006.5.27 단체협약 체결 당시 노사는 2006.6.30까지 동일가치노동에 대한 동일임금지급 여부에 관하여 객관적인 평가 이후 남녀간 노동이 동일한 가치라는 판단이 될 경우 임금격차 해소방안을 강구해야 한다는 내용의 합의서를 작성하였다."라고 확인하였다(박주영(2012), "임금결정기준이 불투명한 사업장에서 차별적 임금의 차액 산정기준", 『젠더법학』 제4권 제1호, 한국젠더법학회, 185면의 각주 3).
12) 구미영(2012), 14면; 박주영(2012), 177면.

피고회사(콜텍)는 대법원[88]의 판결로 남녀동일가치노동에 대한 동일임금 조항의 위반죄가 확정되었으나, "「남녀고용평등법」 규정만으로 이미 설정되어 있는 근로자와 사용자 간의 근로계약의 내용을 자동 변경함으로써 근로자에게 차액 상당의 임금지급청구권을 인정할 근거는 어디에도 없다."고 하면서 동일임금을 지급하지 않았다.

원고근로자들은 「근로기준법」 제6조(균등처우 원칙)와 제15조 제1항과 제2항(강행적, 보충적 효력)의 취지에 비추어 「남녀고용평등법」에 위반하여 체결된 근로계약은 무효이고, 무효로 된 근로계약 부분은 「근로기준법」이 정한 기준으로 대체된다고 주장하였다. 「남녀고용평등법」 제8조 제1항이 "동일한 임금을 지급하여야 한다."고 규정하는 법문의 형식적 측면에서도 근로자에게 차액 상당의 임금지급청구권이 발생한다고 주장하였다. 또한 합리적 이유 없이 임금차별을 당한 기간제근로자에 대하여 차액임금지급을 명령한 중앙노동위 결정례 및 이를 인용한 행정법원 판례들도 근거로 제시하였다.

이 소송에서 서울남부지방법원[89]은 남녀노동자들 간의 뚜렷한 임금격차가 직무수행에서 요구되는 기술, 노력, 책임, 작업조건의 차이 등에 대한 직무평가나 직무분석에서 도출된 합리적인 것이라고 볼 수 없어 동일가치노동에 대한 동일임금원칙에 위배되므로 차액 상당의 임금청구권이 발생한다며 원고승소판결을 내렸다. 서울고등법원[90]은 회사의 항소를 기각하였고, 대법원[91]은 피고회사의 상고이유가 「소액사건심판법」상 정한 상고이유에 해당되지 않는다는 점을 들어 상고를 기각하여 원심을 확정하였다. 그런데 서울남부지방법원[89]은 차액임금의 산정은 각 원고근로자와 가장 근접한 시기에 입사한 남성근로자의 임금을 동일임금의 기준으로 삼아 일급 차액을 기준으로 한다고 판시한 반면, 서울고등법원[90]은 원고근로자와 가장 근접한 시기에 입사한 남성근로자 중 원고들보다 임금이 더 많은 사람들이 있다면, 원고들보다 더 많은 임금을 받은 남성근로자가 기술, 노력, 책임, 작업조건, 학력, 경력, 근속연수 등에 비추어 원고들보다 높은 가치의 노동을 하였다는 입증이 없는 이상, 원고들도 그 남성근로자와 동일한 임금을 지급받아야 함이 타당하다고 판시하였다.[13]

---

13) 구미영(2012), 14~17면; 박주영(2012), 177~203면.

(8) 업무가 다른 계약직 남녀근로자의 임금차등

[92] [서울남부지방법원 2009.10.12 선고 2008고정3051](여성차별 인정)
[93] [서울남부지방법원 2010.2.11 선고 2009노1951](여성차별 인정)

서울남부지방법원[92]은 전자회사 소속 근로자에 대한 인사 및 노무관리를 책임지는 총무부장이 계약직직원 6명의 여성근로자에 대하여 같은 계약직 남성근로자와 동일가치 동일노동을 수행하였음에도 여성근로자에게 동일한 임금을 지급하지 아니하였고, 전자회사는 총무부장이 위법행위를 하지 않도록 상당한 주의와 감독을 해야 하는데 이를 게을리 하였다며 각각 벌금형에 처하는 판결을 내렸다.

항소심 판결에서 서울남부지방법원[93]은 여성근로자들과 남성근로자들의 임금차액에 비추어 볼 때 임금차이가 단순히 근무기간에 의한 것으로 보이지는 않는 점, 남성근로자들이 상차업무를 주로 많이 하였다고 하더라도 상차업무가 조립업무에 비해 더 높은 임금을 지급해야 할 만큼의 많은 노력과 높은 기술을 요하는 업무로 보이지 않는 점 등을 들어 항소를 기각하였다.

3-2 임금체계의 남녀차등

임금체계가 남녀차등하여 성차별 분쟁의 사안이 된 사건은 4건이 있으며 모두 여성차별이 인정되었다.

[94] 군경력 유무를 이유로 한 성별 분리보수체계
    [남녀차별개선위원회 2002.8.26 결정 02남녀차별15](여성차별 인정)
[95] 여성에게 불리한 직제개편에 따른 남녀임금차등
    [서울지방법원 1998.1.8 선고 96가합32886](여성차별 인정)
[96] 성별 직군분리에 따른 남녀임금차등
    [여성특별위원회 2000.10.27 결정 00고용38](여성차별 인정)

1) 군경력 유무를 이유로 한 성별 분리보수체계

남녀차별개선위원회[94]는 사업주가 근로자에 대한 호봉을 부여함에 있어서 군복무기간을 감안하여 그 기간에 상당한 수준만큼 차등을 두는 것은 합리적인 차별이라고 볼 수도 있을 것이나, 호봉표에서 보는 바와 같이 성별에 따라 이원적인 보수체계를 마련하여 여성에게 낮은 임금을 지급하는 것은 남녀의 평등한 기회와 대우를 원천적으로 저해하는 것으로서 합리적인 이유가 없다 할 것이므로 남녀차별로 인정하였다.

2) 여성에게 불리한 직제개편에 따른 남녀임금차등

서울지방법원[95]은 세종연구소가 직제개편을 실시하면서 기능직을 세분화하여 여성으로만 구성된 직군에 대해 남성으로 주로 구성된 직군보다 낮은 임금을 지급한 조치에 대하여 동일가치노동 동일임금원칙은 강행규정으로 노사간의 합의에 의하여 이의 적용을 배제할 수 없는 바, 인사규정 개정 당시 원고들은 남자직원들과 마찬가지의 관리직업무를 수행하고 있었고, 그 후에도 계속하여 관리직업무를 수행하고 있으므로, 인사규정의 개정으로 관리직으로 전환된 다른 기능직 남자직원과 임금의 차이가 없도록 직급과 호봉을 부여하여야 한다고 판시하였다.

3) 성별 직군분리에 따른 남녀임금차등

여성특별위원회[96]는 피신청인(○○축협)에게 합리적인 이유 없이 직책수당을 남자직원은 1군, 여자직원은 2군으로 구분하여 지급해 온 급여체계를 폐지하고 남녀직원에게 동일한 직책수당을 지급할 것을 권고하였다.

4) 남성직원의 호봉을 여성보다 높게 책정한 임금체계

남녀차별개선위원회[97]는 피진정인(대학교)이 직원 임금의 기준이 되는 호봉을 책정함에 있어 동일직종 동일학력임에도 군복무기간에 따른 호봉 가산과 별도로 남성직원에게 여성직원보다 2~3호봉을 더 높게 책정하고 있는 조치에 대하여 남녀차별임을 결정하고 피진정인에게 소속직원에 대한 임금 및 승진에서의 남녀차별 해소를 위한 대책을 수립·시행할 것을 권고하였다.

3-3 임금의 남녀차등지급

임금을 남녀 다르게 지급한 행위와 관련한 판례와 결정례는 4건이 있다.

> [98] 여성에 대한 임금인상협약의 적용배제
> [인천지방노동청 고용평등위원회 1995.6.28 조정성립](여성차별 인정)
> [99] 남성직원에 대한 일률적 군경력 인정에 따른 남녀임금차등
> [서울형사지방법원 1996.2.27 선고(약식명령)](여성차별 인정)
> [100] 여교사에 대한 낮은 성과급 등급 배정
> [남녀차별개선위원회 2002.4.15 결정 01고용-123](여성차별 불인정)
> [101] 지방공무원 가족수당의 지급대상을 남편으로 정한 지침
> [남녀차별개선위원회 2002.12.30 결정 02남녀차별31](여성차별 인정)

1) 여성에 대한 임금인상협약의 적용배제

인천지방노동청 고용평등위원회[98]는 영창악기가 여성에게만 임금인상협약을 적용하지 않은 조치를 남녀차별로 인정하고 노사합의로 1995년 말까지 문제를 시정토록 하였다. 그러나 초임차별에 대해서는 생산직근로자의 작업부서가 대부분이 여성만으로 편성되어 있고 남녀 혼성인 작업부서에서도 노동수행에서 요구되는 기술, 노력, 책임, 작업조건 등이 실질적으로 남녀가 서로 달라 동일가치노동으로 인정할 수 없어 명백한 남녀차별로 볼 수 없으므

로 회사의 합리적인 직무분석을 통하여 차후 노사가 협의하여 시행토록 하며, 향후 남녀근로자가 동일노동 조건하에서 동일가치노동을 수행할 때는 동일임금을 지급토록 한다는 조정안을 제시하였다. 이에 대해 양 당사자가 수락함으로써 사건이 원만히 해결되었다.

2) 남성직원에 대한 일률적 군경력 인정에 따른 남녀임금차등

서울형사지방법원[99]은 연세대가 군미필자를 포함하여 남성에 대한 일률적 군경력을 인정하여 여성보다 높은 임금을 지급하여 여성직원들(97명)이 집단으로 소송을 제기하고 검사가 약식기소한 사건에서 동일가치노동 동일임금조항에 위반된다며 벌금 100만 원의 약식명령을 내렸다.

3) 여교사에 대한 낮은 성과급 등급 배정

남녀차별개선위원회[100]는 여교사가 여성이라는 이유로 성과급의 등급을 낮게 받았다고 진정한 사건에서 중학교 교사들이 상호평가를 하고 성과급심사위원회에서 평가방법을 결정하여 여교사에게 낮은 성과급 지급등급이 부과된 것이므로 여성이라는 이유로 차별받았다는 신청인의 주장을 인정할 증거가 없다는 이유로 기각하였다.

4) 지방공무원 가족수당의 지급대상을 남편으로 정한 지침

남녀차별개선위원회[101]는 2002년도 「지방공무원수당 등의 업무처리지침」이 부부공무원 중 1명에게 부양가족수당 및 자녀학비보조수당을 지급함에 있어서 남편을 지급대상자로 하고 아내가 지급받으려면 남편의 동의를 받아야 하도록 한 것을 남녀차별로 결정하고 행정자치부 장관에게 주무장관에게 가족수당 등의 지급방법을 어느 한쪽 성에 대해 불리하지 않도록 시정할 것을 권고하였다.

3-4　출산휴가 사용에 따른 임금의 불이익

　출산휴가를 사용한 여성에 대하여 임금에서 불이익을 준 조치와 관련한 결정례는 3건이 있다.

> [102] 출산휴가 사용자에 대한 성과상여금 지급배제 지침
> 　　[남녀차별개선위원회 2003.4.28 결정 02남녀차별35](여성차별 인정)
> [103] 출산휴가기간을 상여금 지급대상기간에서 제외한 지침
> 　　[국가인권위원회 2007.3.9 결정 06진차263](여성차별 인정)
> [104] 교사의 성과상여금 지급감점사유에 출산휴가와 수유시간의 사용 포함
> 　　[국가인권위원회 2011.8.26 결정 10진정796500](여성차별 인정)

1) 출산휴가 사용자에 대한 성과상여금 지급배제 지침

　남녀차별개선위원회[102]는 전국의 초·중·고등학교 교사들(70명)이 2002년도에 중앙인사위원회가 성과상여금제도 운영지침을 수립하면서 산전후휴가와 육아휴직을 포함한 각종 휴가와 휴직을 포함하여 3개월 이상 미근무자에 대해서는 성과상여금 지급대상 제외자로 정한 것은 남녀차별이라며 진정한 사건에서 산전후휴가의 경우 국가의 모성보호차원에서 법적으로 보장된 제도로 출산 당사자인 여성만 사용할 수 있는 것이고 시기·기간 등에 대한 선택의 여지나 다른 대안이 없다는 점에서 산전후휴가로 인한 미근무기간이 성과금 지급제외대상기간에 포함된 것은 남녀차별에 해당한다 할 것이라고 하였다. 그러나 육아휴직의 경우 비록 여성의 사용률이 높고 국가의 모성보호차원에서 법적으로 보장된 제도라 할지라도 남성만이 사용하는 병역휴직을 포함한 모든 형태의 휴직이 성과금 지급제외대상기간에 포함되어 있고, 자녀를 가진 부 또는 모가 선택적으로 사용할 수 있으며 보육방법에 있어서도 다양한 대안이 있다는 점에서 육아휴직으로 인한 미근무기간이 성과금 지급제외대상기간에 포함된 것만으로 남녀차별로 보기는 어렵다고 판단하였다.

2) 출산휴가기간을 상여금 지급대상기간에서 제외한 지침

국가인권위원회[103]도 [102]와 같은 논지로 피진정인(중앙인사위원회위원장)이 "실제로 근무한 기간이 2개월 미만인 자"에게만 성과상여금을 지급하지 않도록 변경한 지침에 대하여 산전후휴가제도의 취지에 부합하도록 「성과상여금업무처리지침」에 산전후휴가기간을 실제근무기간으로 인정하는 내용을 규정할 것을 권고하는 한편, 진정인의 진정 중 육아휴직자에게 성과상여금을 지급하지 않는 것은 차별이라는 부분은 기각한다고 하였다.

3) 교사의 성과상여금 지급감점사유에 출산휴가와 수유시간의 사용 포함

국가인권위원회[104]는 초등학교장에게 향후 성과상여금 차등지급기준 휴가일수 항목에 산전후휴가(수유시간 포함)를 포함하여 감점하는 일이 없도록 재발방지 대책을 수립할 것을 권고하였다.

 국가인권위원회의 결정[104]요지

피진정인이 성과상여금 차등지급기준의 휴가일수 항목에 산전후휴가기간이나 수유기에 있는 생후 1년 미만의 영아를 대상으로 한 1일 1시간 이상의 수유시간을 휴가일수에 포함시켜 감점하도록 기준표를 작성함으로써 산전후휴가를 사용한 여성교사는 아무리 다른 항목에서 우수한 점수를 받더라도 최하등급인 F등급을 받을 수밖에 없는 결과를 가져오도록 하였다.
산전후휴가제도는 여성근로자가 산모와 태아 또는 신생아의 건강을 위해 출산 전후에 일정기간 동안 휴가를 갖도록 국가가 이를 제도화함으로써 여성의 모성과 태아 및 신생아의 건강을 보호할 뿐 아니라 가정과 직장생활을 조화롭게 양립할 수 있도록 하는 제도이다. 따라서 산전후휴가는 출산 당사자인 여성만이 사용할 수 있으면서도 그 시기나 기간 등에 대해서는 선택의 여지나 다른 대안이 없다는 점에서 반드시 사회적 인정과 배려가 수반되어야 할 것이다. 그래서

「국가인권위원회법」뿐만 아니라 「여성발전기본법」 제18조 제1항과 「남녀고용평등과 일·가정 양립 지원에 관한 법률」 제2조에서도 모성을 보호하고 임신 및 출산을 이유로 불이익을 주거나 불리하게 조치하지 않도록 국가, 지방자치단체, 그리고 사업주에게 그 의무를 부과하고 있으며, 「근로기준법」 제60조와 제74조에서는 산전과 산후 90일의 휴가를 출근한 것으로 본다고 명시하고 있으므로, 산전후휴가를 휴직일수에 포함시키는 것은 그 정당성을 인정하기 어렵다.

국가인권위원회는 이 결정 후 교원성과상여금 지급에서 산전후휴가 사용에 따른 불이익이 피진정학교에서만 발생하는 차별이 아니라고 판단되어 전국 시·도교육청에서 제출한 자료를 근거로 교원성과상여금 지급 시 산전후휴가 사용에 따른 불이익 사례를 조사하고, 성과상여금 지급관행에 대한 검토를 하였다. 16개 시·도교육청이 위원회에 제출한 자료에 따르면, 전체 11,883개교 중 499개교(약 4%)에서 산전후휴가를 사용한 경우 불이익을 준 것으로 확인되었고, 산전후휴가일수를 근무일수에서 제외하여 감점하거나 차등점수를 부여하고 있었다.

국가인권위원회는 성과상여금 차등지급기준 항목 중 근무일수에서 수유시간 또는 산전후휴가를 제외하는 것은 비록 전체 교사의 의견 수렴과 찬반투표 등 민주적 과정을 통해 그 기준이 결정되었다고 하더라도 모성보호 및 임신·출산을 이유로 한 불이익 금지의무 등에 비추어 그 정당성을 인정하기 어려워 결국 임신 또는 출산을 이유로 한 평등권침해의 차별행위에 해당한다고 판단하여 제도를 개선할 것을 권고하기로 2012년 12월 31일에 결정하였다.[14)]

---

14) 국가인권위원회 보도자료(2012년 12월 31일)

4. 전근과 업무배정 등 인사관리 관련

「남녀고용평등법」은 제10조(교육 · 배치 및 승진)에서 "사업주는 근로자의 교육 · 배치 및 승진에서 남녀를 차별하여서는 아니 된다."라고 규정하고 있다. 위반자는 500만 원 이하의 벌금에 처한다(제37조 제4항 제3호).

「남녀고용평등업무처리규정」(고용노동부 예규)은 '배치'란 "사업주가 근로자에게 직무의 내용과 직무의 장소 등을 정하여 특정 업무에 종사하도록 하는 것을 말하며, 신규채용자 배치, 기존근로자 배치전환, 파견조치, 대기발령 등을 포함한다."라고 정의하고 배치에서의 남녀차별적인 행위를 다음과 같이 예시하였다.

1. 일정한 직무의 배치대상에서 특정 성을 배제하는 경우
2. 혼인 · 임신 · 출산을 이유로 본인의 의사에 반하여 특정 성을 불이익하게 배치하는 경우
3. 동일학력 · 자격으로 채용한 후 특정 성은 주로 기간업무에 배치하고 다른 성은 본인의 의사에 반하여 정형적 단순 보조업무에 배치하는 경우
4. 정기적으로 순환배치하면서 특정 성은 본인의 의사에 반하여 동일업무에만 계속 배치하는 경우
5. 특정 성이 대다수인 직종(렬) · 직군과 다른 성이 대다수인 직종(렬) · 직군 상호간에 전직을 제한하거나 배제하는 것에 대하여 해당 기준의 직무 관련성과 정당성을 사업주가 입증하지 못하는 경우
6. 일정 직무의 배치기준을 일정 이상의 신장, 체중 등으로 한정하여 그 직무에 배치된 특정 성의 비율이 현저하게 낮고, 그로 인하여 특정 성에게 불이익한 결과를 초래한 것에 대하여 해당 기준의 직무 관련성과 정당성을 사업주가 입증하지 못하는 경우
7. 그 밖에 합리적인 이유 없이 남녀를 차별하여 배치하는 경우

그런데 업무배정과 전근 등 인사관리와 관련된 판례와 결정례는 18건(남녀

차별개선위원회의 결정례 8건, 노동위원회 4건, 법원의 판례 3건, 여성특별위원회의 결정례 2건, 국가인권위원회의 결정례 1건)이 있다. 그중 12건이 2000년대에 있었고, 나머지 6건은 1990년대에 있었다. 성차별의 문제를 제기한 사람이 여성인 경우는 17건이었는데, 그중 여성차별을 인정한 판례와 결정례는 11건이다. 남성이 문제제기를 한 사안은 1건이었는데 남녀차별개선위원회는 남성차별을 인정하지 않았다. 내역을 보면, 전근·부서변경에서의 여성불이익 관련 11건, 업무배정에서의 남녀차등 관련 3건, 여성정규직의 계약직 전환 관련 2건, 징계에서의 남녀차등 관련 2건이다.

4-1   전근과 부서변경에서의 여성불이익

전근·부서변경에서의 여성불이익과 관련된 판례와 결정례 11건 중에는 여성의 결혼과 관련한 전근이나 부서변경에 관한 7건과 성별과 관련된 전근에 관한 4건이 있다.

1) 여성의 결혼 관련 전근·부서변경

■ 결혼통보한 여성사보기자의 지방 계열사 전보([105], [106])

[105] [서울지방노동위원회 1990.5.11 결정](여성차별 인정)

[106] [중앙노동위원회 1991.3.8 결정](여성차별 인정)

[107] 결혼통보한 여성의 부서변경
      [부산지방노동위원회 1991.6.17 결정](여성차별 인정)
[108] 사보담당 기혼여성을 지방소재 지사의 판매부로 전보
      [서울고등법원 1997.2.28 선고 94구36973](여성차별 불인정)
[109] 기혼여성의 지방 전보발령
      [서울지방노동위원회 1998.4.7 결정](여성차별 인정)
[110] 결혼퇴직제를 거부한 여성의 무연고지 전보
      [여성특별위원회 1999.12.21 결정 99고용-29](여성차별 인정)

여성의 결혼과 관련한 전근이나 부서변경에 관한 7건의 판례와 결정례 중에는 5건이 여성차별을 인정하였고 2건이 여성차별을 불인정하였다.

(1) 여성차별을 인정한 결정례

① 결혼통보한 여성사보기자의 지방 계열사 전보

서울지방노동위원회[105]는 대졸공채로 입사하여 근무해 오던 여성사보기자를 결혼을 이유로 재입사방식으로 별정직에 배치전환하려 했으나, 여성이 이에 응하지 않자 부산에 있는 계열사로 전보시켜 담당업무 없이 복사 등의 보조업무를 담당하도록 한 현대건설에 대하여 원직복귀 등의 부당전직구제 명령을 내렸다. 회사측은 이에 불복하여 중앙노동위원회에 재심을 신청하였으나, 중앙노동위원회[106]는 재심청구기각판정을 내렸다. 그러나 회사측이 이를 받아들이지 않자 서울지방노동청은 회사 대표이사를 1991년 6월 14일 입건조치하였다.

② 결혼통보한 여성의 부서변경

부산지방노동위원회[107]는 부산파라다이스비치호텔 판촉부 판촉과에서 근무해 오던 여성이 결혼을 통보하자 사직을 권고하였으나 여성이 불응하자 사실상 하위직무인 섭외과 안내로 전보받고 부당전직구제신청을 한 사건에 대하여 회사측 조치는 부당전직에 해당하므로 신청인을 원직복직시켜야 한다고 판정하였다.

③ 기혼여성의 지방 전보발령

서울지방노동위원회[109]는 신청인이 20년간 해운 운송업무 경력이 있으며 해운부 과장으로 근무한 기혼여성인 자신에게 사직을 권유하다가 부산으로 전보한 조치에 대하여 회사에 근무한 다른 여성 2명도 결혼 후 다른 부서로 전보되어 곧 퇴사한 바 있어 남녀 성차별의 소지가 있다고 주장한 부당전직구제신청에서 "신청인의 업무실적이나 능력면에서 결코 부족하다고 볼 수 없음에도 사직을 권유하다 신청인이 이를 거부하자 통근이 불가한 지방으로 발령한 것은 업무상 필요성을 표면적인 사유로 내세워 가족이 있는 신청인의 사정을 고려하지 아니한 채, 사실상 사직을 기대한 인사권 남용으로 인정된다."는 이유로 이 사건을 부당전직으로 인정하고, 전직명령 철회와 원직복귀를 명령하였다. 그런데 당해 여성은 회사측과의 껄끄러움 등으로 1998년 4월 23일 사직서를 제출 퇴직처리되었다.

④ 결혼퇴직제를 거부한 여성의 무연고지 전보

여성특별위원회[110]는 결혼퇴직제를 거부한 여성을 무연고지로 전보시킨 조치에 대하여도 여성차별로 인정하였다.

(2) 여성차별을 불인정한 판례와 결정례

① 사보담당 기혼여성을 지방소재 지사의 판매부로 전보

입사 이후 11년간 서울 본사의 사보팀에서 근무하던 원고는 사보 편집과정에서의 잘못 등을 이유로 하여 경기도 용인시의 판매부로 전보되자 새로운 근무처로의 출근을 거부하였다. 회사는 무단결근을 이유로 하여 정직 1월의 징계처분을 하였다. 원고는 기혼여성으로서 중고교생인 자녀들을 두고 있는 원고를 출퇴근에 상당한 시간을 요하는 곳으로 전보함으로써 사직을 유도하기 위한 것이므로 「근로기준법」의 균등처우원칙과 「남녀고용평등법」에 위반하여 당연무효라고 주장하였다. 그러나 서울고등법원[108]은 원고가 자녀를 두고 있는 주부라는 사정만으로는 이 사건 전보명령이 여성에 대한 차별적 대우를 한 것으로 단정할 수 없다고 판단하였다.

② 지역순환근무제에 따른 기혼여성의 원격지 전보발령

남녀차별개선위원회[111]는 피신청인(○○기금)의 영업점이 전국 주요 도시에 산재해 있는 현실과 중견관리자급인 신청인의 기금 내 위치(전문직 팀장) 및 "동일근무처 장기근무자에 대해서는 이동(순환배치)을 원칙으로 함"을 사전에 공지하였고 신청인의 부산기술평가센터 근무기간이 3년 9개월이나 되는 점, 자녀양육문제는 여성만이 전담해서 하는 것이 아니라 부부가 공평하게 나누어서 해야 하는 일이고 여성의 사회참여가 확대되고 있는 실정 등을 종합적으로 검토해 볼 때, 초등학교 재학 중인 자녀 2명과 남편이 있는 기혼여성을 대구로 전보발령한 조치는 피신청인이 여성인 신청인을 특별히 배려하지 않은 점은 있으나 기혼여성에게 특별한 불이익을 준 것이 아니기에 남녀차별사항으로 보기 어렵다고 판단하였다.

2) 성별 관련 전근

성별과 관련한 전근에 관한 결정례는 3종의 사건에 4건이 있다. 그중 여성차별을 인정한 것은 2건이다.

[112] 성(性)을 기준으로 한 남녀교사의 전보
　　 [남녀차별개선위원회 2002.6.17 결정 02남녀차별16](여성차별 인정)
[113] 특정과목 교사의 선배정에서의 여성배제
　　 [국가인권위원회 2007.4.23 결정 06진차267](여성차별 인정)

■ 여성부에 대한 여성차별시정신청을 이유로 한 보복적 전보([114], [115])
[114] [서울행정법원 2008.3.13 선고 2007구합31751](여성차별 불인정)
[115] [서울고등법원 2008.12.2 선고 2008누9104](여성차별 불인정)

(1) 여성차별을 인정한 결정례

① 성(性)을 기준으로 한 남녀교사의 전보

남녀차별개선위원회[112]는 피신청인 산하 △△중학교에서 학교장이 "담임 중 여교사가 많아서 문제"라며 여교사인 신청인을 고등학교로 전보발령한 조치에 대하여 남녀 성(性)을 전보기준으로 한 것은 전보제도가 가지는 일반적인 취지와 인사교류 목적을 정하고 있는 피신청인의 교직원인사관리규정에 반하고 학교장의 발언이 여교사가 담임을 맡는 경우 남학생을 통솔하기 어렵다는 이유에서 나왔다면 신청인이 납득하기 어려운 편견일 수 있다며 전보발령을 남녀차별로 결정하고 남녀차별적인 교사전보의 재발방지를 위하여 교사전보에 대한 객관적·합리적 기준을 마련할 것을 권고하였다.

② 특정 과목 교사의 선배정에서의 여성배제

국가인권위원회[113]는 ○○여자고등학교교장이 2006년도 정기교사인사에 앞서 체육·윤리·국어 과목 교사에 대해 선배정을 하면서 여교사는 배제하고 남교사만을 대상으로 하였는 바, 이는 진정직업적격과 적극적 우대조치에 해당되지 않고 여교사의 역할과 능력에 대한 편견에 기초한 것으로 성별에 의한 차별에 해당한다고 판단하였다. 그리고 ○○시교육감 및 ○○여자고등학교교장에게, 교사의 전보와 관련하여 순위와 상관없이 선배정을 할 경우 업무 또는 직무의 성질상 불가피하게 요구되는 경우가 아닌 한 특정 성을 배제하지 않도록 구체적인 지침을 제정하여 시행할 것을 권고하였다.[15]

 국가인권위원회의 결정[113]요지

1) 진정직업자격과 같이 직무의 성질상 특정 성이 불가피하게 요구되는 경우는 차별로 보지 아니하는 바, 전입교사를 선정함에 있어 남자교사만을 대상으로 선배정을 함으로써 여자교사의 전보기회를 제한하는 경우 남자교사일 것이라는 조건이 당해 업무 또는 직무의 성질상 불가피하게 요구되는 경우에 한하여 정당성이 인정된다 할 것이다.

2) 교원의 주 업무는 강의를 통해 학생에게 지식을 전달하는 것이며 등하교 교통지도나 진학지도업무는 부수적인 업무라고 할 수 있는데 이러한 부수적인 업무는 남성교사만이 할 수 있는 것이 아니고 남성교사와 여성교사가 공히 수행할 수 있는 것이므로 이러한 부수적인 업무를 기준으로 특정 성을 선배정하는 것은 정당성이 인정되지 않을 뿐 아니라 진정직업자격도 인정되지 아니함은 일응 명백하다 할 것이다.

3) 「국가인권위원회법」 및 국제인권기준에 따르면 '적극적 우대조치(affirmative action)'는 차별의 금지만으로는 실질적으로 해소하기 어려운 역사적으로 뿌리 깊은, 사회적 소수집단에 대한 차별을 해소하기 위한 조치로서, 그 차별을 시정함에 있어서 지나치게 오랜 세월이 걸리고 사회구성원들의 편견이

---

15) 이 결정에 대하여 인권위원 10명 중 과반수인 6명 위원의 의견이 일치되었고, 4명의 반대의견이 있었다.

나 선입견이 그 사회에 구조적으로 작용하여 차별을 양산하는 경우에 제한적으로 그리고 임시적으로 해당 소수집단을 우대하는 경우에 한하여 그 정당성이 인정되는 것이다. 이러한 적극적 우대조치의 정의에 비추어 볼 때 본 사건 선배정에서처럼 차별의 시정이 아니라 순전히 다양성을 확보하기 위한 차원에서 특정 집단을 우대하는 것, 그리고 성차별적인 직종분리(job segregation)에 의해 특정 직종에서 여성의 숫자가 지나치게 많아진 현상을 시정하기 위해 남성을 우대하는 것은 적극적 우대조치라 보기 어렵다. 또한 지금 우리 사회에서 논의되고 있는 남녀교사의 성비불균형에 대해서 보건대, 교사직에서도 교장, 교감을 비롯한 고위관리직 등 보직을 대다수 남성이 모두 차지하고 있는 현실에 대해서는 아무런 논의가 없는 반면, 초등학교를 중심으로 여자교사들이 지나치게 많다는 우려성 여론과 추측만이 형성되어 있을 뿐이지, 그러한 성비불균형이 자라나는 학생에게 어떠한 영향을 미칠지에 대한 객관적이고도 신뢰할 만한 연구결과조차 나와 있지 않다. 현재의 성비불균형만을 두고 선배정 등의 인위적 조치를 합리화하는 것은 자칫 특정 성에 대한 역차별의 결과를 가져올 우려가 있다.
4) 학교장이 교육인적자원부나 관할 교육청의 구체적 규정이나 지침 혹은 국민적 합의가 없는 상태에서 여교사의 비율이 높다는 이유만으로 남교사만을 대상으로 선배정한 이 사건 조치는, 교원의 업무가 그 직무의 성질상 불가피하게 남자만을 요구한다고 보기 어렵고, 특히 인위적으로 그 성비불균형을 시정하여야 할 정도의 필요성이 있었다고 볼 수 없어, 합리적인 이유 없이 성별을 이유로 한 차별행위로 판단된다.

(2) 여성차별을 인정하지 않은 판례

서울행정법원[114]과 서울고등법원[115]은 KT가 2005년 고과성적이 부진하여 개선의 여지가 없다고 평가하여 2006년 10월에 원고를 다른 지점으로 전보발령하자, 원고가 최하위인 D등급을 부여받은 2005년 근무평정은 2002년과 2003년 근무평정에서 최우수등급을 받고도 회사의 부장(2급) 승진인사에서 탈락하여 여성부의 남녀차별개선위원회에 시정신청을 한 것에 대한 보복조치로서 평가기간 동안의 원고의 능력과 실적을 무시한 채 불공정하게 행해진 것이므로 부당하다고 주장하며 전보명령무효확인의 소를 제기한 사건에서 원고패소판결을 내렸다. 법원은 근무평정은 사용자의 고유권한이므로 현저히 불합리하거나 불공정하여 정의의 관념에 반하지 않는 한 유효하다는 기존의 판례 법리에 근거하여 사건을 판단하였다.[16)]

서울고등법원의 판결[115]요지

원고가 과거에 뛰어난 업무성과를 거둔 바 있으나 근로의 양과 질을 평가하여 평정을 부여함에 있어서는 수치로 계량되는 객관적인 실적뿐 아니라 기업조직에의 융화 정도 등 수치로 계량할 수 없는 부분에 대한 주관적인 평가가 포함되는 것인데, 원고는 2005년 근무평정대상기간 동안 회사의 행사에 소극적으로 참여하거나 실적문제로 동료들과 마찰을 빚는 등 조직 내 대인관계에 문제가 있었던 것으로 보이고, 특히 승진누락에 따른 불만을 종종 평정권자나 동료들에게 직·간접적으로 표출하여 오는 등 승진누락 및 여성부에 대한 시정신청 기각 등의 일련의 과정에서 참가인 회사나 동료들과 갈등이 있었던 것으로 보이는 점, 건강상의 문제 때문이라고는 하나 회사의 승인 없이 무단으로 결근하거나 외출하여 회사로부터 경고를 받기도 한 점, 원고가 평정대상기간 동안 달성한 객관적 실적 역시 2003년 이전까지 달성한 성과에는 미치지 못하는 점, 원고는 여성부에 시정신청을 하기 전에 있었던 2004년 근무평정에서도 2002년 및 2003년보다 두 단계 하락한 B등급을 받은 바 있는 점 등에 비추어 볼 때, 이 사건 근무평정이 원고가 여성부에 시정을 신청한 것에 대한 보복적 인사조치라거나 현저히 불공정하다고 보기 어렵다.

4-2　업무배정의 남녀차등

업무배정의 남녀차등에 관한 결정례는 3건이 있다.

---

16) 구미영(2012), 32~34면.

1) 기간제 여교사에게 차접대업무 지시

남녀차별개선위원회[116]는 피신청인인 교장과 참고인 교감이 다른 대책을 강구하지 않고 기간제(계약직) 여교사인 신청인에게 일방적으로 '접대 및 기구관리' 사무를 분장하였으며, 이의를 제기하는 신청인에게 신청인과 피신청인 사이에 작성한 '계약제 교원 임용계약서'상에 막연하게 기재된 "학교장이 지시하는 기타의 업무를 수행한다."라는 규정을 들어 차접대와 기구관리를 계속 지시하였고, 이를 거부한 신청인에게 '접대 재료준비 및 찻잔정리'를 하도록 지시한 행위를 남녀차별로 결정하고 피신청인에게 이후 이러한 남녀차별 사례의 재발을 방지하기 위한 대책을 수립할 것을 권고하였다.[17]

이 결정을 전후하여 기간제 여교사인 신청인은 2003년 3월 말 예산군청 홈페이지에 '여교사라는 이유로 차접대를 강요하는 현실'이라는 제목으로 "왜 교장선생님께 아침마다 차 타 드리며 잘 보여야 하는지 모르겠다."는 내용의 글을 올려 교장의 명예를 훼손한 혐의로 불구속기소됐다. 당시 이 글로 인해 전교조 등이 강하게 비난하고 나섰고 결국 교장이 심적 고통을 겪다 자살해 교육계가 비전교조와 전교조로 나뉘어 첨예하게 대립하는 등 큰 파문이 생겼다. 대전지방법원 제1형사부[2007.10.26 선고]는 검사의 항소를 기각하고 무죄를 선고한 원심을 유지했다. 재판부는 "차접대를 지시한 사람은 교감인데

---

17) 그러나 차시중 강요에 대한 학교장의 서면사과를 받기 위해 예산교육청을 항의방문했다가 퇴거요청에 불응한 혐의로 기소된 당시 전교조 충남지부 간부 이모씨 등 2명에게 각각 벌금 300만 원, 보성초등학교 교사 최모씨 등 2명에게는 각각 벌금 200만 원을 확정했다(연합신문, 2007.10.26 기사("차심부름 폭로 기간제 여교사 항소심도 무죄"); 연합신문, 2008.7.11 기사("'차심부름' 폭로 여교사 명예훼손 무죄 확정") 참조).

글에 강요행위 주체가 교장인지 교감인지를 명확하게 구별하지 않는 등 교장이 차접대를 거부한다는 이유로 사직하도록 했다는 인상을 주기 때문에 명예훼손에 해당한다."고 인정했다. 그러나 "여성교원의 차접대는 사건 발생 3년 전부터 금지됐고 교육현장에서 남녀평등은 매우 중요한 헌법적 가치라는 점, 글 게시 이후 시정조치가 이루어진 점 등을 볼 때 이 사건 글의 주요한 동기 내지 목적은 공공의 이익에 관한 것이라서 죄가 되지 않는다."며 무죄를 선고한 것이다. 대법원도 2008년 7월 11일 같은 이유로 무죄를 선고한 원심을 확정했다.

2) 출산 후 복직한 여성학습지교사에게 관리업무배정

남녀차별개선위원회[117]는 출산 후 복직한 여성학습지교사에게 관리업무를 배정한 조치에 대하여 신청인이 남녀 구분 없이 주거지 배정을 원칙으로 공석이 된 지역에 우선 배치된다는 것을 알고 있었고, 신청인 업무복귀 당시에 공석이 된 남성교사가 관리하였던 지역에 배치받는 것을 받아들여 복귀한 점이 인정되고, 동 관리구역 배치로 인하여 신청인의 생활근거지가 바뀐 것도 아니라는 점 등을 종합적으로 고려하여 볼 때, 피신청인이 합리적인 이유 없이 남녀차별적인 관리구역 배정을 하였다고 보기 어렵다고 판단하였다.

3) 남성의 숙직근무

남녀차별개선위원회[118]는 피신청인이 국가유공자 및 유가족이 이용하는 특수병원으로서 장기입원환자가 대부분이며 전상(戰傷) 등으로 인한 후유증으로 마약치료를 병행하는 경우가 많아 과격한 민원이 주로 야간에 많이 발생하는 관계로 숙직은 남성만 근무하게 하고 여성직원은 일직근무를 하게 한 조치에 대하여 합리성이 있다며 시정신청을 기각하였다.

남녀차별개선위원회의 결정[118]요지

당직근무는 통상의 업무를 수행하는 정상근무시간 외의 시간대에 발생할 수 있는 중요한 일이나 화재·도난 등 비상상황에 대비하여 숙직 또는 일직 등의 방식으로 근무하는 것으로서, 비상상황에 대비할 수 있는 체제로 당해 기관의 사정과 요구에 따라 운영할 필요가 있다고 하겠는데, 피신청인은 국가유공자 등 환자를 주 고객으로 하는 특수병원으로서 입원환자의 특성, 민원의 형태와 발생의 정도, 근무시간 외에 발생하는 비상상황 등 제반 여건을 고려하여 당직을 운영하고 있음을 알 수 있다.

특히 「근로기준법」 제68조 제1항은 "사용자는 18세 이상의 여성을 오후 10시부터 오전 6시까지의 사이 및 휴일에 근로시키고자 하는 경우에는 당해 근로자의 동의를 얻어야 한다."고 규정하고 있는 바, 피신청인이 여성근로자에게 당직근무를 수행시키기 위해서는 당해 근로자의 동의를 얻을 필요가 있을 것인데, △△노총 전국△△△△산업노동조합 △△병원지부에서는 피신청인이 △△△△군경회에서 지도위원을 파견받아 24시간 관리할 정도로 야간근무자가 위험한 상황에 노출되는 경우가 종종 발생하고 있으므로 여성의 숙직근무를 반대한다는 입장을 분명히 밝히고 있는 것으로 볼 때 숙직에 대한 여성근로자의 동의를 받기는 사실상 어려운 것으로 보인다.

따라서 피신청인이 소속 근로자에게 당직근무를 부여함에 있어 숙직근무에 관하여 남성에 국한하여 온 사실은 피신청인 병원의 특수사정에 따른 합리적인 사유가 있다 할 것이어서 남녀차별이라고 단정하기 어려울 뿐만 아니라, 여성근로자의 당직근무에 관하여 법률상 요구되는 당해 근로자의 동의를 얻어 당직근무를 운영하여야 하는 피신청인으로서는 여성근로자의 동의를 얻기 어려운 병원사정상 피신청인이 특별히 재량범위를 일탈하여 당직을 운영하였다고 보기 어렵다고 할 것이다.

4-3 여성정규직의 계약직 전환

여성정규직을 계약직으로 전환한 조치에 관한 2건의 결정례가 있다.

[119] 정규직 여직원의 결혼을 이유로 한 계약직 전환
　　[남녀차별개선위원회 2001.10.8 결정 01고용-29](여성차별 인정)
[120] 일반직 여성의 계약직 전환
　　[남녀차별개선위원회 2002.8.26 결정 02남녀차별10](여성차별 불인정)

1) 정규직 여직원의 결혼을 이유로 한 계약직 전환

남녀차별개선위원회[119]는 실질적으로 피신청인이 결혼퇴직관행을 이용하여 합리적인 이유 없이 신청인을 정규직에서 배제시키고 계약직으로 근무하도록 하여 이전의 정규직과 동일한 업무를 수행하고 있음에도 임금이 크게 삭감되었을 뿐만 아니라 무급의 출산휴가를 사용하도록 하여 신청인에게 금전적, 정신적 손해를 준 사실이 인정되는 바, 「남녀차별금지 및 구제에 관한 법률」 제3조를 위반한 남녀차별행위로 인정하고 피신청인에게 신청인에 대하여 7백만 원을 지급할 것과 향후 결혼으로 인한 부당한 인사조치 등이 다시 발생되지 않도록 필요한 대책을 수립할 것을 권고하였다.

2) 일반직 여성의 계약직 전환

남녀차별개선위원회[120]는 신청인이 피신청인 회사가 여직원들만 전문직(계약직)으로 전환하였다고 주장하나, 피신청인 회사가 제출한 자료들을 보면 남성직원들도 전문직 전환대상자가 있고, 신청인이 최하위 평가를 받은 경우도 있어 회사가 전문직 전환대상자 선정에 있어 객관적 기준에 의하지 아니하고 여성이라는 이유로 우선적으로 전문직 전환대상자로 선정하였다고 볼 증거가 없기 때문에 남녀차별에 해당되지 않는다고 판단하였다.

징계에서의 남녀차등

징계에서의 남녀차등과 관련한 결정례는 2건이고 모두 여성차별이 인정되었다.

[121] 쌍방 폭행사건 당사자 중 여성근로자만을 징계한 조치
    [남녀차별개선위원회 2002.3.4 결정 01고용27](여성차별 인정)
[122] 결혼퇴직제를 거부한 여성에 대한 대기발령
    [여성특별위원회 2000.3.31 결정 99고용33](여성차별 인정)

1) 쌍방 폭행사건 당사자 중 여성근로자만을 징계한 조치

남녀차별개선위원회[121]는 남성노조위원장과 여성근로자가 금전차용문제로 다투었는데 직장질서를 문란하게 했다는 이유로 여성근로자만을 징계한 조치를 한 사업주에 대하여 남녀차별임을 결정하고, 신청인에 대하여 향후 불이익한 인사조치를 금할 것을 권고하였다.

2) 결혼퇴직제를 거부한 여성에 대한 대기발령

여성특별위원회[122]는 충남○○수산업 협동조합이 여성근로자가 결혼하자 퇴사를 종용하고 이에 응하지 아니하는 여성을 근무기피부서 및 연고지와 관계없는 전보발령을 한 조치는 남녀차별로 인정되므로 이를 시정하도록 권고하고 결혼·임신·출산을 이유로 여성에게 어떠한 불이익한 행위를 하지 아니할 것과 유사한 남녀차별 사례의 재발방지계획을 수립하여 시행할 것을 권고하였다.

5. 승진 관련

　현행 「남녀고용평등법」은 제10조(교육·배치 및 승진)에서 "사업주는 근로자의 교육·배치 및 승진에서 남녀를 차별하여서는 아니 된다."라고 규정하고 있다. 위반자는 500만 원 이하의 벌금에 처한다(제37조 제4항 제3호).

　「남녀고용평등업무처리규정」은 '승진'이란 "사업주가 근로자를 현재의 직급 또는 직위로부터 보다 상위의 직급 또는 직위에 임명하는 것을 말한다."라고 하고 다음과 같이 승진에서의 남녀차별적인 행위를 예시하였다.

　1. 특정 성에게 승진기회를 전혀 부여하지 않거나 특정 성은 일정 직급(위) 이상으로는 승진할 수 없도록 하는 경우

　2. 특정 성에게 승진기회는 부여하고 있지만, 상대적으로 불리한 조건·절차를 적용하는 경우

　3. 특정 성의 직급(위)을 다른 성에 비하여 더 많은 단계로 세분화하여 일정 직급에의 승진 시까지 다른 성보다 장기간 소요되게 하는 제도를 둠으로써 결과적으로 특정 성을 불리하게 대우하는 경우

　4. 그 밖에 합리적인 이유 없이 남녀를 차별하여 승진기회 등을 부여하는 경우

　승진에서의 성차별 관련 판례와 결정례는 15건(국가인권위원회의 결정례 5건, 법원의 판례 3건, 남녀차별개선위원회의 결정례 3건, 노동위원회·여성특별위원회의 결정례 각 2건)이 있다. 그중 14건이 2000년대에 있었고, 나머지 1건은 1999년에 있었다. 성차별의 문제를 제기한 사람이 여성인 경우는 14건이었는데 그중 여성차별을 인정한 판례와 결정례는 8건이다. 남성이 문제제기를 한 사안은 1건이었는데 국가인권위원회는 남성차별을 인정하지 않았다. 내역을 보면, 여성의 승진지체 관련 8건, 승진에서의 여성의 배제 또는 탈락 관련 4건, 승진요건에서의 남녀차등 관련 3건이 있다.

5-1 승진에서의 여성의 배제 또는 탈락

> [123] 승진에서의 여직원 제외
>   [여성특별위원회 1999.10.13 결정 99고용-17](여성차별 인정)
> [124] 육아휴직 중인 여성승진대상자를 승진에서 제외
>   [국가인권위원회 2006.10.10 결정 06진차308](여성차별 인정)
> [125] 승진에서의 고졸여사원 제외
>   [국가인권위원회 2008.3.10 결정 07진차225](여성차별 불인정)
> [126] 근무평정이 낮은 여성의 승진탈락
>   [남녀차별개선위원회 2005.4.25 결정](여성차별 불인정)

1) 여성차별을 인정한 결정례

여성특별위원회[123]는 피신청인(○○지구의료보험조합)이 여직원들에 대해 승진을 시키지 않은 조치에 대하여 객관적인 평가기준 없이 "여성은 대외적인 업무수행에 애로가 많기 때문에 승진은 곤란하다."는 남녀차별적인 인식에 기인한 기준을 적용한 것으로 남녀차별로 인정하고 인사발령을 시정할 것과 본건과 유사한 남녀차별 사례의 재발방지계획을 수립하여 시행할 것을 권고하였다.

국가인권위원회[124]는 피진정인(대한적십자사총재)에게 육아휴직자를 포함하여 휴직기간 중인 직원의 승진을 제한하고 있는 「직원운영규정」에 따라 피해자를 승진소요연수에 도달한 승진대상자임에도 육아휴직 중인 것을 이유로 승진에서 제외하는 것은 합리적 이유가 없는 차별행위라고 판단하고 육아휴직제도의 취지에 부합하도록 차별적 조항을 개정할 것을 권고하였다.

국가인권위원회의 결정[124]요지

육아휴직제도는 남녀근로자가 계속 피고용자의 신분을 유지하면서 출산휴가 직후 일정 기간 자녀의 양육을 위해 직무에 종사하지 않고 자녀양육을 위해 휴직을 하는 모성보호제도로서 본질적으로 육아휴직자에게 인사상 불이익을 주지 않도록 하면서 우리 사회의 미래를 짊어질 아동의 양육에 전념할 수 있도록 하는 데 목적이 있다. 그런데 피진정인은 매년 1월 1일, 7월 1일 2회만 직원을 승진시키면서 5급까지는 최저 승진소요연수만 경과하면 특별한 사유가 없으면 승진되는 제도를 시행하고 있는 바, 육아휴직기간 중에 승진심사가 있어 승진에서 제외되는 자는 복직 후 바로 승진이 되는 것이 아니라 다음 승진일자까지 기다려야 하므로 실질적으로 승진이 늦어지는 불이익을 받게 되는데, 이와 같이 운영되는 경우 상당수 여성들이 승진과 경쟁에서 탈락하지 않기 위해 육아휴직제도 사용을 기피할 가능성이 있게 되며 이는 우리 사회의 존속을 위해 시행되고 있는 육아휴직제도의 취지에 반하는 결과를 낳게 될 것이다. 이러한 근거로 노동부에서도 피진정인이 「직원운영규정」에서 승진소요 최저연수에 육아휴직기간을 포함하도록 규정하고 있으면서 승진제한대상자에 육아휴직자를 포함시키면 「남녀고용평등법」 제19조 제3항 규정의 취지에 반한다는 의견을 진술한 바 있다.

2) 여성차별을 인정하지 않은 결정례

국가인권위원회[125]는 의류제조업체인 회사에서 고졸 경력직 사원으로 입사하여 총 10여 년간 근무하다가 퇴직한 진정인이 입사 당시부터 진정인과 함께 근무하였던 대졸사원들은 이미 차장급이 되었고, 같은 고졸 출신이라도 남자사원은 진정인보다 몇 년씩 빨리 주임으로 승진하였는 바, 이는 성차별이자 학력차별이므로 정상적으로 승진되지 못해서 입은 불이익에 대해 보상받기를 원하여 진정한 사건에서 고졸여사원 그룹 내에서도 각 개인마다 승진 내역이 서로 달라 진정인이 승진하지 못한 이유가 여성 또는 고졸 학력 때문이었다고 단정하기 어렵다며 진정을 기각하였다.

남녀차별개선위원회[126]는 KT 부산본부의 여성과장이 2002년과 2003년 근무평정에서 최우수등급을 받고도 회사의 부장(2급) 승진인사에서 탈락하고, 2004년에는 B등급을 받아 아예 승진후보대상자에 포함되지 못하게 된 것은 회사가 승진에 있어 남녀를 차별한 것이라고 시정신청을 한 사건에서 2004년의 승진심사 당시 근무평정이 낮았기 때문이라는 회사측의 진술과 인사자료의 검토에 근거하여 남녀차별이 아니라고 하였다. 신청인은 이에 불복하여 남녀차별개선위원회에 이의신청을 제기하였지만 이의신청 역시 2005년 6월 13일에 기각되었다.

5-2 여성의 승진지체

여성의 승진지체와 관련한 성차별 분쟁 사건은 4종이 있으며 이에 관한 판례와 결정례는 8건이 있다.

[127] 여행원의 승진지체
    [여성특별위원회 2000.7.14 결정 00고용-23](여성차별 불인정)

■ 직제개편으로 인한 여성직군의 승진지체([128]~[132])
[128] [서울지방노동위원회 2002.4.2 결정 2002부해86](여성차별 불인정)
[129] [중앙노동위원회 2002.10.29 결정 2002부해342](여성차별 불인정)
[130] [서울행정법원 2004.4.16 선고 2002구합39750](여성차별 불인정)
[131] [서울고등법원 2006.1.12 선고 2004누885](여성차별 인정)
[132] [대법원 2006.7.28 선고 2006두3476](여성차별 인정)

[133] 승진소요연수와 상위직급의 점유율에서의 남녀차이
    [국가인권위원회 2006.11.16 결정 06진차42](여성차별 인정)
[134] 학력 · 병역 · 근속연수의 승진심사기준에 따른 여성의 승진지체
    [국가인권위원회 2008.12.29 결정 08진차325](여성차별 인정)

1) 여행원의 승진지체

여성특별위원회[127]는 신청인이 은행에 6급 행원으로 입사하여 19년째 근무하는 여직원으로서 다른 남자직원들은 모두 4급 대리 이상으로 승진하였음에도 신청인은 현재까지 5급으로 근무하고 있는 등 승진인사에서 차별을 받고 있으므로 이에 대한 시정을 요구한 사건에서 피신청인(○○은행장)의 행위가 남녀차별에 해당된다는 증거가 없으므로 신청을 기각하였다.

다만, 1992년 이전의 여행원제도 시절의 근무성적평정은 남녀차별적 요소가 있으므로 피신청인은 이 점을 고려한 보완책으로 현재 15%에 해당하는 여성승진할당비율을 30%까지 상향조정하도록 요청하는 의견을 표명하였다.

2) 여성직군의 승진지체

한국전기공사협회는 같은 자격임에도 남성은 5직급, 여성은 6직급으로 채용한 후 직제개편을 하여 일반행정직과 상용직으로 분리된 '직군제'를 만들어 6직급 이상 행정직 여성들을 10년간 승진이 제한되는 상용직으로 전환했다가 다시 6직급을 도입해 9호봉 체제를 20호봉으로 늘려 승진기회를 더욱 제한하였다. 신청인은 입사 15년 만에 5직급으로 승진했으나 해당 직급의 정해진 나이가 될 때까지 상위직급으로 승진하지 못하면 자동퇴직해야 하는 '직급정년제'로 인해 승진한 지 1년 만에(당시 나이 만 40세) 정년퇴직을 당하게 되자 서울지방노동위원회에 승진제도와 해고가 부당하다는 구제신청을 하였다. 그런데 서울지방노동위원회[128]와 중앙노동위원회[129], 서울행정법원[130]은 차별이 아니라며 신청을 기각했다.

 서울행정법원의 판결[130]요지

1) 사무보조원업무를 하던 과거의 행정직 6직급은 담당업무의 보조적 성질 및 상대적으로 낮은 보수 때문에 주로 여성이, 전문지식과 소양이 필요한 행정직 5직급은 잦은 출장과 순환보직에 따른 지사근무를 하는 관계로 주로 남자가 추

천되어 왔던 것임을 알 수 있으므로, 협회가 처음부터 동일직종의 5, 6직급이 동일업무임에도 불구하고 동일학력의 남녀직원 중 여자직원에게만 낮은 직급인 6직급을 부여한 것은 아니라고 할 것이어서, 원고를 채용함에 있어 성차별이 있었던 것은 아니라 할 것이다.

2) 6직급이나 상용직이 사실상 모두 여성근로자로만 이루어졌다고 하더라도 직제개편 및 직군 간의 이동 제한은 사무보조원이라는 업무의 특성에 기인한 것이어서 불합리하다고 할 수 없으며, 한편 협회가 다시 직제규정을 개정하여 1996년 11월 15일부터 상용직을 '행정·기술직군'의 6직급으로 재개편하고 그 6직급에 대한 승진도 실시한 후에는 실제 여성근로자들 중에도 승진한 자도 나오게 되었으므로 승진에 있어 성차별이 있었다고 볼 수 없다.

3) 고용비용 증가와 이에 상응한 생산성 저하, 담당인력의 고령화 방지와 신진대사 촉진의 필요성을 고려한다면, 협회의 취업규정상 5, 6직급의 정년이 4직급과 비교하여 5년간 상대적으로 낮은 것은 근로자의 신진대사 촉진과 젊은 층의 취업기회 보장 및 연령 구성상의 균형을 도모하고자 한 취지로서 근로자가 제공하는 근로의 성질, 내용, 근무형태, 인적 구성의 조화, 협회의 특수성 등 제반 여건을 고려하면 합리적인 기준에 따라 운영한 것이라는 점에서 협회의 직급별 정년차등제가 남녀를 부당하게 차별하는 것은 아니라 할 것이다.

이와 같이 서울행정법원[130]이 협회측의 주장을 모두 받아들여 성차별을 불인정하는 판결을 내리자 한국여성민우회와 민주사회를 위한 변호사 모임은 이 사건을 '채용, 승진, 퇴직에 이르기까지 여성에 대한 중첩적 차별'로 규정하고 소송을 지원했다.

그런데 서울고등법원[131]은 정당한 이유 없이 여성은 6직급, 남성은 5직급으로 채용한 것은 '모집채용상의 차별'에 해당한다고 인정하였고 '성별에 따른 상용직으로의 부당한 직제개편'과 '상용직에 대한 승진 직군 간 이동의 제한'이 위법한 차별이라고 인정했다. 이어 대법원[132]은 협회측의 상소를 기각하였다.

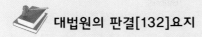

대법원의 판결[132]요지

1) 원심[131]이 협회가 비록 6직급의 업무의 특성에 기인하여 직군을 달리할 업무상 필요가 있었다 하더라도, 직제개편 당시 이미 근무하던 행정직 6직급 근로자들에 대하여서까지 직군 간 이동을 제한하고 기존에 허용되던 상용직 내에서의 승진조차 전혀 허용하지 아니함으로써 행정직 6직급 근로자들의 직급승진의 기회를 사후에 박탈한 것(이에 따라 6직급 근로자들의 정년은 직급정년인 35세로 고정되게 되었다)은 그들이 채용 당시 가지고 있던 승진에 대한 기대이익을 침해하는 조치로서 합리성이 없다 할 것이고, 상용직의 업무가 행정직 6직급의 그것과 동일하였고 행정직 6직급이 모두 여성근로자들로만 구성되어 있는 점에 비추어 보면 협회의 직제개편조치가 합리적 이유 없이 행정직 6직급인 여성근로자들에게만 불리하게 승진을 제한하는 차별적 대우를 한 것이라고 판단한 것은 정당하고(원심의 판단은 이에 따라 그러한 차별적 조치가 「남녀고용평등법」이 시행되기 전의 「근로기준법」 제5조(균등처우)의 규정에 위배된다는 취지로 보인다), 거기에 상고이유의 주장과 같이 판결 결과에 영향을 미친 법리오해, 채증법칙위배나 심리미진에 의한 사실오인 등의 위법이 있다고 할 수 없다.

2) 관련 법리와 기록에 비추어 살펴보면, 원심[131]이 나아가 협회가 직제규정을 다시 개정하여 1996년 11월 15일부터 상용직을 폐지하고 상용직 근로자들을 행정직 6직급으로 재개편하고 승진의 기회를 부여하였으나, 이러한 경우 협회로서는 상용직의 폐지로 인하여 행정직 6직급으로 환원되는 여성근로자들의 직급을 정함에 있어, 근속기간 등을 고려하여 직제규정에 맞는 직급을 부여함으로써 10여 년간 상용직에 묶여 승진의 기회를 박탈당한 행정직 6직급 여성근로자들의 불이익을 제거하였어야 할 터인데, 별다른 조치 없이 상용직 근로자를 그대로 6직급으로 환원함으로써, 종전의 승진에서의 불이익이 제거되지 아니한 채 승진규정 및 직급정년규정을 적용받게 되어 상용직이 폐지되었다 하더라도 행정직 6직급 여성근로자들의 승진에 있어서의 불이익이 여전히 잔존하게 되었다고 판단한 뒤, 직제개편으로 인한 승진에 있어서의 불합리성을 시정하지 아니한 채 참가인의 직급정년제규정을 일률적으로 적용하게 된다면 행정직 6직급에 있다가 상용직에 편입되어 10여 년간 승진이 제한된 상황에서 다시 행정직 6직

급에 재편된 여성근로자의 경우 낮은 직급으로 인하여 조기에 정년이 도래할 것임이 분명하므로 참가인이 이러한 여성근로자들에 대하여서까지 조기정년의 직급정년제규정을 그대로 적용하는 것은 현저하게 합리성을 잃은 조치로서 부당하다고 판단한 것도 정당하고, 거기에 상고이유의 주장과 같이 판결 결과에 영향을 미친 법리오해, 채증법칙위배나 심리미진에 의한 사실오인 등의 위법이 있다고 할 수 없다.

한국여성민우회측은 대법원의 판결에 대해, '간접차별'의 개념을 인정하고 승진차별을 인정한 최초의 사건이라며 환영하는 성명을 발표했다.

그런데 대법원이 직급정년제에 대하여 위법한 차별에 해당한다는 판결을 내렸음에도 불구하고, 소송을 제기한 여성은 복직 4개월 만에 또다시 4직급 45세 정년에 걸려 퇴직처분을 당했다. 협회가 복직만 인정하고 직급제도를 시정하지 않았기 때문이다. 2008년 6월 2일에 서울남부지방법원은 대법원 판결[132]과 마찬가지로 직급정년제가 여성근로자를 승진, 정년 등에서 차별한 것으로 현저히 합리성을 잃은 조치라며, 퇴직을 무효처분하고 복직 시까지의 임금도 지급하라고 판결했다.[18]

3) 승진소요연수와 상위직급의 점유율에서의 남녀차이

국가인권위원회[133]는 ○○자동차주식회사 광주·전남지역 본부에서 5급 남자직원이 4급으로 승진하는 데 평균 7년이 소요되는 반면, 여자직원은 평균 12년이 소요되고 있는 바 이는 성별에 의한 승진차별이라는 진정에 대하여 간접차별을 인정하였다. 그리고 피진정인에게 이 사건 피해자들에 대한 구제조치를 포함하여 승진에 있어서 누적되어 온 성차별을 해소하기 위한 적극적 조치를 수립하고 그 계획을 위원회에 통보할 것과 공정하고 객관적인 인사고과, 여성적 직무요소가 반영된 직무평가, 고과자의 성차별적 인식 개선 등 양성평등한 승진제도를 수립할 것을 권고하였다. 이 결정문은 성차별

---

18) 여성주의 저널 일다, 2004.10.10 기사, 2006.8.2 기사, 2008.6.5 기사("성차별 직급정년제, 소송은 이겼지만… 복직 4개월 만에 또다시 정년 걸려 퇴직처분") 참조.

의 의의, 승진의 의의와 승진차별의 영향, 승진차별 유무의 판단방법, 여성의 노동가치에 대한 직무평가의 반영, 적극적 조치 등을 제시하여 승진에 관한 성차별 판단의 지침서라 평가된다.

국가인권위원회의 판단[133]요지

1) 성차별이란 합리적인 이유 없이 여성 혹은 남성이라는 성별을 이유로 인하여 발생하는 모든 구별, 배제, 제한 그리고 폭력을 의미하며 또한 현 사회에 형성되어 있는 고정된 성역할 관념을 근거로 하여 이루어지는 차별도 금지의 대상이 된다.

2) 「국가인권위원회법」 제2조 제4호는 합리적인 이유 없이 특정한 사람에 대하여 우대 · 배제 · 구별하거나 불리하게 대우하는 행위를 평등권침해의 차별행위로 규정하고 있다. 이때 합리적인 사유라 함은 특정한 직무나 업무를 수행하는 데 있어 그 개인이 가진 속성이 직무를 수행하는 데 반드시 필요하다는 것을 입증하는 경우나 특정 소수자 집단을 우대하는 적극적인 조치 등을 말한다.

3) 피진정인 회사에서 여성의 경우 5급에서 4급으로의 승진에 평균 11년이 소요되는 반면, 남자직원들의 같은 직급으로의 승진소요연한은 6.5년이었다. 또한 남자직원들은 모두 대리 이상으로 승진하였으나 여자직원의 59%에 이르는 23명은 입사한 지 10년에서 15년이 경과하였음에도 여전히 최하위직에 머물러 있다. 성별 간 격차는 상위직급으로 갈수록 더욱 커져 '과장승진'의 경우 여성은 승진대상자에 오를 사람조차 없게 되었고, 전체 직원 중 대리 이상의 여성직원은 5%도 되지 않아 대리급 이상은 남성, 평직원은 여성이라는 직급별 · 성별 불균형을 낳게 되었으며, 각 지점의 경우 과장이나 대리는 남성, 평사원은 여성이라는 지점 내 인적 구성의 변화까지 초래하였다. 이러한 통계상의 극심한 남녀 불균형은 승진에서의 성차별이 오랜 기간 심각하게 진행되었다는 것을 보여 주는 직접적이고 명백한 증거라 할 것이다.

4) 피진정인은 남녀 직원이 수행하는 업무 및 난이도에 차이가 있다고 하면서 이러한 차이가 승진심사 시 총체적으로 반영되었다고 한다. 피진정인은 직무배치 시 남성은 채권과 연체업무를, 여성은 계약 및 출고, 수납회계, 선급업무를

담당하도록 하였는데 이는 당시의 성별 고정관념 및 선입견에 의한 것으로 각각의 업무가 반드시 특정 성을 필요로 하는 진정직업자격에 해당된다고 보기 어렵다. 따라서 피진정인의 주장대로 남녀 직원의 업무에 차이가 있고 이러한 차이를 승진심의에 반영하였다면 이는 성차별적 직무배치로 이러한 배치상의 차별이 결과적으로 승진차별의 한 요인으로 작용한 것이라 할 것이다. 또한 피진정인은 남녀 직원의 업무 및 난이도의 차이를 주장하면서도 이를 입증할 수 있는 직무평가 등의 자료를 제출하지 못하였다. 오히려 채권 연체업무는 1999년 현대캐피탈로 이관되어 지점에서는 그 업무가 현저히 줄어들었고, 계약 및 출고, 수납 및 회계업무는 채권 및 연체업무에 비해 그 내용 및 과정이 다양하고 복잡하여 숙련 및 노력을 요하는 업무라 할 것이며, 특히 계약 및 출고는 지점 및 지점장 평가에 직접적인 영향을 미치므로 업무담당자가 느끼는 책임감 또한 막중하다 할 것이다. 따라서 피진정인의 위와 같은 주장은 여성의 업무는 단순하다거나 난이도가 낮다는 여성노동에 대한 평가절하에서 비롯된 고정관념에 근거한 것이라고 판단된다.

5) 피진정인은 또한 인사평가 및 승진시스템 전반에 걸쳐 남녀차별적인 규정이나 요소가 없다고 주장한다. 승진자 선정이 공정하게 이루어지려면 평정자가 객관적이고 공정하게 평가할 수 있도록 승진기준으로 사용되는 직무평가가 공정하게 이루어져야 하고, 공정한 직무평가를 위해서는 공정한 직무분석이 선행되어야 한다. 영국 EOC의 지침에 따라 평가할 때 피진정인의 평정기준은 성차별을 공고화하는 데 활용될 소지가 크다. 규율성, 조직몰입, 전문지식, 추진력, 달성도, 창의력 등 남성 직무의 특징이라고 여겨지는 요소들은 포함된 반면, 섬세함, 꼼꼼함, 손재주, 감정노동 등 여성적 직무요소는 포함되지 않아 이 기준에 의해 평가할 때 남성에게 높은 점수를 부여하는 것이 당연시되는 반면 여성의 업무는 평가절하될 수 있기 때문이다. 피진정인의 인사 관련 제도나 규정 등에 비록 명시적인 성차별규정이 없다 하더라도 현재의 통계상 성차별적 결과는 여성의 노동이 평가절하될 수 있는 평가항목, 고과자의 성적 편견의 개입, 고과자의 주관적 판단에 근거한 형식적 인사고과가 이루어져 왔다는 것을 보여 주는 반증이라 할 것이다.

6) 사회통념상 성역할 고정관념은 승진에서의 성차별을 낳는 하나의 요인으로 작용하였다고 판단된다. 여성은 결혼을 하면 일을 그만두어야 했던 과거의 관

행, 남성은 집안의 가장이므로 우선적으로 승진시켜야 된다는 생각, 여성의 업무는 단순하고 가치가 낮다는 편견, 남성의 업무는 어렵고 힘들어 난이도가 높다는 고정관념 등이 남성에게 높은 고과를 주고 여성을 승진에서 배제하는 것이 당연한 관행으로 굳어졌다고 판단된다.

7) 승진은 단지 직급상승의 문제뿐 아니라 임금, 교육, 배치, 직무 등 모든 고용조건과 관련을 갖고 있다 할 것이며, 업무와 회사에 대한 만족감을 주고 업무능률을 향상시키는 것은 물론 인간으로서의 자아존중감과 정체감을 형성하는 중요한 요인이라 할 것이다. 기업의 입장에서 보더라도 합리적이고 객관적인 승진체계는 근로자들로 하여금 근로의욕을 고취시키고 회사에 대한 애사심 및 책임감을 갖게 하는 중요한 기제이다. 진정인들이 오랜 기간 승진에서 배제되어 남자 후배들이 관리자로 승진되었음에도 여전히 최하위직급에 머물러 있는 상황 등은 임금, 교육 등 전반적인 고용환경에서 그동안 커다란 불이익을 받았을 뿐만 아니라 자아존중감의 상실이라는 측면에서도 피해가 심각하며, 이는 결과적으로 기업경영에도 좋지 않은 영향을 미쳤을 것이라 판단된다.

8) 진정인들은 여성이라는 이유로 오랜 동안 승진에서 배제되는 불이익을 받았다고 판단되는 바 피진정인 주장의 합리성을 인정하기 어렵고, 그 외 여성을 다르게 대우하여야 할 합리적 이유를 발견할 수 없으므로 피진정인의 행위는 결과적으로 승진에 있어서 성차별이라 할 것이다.

9) 피진정인의 행위로 인한 차별의 결과가 심각하여 남녀차별을 금지하거나 기회의 평등을 제공하는 것만으로는 남녀간의 현저한 지위상의 차이를 해소하기 어려우므로 여성에 대한 잠정적 우대조치를 통해 적극적으로 차별을 개선해야 할 필요성이 있다고 판단된다. 또한 공정하고 객관적인 인사고과, 여성적 직무요소가 포함된 직무평가, 고과자의 성차별적 인식 개선 등 양성평등한 승진제도를 수립해야 할 필요성이 있다.

4) 학력 · 병역 · 근속연수의 승진심사기준에 따른 여성의 승진지체

국가인권위원회[134]는 선박회사가 승진대상자를 선정하면서 학력과 병역, 근무연수를 승진심사기준으로 삼은 조치에 대하여 병역의 의무를 이행하지 못하거나 고등학교 졸업의 조건으로 채용된 여성을 불리하게 대우하는 것이므로 간접차별을 인정하고 피진정인에게 공정하고 객관적인 인사고과제도 등 양성평등한 승진제도를 수립할 것을 권고하였다. 이 결정문은 [133]의 결정문과 같이 성차별의 개념과 차별의 예외가 되는 합리적 이유에 관해 정의하고 유사한 논지로 승진에서 통계상의 성별 격차에 대하여 승진기준의 합리성과 남녀에 미치는 영향을 고려한 성인지적(gender sensitive)판단을 하였다.

 국가인권위원회의 결정[134]요지

1) 본 진정의 성차별 여부에 대한 판단은 승진에 있어 여성을 달리 대우할 합리적인 이유가 있었는지 보면, 여직원의 경우 6년 이상 재직하였음에도 사원으로 있거나 10년 정도 재직하고서 주임으로 승진한 반면, 남자직원들은 주임제도를 거치지 않고 대리로 승진하는데 평균 5.6년, 과장으로의 승진에 평균 6.5년이 소요되었다. 성별 간 격차는 상위직급으로 갈수록 더욱 커져 전체 직원 중 대리 이상의 여성직원은 5%도 되지 않아 대리급 이상은 남성, 사원 및 주임은 여성이라는 직급별, 성별 불균형을 낳게 되었다. 이러한 통계상의 남녀 불균형은 승진에서의 차별이 오랜 기간 진행되었다는 것을 보여 준다.

2) 피진정인이 학력, 병역, 근속연수를 승진대상자를 선정하는 1차 기준으로 삼은 것은 병역의 의무를 이행하지 못한 여성에 대한 차별이며, 학력 또한 여직원은 고등학교 졸업자 이상, 남직원은 무역 등 관련 학과 졸업생을 채용했던 관행이 승진에서 여성에게 지속적인 불이익으로 작용하는 결과를 초래하였다. 2차 기준인 근무태도, 업무수행능력 등의 기준은 1차 기준에 의한 승진추천대상자에 대하여 인사평가서를 작성하는 방식으로 활용되어 부서장의 인사평가 및 영업활동실적 등 종합적인 평가기준을 승진의 기준으로 삼고 있다는 피진정인의 주장은 사실이 아니다.

승진요건을 남녀 다르게 하여 성차별 분쟁이 생긴 사건은 3건이 있다.

[135] 호텔 웨이터와 웨이트레스의 성별 분리승진체계
　　　 [남녀차별개선위원회 2002.3.4 결정 01고용9](여성차별 인정)
[136] 주임승진소요기간의 남녀차등
　　　 [남녀차별개선위원회 2003.8.11 결정 03남녀차별22](여성차별 인정)
[137] 초·중등학교 교장·교감 승진에서의 여성우대정책
　　　 [국가인권위원회 2006.5.29 결정 06진차14](남성차별 불인정)

1) 호텔 웨이터와 웨이트레스의 성별 분리승진체계

남녀차별개선위원회[135]는 피신청인(호텔)이 웨이터(남)와 웨이트레스(여)를 분리하여 실시한 Captain 승진인사에서 두 직무가 업무수행에서 본질적 차이가 있다고 보기는 어려운데도 합리적인 이유 없이 웨이터(남)인원을 더 높은 비율로 승진시킴으로써 양자 간 승진인원에 상당한 차이가 발생하도록 한 것은 남녀차별이라고 결정하고, 적정한 성별 승진인원비율을 포함하는 향후 승진인사에서의 성차별 개선계획을 수립하여 남녀차별개선위원회에 통보하고 동 계획을 시행하도록 권고하였다.

2) 주임의 승진소요기간의 남녀차등

남녀차별개선위원회[136]는 피진정인 회사에서 단체협약에 따라 고졸사원이 주임으로 승진하기 위해서는 남자는 7년, 여자는 12년이 소요되고 승진심사 시 행정사무, 경리, 생산직종 등 특별히 기술을 요하지 않는 직종의 상위 직급화를 우려하여 직종에 따른 직급별 안배를 염두에 두었고 인사위원회위원들이 여성고졸사원의 승진에 부정적이었다는 참고인들의 진술에 비추어 볼 때 특정 직종에 근무하는 특정 성을 우대하는 승진심사가 이루어졌음과

차별적인 승진심사로 인해 다른 한 성에 대한 불이익이 발생했다고 할 수 있을 것이라고 판단하였다. 그리고 피신청인에게 승진·승급·임금 등과 관련한 남녀차별적인 인사제도를 남녀차별적 요소가 없도록 합리적으로 개선할 것과 남녀차별적 요소가 없도록 합리적으로 개선된 인사제도에 따라 객관적으로 공정하게 주임승진 재심사를 실시할 것을 시정권고하였다.

3) 초·중등학교 교장·교감 승진에서의 여성우대정책

국가인권위원회[137]는 도교육청이 초·중등학교 교장·교감의 승진에서 여성이 승진후보자명부에 등재되어 있고 승진예정인원의 3배수 범위 내에 들어 있으면 우선승진시키는 여성우대정책을 시행하는 것은 적극적 조치이며 차별에 해당하지 않는다고 판단하였다.

국가인권위원회의 결정[137]요지

초·중등학교 교사(교육공무원에 한함. 사립학교교사는 제외) 중 여성이 차지하는 비율이 상당히 높은 반면 교감·교장의 여성비율이 현저히 낮은 통계적 불균형을 통해 교감·교장의 승진에서 여성에 대한 구조적 차별, 즉 유리천장(Glass Ceiling)이 존재한다고 볼 수 있어 피진정인이 초등학교 및 중학교 교감·교장의 승진 시 여성을 우선임용(제청)하는 것은 교직사회에서 성별 불균형을 해소하고 여성의 고용구조를 개선하기 위한 적극적 조치(Affirmative Action)의 하나라고 할 수 있다.

「헌법」 제11조에서 말하는 법 앞의 평등이란 모든 차별을 금지하고 균등한 기회를 제공해야 한다는 절대적·형식적 평등을 의미하는 것이 아니라, 합리적 근거 없이 차별을 하여서는 안 된다는 상대적·실질적 평등을 의미하는 것이라 할 것이다. 그렇다면 교직사회에서 여성의 대표성을 강화하고, 교감·교장의 승진에서 과거의 누적된 차별로 인한 현재적 결과의 시정을 통해 실질적·결과적 평등을 실현하기 위한 방안으로 그동안 불이익을 당해 온 여성을 우선임용하도록 한 피진정인의 조치는 남녀 공히 공개경쟁 및 기회균등을 통해 승진후보자명부에 등재된 자 중 승진예정인원의 3배수 범위 내에 있는 여성교원을 우선적으로 승진시키는 잠정적 우대행위이고, 2004~2005년 교감·교장 승진인원에서 우선임용 여성비율이 0~26%에 불과하며 우선승진임용 여성교원이 30% 이상인 경우에는 ○○○도교육공무원인사위원회에서 그 비율을 정할 수 있도록 하고 있어, 동 조치로 인한 남성교원에 대한 승진제한이 지나치다고 보기 어렵다.

따라서 실질적·결과적 평등의 실현을 위하여 초·중등학교 교감·교장 승진 시 여성을 잠정적으로 우선임용(제청)하도록 한 피진정인의 조치는 합리적 이유가 있는 차별이라고 판단된다.

6. 정년 관련

현행 「남녀고용평등법」은 제11조(정년·퇴직 및 해고) 제1항에서 "사업주는 근로자의 정년·퇴직 및 해고에서 남녀를 차별하여서는 아니 된다."라고 규정하고 있다. 위반자는 5년 이하의 징역 또는 3천만 원 이하의 벌금에 처한다(제37조 제1항).

「남녀고용평등업무처리규정」은 '정년'을 "근로자의 계속 근로의사 및 능력에 관계없이 사업장의 단체협약, 취업규칙, 근로계약 등에서 근로관계가 종료되도록 정한 연령"으로 규정하고 정년에서의 남녀차별적인 행위를 다음과 같이 예시하고 있다.

1. 동일직종에서 남녀간 정년을 달리 정하는 경우
2. 특정 성이 대다수를 차지하는 직종의 정년을 합리적인 이유 없이 다른 직종보다 낮게 정하는 경우
3. 직급별 정년을 달리 정함으로 인하여 특정 성의 정년이 다른 성의 정년

보다 빠른 경우가 현저하게 많아 특정 성에게 불리한 결과를 초래하는 것에 대하여 사업주가 정당성을 입증하지 못하는 경우

4. 그 밖에 합리적인 이유 없이 남녀를 차별하여 정년을 정하는 경우

정년에 관한 성차별 분쟁사건은 23건(법원의 판례 15건, 노동위원회의 결정례 6건, 국가인권위원회·고용평등위원회의 결정례 각 1건)이 있다. 그중 16건이 1990년대에 있었고, 4건이 1980년대, 3건이 2000년대에 있었다. 성차별의 문제를 제기한 사람은 모두 여성이었는데 그중 여성차별을 인정한 판례와 결정례는 14건이다. 내역을 보면, 정년의 남녀차등 관련 21건, 여성의 조기정년 관련 2건이다.

6-1 정년의 남녀차등

우리나라에서 남녀간의 정년차등문제가 처음으로 소송의 사안이 된 것은 1983년 1월이었다. 그런데 일본에서는 이미 1969년에 남자 55세, 여자 30세의 정년차등은 이를 정당화할 만한 특별한 사정이 없고 여성을 현저히 불리하게 차별한 것으로 공서양속에 위반·무효라고 한 판결들(名古屋放送社 사건에 관한 名古屋지방법원 판결(1969.4.1 선고), 東急機關工業 사건에 관한 동경지방법원의 판결(1969.7.1 선고))이 나왔다. 그 후 남자 57세, 여지 47세의 정년차등이 문제가 된 사건(伊豆샤보뎅공원사건)에 관한 동경고등법원의 판결(1975.2.26 선고)과 남자 55세, 여자 50세의 정년차등이 문제가 된 사건(日産자동차사건)에 관한 동경지방법원의 판결(1973.3.23 선고)를 비롯한 여러 판결들은 노화에 따른 노동능력의 감퇴에 남녀 사이에 정년차이를 둘 만큼의 차이가 없으므로 무효라고 판시하였다.[19]

우리나라에서 정년의 남녀차등 관련판례와 결정례 21건 중에는 전화교환원의 정년차등 관련 10건, 생산직 정년의 남녀차등 관련 7건, 여성사무직의 차등정년제 관련 4건이 있다.

---

19) 노동부(1991), 『일본의 남녀고용평등관련 판례』, 28~64면; 신용자·서경숙·김엘림 외 (1988), 『여성근로자의 정년에 관한 연구』, 한국여성개발원, 184~190면; 윤후정·신인령 (2001), 427~448면; 大脇雅自·中野麻美·林陽子(1996), 『働く女たちの裁判』, 學陽書房, 216~228면.

1) 전화교환원의 정년차등

(1) 여성전화교환원과 다른 직종의 12세 정년차등

[138] [서울민사지방법원 1983.6.21 선고 83가합221](여성차별 불인정)
[139] [서울고등법원 1985.2.15 선고 83나3100](여성차별 불인정)
[140] [대법원 1988.12.27 선고 85다카657](여성차별 인정)
[141] [서울고등법원 1989.4.19 선고 89나2136](여성차별 인정)

한국전기통신공사 소속의 여성교환원(김영희 씨)은 공사가 인사규정을 개정하면서 여성이 절대다수로 근무해 온 교환원직종의 정년을 다른 직종보다 12년 낮은 43세로 단축하는 단서조항을 신설함에 따라 1982년 12월 31일 공사로부터 정년퇴직발령을 받았다. 김씨는 이 정년퇴직조치가 「헌법」과 「근로기준법」의 남녀평등규정에 위배되며 취업규칙의 불리한 변경에 근로자의 동의절차를 거치지 않은 것이라고 주장하며 1983년 1월 13일 서울민사지방법원에 정년퇴직무효확인소송을 제기했다. 이 소송은 우리나라 최초로 성차별 문제로 제기된 소송이다.

이 사건에 대해 제1심[138]과 제2심[139]은 공사의 조치가 여성에 대한 차별이 아니라 교환원직종의 특수성과 인력수급 등의 사정을 고려한 합리적 조치라고 판단하여 원고패소판결을 내렸다. 재판과정에 원고가 노동조합 간부였음에도 불구하고 노조위원장은 사용자측 증인으로서 인사규정은 노조위원장이 추인하였으므로 유효하다는 주장을 하였다. 이 판결들과 사건을 계기로 한국노총 등의 노동단체, 한국여성단체협의회 등의 여성단체의 활동가들과 법전문가 등이 후원회를 조직하고 홍성우 인권변호사가 무료변론을 하는 등의 지원활동을 하였다. 이러한 소송지원활동은 여성주의 권리구제활동의 선례가 되었다.

대법원[140]은 여성에 대한 차별에 해당될 수 있다는 이유로 원심판결을 파기하고 사건을 고등법원으로 환송했다. 이에 따라 서울고등법원[141]은 여성전용직종인 교환직렬의 정년을 다른 일반직렬의 정년보다 12년이나 낮은 43세로 정한 것은 노사간의 단체협약에 의해 추인을 받았다고 하더라도 노화에 따른 남녀간의 노동수행능력의 감퇴정도에 차이가 없다는 등의 이유로 남녀간의 차별대우를 금지한 「근로기준법」 제5조에 위배되어 무효라는 확정판결을 내렸다. 그리하여 원고인 김씨가 1989년 원직에 복직하면서 사건은 일단락되었다. 그 후 공사는 교환원정년을 53세로 상향하였다.

이 소송과정에서 여성고용차별문제에 관한 사회적 관심이 높아지고 정부와 피고공사 등에서 여성공무원과 여성근로자의 정년을 연장하여 많은 여성이 혜택을 받게 되었다. 그리고 이 소송은 여성들이 소송과 고소, 진정을 통해 권리를 확보하는 일들을 촉진시켰고 1987년 12월에 「남녀고용평등법」이 제정되는 데 기여하였다.[20]

이 대법원 판결[140]은 1996년에 사법연수원 교수들에 의해 독자적인 법치 발전과 사법민주화에 공로가 큰 10대 판결의 하나로 선정되었다. 그리고 2008년에 대법원이 '사법 60주년'을 맞아 선정한 '한국을 바꾼 시대의 판결 12건' 중에 여성종중원의 지위를 인정한 대법원의 판결[2005.7.21 선고 2002 다13850]과 함께 선정되었다.[21] 또한 대법원과 대한변호사협회 등의 의견을 듣고 동아일보가 선정한 '시대를 바꾼 명판결' 22건에도 포함되었다.[22]

 대법원의 판결[140]요지

1) 「근로기준법」 제5조에서 말하는 남녀간의 차별적인 대우란 합리적인 이유 없이 남성 또는 여성이라는 이유만으로 부당하게 차별대우하는 것을 의미한다고 할 것이므로 교환직렬직종의 정년을 43세로 정하고 있는 한국전기통신공사의 취업규칙인 인사규정 제36조 제1항 단서의 규정내용이 합리적인 이유 없이 여성 근로자들로 하여금 조기퇴직하도록 부당하게 낮은 정년을 정한 것이라면 이는 위

---

20) "원고 김씨는 1985년 9월 한국여성단체협의회로부터 '올해의 여성상'을, 1990년 여성동아 대상 등을 수상했다. 김씨는 노동부 고용조정위원회 근로자위원, 전문직여성클럽 한국연맹 제1부회장 등을 역임하고 1995년 민자당 비례대표로 서울시 의원까지 됐다."(여성신문, 2009.5.29 기사("여성신문 속 여성 20년: 여성의 때이른 '퇴직'은 무효 – 전화교환원 정년 무효확인소송") 참조)
21) 조선일보, 2008.9.17 기사("한국을 바꾼 시대적 판결") 참조.
22) 동아일보, 2008.9.26 기사("사법 60주년…법조계가 뽑은 '시대를 바꾼 명판결' 22건") 참조.

「근로기준법」 소정의 남녀차별금지규정에 해당되어 무효라고 보아야 한다.

2) 피고공사의 교환직은 전통적으로 여성근로자로 충당되어 왔고 남녀근로자의 수나 비율을 보더라도 인사규정을 제정할 무렵에는 약 4,800명의 교환직렬직원 가운데 남성은 불과 3명 정도였으며 그 후 교환직렬직원이 7,480명으로 증가되었는데도 남성은 3명에 머물러 있었음이 기록상 명백하다. 이러한 사정이라면 남성근로자 3명이 취업하게 된 사정과 앞으로 남성들의 취업경향 여하에 따라서는 교환직렬직종은 이를 여성전용직종으로 볼 여지가 있으므로 근로자의 거의 대부분이 여성인 위 직종에 남성근로자가 예외적으로 취업하게 된 경위와 그 근로내용 및 역할 그리고 위 직종에 앞으로도 남성근로자를 필요로 하는지 여부와 이 직종에 대한 남성들의 취업경향 등을 살펴서 교환직렬직종이 실제로 여성전용직종인지의 여부를 가려 보아야 할 것이며 만약 이를 여성전용직종으로 보아야 할 경우에는 이 직렬직종의 정년을 다른 일반직렬의 정년에 비하여 12년이 낮게 정하여진 것이 여성에 대한 불합리한 차별에 해당되는지의 여부를 검토하여야 할 것이다. 비록 이들 직렬에 대해서는 원심인정과 같이 과거부터 낮은 정년을 정하여 오기는 하였지만 이와 같은 사실만 가지고는 그것이 바로 여성에 대한 합리적인 이유 없는 부당한 차별이 아니라는 이유로 삼기는 어렵다고 보여지므로 이들 직종근로자의 근로내용, 이들 근로자가 갖추어야 할 능력, 근로시간, 이용자에 대한 역할, 특별한 복무규율이 필요한 여부나 인력수급사정 등 이들 근로자와 피고공사에 관한 여러 사정을 모두 고려하여 정년을 그렇게 낮게 정할 상당한 이유가 있었는지 아니면 합리적인 이유 없이 부당하게 낮은 정년을 정한 것인지의 여부 등을 자세히 검토해 보아야 할 것이며 모든 사정들을 종합하여 여성전용직종으로 보여지는데도 합리적인 이유 없이 여성근로자들이 조기퇴직하도록 부당하게 낮은 정년을 정한 것이라면 이는 「근로기준법」의 남녀차별금지규정에 해당되어 무효로 보아야 할 것이다.

그렇다면 원심으로서는 교환직렬직종이 여성전용직종인지의 여부와 정년을 다른 직종에 비하여 현저히 낮게 정하게 된 이유를 구체적으로 심리판단하였어야 함에도 불구하고 원심이 이에 이르지 아니하고 교환직렬이 남녀 모두에게 개방되어 현재도 3명의 남성근로자가 있다는 사실과 교환원에 대한 정년이 과거부터 43세로 정해져 왔다는 사실만을 적시한 다음 막연히 위 인사규정 제36조 제1항 단서는 교환직렬직종의 특수성, 근로자의 수급 등 피고공사와 그 소속근로자들의 사정을 감안하여 교환직렬직원 전체의 정년을 정한 것으로서 그 규정의 결과로 현실적으로 대다수의 여성이 종사하고 있는 교환직렬의 정년이 43세로 되었다 하여 위 조항 단서가 「근로기준법」 제5조에 위반되어 무효라고 보기 어렵다고 판단한 것은 심리미진과 이유불비가 있어 판결결과에 영향을 미치게 하였음이 명백하고 이는 「소송촉진 등에 관한 특례법」 제12조 소정의 파기사유에 해당한다 할 것이다.

그러므로 나머지 상고이유에 대하여 판단할 필요없이 원심판결을 파기하고, 사건을 원심법원에 환송하기로 하여 관여 법관의 일치된 의견으로 주문과 같이 판결한다.

서울고등법원의 판결[141]요지

첫째, 피고공사의 교환직렬직종에는 예외적으로 남성근로자가 취업하였으며 그 업무내용도 여성근로자의 근로내용과 별로 차이가 없어 위 직종에 특별히 남성근로자가 필요하여 취업하였던 것으로 보여지지 아니하며, 위 직종에 앞으로도 남성근로자를 필요로 한다고 볼 만한 사정도 엿보이지 아니하고, 실제로 교환직렬직원이 6,700여 명으로 증가되었음에도 남성은 현재 1명만이 남아 있고 나머지는 모두 여성임을 볼 때 더욱 그러하다. 결국 교환직렬직종은 사실상 여성전용직종으로 보아야 할 것이다. 따라서 위 단서규정은 별다른 합리적인 이유가 없다면 교환직렬직종에 종사하는 여성근로자에 대하여 여성임을 이유로 조기퇴직하도록 차별대우를 한 것으로 볼 수밖에 없다. 둘째, 과거부터 교환직렬직원에 대하여 낮은 정년을 정하여 왔으며 위 단서규정의 제정 경위가 피고 주장과 같이 착오를 정정한 것이라 하더라도 그러한 사실만으로는 그것이 여성에 대한 합리적인 이유 없는 부당한 차별이 아니라는 이유로 삼기 어렵다. 나이에 따른 노화현상으로 오는 정신적 · 육체적 노동의 수행능력의 감퇴에서 남녀간의 차이는 없다고 볼 수 있다. 일반 육체노동자의 가동 연한을 최소한 55세로 보고 있을 때 별로 과중하지도 않고 단순한 보통의 정신노동과 육체노동의 복합적인 업무인 교환원의 업무를 만 44세 이상의 교환원이 수행하기에 부적합하다든가 감당할 수 없다고 볼 수 없다. 따라서 교환원의 노화에 따라 서비스의 질이 당연히 떨어진다고는 볼 수 없다. 피고공사의 교환직렬직원의 정년이 현재 53세일 뿐만 아니라 상당수의 40대 후반 여성교환원이 피고공사에 근무 중이고, 인력수급사정의 측면에서 조직 내의 원활한 신진대사를 위하여 정년제의 도입이 필요하다고 할지라도 그것으로는 굳이 교환직렬직원의 정년을 43세로 낮추어 정할 만큼의 합리적 기준이 되지 못한다. 통신기기의 자동화에 따른 교환인력의 감소요인이 발생하게 되었다는 것도 합리적인 근거가 되지 못한다고 할 것이며, 오히려 위 인사규정 제정 당시 약 4,800명의 교환직렬직원이 1989년 3월 현재 6,700여 명으로 증가되어 교환인력에 감소요인이 있다는 피고의 주장을 믿기 어렵다.

(2) 여성전화교환원과 다른 직종의 5세 정년차등

[142] [서울지방노동위원회 1993.5.4 결정](여성차별 불인정)
[143] [중앙노동위원회 1993.9.3 결정](여성차별 인정)
[144] [서울고등법원 1994.9.29 선고 93구25563](여성차별 인정)
[145] [대법원 1996.8.23 선고 94누13589](여성차별 불인정)

여성전화교환원의 43세 정년사건의 확정판결[141] 후 원고인 김영희 씨는 복직했다. 그런데 한국전기통신공사가 1990년 8월 31일에 인사규정을 개정하여 일반직직원의 정년을 58세(1990.8.31 개정)로 규정하면서 일반직직원 중 교환직렬직원을 다시 분류하여 그 정년을 53세로 하였는 바, 원고는 1992년 12월 31일에 교환원 정년규정에 따른 53세로 정년퇴직하게 되자 다른 직종의 정년(58세)보다 낮은 차별정년규정에 의한 부당해고를 주장하며 서울지방노동위원회에 부당해고구제신청을 제기하였다.

서울지방노동위원회[142]는 문제의 인사규정이 「남녀고용평등법」에 저촉되지 않는다고 판정하여 부당해고구제신청을 기각하였다. 이에 원고가 중앙노동위원회에 재심을 청구하자 중앙노동위원회[143]는 초심결정을 취소하고 여성전용직종이라고 할 수 있는 교환직렬에 대하여 정년의 차등을 둔 것은 여성에 대한 차별이므로 퇴직조치는 무효라고 판정하였다. 이후 공사측이 항소하여 항소심[144]에서 패소판결을 받았으나 대법원[145]은 원심판결 [144]을 파기하였고, 이 사건을 환송받은 고등법원은 이 사건 퇴직조치는 정당하다며 부당해고구제 재심판정취소판결을 내렸다. 1996년의 대법원 판 결은 동일인에 대한 1988년의 대법원 판결[140]을 8년 만에 뒤집은 것이다.

 서울고등법원의 판결[144]요지

1) 남녀평등의 원리는 모든 법률관계에서의 기본원리라 할 것이고 사회실정에 따른 국민 일반의 양식에 비추어 그 합리성이 인정되는 경우에 한하여 남녀간 의 차등정년이 인정된다 할 것인데, 여성에 대한 차등을 은폐하기 위한 탈법적 의도하에서 이루어진 경우는 위법적 평가를 받게 되는 것은 물론 그 정년 연령 이 사회적 양식에 비추어 타당치 아니한 경우에도 그 합리성은 부정되어야 할 것이므로, 성별 작업구분이나 근로조건의 구분을 명확히 하지 아니한 채 결과적 으로 남녀를 차별하는 정년규정은 「근로기준법」 제5조와 「남녀고용평등법」 제 8조 제1항에 위배되어 무효라고 할 것이다.
2) 원고공사의 교환직은 사실상 여성전용직종으로 보아야 할 것이다.
3) 교환직의 업무를 원고공사의 일반직직원 및 기능직직원 등과 업무상이나 가 동연한면에서 달라 만 53세 이상의 교환원이 교환업무를 수행하기에 부적합하 다든가 감당할 수 없다고 볼 수 없다 할 것이다. 또한 인간의 노화현상은 남녀의 차이보다 개인의 차이가 더 크다고 할 것이어서 정년제에 있어서 남녀간의 차 별을 위한 과학적 근거도 없다 할 것이고, 특히 전화교환직의 연령과 관련된 직 무수행능력을 보더라도 종합적인 면에서는 가령(노동할 수 있는 연령)으로 인하 여 업무수행능력이 떨어진다고 할 수 없으므로 이로써 교환직직원이 다른 일반 직직원 및 기능직직원 등과 다른 취급을 받아야 할 이유에 해당되지는 않는다 할 것이다.
4) 58세의 정년보다 53세의 정년이 원고공사의 교환원에 대한 인력배분 및 인 력수급조절 등의 경영상의 문제를 해결하기 위하여 필요한 합리적 이유가 된 다고 보기 어렵고, 통신기기의 발달과 자동화 등으로 잉여인력이 발생하는 것

은 기업형태의 변화에 따라 전체적으로 배치전환 등을 통하여 인력수급을 조정하여야 할 문제이지 이로써 교환직에 대한 정년차등의 합리적 이유에 이른다고 볼 수 없으며, 또한 정년이 연장됨에 따라 나타나는 신규채용인력에의 영향과 조직인사관리상 영향, 원고공사의 비용부담 가중 등은 보수수준의 조정 및 명예퇴직제도의 활용 등으로 일반적으로 해결하여야 할 문제라 할 것이어서 이 또한 교환직에 대한 정년차등의 합리적 이유가 된다고 보기 어렵다.

5) 교환직의 정년차등의 합리적 이유가 없는 이 사건에 있어서 노사간의 단체협약에 의하여 추인을 받았다고 하더라도 남녀간의 차별대우를 금지한 「근로기준법」 제5조와 「남녀고용평등법」 제8조에 위반되어 무효라 할 것이고(이 점에 있어서는 결과적으로 기업의 성차별을 승인한 노동조합도 반성의 대상이 된다 할 것이다), 정년에 있어서 남녀차등의 경우에는 그 기간이 12년(원고공사는 일반직 직원에 대하여 55세로 정년을 정하고 교환직에 대하여 43세로 정년을 정하였다가 이는 남녀간의 차별대우를 금지하는 「근로기준법」 제5조에 위반된다고 하여 무효라는 판결을 받은 사실은 앞서 인정한 바와 같다)인 경우에는 합리적 차별이 되지 아니하다가 그 기간이 5년으로 단축되었다 하여 앞서 본 원고공사의 경영상 이유 및 교환직의 특성을 감안하더라도 합리적 차별이라고 할 수 없으며, 또한 원고공사의 교환원들이 서울대학교 행정대학원 부설 행정조사연구소의 설문조사 결과 다수 인원이 현재의 정년이 적정하다고 답변하였다 하더라도 이는 승진과 교대근무(신규채용으로 새로운 분위기를 조성하고 신진대사를 가능하게 하는 점이 부족한 현실)에 대한 불만표시라고 보여져 이로써 교환직 정년차등의 합리적 사유로 삼을 수는 없다 할 것이다.

6) 결론적으로 공사의 인사규정 제36조는 여성전용직종인 교환직(직군·직렬)에 대하여만 합리적 이유 없이 차등을 둔 것이라 할 것이고, 이는 「근로기준법」 제5조 및 「남녀고용평등법」 제8조 제1항의 남녀차별금지의 입법취지에 반한다고 할 것이므로 위 정년차등부분에 한하여 당연 무효라 할 것이므로, 이와 결론을 같이 한 이 사건 재심판정이 위법하다 하여 그 취소를 구하는 원고의 청구는 이유 없으므로 이를 기각하고, 소송비용은 원고의 부담으로 하여 주문과 같이 판결한다.

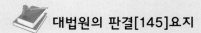 **대법원의 판결[145]요지**

가사 교환직이 여성전용직종이라고 하더라도, 원심이 원고의 교환직에 대한 정년차등규정이 합리적 이유가 없다고 판단한 것은 선뜻 납득하기 어렵다. 1994.5.30 현재 총인원 6,208명 중 30세 이하는 30명에 불과하고, 40세 이상이 2,352명에 이르게 되자, 교환직렬직원들도 젊은 교환원들의 채용을 원하고 있을 뿐만 아니라 교환직렬직원 중 87.1%가 현재의 정년이 적정하거나 오히려 단축해야 한다는 의견인 사실, 원고의 경우 교환업무의 자동화로 인하여 교환직렬에 잉여인력이 발생하여 1982.11.26 이후 교환직렬에 신규채용을 중지하고 있을 뿐만 아니라(다만, 원고가 설립되던 당시 원고로 이관되지 아니하고 남아 있던 체신부의 면단위 교환업무가 점진적으로 이관됨에 따라 위와 같이 교환직렬직원의 수가 증가되었다) 교환직렬직원 중 상당수는 교환직렬의 업무가 아닌 고장신고 업무, 전화국 창구보조업무 등을 담당하고 있고 이에 의한 원고의 인건비 증가분도 상당한 사실, 이에 반하여 교환직렬의 경우와는 달리 일반직의 다른 직렬의 경우에는 잉여인력이 발생하지 아니하여 신규채용이 이루어져 온 것으로 엿보이는 사실, 원고의 설립 당시 55세였던 교환직렬의 정년은 각 노사간의 협의를 거쳐 1982.5.20 43세로, 1984.6.29 50세로, 1987.9.4 53세로 조정되어 오다가, 1992.5.18 본인 희망에 따라 인사위원회의 심의를 거쳐 1년간의 정년 연장이 가능하도록 변경되었고, 1987.9.4부터 1994.5.30까지의 원고의 교환직렬직원의 퇴직자 869명 중 53세의 정년으로 퇴직한 자는 1명뿐이고, 그 나머지는 모두 정년에 이르기 전에 조기퇴직한 사실(이러한 점에 비추어 볼 때 53세가 넘는 고령의 여성근로자가 야간근무 등을 수반하는 교환직의 업무를 담당하는 것이 적합한지도 의문이다), 1994.5.30 현재 교환직렬직원 중 53세가 10명, 52세가 35명, 51세가 51명, 50세가 40명, 49세가 64명, 48세가 70명에 이르는 점에 비추어 보면 잉여인력으로 말미암아 신규채용이 이루어지지 않고 있는 교환직렬의 경우 담당인력의 고령화가 지속되고, 게다가 원고의 교환직렬의 정년을 다른 직렬의 경우와 같이 58세로 연장하면 교환직렬은 더욱 고령화되고 신규인력의 유입이 어려워짐에 따라 연공서열제를 채택하고 있는 원고의 고용비용은 증가되고 상대적으로 생산성은 낮아질 수밖에 없는 사실을 알 수 있는 바, 사정이 그러하다

면 원고의 교환직렬에서의 인력의 잉여 정도, 연령별 인원구성, 정년 차이의 정도, 차등정년을 실시함에 있어서 노사간의 협의를 거친 점, 신규채용을 하지 못한 기간, 현재의 정년에 대한 교환직렬직원들의 의견 등에 비추어 보아 원고가 교환직렬에 대하여 다른 일반직직원과 비교하여 5년간의 정년차등을 둔 것이 사회통념상 합리성이 없다고 단정하기는 어렵다 할 것이다.

그럼에도 불구하고 원심이 교환직렬에 대한 정년의 차이를 규정한 원고의 인사규정이 합리성 없는 남녀의 차별적 대우에 해당하여 「근로기준법」 제5조 및 「남녀고용평등법」 제8조 제1항에 위배되어 무효라고 판단한 것은 위법하다 할 것이니 이 점을 지적하는 상고이유의 주장은 이유 있다.

이 판결은 동일한 당사자와 사정(다만, 정년차등 정도가 당초 12년에서 5년으로 단축되었다)을 가진 동일한 사건에 대해 동일한 남녀고용평등 판단기준(합리성)으로 1988년 12월 27일의 대법원 판결과 상반된 결론을 내리고 있다.

그리하여 현대 우리나라 법과 판례에서 채택되고 있는 '합리성'이라는 성차별 판단기준이 판단자의 주관에 좌우될 수 있다는 문제를 여실히 드러내고 있다. 더구나 이 판결[145]은 교환직렬의 정년차등이 합리성이 있는 직종차별인가, 아니면 성차별 여부를 판단함에 있어 필수적으로 하여야 할 비교집단의 선정과 교환업무의 특수성, 남녀평등권의 법리에 대한 규명도 하지 않은 채, 교환직렬의 정년연장에 따른 원고측의 경영부담 가중의 가능성과 거의 4년 전에 원고가 의뢰하여 실시된 표본조사결과만을 중시하였다. 또한 1995년 10월 한국전기통신공사가 인사규정을 개정하여 교환직렬의 정년을 일반직과 동일하게 58세로 연장한 사실이나 교환직렬의 인력난 등의 사정 변화를 고려하지 않았다.

그리하여 우리나라 최초로 제기된 남녀고용평등 소송의 의의와 성과를 무색케 하고 향후 남녀고용평등권의 실현에 부정적 영향을 초래할 우려를 준다는 등의 비판을 받았다.[23]

---

23) 김엘림(1996), "교환직렬 정년차등의 남녀고용평등위반", 『월간 노동법률』 10월호, (주)중앙경제, 14~20면 등.

(3) 희망퇴직자인 여성전화교환원들의 정년차별무효확인[24]

[146] [서울지방법원 1997.2.20 선고 95가합103071](여성차별 불인정)
[147] [서울지방법원 1997.3.27 선고 96가합51559](여성차별 불인정)

[146] 판결에서 원고는 한국전기통신공사에서 교환원으로 근무하다가 희망퇴직한 여성들이다. 퇴직 당시 53세를 정년으로 하여 산출된 희망퇴직금을 받았는데 일반직정년인 58세를 기준으로 하여 희망퇴직금을 다시 산정해 달라는 청구를 하였다. 이에 대하여 서울지방법원은 53세를 정년으로 한 규정은 유효하고, 가사 58세가 되더라도 퇴직자에게 적용되지 않는다고 원고들의 청구를 기각하였다.

[147] 판결에서도 원고는 한국전기통신공사에서 교환원으로 근무하다가 희망퇴직한 여성들이다. 피고공사는 일반직직원의 정년은 58세로 하면서 교환직렬에 대해서는 정년을 53세로 하다가 중앙노동위원회에서 이것을 부당해고로 본다는 재심판정을 받았다. 그래서 임시로 해당 직원들을 복직시켜 사용하던 중 대법원[145]에서 다시 정년차등이 사회통념상 합리성이 없다고 단정하기 어렵다며 고등법원 판결[144]을 파기 환송하는 판결을 받았다. 그런데 피고공사가 교환직의 정년을 58세로 하여 원고들의 퇴직 후에 그 인사규정을 개정한 바 있다고 하여도 위 개정된 규정의 효력이 이미 퇴직한 원고들에게 당연히 미친다고 볼 수는 없는 것이고, 제출된 증거만으로는 피고공사가 위 원고들에게 교환직의 정년이 58세임을 자인한 바 있다고 인정하기 어려우며 달리 이를 인정할 만한 증거도 없으므로 원고들의 이 부분 청구 또한 더 나아가 판단할 것이 없이 이유 없다고 판결하였다.

2) 생산직 정년의 남녀차등

여성전화교환원의 정년과 같이 생산직 여성근로자의 정년을 남성근로자의 정년보다 단체협약이 낮게 정해 여성조합원들이 진정이나 소송을 제기하는 경우가 종종 발생하였다. 단체협약이란 근로자의 근로조건과 사회적·경제적

---

24) 박선영 외(2012), 86~87면.

지위의 향상을 위해 근로자들이 자주적 조직체로 결성한 노동조합이 사용자와 단체교섭을 하여 합의한 사항을 체결한 노사자치규범인데, 노동조합의 운영이 여성차별에 관한 인식이 없는 남성이 주도하다 보니 남녀 사이에 분쟁이 발생한 것이다. 생산직 정년의 남녀차등에 관한 단체협약 조항이 분쟁처리기관들로부터 성차별이라는 판단을 받은 사건에 관한 판례와 결정례는 7건(3종)이 있다.

■ 기계부서 남녀근로자의 2세 정년차등([148]~[151])
[148] [경기지방노동위원회 1991.6.17 결정](여성차별 인정)
[149] [중앙노동위원회 1991.9.3 결정](여성차별 인정)
[150] [서울고등법원 1992.9.17 선고 91구19434](여성차별 인정)
[151] [대법원 1993.4.9 선고 92누15765](여성차별 인정)

■ 선별포장직 여성과 기능직 남성의 3세 정년차등([152], [153])
[152] [서울지방법원 동부지원 1992.10.28 선고 92가합6220](여성차별 인정)
[153] [서울고등법원 1993.5.11 선고 92나67621](여성차별 인정)

■ 생산직 남녀근로자의 2세 정년차등([154])
[154] [인천지방노동청 고용평등위원회 1993.5.3 조정성립](여성차별 인정)

(1) 기계부서 남녀근로자의 2세 정년차등

경기지방노동위원회[148]는 우림산업사가 기계부서 소속 근로자의 정년을 남성은 55세, 여성은 53세로 정한 규정에 따라 정년퇴직시킨 여성근로자가 제기한 부당노동행위 및 부당해고구제신청에 대하여 부당해고만을 인정하고 구제명령을 내렸다. 중앙노동위원회[149]는 회사측이 제기한 재심신청에 대하여 "당해 여성이 5년 이상 노조전임자로 활동하였고 실제로 기계부서에서 근무한 바가 없으므로 단지 기계부 소속 근로자라는 사유만으로 53세의 조기 정년규정을 적용함은 부당하고, 또한 합리적인 이유 없이 남녀에 따라 차등을 둔 단체협약의 정년조항은 강행법규에 위배되므로 그에 따른 퇴직조치는 부당하여 초심위원회의 결정이 정당하다."는 이유로 기각결정을 내렸다. 회사측은 원고업체의 단체협약상 정년조항은 원래의 단체협상과정에서 남녀에 따라 정년에 차등을 둔 취지가 아니라, 업무의 성질상 양호한 시력을 요하는 3차검사부, 최종검사부, 기계부 소속의 근로자 정년을 일반부서 근로자의 정년 55세보다 단축하여 53세로 정하였던 취지였다며 고등법원에 행정소송[150]을 제기했으나 패소하였고 다시 대법원[151]에 상고했으나 고등법원과 같은 이유로 기각당했다.

 서울고등법원의 판결[150]요지

작업의 특성에 따라 보다 고도의 시력을 요하는 부서의 근로자 정년을 일반부서 근로자의 정년과 차등을 두어 낮추는 것은 합리적인 이유가 있는 것이라고 하겠으나, 3차검사부, 최종검사부, 기계부에 있어서 같은 부서의 근로자가 남녀의 성별 구분에 따라 시력감퇴의 정도에 차이가 있다는 합리적 근거는 발견할 수가 없는 것이다. 따라서 단체협약 중 같은 부서 소속 근로자의 성별 작업구분이나 근로조건의 구분을 명확히 하지 아니한 채 남녀를 차별하여 정한 정년에 관한 규정은 합리적인 이유 없이 남녀의 차별적 대우를 하지 못하도록 한 「근로기준법」 제5조와 「남녀고용평등법」 제8조 등 강행법규에 위배되어 무효이다.

(2) 선별포장직 여성과 기능직 남성의 3세 정년차등

서울지방법원[152]은 선별포장직에 근무하다가 회사의 단체협약상 정년규정(기능직 만 55세, 선별포장직 만 52세)에 따라 정년퇴직하게 된 여성이 이 규정은 실질적으로 남녀의 차별적 대우를 내용으로 하고 있으므로 「근로기준법」 및 「남녀고용평등법」에 위배되어 무효라고 제기한 퇴직무효확인소송에서 원고승소판결을 내렸다. 이에 회사측이 불복하여 서울고등법원[153]에 항소했으나 원심과 같은 이유로 기각되었다.

서울고등법원의 판결[153]요지

선별포장직 여자근로자들 전원이 피고회사에 채용될 당시 기능직으로 분류된 남자근로자들과 아무런 특별한 기능의 구분 없이 채용되었고 업무내용에 뚜렷한 구분이 있지도 않았던 사실 등을 볼 때, 피고회사의 1990년 3월 28일자 단체협약서 제20조 정년규정에 정한 기능직과 선별포장직의 구별은 성별 작업 구분이나 근로조건의 구분이 명확한 작업의 특성에 따른 합리적인 구분이라기보다 실질적으로 기능직과 선별포장직의 정년을 달리 해야 할 근로조건 및 작업내용의 차이가 없음에도 합리적인 이유 없이 남녀를 차별적으로 대우하는 규정이라고 인정된다. 그러므로 이 정년규정에 의거 원고에 대하여 정년을 이유로 행해진 피고회사의 퇴직조치는 무효라고 할 수밖에 없다.

(3) 생산직 남녀근로자의 2세 정년차등

여성근로자가 요양 중 퇴직권고를 받자, 회사의 취업규칙 및 단체협약상 명시된 정년규정은 여성차별정년(남 57세, 여 55세)에 해당한다고 주장하며 인천지방노동청에 진정하였다. 이에 인천지방노동청 고용평등위원회[154]에서 분쟁을 조정한 결과 요양기간 종료와 동시에 계속 근무하도록 조정하였고, 당사자가 수락함으로써 종결되었다.

3) 여성사무직의 차등정년제

[155] 승진에서 여성의 불이익이 있는 직급의 정년
    [서울남부지방법원 2008.5.9 선고 2007가합9697](여성차별 인정)
[156] 하위직 여성근로자의 정년단축
    [서울행정법원 2008.7.29 선고 2008구합8888](여성차별 불인정)

■ 직무가 다른 남녀근로자의 정년차등([157], [158])
[157] [서울지방노동위원회 1992.10.30 결정](여성차별 불인정)

(1) 승진에서 여성의 불이익이 있는 직급의 정년

서울남부지방법원[155]은 피고(한국전기공사협회)가 원고 등 여성근로자를 6급으로 채용하다가 상용직으로 편성하여 승진을 제한한 조치에 대하여 1996년의 대법원의 판결[145]을 인용하고 상용직 출신 여성근로자들에게 정년을 합리적으로 조절하거나 하위직급의 정년을 상용직 근무로 인한 불이익을 극복할 수 있는 합리적인 나이로 변경하는 등 원고가 입은 승진상의 불이익을 제거하기 위한 시정조치를 취하지 않은 채, 이 사건 차등정년제도(4직급 45세 정년)에 따라 원고를 정년퇴직처리한 것은 여성근로자인 원고의 승진 및 정년을 차별하여 정당한 이유 없이 해고한 것으로 위법하다 할 것이므로 이 사건 퇴직처분은 정당한 이유를 갖추지 못하여 무효라고 판결하였다.

(2) 하위직 여성근로자의 정년단축

서울행정법원[156]은 회사측이 1998년의 IMF 경제위기를 극복하기 위하여 구조조정을 단행하여 정년 하향조정을 포함한 인사관리규정을 개정하였고 이에 따라 2007.6.28 원고에게 정년에 달하였기에 같은 해 6월 30일자로 정년퇴직처리됨을 내용으로 하는 인사발령을 통보하자 원고가 이 사건 퇴직처리는 해고에 해당한다고 주장한 것에 대하여 정년규정이 하위직 노동자의 정년이 상위직 근로자의 정년보다 다소 하회한다고 하여 부당한 차별로서 이 사건 정년규정이 실체적 정당성이 없다고 볼 수 없고, 4급 이하 하위직 근로자에 여성근로자가 집중되어 있다는 사정만으로 여성근로자에 대한 부당한 차별이라고 볼 수 없다고 판결하였다.

(3) 직무가 다른 남녀근로자의 정년차등

서울지방노동위원회[157]는 서울대학교병원 새마을금고 구판사업과에서 고용직으로 입사하여 근무하던 중 1992.6.30 정년퇴직한 후 1993.6.30까지 촉탁직으로 근무한 3명의 여성이 특수사업과의 정년은 58세로, 대부분의 근무자가 여성인 구판사업과는 50세로 규정한 것은 「남녀고용평등법」에 위반한 부당해고라며 제기한 부당해고구제신청에 대하여 50세 정년은 남성고용직에게도 적용되며 특수사업과의 직무형태는 염사 및 시체운반으로서 다를 뿐만 아니라 특히 여성이 직무수행하기에는 극히 어렵다고 할 수 있고, 특수사업과는 근로자들이 취업을 기피하는 부서이므로 인력난이 뒤따른다는 심증으로 인해 특수사업과 고용직에 대한 정년연장은 불가피한 경영권의 행사임이 인정된다며 기각하였다. 이에 불복한 신청인이 중앙노동위원회[158]에 재심을 청구하였으나 기각되었다.

6-2   여성의 조기정년

[159] 여성사무보조원의 28세 정년
   [대구형사지방법원 1991.9. 선고(약식명령)](여성차별 인정)
[160] 여성공원 도우미의 30세 정년
   [국가인권위원회 2009.9.30 결정 09진차736 · 09진차1022(병합)]
   (여성차별 인정)

1) 여성사무보조원의 28세 정년

영남대와 노동조합이 여성이 대부분을 차지하는(남자 1명, 여자 56명) 사무보조원의 정년을 28세로 하는 단체협약을 체결하자 직원 38명이 대구남부지방노동사무소에 진정하였다. 대구남부지방노동사무소는 대다수가 여성으로 구성된 사무보조원직종의 정년규정을 결혼, 임신, 출산 등 여성의 모성기능이 최대한 발휘되는 시기인 30세 전후로 규정한 것은 「남녀고용평등법」에 위배된다고 판단하고, 인사규정의 시정을 요구하였다. 그러나 영남대가 시정요청을 거부하며 관계서류제출을 거부하자 대구남부지방노동사무소는 대학총장을 1990.9.18 대구지방검찰청에 입건 · 송치하였다. 대구지방검찰청은 대학총장을 남녀정년차별문제와 야근수당 미지급, 근로조건 저하, 근로감독관에 대한 관계서류의 지연제출과 같은 「근로기준법」 위반문제를 병합하여 1991.

8.14 약식기소하였고, 대구형사지방법원[159]은 벌금 300만 원의 약식명령을 내렸다.

2) 여성공원도우미의 30세 정년

국가인권위원회[160]는 피진정인(○○공원사장)이 도우미를 여성으로만 채용하고, 다른 특수직 사원과 달리 그 정년을 30세로 정한 것은 도우미의 주 업무가 전시관 안내와 매표 등이고, 이러한 업무가 본질적으로 남성 또는 30세 이상의 여성이 수행하기 어렵다고는 볼 수 없어 차별행위이므로 진정인(4명의 여성)들의 정년을 다른 특수직과 동일하게 적용하여 퇴직위로금을 지급할 것을 권고하였다.

7. 퇴직 · 해고 관련

현행 「남녀고용평등법」은 제11조(정년 · 퇴직 및 해고)에서 "① 사업주는 근로자의 정년 · 퇴직 및 해고에서 남녀를 차별하여서는 아니 된다. ② 사업주는 여성 근로자의 혼인, 임신 또는 출산을 퇴직 사유로 예정하는 근로계약을 체결하여서는 아니 된다."라고 규정하고 있다. 위반자는 5년 이하의 징역 또는 3천만 원 이하의 벌금에 처한다(제37조 제1항).

「남녀고용평등업무처리규정」은 '퇴직'을 "근로자에 의한 근로계약의 해지뿐만 아니라 근로자의 사망 · 기업의 소멸 · 정년 등도 포함하여 근로관계가 종료되는 것"으로, '해고'를 "근로자의 의사와는 관계없이 사용자가 일방적인 의사표시로 장래에 대하여 근로관계를 소멸시키는 것을 말한다."고 정의하고 있다. 그런데 퇴직이 근로자의 자발적 이직의사 없이 이루어지는 경우에는 해고에 해당된다. 남녀차별적인 해고는「근로기준법」제23조 제1항에 따른 정당한 이유 없는 해고로 본다.

「남녀고용평등업무처리규정」이 퇴직에서의 남녀차별적인 행위로 예시한 행위는 다음과 같다.

1. 특정 성의 근로자에 대하여 혼인·임신·출산 등의 이유로 퇴직을 강요하는 경우

2. 사내결혼을 이유로 어느 한 성을 퇴직시키는 경우

3. 퇴직기준이나 조건은 성 중립적이나 그 기준이나 조건이 특정 성이 충족하기 현저히 어려워 결과적으로 특정 성에게 불이익이 발생하고 사업주가 그 기준이나 조건의 정당성을 입증하지 못하는 경우

4. 그 밖에 합리적인 이유 없이 남녀를 차별하여 특정 성을 퇴직시키는 경우

「남녀고용평등업무처리규정」이 해고에서의 남녀차별적인 행위로 예시한 행위는 다음과 같다.

1. 혼인·임신·출산 등을 이유로 특정 성을 해고하는 경우

2. 정리해고에 있어 합리적인 이유 없이 특정 성을 우선적으로 해고하는 경우

3. 징계사유·절차 등에 있어 특정 성을 다른 성에 비해 불리하게 대우하여 해고하는 경우

4. 자녀양육의 책임을 이유로 특정 성을 우선적으로 해고하는 경우

5. 부부가 같은 직장에 근무한다는 이유로 특정 성을 해고하는 경우

6. 그 밖에 합리적인 이유 없이 남녀를 차별하여 해고하는 경우

그런데 퇴직·해고에서의 성차별에 관한 판례와 결정례는 74건(법원의 판례 50건, 노동위원회의 결정례 10건, 남녀차별개선위원회의 결정례 6건, 국가인권위원회·여성특별위원회의 결정례 각 3건, 고용평등위원회의 결정례 2건)이 있다. 그중 56건이 2000년대에 있었고, 1990년대에 15건, 1980년대에 3건이 있었다. 성차별의 문제를 제기한 사람은 모두 여성이었는데 그중 여성차별을 인정한 판례와 결정례는 37건이다. 내역을 보면, 여성의 결혼퇴직제 관련 23건, 여성의 임신·출산을 이유로 한 퇴직권유와 해고 관련 15건, 구조조정에 따른 여성집단해고 관련 33건, 징계해고에서의 남녀차등 관련 3건이 있다.

여성의 결혼퇴직제

결혼퇴직제란 사용자가 여성이 입사할 때 결혼하면 퇴직한다는 각서를 쓰게 하거나 결혼퇴직을 예정하는 근로계약을 체결하는 등의 방법으로 여성근로자에 대하여 결혼예정 또는 결혼한 것을 이유로 퇴직이나 해고시키는 고용관행을 말한다. 여성은 결혼하면 가사일, 임신, 출산 등으로 업무에 전력하지 못할 수 있고 사용자는 출산휴가를 제공해야 하는 등으로 노동인력의 손실과 비용의 부담을 져야 한다는 등이 이 제도를 시행하는 주요 이유이다.

우리나라에서는 1970년대부터 금융노조의 여성활동가 등이 결혼퇴직각서 폐지운동을 하였다. 그런데 이 제도가 판결에 처음 등장한 것은 1985년 4월 1일에 선고된 서울민사지방법원의 판례(84가합4162)인데 재판부는 결혼퇴직제가 일반적으로 적용되고 있다는 것을 전제로 여성근로자에 대한 손배배상액을 산정하여 여성들의 법과 사법부에 대한 비판과 여성조기정년제 철폐운동을 촉발시켰다. 성차별 관련 판례와 결정례 중 결혼퇴직제가 여성의 노동권과 평등권을 침해한다는 것을 판시한 것은 국가인권위원회가 방송사의 계약직 여사원의 결혼퇴직관행에 대하여 2006년 12월 22일에 성차별로 결정한 결정례이다.

그런데 일본에서는 이미 1966년 12월 20일에 동경지방재판소가 결혼퇴직제가 사안이 된 사건(住友(스미토모)시멘트 사건)에서 그 위법성을 구체적으로 다음과 같이 판시하였다.[25]

 일본 동경지방재판소의 결혼퇴직제에 관한 판결[1966.12.20 선고] 요지

(1) 성별에 의한 차별대우: 결혼퇴직제에 따르면 결혼이 남성 노동자에게는 해고 사유가 아니지만 여성 노동자에게는 해고 사유가 되기 때문에 그것은 근로조건의 성별에 의한 차별대우로 귀착된다.

(2) 결혼자유의 제한: 결혼을 퇴직 사유로 정한 것은 여성근로자로 하여금 결혼

---

25) 노동부(1991), 1~15면; 신용자·서경숙·김엘림 외(1988), 190~191면; 윤후정·신인령(2001), 410~416면; 大脇雅自·中野麻美·林陽子(1996), 212~215면.

을 하든지 아니면 자기의 재능을 살려 사회에 공헌하고 생활의 자원을 확보하기 위해 직장에 머무르든지 하는 선택을 강요하는 것이므로 결혼의 자유를 현저히 제약한다.

(3) 결혼자유의 보장: 가정은 국가 사회의 중요한 단위이며 법질서의 중요한 일부이다. 적절한 시기에 적당한 배우자를 선택하여 가정을 건설하고 정의와 형평에 따른 근로조건하에서 노동하면서 인간다운 가족생활을 유지·발전시키는 것은 인간의 행복 중의 하나이다. 이와 같은 법질서의 형성과 행복 추구를 방해하는 정치적·경제적·사회적 요인 가운데 합리성이 결여된 것을 제거하는 것은 법의 근본 원리이며 헌법 제13조, 23조, 25조, 27조는 이것을 나타내고 있다. 따라서 배우자 선택에 대한 자유, 혼인의 시기에 관한 자유 등을 포함하는 혼인의 자유는 중요한 법질서의 형성과 관련됨과 동시에 기본적 인권의 하나로서 존중되어야 하며 이를 합리적 이유 없이 제한하는 것은 국민 상호간의 법률관계에서도 법률상 금지된다고 해석해야 하는 것이다.

(4) 그러므로 결혼퇴직제의 금지는 공적 질서를 구성하며 이에 반하는 단체협약, 취업규칙, 고용계약은 어느 것이나 공서양속에 반하는 행위를 금지한 「민법」 제90조에 위반되어 효력이 발생되지 않는다.

결혼퇴직제는 미국에서도 법원의 판결을 받았다. 유나이티드 항공사(United Airlines Inc.)는 비행기 객실 담당 여승무원은 결혼하면 퇴직한다는 규정(no-marriage rule)을 두었는데 여성승무원(Spragis)이 사전에 알리지 않고 결혼한 사실을 알게 되자 그 여성에게 퇴직하든지 아니면 계속 근무하려면 지상근무를 해야 한다고 통보하였다. 여성이 그 제안을 거부하자 1966년 6월에 해고시켰다. 여성은 고용기회평등위원회(EEOC)에 진정하였고 위원회는 1968년 8월에 유나이티드사가 결혼을 이유로 여성을 해고한 조치는 「민권법」 제7편에 위반되는 위법한 고용차별행위라고 판단하였으며 여성의 소송 제기를 지원하였다. 시카고 지방법원은 유나이티드사에 대하여 여성을 복직시키고 손해배상을 할 것을 명하는 판결을 1970년 1월에 내렸다. 연방항소심(444 F.2d1194(7th Cir))은 승무원 중 여성에게만 적용되는 결혼퇴직제는 여성의 혼인과 직무수행 사이에 관련이 없으므로 EEOC의 「성차별에 관한 지침」

에서 말하는 기혼여성에 대한 합리적 이유 없는 제약에 해당된다고 판시하고 유나이티드사의 진정직업자격(BFOQ)항변을 거부했다. 대법원(404 US. 991(1971년))도 상고를 기각했다. 이후 대부분의 항공회사에서는 여성승무원의 결혼퇴직제를 폐지하였다.[26)

1) 미혼여성의 교통사고 손해배상액 산정에서 결혼퇴직제의 적용

[161] [서울민사지방법원 1985.4.1 선고 84가합4162](여성차별 불인정)
[162] [서울고등법원 1986.3.4 선고 85나1683](여성차별 인정)
[163] [대법원 1987.9.8 선고 86다카816](여성차별 인정)

교통사고를 당한 미혼여사원(당시 21세)이 가해자인 택시회사를 상대로 제기한 손해배상청구소송에서 서울민사지방법원[161]은 일반적으로 여성은 25세에 결혼하므로 택시회사는 25세까지는 근로자로서 일하면 받을 수 있었던 임금을 계산하여 배상하고, 주부로 일하는 26세부터는 도시여성일용직의 수당(당시 1일 4,000원)에 상당하는 금액을 배상하면 된다는 판결을 내렸다.

이 판결에 대해 여성단체, 여성주의 법전문가, 인권변호사 등은 인권을 보호해야 할 사법부가 여성의 노동권과 평등권을 침해하는 결혼퇴직제를 전제로 판결을 내리고 주부의 가사노동가치를 인정하지 않았다며 강하게 항의하고 원고의 항소를 지원하였다. 조영래 변호사는 법원이 "원고가 근무하던 회사에 기혼여성이 없다는 등의 사유만으로 원고도 결혼 후 퇴직한다고 본 데에는 논리적 명증성이 없으며 그 근저에는 아무래도 기혼여성의 취업을 백안시하고 가사노동 전념을 미덕으로 보는 전통시대적·남성지배적 편견과 대등한 사회참여를 통하여 경제적 독립, 인격적 통합, 인간적 존엄을 획득하고자하는 다수 여성의 절실한 염원에 대한 몰이해가 은연중에 자리잡고 있다는 느낌을 떨쳐 버릴 수가 없으며, 사회여론이 원판결에 대하여 사법부에 의한 결혼퇴직제의 정당화가 아닌가 하는 의구심을 품는 것을 단순한 문외한의 오해라고 돌려 버릴 수 없다."고 하였다. 그리고 "이 사건에서 결혼퇴직을 강요

---

26) 신용자·서경숙·김엘림 외(1988), 193~195면; 윤휴정·신인령(2001), 372~373면.

하는 제도나 관행의 공서양속 위반 여부에 대한 판단은 절대로 회피되어서는 아니 될 것이며, 결혼퇴직제의 합리적 근거 유무, 역사적·사회경제적 및 이념적 배경, 여성의 삶에 미치는 파괴적 영향 및 정도, 「헌법」 이념으로부터의 일탈 여부 및 그 정도, 기타 제반 관련 문제들이 정면으로 쟁점으로 부각되어 철저히 심리되어야 할 것"이라는 등으로 판결의 부당성을 지적한 의견서와 준비서면[27]을 고등법원에 제출하였다.

그 후 고등법원[162]과 대법원[163]은 원고가 다른 근로자와 같이 정년퇴직연령인 55세까지 근무할 수 있다고 판시하여 원고승소판결을 내렸다.

이러한 소송과 판결들에 의해 「남녀고용평등법」은 1987년 12월에 제정될 때 "사업주는 여성근로자의 혼인, 임신 또는 출산을 퇴직사유로 예정하는 근로계약을 체결하여서는 아니 된다."는 조항(제11조 제2항)을 두었고 2001년 8월에 여성차별금지규정이 남녀차별금지규정으로 거의 전환되었지만 이 조항은 현재에도 유지되고 있다.

 서울민사지방법원의 판결[161]요지

원고가 하는 일은 수출대금 인출을 위한 부속서류작성의 보조, 동 서류제출의 심부름과 문서수발 등으로 비교적 단순업무라 할 것이고 증인의 증언에 의하면 위 회사에 근무하던 여직원이 결혼으로 인하여 퇴직한 사람은 있어도 위 회사에 근무하는 기혼여성은 없다는 사실을 인정할 수 있다. 그렇다면 특별한 사정이 없는 한 원고가 근로자의 일반적인 가동기간인 55세 말까지 위 회사에 근무한다고 보기보다는 결혼 적령에 달한 즈음에 결혼하여 퇴직하고 가정부인이 되어 가사노동에 전념한다고 보는 것이 상당하다. 한편, 우리나라 미혼여성의 평균 결혼연령이 26세인 사실은 당사자 간에 다툼이 없으므로 원고의 회사원으로서의 일실이익은 25세가 끝날 때까지만 인정하고 그 이후의 위 원고의 일실이익은 주부로서 평가하기로 한다. 그런데 위 원고가 결혼 후 가사노동에 종사할 경우 그 노동의 대가를 합리적으로 평가할 수 있을 만한 다른 증거자료가 없는 이 건에 있어서는 원고의 결혼 이후의 일실수입은 일반도시일용노동에 종사하

27) 윤후정·신인령(2001), 183~196면.

는 성인여자의 임금을 기초로 산정할 수밖에 없다 할 것인 바, 이 사건 사고 시에 가까운 1983년 6월 말께의 일반도시일용노동에 종사하는 성인여자의 임금은 1일 4,000원인 사실을 인정할 수 있고, 일반도시일용노동에 종사하는 사람은 매월 25일씩 55세가 끝날 때까지 가동할 수 있는 사실은 경험칙상 명백하다.

 대법원의 판결[163]요지

원심[162] 판결이유에 의하면, 이 사건 사고 당시 원고가 근무하고 있던 회사는 그 취업규칙에 종업원의 정년에 관한 규정을 두고 있지 않지만 통례에 따라 55세를 정년으로 하여 인사관리를 하여 오고 있는 사실을 인정한 후 원고는 미혼의 여성으로서 문서수발 등 단순한 보조업무를 취급하고 있었다 하더라도 이 사건 사고가 없었더라면 위 정년인 55세까지 근무할 수 있었던 것으로 판단하고 있는 바, 원심의 위와 같은 판단은 정당하고 거기에 법리 오해 등의 위법이 있다고 할 수 없다.

2) 단체협약의 결혼퇴직조항

단체협약의 결혼퇴직조항과 관련한 결정례는 2건이 있다. 정년에 관한 평석에서도 언급한 바와 같이 단체협약이란 노동조합과 사용자가 단체교섭으로 근로조건 등에 관해 합의한 사항을 게시한 문서인데, 여성결혼퇴직제를 단체협약에 둔 것은 당시 노동조합이 남성중심으로 운영되어 있고 여성인권에 대한 인식이 부족함을 드러낸 것으로 볼 수 있다.

[164] 단체협약의 결혼퇴직조항에 따른 여성의 직권면직
　　[대전지방노동청 고용문제조정위원회 1990.5 조정성립](여성차별 인정)
[165] 단체협약의 결혼퇴직조항에 따른 여성의 해고
　　[서울지방노동위원회 1995.8.25 결정](여성차별 인정)

(1) 단체협약의 결혼퇴직조항에 따른 여성의 직권면직

대전대 부속한방병원에서 물리치료사로 근무하던 여성이 결혼 후 여직원의 복무는 결혼 후 6개월까지만 할 수 있도록 한 단체협약에 의해 1990년 1월 31일 직권면직당하자, 이 해고가 부당한 남녀차별에 의한 것이므로 처분을 취소하여 줄 것을 학교측에 요청하고, 내용증명우편으로 고충처리기관을 설치하여 이 사건을 처리해 줄 것을 요구하였다. 그러나 학교측이 거부하자, 이 여성은 대전시 동구청과 대전지방노동청에 단체협약에 대하여 변경 또는 취소명령하여 줄 것을 요구하는 진정서를 제출하였고, 대전지방노동청장은 고용문제조정위원회에 조정을 의뢰하였다. 대전시 동구청은 충남지방노동위원회의 의결을 얻어 1990년 4월 2일에 결혼퇴직규정이 포함된 단체협약 변경명령을 내렸다. 대전지방노동청 고용문제조정위원회[164]는 사건조사 후 1990년 5월에 조정위원회를 개최하여 진정인의 즉시 원직복직과 해고일로부터 원직복직 전일까지의 임금 상당액의 지급을 요구하는 대신 남녀차별 근거가 명확지 않은 승진 및 배치부분은 인정하지 않는 조정안을 제시하여 수락을 권고한 바, 당사자 양측이 수락하여 사건이 종결되었다.

이 사례는 고용문제조정위원회를 활용한 첫 번째 사례이자 조정으로 문제해결이 된 최초의 사례이다. 이 사건 조정으로 위 대전대에서 동일한 내용으로 해고예고를 통보받은 1명을 포함하여 모두 7명의 기혼여성 근로자가 구제되었다.

(2) 단체협약의 결혼퇴직조항에 따른 여성의 해고

서울지방노동위원회[165]는 외국어대가 "결혼과 동시에 퇴직한다."는 단체협약과 관례에 따라 여직원(노조전임자)을 해고한 사건에서 이 조치가 부당해고임을 인정하고 원직복직과 밀린 임금을 지급할 것을 명령하였다. 학교측은 이에 불복하여 중앙노동위원회에 재심을 청구하였으나 심리 중 재심청구를 취하하고 당해 여성을 1995년 11월 원직에 복직시킴으로써 사건이 종결되었다.

3) 결혼한 여성의 해고

결혼한 여성을 해고시킨 인사조치에 관한 결정례는 6건(4종)이 있다.

■ 결혼한 여성아나운서와 PD의 해고([166]~[168])

[166] [경남지방노동위원회 1990.5.26 결정](여성차별 인정)

[167] [중앙노동위원회 1990.8.16 결정](여성차별 인정)

[168] [서울고등법원 1991.5.30 선고 90구13941](여성차별 인정)

[169] 결혼을 이유로 한 여직원의 해고
　　　[인천지방노동청 고용문제조정위원회 1991.7.12 조정성립]
　　　(여성차별 인정)

[170] 대학의 임시직 기혼여직원들의 재임용탈락
　　　[전남지방노동위원회 1990.5.28 결정](여성차별 인정)

[171] 결혼한 정규직 여성의 임시직 전환과 해고
　　　[충남지방노동위원회 1996.4.26 결정](여성차별 인정)

(1) 결혼한 여성아나운서와 PD의 해고

경남지방노동위원회[166]는 진주문화방송이 여성아나운서가 결혼하자 총무부에서 음반수발업무 등 단순기능직을 수행하게 하다가 해고한 조치와 여성프로듀서가 결혼 후 계속 근무하자 회사측에 불성실, 동료직원과의 불화, 시말서를 한 번 쓴 적이 있다는 이유로 이들을 해고한 조치에 대하여 부당해고라고 판정하였다. 방송사측은 이에 불복하여 중앙노동위원회에 재심을 신청했는데 중앙노동위원회[167]도 부당해고를 인정하는 판정을 하였다. 방송사측은 재심판정에 불복하여 서울고등법원[168]에 중앙노동위원회를 상대로 재심처분의 취소를 요구하는 소송을 제기했으나 기각되었다.

서울고등법원의 판결[168]요지

원고들이 방송사고로 1회씩 징계를 받았으나 그 사유는 다른 사원들도 자주 일으키는 방송사고이며 그 징계도 가벼운 주의각서 제출이나 근신이고 특히 당해 여성은 가벼운 과실로 징계를 받았음에 반하여 이들보다 무거운 징계를 받은 여러 사원이 그대로 재직하고 있거나 승진까지 한 점으로 보아 이들의 징계는 해고의 직접적인 요인이 될 수 없다. 이들이 근무성적 평정에서 업무능력이 부족하거나 실적이 불량하다고 할 수 없고 근무를 태만히 한다고 볼 수 없다. 또한 단체협약상 징계나 인사고과 등을 이유로 해고는 물론이고 근로자를 승급에서 누락시킬 수도 없는 점, 이들이 받은 모니터의 비판 역시 다른 사원들이 받은 비판보다 중대한 것으로 볼 수 없다. 당해 여성 A에게 연봉에 비하여 사소한 업무를 맡긴 것은 그 학력, 능력, 경력, 연봉 등을 고려하지 않고 배치전환한 것으로 오히려 회사측의 책임이 인정된다. 이 회사의 사규상 '업무상 불필요한 때'라 함은 사회통념상 고용관계를 유지시킬 수 없을 정도로 근로자에게 책임 있는 사유가 있거나 부득이한 경영상의 필요로 업무상 불필요하게 된 때로 보아야 한다. 그럼에도 위의 사실 등으로 보아 이들의 근무가 업무상 불필요한 때에 해당한다고 볼 수 없다. 따라서 원고들에 대한 각 해고는 사규의 규정에도 해당하지 않는 정당한 이유 없는 해고에 해당한다.

(2) 결혼을 이유로 한 여직원의 해고

인천지방노동청 고용문제조정위원회[169]는 신현주공아파트 관리사무소가 경리직의 자격요건을 30세 미만의 용모단정한 미혼여성으로 제한하고 그 정년을 30세로 규정하였다가 경리로 4년째 근무하던 당해 여성이 결혼하자 인사위원회를 개최하여 사직을 권고하였으나 여직원이 이에 불응하자 구두지시로 해고예고와 함께 출근정지처분을 한 사건에서, 이 해고의 부당성을 인정하였다. 그리고 회사측에 여직원의 원직복귀와 취업규칙의 시정을 요구하며 여직원에게 해고기간의 임금에 대해 양보할 것을 내용으로 조정하였는데 양 당사자가 이를 수락함으로써 사건이 종결되었다.

(3) 대학의 임시직 기혼여직원들의 재임용탈락

전남지방노동위원회[170]는 목포대가 임시직 기혼여직원들을 재임용탈락 시키자 여직원들이 자신들을 해고한 것은 기혼여성을 미혼여성으로 대체임 용하고자 한 것이라고 주장하며 부당해고구제를 신청한 사건에서 이 사건을 부당해고로 인정하고 이들을 원직에 복귀시킬 것을 명령하였고 학교가 중앙노 동위원회에 재심을 신청하지 않음으로써 사건이 종결되었다. 이 사건에 대해 한국여성단체협의회는 학교를 방문하고 각계에 진정서를 제출하는 등 지원하 였다.

(4) 결혼한 정규직 여성의 임시직 전환과 해고

충남지방노동위원회[171]는 대전전문대학이 결혼한 여성을 임시직으로 전 환한 후 해고한 사건에서 신청인이 '여성'이라는 점과 여직원이 결혼하면 사 직한다는 것이 관례임을 이유로 사직을 권고한 사실은 「헌법」제32조 제4항 (여자의 근로는 특별한 보호를 받으며, 고용·임금 및 근로조건에 있어서 부당한 차 별을 받지 아니한다)에서 규정하고 있는 「헌법」정신에 어긋나므로 부당노동행 위 및 부당해고를 인정하였다. 그러나 학교측이 당해 여성의 복직을 계속 거 부하자, 노동조합은 총파업을 단행하였다. 결국 당해 여성은 복직이 되는 것 과 함께 1996년 9월부터 정식직원이 되었다.

4) 여성결혼퇴직각서의 이행 강요

[172] [강원지방노동위원회 1999.2.10 결정](여성차별 인정)
[173] [중앙노동위원회 1999.5.15 결정](여성차별 인정)
[174] [서울행정법원 2000.2.15 선고 99구18615](여성차별 인정)
[175] [서울고등법원 2000.8.30 선고 2000누2817](여성차별 불인정)
[176] [대법원 2001.12.27 선고 2000두7797](여성차별 불인정)

대한제분 원주지점의 영업소에서 일하던 여성이 영업소장에게 결혼소식을 알리고 결혼 후에도 계속 근무할 의사가 있음을 밝히자 영업소장은 입사 시에 결혼하면 사직한다는 계약서를 작성하였으니 사직해야 한다고 하여 사직했다. 사무직여성 중에는 기혼여성이 한 명도 없었다. 그리하여 부득이 사직서를 제출하고 퇴직한 후 당해 실업급여를 받으려고 원주지방노동사무소를 찾아가니 자의에 의한 사직은 실업급여를 받을 수 없고 결혼퇴직은 위법이라는 말을 듣고 회사에 해고처리를 해 줄 것을 요구했으나 거부당했다. 이에 당해 여성은 여성단체 등에 상담하고 지원을 받아 강원지방노동위원회에 부당해고구제신청을 하였다. 심리과정에서 노동조합위원장은 회사측 증인으로 출석하여 결혼과 관련하여 회사측이 사직을 하도록 한 사실이 없다고 증언한 반면, 퇴직하였거나 현재 근무 중인 여성근로자들은 결혼퇴직계약서의 존재를 확인해 주었다. 이러한 사정을 감안하여 강원지방노동위원회[172]는 부당해고판정을 내리고 당해 여성을 원직에 복귀시키고 해고기간 중 임금 상당액을 지급하라는 구제명령을 내렸다. 회사측은 중앙노동위원회에 재심을 신청하였으나 중앙노동위원회[173]도 부당해고를 인정하였다.

 중앙노동위원회의 결정[173]요지

피신청인(회사)에서는 여직원이 결혼하면 퇴직하는 것이 관례화되어 있으며 당해 여성은 여직원의 결혼퇴직관례가 위법이라는 사실을 알지 못하여 당연한 것으로 알고서 결혼일자가 결정되자 사직서를 제출하는 것 이외에는 다른 방법이 없다고 생각하여 사직서를 제출하였으므로 이는 원고회사의 사직강요에 의하여 의사결정의 자유가 제한된 상태에서 행한 의사표시로서 원고회사가 이를 알지 못하였다고 하여도 참가인의 내심의 의사가 결여된 비진의 의사표시에 해당하는 것이므로 이에 근거한 원고회사의 참가인에 대한 고용관계의 해지는 부당해고에 해당한다.

서울행정법원[174]은 회사가 중앙노동위원회의 재심판정을 취소해 달라고 제기한 행정소송에서 근로자들이 결혼퇴직제의 존재 사실에 관해 엇갈리는 진술을 하고 있으나 결혼퇴직제가 있다고 판단하고 부당해고임을 확인하였다.

서울행정법원의 판결[174]요지

원고회사의 창립 이래 참가인이 퇴직할 때까지 결혼한 여성이 정식직원으로 근무한 사례가 없는 점, 여성근로자의 인사에 관여하지도 않고 여성근로자가 노조원도 아닌 상황에서 한 노조위원장의 진술의 신빙성이 높다고 볼 수 없는 점 및 변론의 전 취지를 종합하면, 결국 원고회사는 결혼과 동시에 퇴직할 것을 조건으로 여성근로자를 채용하거나 그렇지 않다고 하더라도 여성근로자가 결혼하면 퇴직하는 관행을 확립하고 있었다고 인정된다.

참가인(여성근로자)이 "원고회사에 입사할 당시의 '결혼하면 퇴직한다'는 조건 내지 '결혼한 여성근로자는 퇴직시킨다'는 원고회사의 방침이 있는 이상 의사와 무관하게 어쩔 수 없이 퇴직할 수밖에 없다."고 생각하여 사직서를 제출하였고, 원고회사도 그러한 사정을 알고 있었다고 인정되는 경우, 이러한 사직의사의 표시와 그 수리행위에 의한 근로계약의 합의해지는 여성근로자에 대하여 혼인을 퇴직사유로 하는 근로계약을 금지하는 강행규정인 「남녀고용평등법」 제8조 제2항에 위반하여 당연무효라고 할 것이다. 따라서 원고회사가 참가인의 사직서를 수리하여 의원면직처리한 것은 「근로기준법」 소정의 부당해고에 해당한다.

그러나 서울고등법원[175]은 결혼퇴직제의 존재에 관한 증거가 불충분하다며 서울행정법원[174]의 판결을 취소하고 부당해고구제재심판정[173]을 취소시켰다.

서울고등법원의 판결[175]요지

원고회사에 여직원이 결혼을 하면 퇴직하는 관행이 있음을 추단하기 부족하며, 달리 이를 인정할 아무런 증거가 없다. 참고인의 사직서 제출에 따른 원고회사의 참고인에 대한 의원면직처분을 근로자의 사직서 제출이 진의 아닌 의사표시에 해당하는 등으로 무효이어서 사용자의 그 수리행위를 실질적으로 사용자의 일방적 의사에 의하여 근로계약관계를 종료시키는 해고에 해당한다고 볼 수도 없다 할 것이다(가사 여직원이 결혼을 하면 퇴직하는 관행이 원고회사에 있다고 오인하여 제출한 참가인의 사직서에 기하여 원고회사가 참고인에 대하여 의원면직처분을 하였다고 하여도 이를 근거로 하여 민사상 고용계약관계의 존속을 주장함은 별론으로 하더라도 이것만으로 참가인의 사직의 의사표시가 비진의 의사표시에 해당하여 무효라거나 원고회사의 참고인에 대하여 의원면직처분이 「근로기준법」이나 「남녀고용평등법」에 위반하여 부당해고에 해당한다고 볼 수도 없다).

당해 여성은 상고했으나 대법원[176]도 서울고등법원[175]과 같은 논지로 상고를 기각했다.

 대법원의 판결[176]요지

참가인이 원고회사에 입사할 당시 결혼과 동시에 사직하겠다는 내용의 여직원 계약서를 작성, 제출하였거나 원고회사에서는 여직원이 결혼을 하면 퇴직하는 관행이 있었고 사직서 제출 당시 박씨 등 원고회사측에 의하여 사직서 제출이 강요되었다는 피고 및 참가인의 주장에 부합하는 증거 및 증언은 이를 믿지 아니하고, 위 사실만으로는 원고회사에 여직원이 결혼을 하면 퇴직하는 관행이 있음을 추단하기 부족하며, 참가인이 사직서 제출 무렵 사직의사가 없음을 표시하였다는 점에 관하여도 이를 인정할 아무런 증거가 없으므로 이를 전제로 하여 참가인의 사직서 제출이 「근로기준법」 및 「남녀고용평등법」에 위반되는 것으로 비진의 의사표시에 해당하여 무효로서 원고회사가 참가인의 사직서를 수리한 것은 부당해고에 해당한다는 피고 및 참가인의 주장은 이유 없다.

5) 여성결혼퇴직제 관련

■ 여성에 대한 결혼퇴직 강요([177]~[179])

[177] [서울지방법원 2002.10.11 선고 2002가합9726](여성차별 불인정)

[178] [서울고등법원 2003.11.5 선고 2002가나62700](여성차별 불인정)

[179] [대법원 2004.4.28 선고 2003다66745](여성차별 불인정)

■ 결혼퇴직제 등 여성차별적 직장관행에 항의한 여사원의 징계해고([180], [181])

[180] [서울민사지방법원 1994.1.13 선고 93가합5385](여성차별 인정)

[181] [서울고등법원 1994.9.2 선고 97나6347](여성차별 인정)

[182] 결혼퇴직제를 거부한 여성에 대한 대기발령
    [여성특별위원회 2000.3.31 결정 99고용33](여성차별 인정)

[183] 방송사 계약직 여사원의 결혼퇴직관행
    [국가인권위원회 2006.12.22 결정 06진차481](여성차별 인정)

(1) 여성에 대한 결혼퇴직 강요

이 사건도 대한제분에서 여성결혼퇴직각서의 이행 강요와 관련하여 여성 근로자가 제기한 소송사건이다. [177], [178], [179]의 판결은 [175]와 [176]의 판결과 같이 결혼퇴직 강요의 사실이 증거가 없다고 하여 원고인 여성근로자에 대하여 패소판결을 내렸다.[28)]

(2) 결혼퇴직제 등 여성차별적 직장관행에 항의한 여사원의 징계해고

서울민사지방법원[180]과 서울고등법원[181]은 신은상호신용금고가 여성 노조원이 직장상사의 정당한 직무상 명령에 불복종하고 규율을 위반했다며 무기정직에 이어 해고한 조치에 대하여 징계권의 남용으로 무효라고 판결하였다.

---

28) 판결요지는 박선영(2012), 132~134면 참조.

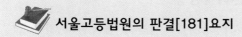

서울고등법원의 판결[181]요지

피고회사의 단체협약상 조합원에 대한 비정상적인 대규모 인사이동, 휴직, 해고 등의 조치를 취하는 경우에 노동조합과 사전합의를 하도록 규정한 것은 조합원에 대한 인사권의 '신중한 행사를 위하여 단순히 의견수렴절차를 거치라는 뜻의 사전협의'가 아니라 노동조합과 의견을 성실하게 교환하여 노사간에 의견의 합치를 보아야 한다는 뜻에서의 '합의'를 의미한다. 따라서 노동조합과의 합의절차를 거치지 아니한 원고에 대한 무기정직은 그 효력이 없다. 원고가 상사들의 호출에 대꾸하지 않은 것은 장기근속 여사원이 경원시되는 직장 내 분위기와 여사원의 업무에 대한 남성사원의 권위적이고 보수적인 태도 및 여사원을 차별하는 피고회사의 관행하에서 축적된 장기근속 여사원으로서의 불만과 피해의식이 감정적·우발적으로 표출된 것으로 여사원과 남성상사 간에 예사롭게 일어날 수 있는 마찰에 불과하다고 볼 수 있다. 또한 상사에 대해 대든 것은 상사가 욕설을 하며 원고의 뺨을 때리자 흥분한 나머지 야기된 것으로 상사에게도 원인을 제공한 상당한 잘못이 사실상 해고와 같은 중징계를 하는 것으로 보아 위와 같은 이유만으로 원고를 무기정직처분한 것은 징계권 남용에 해당된다.

(3) 결혼퇴직제를 거부한 여성에 대한 대기발령

여성특별위원회[182]는 신청인(여성근로자)이 출산휴가를 신청하려 하자 피신청인(협동조합)은 결혼한 여직원의 퇴직은 판례이며 기혼여성은 업무추진에 지장을 주므로 조합업무의 정상적 추진을 위해 퇴직할 것을 요구하였으며 신청인이 불응하고 위원회에 시정신청을 하자 신청인을 대기발령하고 출산휴가를 부여한 사건에서 신청인에 대한 피신청인의 대기발령처분은 남녀차별임을 결정하고, 피신청인은 신청인을 원래 일하던 자리로 복직시킬 것과 대기발령기간 중 신청인이 받지 못한 급여의 나머지 20%를 배상할 것을 권고하였다. 또한 향후 다른 여직원에 대하여도 출산을 이유로 이와 유사한 남녀차별사건이 발생하지 않도록 조치할 것도 권고하였다.

(4) 방송사 계약직 여사원의 결혼퇴직관행

국가인권위원회[183]는 피진정회사(방송사)가 계약직 여직원의 경우 결혼을 하면 퇴사하게 하는 명시적인 규정을 가지고 있는 것은 아니나, 계약직 여직원의 결혼퇴사관행을 개선하고 그 재발방지대책을 수립하여 시행할 것과 국가인권위원회의 결정내용을 전 직원에게 알릴 것을 권고하였다. 이 결정문은 결혼퇴직제의 위법성과 인권침해성을 명시하였다.

국가인권위원회의 결정[183]요지

여성에 대해서만 결혼을 퇴직조건으로 채용하거나 결혼 시 사직서를 제출하게 하는 행위는 여성의 노동권과 평등권을 침해하는 행위로서 「남녀고용평등법」 및 「근로기준법」 등 관련법에서 금지하고 있다. 근로자가 결혼을 함에 따라 개인적인 이유로 사직을 할 수 있으나 그 결정은 본인의 자유로운 의사에 따른 것이어야 하고 만약 사업주가 근로자의 의사결정에 개입하여 사직하게 하였다면 그것은 노동권과 평등권을 침해하는 행위이다.

이 사건에서 계약직 여직원의 결혼퇴직관행에 따라 진정인이 퇴사하였는지 여부를 살펴보면, 피진정회사의 인사규정은 정규직과 계약직 직원이 모두 적용되는데 인사규정에는 여직원이 결혼하면 퇴직해야 한다는 내용이 없고, 조사과정에서 진정인의 상사인 편성팀장 홍○○, 편성제작국장 김○○, 보도국장 윤○○도 진정인에게 "결혼하면 퇴직해야 한다."는 이야기를 한 바 없다고 부인하고 있다.

그러나 일반적으로 고용이 안정된 계약직을 포기하고 고용이 불안정한 프리랜서를 선택하기 위해서는 출퇴근의 자유로움 외에도 경제적인 이익이 커야 함에도 진정인의 경우 2005년도 급여총액이 35,289,770원인 데 반하여 전속 프리랜서가 된 후 받은 주당 출연료를 연간으로 환산하면 33,800,000원으로 오히려 급여가 줄어드는 바, 결혼 후 주택 마련·양육 등 불안정한 미래를 대비하기 위해 저축 등 재테크를 준비해야 할 입장인 진정인이 자신의 자발적인 의사로 경제적 이익을 포기하고 출퇴근의 자유로움만 향유하기 위해 프리랜서를 선택하였다고 보기 어렵다.

또한 피진정회사가 계약직 여직원의 경우 결혼을 하면 퇴사하게 하는 명시적인 규정을 가지고 있는 것은 아니나, 남성은 계약직 16명 중 기혼자가 12명이나 여성은 기혼자가 한 명도 없는 내부 고용현황, 근무 중인 계약직 여직원 6명 중 4명과 정규직 여직원 3명 중 2명, 퇴직한 여직원 중 1명이 결혼하면 퇴사하는 관행이 있다는 참고인들의 진술을 종합하여 보면, 진정인이 자신의 자유롭고 자발적인 의사로 퇴직하였다기보다는 피진정회사에 존재하는 결혼퇴직관행에 의하여 비자발적으로 퇴사한 것으로 판단된다.

결국 진정인이 피진정회사를 퇴사하고 계약직에서 전속 프리랜서로 전환된 것은 본인의 의사가 아니라 피진정회사의 계약직 여직원의 결혼퇴사관행에 의한 것으로 판단되는 바, 이러한 관행은 여성에 한하여 결혼을 이유로 다른 남성들과 동등하게 고용될 기회를 배제하는 것으로 합리적 이유가 없는 성차별이라 할 것이다.

7-2 여성의 임신 · 출산을 이유로 한 퇴직권유와 해고

여성의 임신 · 출산을 이유로 한 퇴직권유 · 해고와 관련된 판례와 결정례는 15건이 있다. 그중 임신한 여성근로자에 대한 퇴직권유와 해고 관련은 7건(5종)이고, 출산한 여성에 대한 해고 관련은 8건(6종)이다.

1) 임신한 여성근로자에 대한 퇴직권유와 해고

[184] 임신을 이유로 한 퇴직권유와 대기발령
    [남녀차별개선위원회 2001.5.14 결정 01고용-10](여성차별 불인정)
[185] 임신 중인 디자인실장에 대한 해고
    [남녀차별개선위원회 2002.4.1 결정 01고용-96](여성차별 인정)
[186] 출산예정자에 대한 퇴직강요
    [남녀차별개선위원회 2004.7.19 결정 04남녀차별30](여성차별 인정)

■ 임신 등을 이유로 한 계약직 여성의 계약해지([187], [188])

[187] [국가인권위원회 2008.3.24 결정 07진차797](여성차별 인정)

[188] [창원지방법원 2010.8.19 선고 2008가합10556](여성차별 인정)

■ 출산예정인 계약직 여성의 계약해지([189], [190])

[189] [인천지방법원 부천지원 2009.1.14 선고 2008가단23516]
  (여성차별 불인정)

[190] [인천지방법원 2009.9.8 선고 2009나2347](여성차별 불인정)

(1) 임신을 이유로 한 퇴직권유와 대기발령

남녀차별개선위원회[184]는 피신청인이 비서직인 신청인에 대하여 임신을 이유로 퇴직을 권유하면서 대기발령시킨 행위는 남녀차별임을 결정하고, 피신청인에게 신청인에 대하여 대기발령기간 동안의 수당 미지급분과 정신적 고통에 대한 손해배상 3백만 원을 지급할 것과 임신으로 인한 부당한 인사조치 등이 다시 발생되지 않도록 필요한 대책을 수립하고 이를 회사 전 직원에게 공지할 것을 권고하였다.

(2) 임신 중인 디자인실장에 대한 해고

남녀차별개선위원회[185]는 신청인이 피신청인으로부터 임신 8개월 된 시점에서 해고를 당한 것에 대하여 피신청인은 신청인의 근무태도불량을 이유로 제시하나, 디자인실장인 신청인의 출산휴가로 인한 업무공백으로 피신청인에게 미칠 악영향을 감안한 조치로 인정되므로 남녀차별로 인정하고, 신청인과 피신청인에게 합의할 것을 권고하였다.

(3) 출산예정자에 대한 퇴직강요

남녀차별개선위원회[186]는 출산예정자에 대하여 퇴직을 강요한 조치에 대하여 여성차별을 인정하였다.

(4) 임신 등을 이유로 한 계약직 여성의 계약해지

국가인권위원회[187]는 새마을금고 지점에서 계약직으로 근무하던 여성이 혼전임신상태에서 결혼 후 일반직 전환심사에서 다른 동료와 달리 탈락하자 임신을 이유로 한 차별이라며 진정을 한 사건에서 차별을 인정하고 피진정인에 대하여 진정인의 복직 및 재발방지대책 수립을 권고하였다. 창원지방법원[188]은 원고가 5회 재계약하였기 때문에 근로계약의 갱신권이 원고에게 있음을 인정하고 갱신거절에 정당한 이유가 존재하는지 여부를 심사하면서 혼전임신으로 인한 '품위유지' 부족이 갱신거절의 주요한 이유로 보이는데, 이는 정당한 이유로 인정할 수 없다고 하였다.

(5) 출산예정인 계약직 여성의 계약해지

인천지방법원 부천지원[189]과 인천지방법원[190]은 피고가 출산을 앞두고 있다는 이유로 원고를 아무런 이유 없이 부당하게 해고하였다는 점을 인정하기에 부족하고, 달리 이를 인정할 만한 증거가 없으며, 그 밖에 이 사건 근로계약의 종료에 관하여 피고에게 어떤 불법행위가 성립한다고 볼 만한 아무런 근거도 없는 것이며, 이 사건 근로계약이 종료된 원인은 피고가 제시한 새로운 근무조건을 원고가 받아들이지 않은 사정에 기인한다 할 것이고, 결국 이 사건 근로계약은 당사자 쌍방의 합의해지에 의하여 종료되었거나 피고가 「민법」 제660조 제1항에 의하여 적법하게 이를 해지함으로써 종료된 것으로 볼 것이라고 판결하였다.

2) 출산한 여성에 대한 해고

[191] 출산을 이유로 한 퇴직강요
   [남녀차별개선위원회 2004.10.11 결정 04남녀차별44](여성차별 인정)
[192] 출산휴가와 육아휴직의 사용을 이유로 한 퇴직강요
   [남녀차별개선위원회 2004.10.11 결정 04남녀차별42](여성차별 인정)
[193] 출산휴가 중 부당해고
   [창원지방법원 2007.2.15 선고 2006노499](여성차별 인정)

■ 출산휴가 후 부당해고([194], [195])

[194] [서울지방노동위원회 2007.3.15 결정](여성차별 인정)

[195] [서울행정법원 2007.12.20 선고 2007구합28410](여성차별 인정)

■ 출산휴가자와 육아휴직자에 대한 사직강요([196]~[198])

[196] [국가인권위원회 2008.5.19 결정 07진차953](여성차별 인정)

[197] [서울동부지방법원 2009.10.28 선고 2009가합1267](여성차별 인정)

[198] 육아휴직 중 부당해고

　　[대구지방법원 경주지원 2008.4.1 선고 2007고단229(병합)]

　　(여성차별 인정)

(1) 출산을 이유로 한 퇴직강요

남녀차별개선위원회[191]는 지점장이 신청인에게 출산휴가에 즈음하여 남편하고 같이 대리점을 경영할 생각이 없는지 혹은 퇴사했다가 계약직으로 다시 입사할 생각이 없는지를 물은 것, 출산휴가를 마치고 복직한 신청인에게 여직원 2명이 근무할 필요가 없다는 이유로 업무를 분장해 주지 않으면서 신청인 남편의 사무실 위치, 봉급수준, 직장 다니는 것에 대한 남편의 생각을 묻는 등의 지점장의 언동은 피신청인 회사가 신청인에게 출산을 이유로 지속적으로 퇴직을 강요한 것으로 인정되므로 남녀차별로 결정하고 피신청인에게 재발방지대책을 마련하고 신청인의 원상회복에 필요한 조치를 취할 것을 권고하였다.

(2) 출산휴가와 육아휴직의 사용을 이유로 한 퇴직강요

남녀차별개선위원회[192]는 피신청인(자동차회사)의 △△지역노동조합에서 여성분회장을 맡고 있는 신청인이 육아휴직을 마치고 출근하려고 하는데 지점장과 업무과장이 신청인이 권고사직대상이라고 말하고 퇴직하면 12개월치 급여를 주는데 복직해서 근무하면 그 급여는 없어지는 거라는 이야기를 하였고 퇴직강요에 항의한 후 △△지점으로 출근해 보니 책상과 컴퓨터가 없어졌다며 차별시정을 신청한 사건에서 피신청인이 출산을 이유로 퇴직을 강요한 행위는 남녀차별로 결정하였다. 그리고 피신청인에게 출산휴가 및 육아휴직에서 복직하는 직원에게 즉시 업무에 종사할 수 있도록 조치하고 거주지에서 가까운 곳에서 근무할 수 있도록 제도를 개선할 것을 권고하였다.

(3) 출산휴가 중 부당해고

창원지방법원[193]은 피고가 출산휴가에 들어간 원고(대학강사)를 해고한 사건에서, 피고는 원고를 2004.10.1부터 2004.12.31까지 일하기로 하는 한시직으로 고용하였다고 하나, 피고가 원고의 출산휴가기간 동안 원고를 대신할 사람을 한시직으로 고용하였던 점에 비추어 볼 때 원고를 한시직으로 고용하였다고 볼 수 없고, 원고를 부당하게 해고한 사실을 충분히 인정할 수 있으므로 피고의 주장은 이유 없다고 판결하였다.

(4) 출산휴가 후 부당해고

서울지방노동위원회[194]는 어린이대공원의 동물관리팀에서 사육사로 일하는 여성이 출산휴가를 마치고 출근하자 해고에 관한 통보를 받고 해고당하여 부당해고구제신청을 하자 이 사건 해고를 부당해고로 인정하고 여성을 즉시 원직에 복직시키고 임금 상당액을 지급하라는 구제명령을 하였다. 사용자인 공단은 이 사건 해고가 근로계약기간을 정한 경우에 있어서의 기간만료에 따라 당연종료된 것이며, 해당 업무의 폐지와 근무평정결과로 인한 정당한 이유 있는 해고라고 주장하며 서울행정법원에 제소하였다. 그러나 서울행정법원[195]도 부당해고를 인정하였다.

서울행정법원의 판결[195]요지

「근로기준법」이 정당한 이유 없이 해고 등을 하지 못한다고 규정하고 있는 취지 등에 비추어 원고공단의 계약직직원관리규정에서 "해당 업무의 폐지 또는 예산의 감소 등으로 인원이 감축된 경우에는 고용부서장의 의견을 반영하여 심사위원회의 심의를 거쳐 지체없이 고용계약을 해지할 수 있다."고 규정하고 있다고 하여 이에 따른 해고를 모두 정당하다고 할 수는 없는 것이고, 그에 따른 해고가 정당한 것으로 인정되기 위해서는 해당 업무가 폐지됨으로 말미암아 발생하게 되는 인원감축을 회피하기 위한 노력을 성실하게 하였고, 합리적이고 공정한 기준에 따라 그 대상자를 선정하였으며, 해고를 피하기 위한 방법과 해고의 기준 등을 근로자의 과반수로 조직된 노동조합 또는 근로자대표와 성실하게 협의하였어야 할 것이다.

그런데 참가인에 대한 근무평정의 추이를 보면 참가인은 2004년에 평점 98점의 높은 점수를 받았다가 참가인의 근무태도가 특히 불성실해졌다거나 비위행위를 저질렀다는 등의 특별한 사정이 없음에도 2006년에는 73점을 받은 점에 비추어 참가인에 대한 근무평정점수 역시 그대로 받아들이기 어려우므로 원고가 이 사건 해고를 함에 있어 불공정한 근무평정결과 등을 기초로 하는 등 합리적이고 공정한 기준에 따라 그 대상자를 선정하였다고 할 수 없고, 원고가 이 사건 해고를 피하기 위한 방법과 해고의 기준 등에 관하여 근로자대표 등과 성실한 협의를 하였다고 인정할 만한 증거도 없으므로 이 사건 해고는 더 나아가 살펴볼 것도 없이 해당 업무의 폐지로 인한 정당한 이유 있는 해고라고 할 수 없다.

(5) 출산휴가자와 육아휴직자에 대한 사직강요

국가인권위원회[196]는 피진정인(주식회사)이 홍보팀장으로 근무하다 6개월간 출산휴가 및 육아휴직을 사용한 후 복귀한 진정인에 대하여 사용자들이 사직을 강요하고 팀장에서 팀원으로 강등하였으며 업무를 제한하는 직무서약서의 작성을 강요한 행위는 출산과 육아를 이유로 한 부당한 차별이므로 피진정인(주식회사 대표이사)에게 진정인에 대하여 손해배상금 500만 원을 지급할 것, 3명의 사용자에 대하여 경고조치할 것, 출산 및 육아휴직자들이 유사한 피해를 입지 않도록 재발방지대책을 수립할 것을 권고하였다.

 국가인권위원회의 결정[196]요지

1)「국가인권위원회법」은 물론「UN 여성차별철폐협약」제11조 제2항,「여성발전기본법」제18조 제1항,「남녀고용평등과 일·가정 양립 지원에 관한 법률」

제19조 등은 출산이나 육아휴직에 의한 차별을 금지하고 있다. 이러한 규정은 출산이 여성의 고유한 기능이자 특성이고 육아가 사회적 인식과 여건으로 인해 여성에게 과도하게 주어진 역할이므로 출산 또는 육아를 이유로 한 차별은 곧 여성에 대한 차별이 되고, 모성기능은 사회의 인력을 재생산한다는 중요한 사회적 기능이 있으므로 사회적 보호가 필요하다는 입장에 기초한 것이다. 따라서 출산휴가 및 육아휴직자가 복직 시 휴직기간 동안의 업무공백이 있었다 하더라도 이러한 문제는 사업주와 국가가 공동으로 분담하고 책임져야 할 문제이지 출산한 여성 개인에게 사직을 강요하거나 종용하고 불이익을 주는 것으로 해결할 수 없는 문제이고, 만약 해당 여성 개인에게 사직을 강요하거나 어떤 형태로든 불이익을 준다면 이는 부당한 고용차별행위에 해당한다.

2) 피진정인 1은 진정인의 복직과정에서 진정인에게 "6개월 휴직으로 업무공백이 크다. 회사에서는 남자팀장이 필요하다."라는 내용의 발언을 하고, 피진정인 1의 상사이자 인사 및 보직의 책임자들인 피진정인 2와 피진정인 3은 피진정인 1로부터 진정인과의 통화내용을 보고받거나 진정인의 사직조건을 의논한 사실이 있음에도 불구하고 피진정인 1의 진정인에 대한 사직강요 또는 종용에 대해 제지하거나 조치를 취하기는커녕 복직 전후 진정인에게 다른 부서업무를 맡으라고 종용하면서 팀장업무를 부여하지 않았고, 업무를 제한하는 직무서약서를 작성하라고 요구하였다. 이러한 피진정인들의 행위는 업무나 배치에서 불이익을 줌으로써 진정인에게 간접적으로 사직을 강요한 행위라고 판단되고, 주로 남자인 기자들을 상대해야 하는 홍보팀장으로 여성이 적합하지 않고 특히 출산한 여성의 경우 육아 등으로 시간상 제약이 있거나 업무에 집중하기 어려울 것이라는 아이를 키우는 기혼여성에 대한 편견에서 비롯된 행위라고 판단된다.

그 후 회사측은 진정인이었던 여성에게 2008.12.5에 1개월간 대기명령을 내리고 2009.1.19에 근무수행능력 부족 및 근무성적 저조, 인사평가 3회 이상 D등급을 받은 것을 이유로 해고예고통고를 하였다. 이에 여성근로자는 서울동부지방법원에 해고무효확인소송을 제기했고, 서울동부지방법원[197]은 대기발령 당시 이미 사회통념상 원고와의 관계를 지속시킬 수 없을 정도의 사유가 존재하였거나 대기발령 중 그와 같은 해고사유가 확정되었다고 볼 만한 아무런 증거가 없으므로 이에 따라 이루어진 해고는 무효라고 판결하였다.

(6) 육아휴직 중 부당해고

대구지방법원 경주지원[198]은 사업주가 경영악화로 정리해고를 하면서 정당한 해고가 되기 위한 요건과 절차 없이 근로자들을 해고한 사건에서 육아휴직 중인 여성근로자를 해고한 것은 「남녀고용평등법」 제19조 제3항(사업주는 육아휴직을 이유로 해고나 그 밖의 불리한 처우를 하여서는 아니 되며, 육아휴직기간에는 그 근로자를 해고하지 못한다. 다만, 사업을 계속할 수 없는 경우에는 그러하지 아니하다)을 위반한 행위로서 이 법의 제37조 제2항의 벌칙조항(3년 이하의 징역 또는 2천만 원 이하의 벌금)을 적용받는다고 판결하였다. 그런데 법원은 피고인이 그 외에도 「근로기준법」 위반죄를 범한 것을 인정하면서도 경제적으로 어려운 처지에 있고 잘못을 시인하고 있다는 점 등의 사정을 정상참작하여 징역 10월 및 벌금 1백만 원에 부과하되, 판결확정일로부터 2년간 집행유예를 선고하였다.

7-3 구조조정에서의 여성집단해고

구조조정에서의 여성집단해고에 관한 판례와 결정례는 33건이다. 그중에는 부서 또는 직종의 폐지에 따른 여성해고 관련이 16건, 부부사원 중 1인의 명예퇴직대상자 관련 10건, 정리해고기준에 따른 여성해고 관련 5건, 여성이 담당하던 업무의 외주화 관련 2건이 있다.

1) 부서 또는 직종의 폐지에 따른 여성해고

(1) 브랜드폐지에 따른 여성디자이너들의 정리해고

[199] 브랜드폐지에 따른 여성디자이너들의 정리해고
  [서울지방노동위원회 1998.7.8 결정 98부해416, 98부해448]
  (여성차별 불인정)

서울지방노동위원회[199]는 신세계백화점이 1997년 12월에 경영상 사정으로 브랜드를 폐지함에 따라 디자이너 5명과 3명의 남성부장을 대기발령한 후 남성부장들만 재발령함으로써 사실상 5명의 여성디자이너만이 해고를 전제로 한 대기발령처분을 당했다고 신청된 부당해고구제신청사건에서 피신청인 측의 경영상 사정을 인정하여 이는 부당해고에 해당하지 않는다고 판정하였다. 이에 여직원들은 중앙노동위원회에 재심을 신청했으나 재심심리 중 당사자 간에 합의(미복직, 임금으로 타협)로 재심신청을 취하함으로써 사건이 종결되었다.

(2) 부서통폐합에 따른 여직원들의 부서변경과 사직권고

[200] 부서통폐합에 따른 여직원들의 부서변경과 사직권고
　　[여성특별위원회 2000.3.31 결정 99고용34](여성차별 불인정)

여성특별위원회[200]는 피신청인(한국○○○(주))이 여성인 신청인에 대하여 담당업무 변경을 한 것은 신청인이 처리하던 인사연수업무를 부서통폐합으로 인사총무팀장이 맡게 됨에 따라 불가피한 조치였고 인사이동이 신청인이 여성이라는 이유로 고용환경을 악화시키거나 퇴직 또는 전보를 강요하기 위한 행위라고 보기 어렵다며 차별시정신청을 기각하였다.

(3) 여성으로만 구성된 산업상담원의 직권면직처분

[201] [서울행정법원 2000.6.27 선고 2000구2623](여성차별 불인정)
[202] [전주지방법원 2001.4.6 선고 2000구297](여성차별 불인정)
[203] [서울고등법원 2001.4.4 선고 2000누8631](여성차별 불인정)
[204] [부산지방법원 2001.4.12 선고 2000구1669](여성차별 불인정)
[205] [부산고등법원 2001.7.13 선고 2001누69](여성차별 불인정)
[206] [대법원 2002.11.18 선고 2001두3051](여성차별 불인정)
[207] [부산고등법원 2003.2.14 선고 2001누1406](여성차별 불인정)

노동부는 지방노동관서의 민원상담실에서 여성 및 청소년근로자의 민원

상담 등의 업무를 수행하는 여성산업상담원을 두었다가 1999.5.24 정부조직
개편 일환으로 산업상담원직제를 폐지하게 되어 별정직공무원(7급 상당)의 정
원이 53명 감축되었다.

이 조치에 관하여 7건의 소송이 제기되었는데, 소송사유 중에는 여성으로
만 구성된 산업상담원직제를 폐지한 것은 결국 정원감축의 주요 대상을 여성
으로 삼은 것이 되어 「남녀고용평등법」 제8조에 위반한 것이 있었다. 그러나
법원은 정부의 조직개편은 재량사항이라며 기각하였고 여성차별을 인정하지
않았다.

 서울행정법원의 판결[201]요지

1) 노동부 소속 직제를 어떻게 구성할 것인지, 노동부 소속 별정직공무원의 수
를 몇 명으로 할 것인지 등은 정책결정의 문제에 불과하므로, 정책적 판단에 따
라 노동부 소속 공무원의 정원을 조정한 것이 적절한 정책이었는지의 여부는
별론으로 하고, 이를 들어 정원에 관한 조항 자체가 「헌법」이나 법률에 위반되
는 것이라고 볼 수는 없다. 또 산업상담원 전체가 여성근로자였다는 점만을 들
어 산업상담원직제를 폐지한 것이 여성근로자를 차별하기 위하여 이루어진 것
이라고 볼 수는 없고, 달리 이를 뒷받침할 만한 아무런 자료도 없으므로, 노동부
소속 별정직공무원의 정원을 조정한 개정조항이 「남녀고용평등법」 제8조에 위
반하는 것이라고 볼 수도 없다.
2) 별정직공무원을 포함한 특수경력직공무원은 경력직공무원처럼 '실적과 자격
에 의하여 임용되고 그 신분이 보장되며 평생토록 공무원으로 근무할 것이 예
정되는 공무원'이 아니라, '효율적인 조직관리와 인사관리의 목적을 달성하기
위하여 임면권자에게 임면과 관련하여 광범위한 재량이 인정되는 공무원'이라
고 봄이 상당하다.
3) 정부 구조조정의 일환으로 노동부 소속 공무원의 정원을 조정하면서 별정직
공무원인 산업상담원직제가 폐지됨에 따라 직권면직처분을 한 것이 재량권의
일탈·남용이 아니다.

(4) 주로 여성인 경찰청 고용직 공무원의 직권면직

[208] [서울행정법원 2005.9.22 선고 2005구합10002](여성차별 불인정)
[209] [서울행정법원 2005.9.22 선고 2005구합20108](여성차별 불인정)
[210] [창원지방법원 2005.10.13 선고 2005구합850](여성차별 불인정)
[211] [춘천지방법원 2005.11.17 선고 2005구합768](여성차별 불인정)
[212] [대구지방법원 2005.11.18 선고 2005구합1796](여성차별 불인정)
[213] [광주지방법원 2005.12.1 선고 2005구합1176](여성차별 불인정)
[214] [전주지방법원 2005.12.8 선고 2005구합78](여성차별 불인정)

경찰청은 「경찰청과 그 소속기관 등 직제」를 2003.12.18 개정하고 고용직 공무원의 정원을 673명에서 89명으로 584명 감축하였는데, 고용직의 절대다수가 여성이었다. 이 조치에 관한 직권면직의 취소를 청구하는 7건의 소송이 제기되었는데 그 소송사유 중 여성차별이라는 주장이 있었다. 그러나 법원은 모두 이를 인정하지 않았다.

서울행정법원의 판결[208]요지

「남녀고용평등법」 제11조 제1항은 "사업주는 근로자의 정년·퇴직 및 해고에 있어서 남녀를 차별하여서는 아니 된다."라고 규정하고 있으나, 위 인정사실에 의하면, 피고가 원고를 직권면직하게 된 것은 원고가 여성이기 때문이 아니라 행정수요의 변화 등으로 인하여 고용직 공무원직제의 정원을 축소하기로 하는 「경찰청과 그 소속기관 등 직제」의 개정이 이루어졌기 때문이고, 달리 직권면직대상자를 선정함에 있어 여성을 차별하기 위하여 고용직 공무원직제의 정원을 축소하기로 하였다고 볼 근거도 없으므로, 원고가 주장하는 사정만으로 이 사건 처분이 「남녀고용평등법」에 위반된다고 볼 수는 없다.

2) 정리해고기준에 따른 여성해고

[215] 30세 이상 10년 이상 근속한 여성사원의 집단해고
　　　[서울지방노동위원회 1999.1.28 결정](여성차별 인정)
[216] 객관적 평가기준 없이 여성을 정리해고시킨 조치
　　　[서울고등법원 2001.6.29 선고 2000누8839](여성차별 인정)
[217] 정리해고 기준(배우자의 직업유무와 부양가족수)에 따른 기혼여성해고
　　　[서울고등법원 2008.9.3 선고 2008누1261](여성차별 불인정)

■ 정리해고대상을 주로 여성으로 선정한 조치([218], [219])
[218] [서울행정법원 2009.10.7 선고 2008구합50605](여성차별 인정)
[219] [서울고등법원 2010.7.21 선고 2009누33807](여성차별 인정)

(1) 30세 이상 10년 이상 근속한 여성사원의 집단해고

서울지방노동위원회[215]는 대우건설이 정리해고대상을 부장급 53세, 차장급 50세, 과장급 45세라고 정한 반면, 여직원의 경우 '30세 이상 10년 이상 사원대리급'이라고 정하여 여직원 24명이 회사의 외압에 못 이겨 어쩔 수 없이 사직서를 제출한 사건에 대하여 성차별적 부당해고라고 판정하였다.

(2) 객관적 평가기준 없이 여성을 정리해고시킨 조치

서울고등법원[216]은 한국소비자원이 정리해고심사위원회의 위원들에게 그 대상자 및 후보자에 대한 아무런 객관적인 평가자료나 평가기준을 제시하거나 설명하지 아니하고 위원들의 주관적이고 임의적인 판단에 맡겨 위원들의 투표만으로 남성근로자와 여성근로자 각 1명을 정리해고대상자로 선정한 조치에 대하여 이 사건 정리해고는 객관적 합리성과 사회적 상당성을 결여한 위법한 해고라고 판단하였다. 그 판단사유에 "특히 위원들의 대부분이 남성이고 우리나라에서는 남성이 가정경제를 책임지고 있는 경우가 많아 여성의 사회활동에 대하여는 그다지 중요하게 생각하지 아니하고, 경우에 따라서는 다소 폄하하는 경향까지 있음을 고려하면 여성의 경우는 상대적으로 불리한 위치에 놓이게 되는 점"을 포함시켰다.

(3) 정리해고 기준(배우자의 직업유무와 부양가족수)에 따른 기혼여성 해고

서울고등법원[217]은 일간스포츠사에서 경영상 해고대상자 선정기준을 배우자 직업 유무와 부양가족수로 한 결과 편집국 소속 23명이 경영상 해고되었고 기혼여성 2명은 모두 해고대상에 포함되자 노동조합이 배우자 직업 유무, 부양가족수 기준은 기혼여성에 대한 차별이라고 주장하며 제기한 소송에서 원고패소판결을 내렸다.

 서울고등법원의 판결[217]요지

해고대상자 선정기준에 있어서 근로자의 부양의무의 유무, 재산, 건강상태, 재취업 가능성 등 근로자 각자의 주관적인 사정과 사용자의 이익 측면을 적절히 조화시켜야 하는 바, 참가인이 최종적으로 업무실적(10점), 업무태도(10점) 등 주관적 요소에 대하여는 합계 20점만을 부여하고, 상벌(20점), 배우자 직업 유무(20점), 부양가족수(20점), 입사역순(20점) 등 객관적 요소에 대하여 합계 80점을 부여한 평가기준을 채택한 것은 2005.5.4자 평가기준보다 객관적 요소의 비율이 증가하여 합리적인 것으로 볼 수 있는 점, 해고대상자 선정기준에 관하여 이 사건 노조가 어떠한 의견도 제시하지 아니한 것은 근로조건의 유지·향상을 위하여 「헌법」이 단결권을 보장하고 「근로기준법」이 경영상 해고에 관하여 협의권을 부여한 본래의 취지를 망각하고 근로자보호의무를 포기한 것으로 볼 수 있는 점 등에 비추어 보면, 이 사건 해고 시 참가인이 적용한 해고기준은 공정한 기준이라고 봄이 상당하다.

(4) 정리해고대상을 주로 여성으로 선정한 조치

서울행정법원[218]은 회사가 "영업부문에 관하여 구조개선을 통하여 경영합리화를 할 객관적 합리성이 인정되지만, 휴직제도나 조업기간의 단축 등의 제도를 고려하지 않은 점, 경영환경평가를 받은 지 약 2개월 만에 영업팀의 정리해고를 결정하고 실시한 점 등 원고가 이 사건 해고를 회피하기 위한 적절한 노력을 다하였다고 볼 수 없다. 또 해고대상자 선정에 있어서 원고가 해고대상자의 수를 미리 정하지 않은 것이나 해고대상자 선정기준에 의하여 해고대상자로 정하여진 근로자 중에서 사전에 정해진 기준이 없는 '대체불가자'라는 명목으로 4명을 제외하여 해고대상자를 임의로 조정한 것은 합리성과 공정성을 구비하지 못한 것으로 보인다."고 판단하였다. 서울고등법원[219]도 이 조치를 부당해고로 판결하였다.

 서울고등법원의 판결[219]요지

「근로기준법」 제24조 제3항은 사용자가 긴박한 경영상의 필요에 따라 근로자를 해고하는 경우 합리적이고 공정한 해고의 기준을 정하고 이에 따라 그 대상자를 선정하여야 하고, 이 경우 남녀의 성(姓)을 이유로 차별하여서는 아니 된다고 규정하고 있다. 또한 정리해고가 불가피하여 해고대상자를 선정하는 경우에는 비교대상의 범위에 든 근로자 중에서 해고로부터 보호하여야 할 필요성이 높은 근로자를 보호하여야 한다는 근로자적 요소, 사용자적 요소가 적절하게 고려되어야 한다. 그러나 원고는 근속기간이 긴 근로자, 연령이 많은 근로자에게 가산점을 주는 형태로 환산점수를 적용하였고, 이 사건 해고대상자 선정 당시 전체 81명의 근로자 중 34명의 근로자가 여성으로서 여성의 비율이 약 41%에 해당하였으나, 해고대상자에는 전·현직 노동조합장을 제외하고는 모두 여성이 선정되어 해고대상자의 약 86%가 여성이었다. 따라서 원고의 해고대상자 선정은 합리적이고 공정하다고 볼 수 없다.

3) 주로 여성이 담당하던 업무의 외주화

주로 여성이 담당하던 업무의 외주화와 관련된 성차별 분쟁은 2건이 있는데, 이에 관한 판례와 결정례는 모두 여성차별을 불인정하였다.

(1) 여성담당업무의 외주화

남녀차별개선위원회[221]는 △△전선(주)에서 여성기능직사원으로 생산현장에 근무한 신청인이 피신청인이 구조조정을 하면서 여사원이 많이 근무하던 업무 위주로 외부용역을 주었다고 주장하지만, 구조조정의 대상에 남성이 여성보다 더 많고 구조조정을 실시하는 과정에서 노동조합과 성실히 협의하고 신청인의 신분유지를 위해 노력한 점 등을 볼 때, 남녀차별이나 부당해고라 볼 수 없다며 신청을 기각하였다.

(2) 콜센터 여성근로자에 대한 경영상 해고

서울중앙지방법원[222]은 생명보험회사가 구조조정을 하면서 콜센터 직원 중 관리직 5명을 제외한 전부가 해고되었는데 여성전용직종에 대한 불리한 처우이므로 성차별에 해당한다는 원고의 주장에 대하여 이는 콜센터 업무를 도급전환함에 따른 당연한 결과로 관리직은 콜센터 업무를 관리, 감독하던 직원들로 도급대상인 업무와 직접 관련성이 없고 여성만 차별적으로 정리해고한 것은 아니라고 판시하였다.

4) 부부사원 중 여성의 집단퇴직

(1) '부부사원 중 1인'의 명예퇴직기준과 특별수당 부가에 따른 여성집단퇴직[29]

---

29) 김엘림(2002), "부부사원 중 여성의 절대다수가 명예퇴직한 사건의 위법성-대상판결 : 서울고법 2002.5.27 선고 2001나1661 판결", 『월간 노동법률』 7월호; 김진(2006), "사내부부 중 아내직원에 대한 사직권고와 그 효력", 『사법정의와 여성』, 민주사회를 위한 변호사모임 여성복지위원회, 32~59면; 조순경(2000), "합법을 가장한 위법의 논리: 농협의 사내

[222] [서울민사지방법원 2000.11.30 선고 99가합48608](여성차별 불인정)

[223] [서울고등법원 2002.5.17 선고 2001나1661](여성차별 불인정)

[224] [서울지방법원 2002.12.21 선고 2000가합232168](여성차별 불인정)

[225] [대법원 2002.11.8 선고 2002다35379](여성차별 불인정)

농업협동조합중앙회는 IMF사태와 축협과의 통합을 대비하여 노동조합이 포함된 구조조정비상대책위원회를 구성하고 직원 16,960명 중 2,500명을 감축하기로 하면서, 대상자를 선정하여 명예퇴직에 응하도록 하고, 응하지 않는 경우에는 순환명령휴직제를 도입한 후 휴직기간 만료 시 정리해고되도록 하였다. 명예퇴직대상자의 선정기준은 ① 고비용·저효율 인력, ② 신의성실의 원칙상 문제직원, ③ 경제적·사회적 충격이 덜 심한 직원으로 분류하면서 이 중 세 번째 기준에 '상대적으로 경제적 생활안정자'를 포함하고 사내부부도 상대적으로 경제적 생활안정자로 보아 포함시켰다.

1차 명예퇴직 결과 정규직직원 2,205명을 포함하여 3,578명이 명예퇴직을 하였으며, 그중 사내부부 762쌍 중 752쌍(98.7%)이 부부 중 한 명이 명예퇴직으로 퇴사하였고, 그중 688쌍(91.5%)이 여성이 명예퇴직을 하였다. 명예퇴직에 불응하여 순환명령휴직을 받은 10쌍의 남편들은 이후 모두 복직되었다.

이 사건에 대하여 노동부는 특별근로감독을 시행하고 성차별로 인정한 후 엄중경고조치하고 관련 지침을 시달하였다. 당시 여성특별위원회도 성차별로 인정하고 성차별적 구조조정을 하지 말 것을 요청하는 공문을 발송하였다.

원고들과 한국여성민우회 등 여성단체의 대표들, 조순경 교수 등 여성주의 전문가들은 1999.5.23 농협이 흑자경영상태이고 긴박한 경영상의 이유가 없음에도 부부사원을 주된 대상으로 하여 인원감축조치를 단행하여 결과적으로 여성이 대량해고되도록 한 것은 「헌법」, 「근로기준법」, 「남녀고용평등법」의 성차별금지규정들을 위반한 조치라며 고소·고발하였다. 원고들은 고발인들의 지원하에 민사법원에 부당해고무효확인소송도 제기하였다. 그런데 서울지방법원은 소송제기 후 1년 6개월이 경과된 후에 원고가 강압에 의해 비진의(非眞意)로 퇴직을 한 것이 아니라는 이유로 피고의 조치가 유효하다는

부부 우선해고와 '의도적 차별'", 『노동과 페미니즘』, 이화여자대학교출판부, 138-170면.

판결을 내렸다. 서울지방검찰청은 고소·고발이 있은 지 1년 7개월이 지나고 1심 법원의 판결이 선고된 1개월 후인 2000.12.29에 농협이 1999년 7월에 해산되고 농협중앙회로 통합되었다는 이유로 '공소권없음'의 처분을 하고 농협회장에 대해 무혐의처분을 하였다. 그중 제1심[222]은 부부사원 중 1인의 명예퇴직기준이 아내인 여성사원의 집단퇴직을 초래한 행위가 성차별에 해당된다는 원고들의 주장에 대해 언급조차 하지 않고 명예퇴직이 비진의에 의한 것인지 여부만을 검토하였다. 그리하여 결국 원고들의 명예퇴직 신청은 간부들의 강압에 의한 것이 아니라 명예퇴직을 하면 얻게 될 금전적 이익을 고려하여 진의(眞意)에 의한 것이라고 하였다. 제2심[223]도 성차별을 부인하였다. 대법원[225]은 원심[223]의 사실인정과 판단이 정당하다고 판단하고, 제1심[222]과 제2심[223]과 그리고 대법원[225]은 같은 논지로 원고들이 진의에 의해 사직서 제출을 한 것으로 판단하였다. 서울지방법원[224]은 같은 사안으로 별개로 제기된 소송에 관한 판결인데 논지는 같다.

 서울고등법원의 판결[223]요지

피고가 순환명령휴직대상자를 선정하거나 정리해고를 실시할 경우 사회·경제적 관점에서 보아 경제적 충격이 상대적으로 덜한 부부직원의 일방을 그 대상자로 정하는 것이 합리적인 정리기준에 어긋나는 것이라고 판단되지는 아니하고, 피고가 인원감축계획을 수립함에 있어 부부직원의 일방을 대상으로 정하였을 뿐 아내인 직원만을 대상으로 한 것이 아님은 앞서 본 바와 같으니 그 어느 편이 퇴직할 것인가는 당해 부부가 자율적으로 판단할 사항(실제로 남편이 퇴직한 경우도 있다)이라 할 것이므로 사회·경제적 관점에서 용인되는 그와 같은 퇴직의 종용을 두고 실제로는 아내인 사원이 퇴직하는 사례가 많을 수밖에 없다는 사정만을 들어 곧바로 「헌법」이나 「근로기준법」 등이 정하는 남녀평등에 반하여 여성을 차별한 것이라고도 볼 수 없다 할 것이다. …… 이 사건 명예퇴직의 의사표시를 종용한 피고의 행위가 선량한 풍속, 기타 사회질서에 위반하거나 「헌법」상의 기본권 및 「근로기준법」과 「남녀고용평등법」상의 제반 규정에 반하는 것이라고 볼 수는 없다.

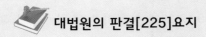 **대법원의 판결[225]요지**

원고들이 피고의 기망, 협박, 강요로 인하여 어쩔 수 없이 사직원을 제출하였다고 볼 수 없어, 원고들과 피고 사이의 근로계약관계는 원고들이 사직원을 제출하고 피고가 이를 수리함으로써 합의해지에 의하여 종료되었다고 할 것이므로, 이 사건 퇴직이 실질적인 정리해고에 해당함을 전제로 한 원고들의 주장은 받아들일 수 없다고 할 것이다. 나아가 피고가 명예퇴직제 등 인력감축방안을 시행하는 과정에서 원고들에게 명예퇴직 권유에 응하지 않을 경우 어떤 불이익을 입을 수도 있다는 취지의 설명을 하였다거나 예상을 넘은 명예퇴직신청자 등으로 인하여 피고가 결과적으로 정리해고를 실시하지 않았고 순환명령휴직을 받은 직원들이 사후에 모두 복직되었다는 사정만으로는 피고가 원고들을 기망하였다거나 강박하였다고 보기 어려우며, 원고들이 사기·강박에 의하여 사직의 의사표시를 하였다고 볼 수 없을 뿐만 아니라 원고들의 사직의 의사표시가 선량한 풍속, 기타 사회질서에 위반하거나 「헌법」상의 기본권 및 「근로기준법」과 「남녀고용평등법」상의 제반 규정에 위반된다고 볼 수 없다.

(2) '부부사원 중 1인'의 명예퇴직기준에 따른 여성집단퇴직

[226] [서울지방법원 2000.7.20 약식명령](여성차별 인정)
[227] [서울지방법원 2001.4.12 선고 2000가합38454](여성차별 불인정)
[228] [대구지방법원 2001.6.28 선고 2001가합10707](여성차별 불인정)
[229] [서울고등법원 2002.2.26 선고 2001나25018](여성차별 인정)
[230] [대구고등법원 2002.11.13 선고 2001나6092](여성차별 인정)
[231] [대법원 2002.7.26 선고 2002다19292](여성차별 인정)

앞의 농협사건과 유사한 시기에 알리안츠 생명보험회사도 '부부사원 중 1인'의 명예퇴직기준을 제시하였다. 그 결과 사내부부 88쌍 중 86쌍의 아내직원들로부터 사직서를 제출받아 퇴직시켰다. 이 과정에서 퇴직한 아내직원들이 명예퇴직금을 수령하거나 퇴직하지 않은 경우 불이익을 준 사례는 없다.

이후 퇴직한 아내사원들이 해고무효확인소송을 제기하였다. 1심 법원 [227]은 해고를 불인정하였으나, 서울고등법원[229]과 대법원[231]은 같은 논지로 해고가 부당하다고 판결하였다. [229]과 [231]의 판결들은 앞의 농협 사건의 판결들과 달리 구조조정과정에서 간부들의 사직종용을 강요로 해석 하였고, 명예퇴직금과 같은 이익도 없이 부부사원 중 1인의 명예퇴직기준으 로 집단으로 여성이 퇴직하게 된 것은 남편의 근로자지위보전 등에 미칠 악 영향을 고려한 것이라 사실상 해고이며 성차별적 해고라고 판단한 것이다. [226], [228], [230]은 별개로 진행된 소송에 대한 판례들이다.

 서울지방법원의 판결[227]요지

원고들의 퇴직경위와 그 전후사정에 비추어, 비록 피고회사의 지점장 등이 원고 들의 남편을 통하거나 원고들에게 직접 퇴직을 권유하는 과정에서 피고회사의 어려운 상황을 다소 과장하거나 퇴직하지 않을 경우 남편이 인사상의 불이익 을 입을 수 있다는 취지의 설명을 한 바가 있다고 하더라도, 그와 같은 사정만 으로는 원고들이 사직의 의사가 없었음에도 불구하고 우월적 지위에 있는 피 고회사의 협박, 강요로 인하여 어쩔 수 없이 위 사직서를 제출하였다고 볼 수 는 없다.

그렇다면 원고들의 퇴직 당시 원고들이 피고회사의 권유에 따라 사직의 의사표 시를 하고 피고회사가 이를 받아들임으로써 원고들과 피고회사 사이에 근로계 약은 유효하게 합의해지되었다고 할 것이고, 그 이외에 원고들의 퇴직을 실질적 으로 해고에 해당하는 것으로 볼 만한 특별한 사정이 없는 이 사건에서, 원고들 주장의 정리해고의 요건 결여, 「남녀고용평등법」 제8조 제1항 및 제2조의2 제1항 위반은 원고들과 피고회사 사이의 근로계약 합의해지의 효력을 좌우할 사유가 되지는 못한다고 할 것이므로, 이와 다른 전제에 선 원고들의 주장은 나머지 점 에 대하여 판단할 필요 없이 이유 없다.

서울고등법원의 판결[229]요지

사용자가 근로자로부터 사직서를 제출받고 의원면직의 형식을 취하여 근로계약관계를 종료시킨다고 할지라도 사직의 의사 없는 근로자로 하여금 어쩔 수 없이 사직서를 작성·제출하게 한 경우에는 실질적으로는 사용자의 일방적 의사에 의하여 근로계약관계를 종료시키는 것이어서 해고에 해당하고, 정당한 이유 없는 해고는 부당해고에 다름없는 것으로서 무효라고 할 것이다.

이 사건에서 원고들을 비롯한 퇴직사원들은 피고회사의 취업규칙 소정의 퇴직금 이외에 아무런 금원도 수령한 바 없었고 피고회사가 퇴직사원들의 배우자들에게 인사상의 불이익을 준 바도 없었던 사실과 중간관리자들의 퇴직권유 또는 종용과 관련한 언동 및 그 횟수, 중간관리자와 부부사원의 회사 내 지위에 비추어 볼 때 자진퇴직을 권유 또는 종용하는 중간관리자들의 지휘, 감독을 받는 지위에 있던 원고들 중 퇴직사원과 그 배우자들에게 있어서 권유 또는 종용을 받아들이지 아니할 경우에 입게 될 것이라고 고지된 불이익이 본인뿐만 아니라 배우자들에게까지 미친다고 할 경우에는 그 압박감이 본인만이 불이익을 받을 것이라고 고지된 경우보다 훨씬 가중되고 지속될 것이란 점과 그러한 권유 또는 종용이 본인들 및 주위에서 계속, 반복될 경우에는 더 이상 저항하여도 달리 선택의 여지가 없을 것이라는 자포자기의 상태에 빠지게 될 것임은 능히 짐작할 수 있는 바, 이러한 상황하에 있는 원고들에 대하여 피고회사의 중간관리자들이 계속, 반복적으로 강요행위라고 인식될 것이므로, 원고들이 사직서를 제출한 대가로 별도의 이득을 얻었다고 볼 만한 아무런 입증이 없는 이 사건에서 원고들이 1998.8.31자로 퇴직을 원하는 내용의 사직서를 제출함으로써 표명한 사직의사는 피고의 강요에 의하여 어쩔 수 없이 이루어진 것으로서 내심의 효과의사 없는 비진의 표시라 할 것이고 따라서 이는 의원면직의 외형만을 갖추고 있을 뿐 실질적으로는 피고회사에 의한 해고에 해당한다 할 것이다.

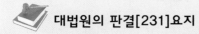

대법원의 판결[231]요지

원심의 사실인정과 판단은 정당하고, 거기에 채증법칙위배로 인한 사실오인, 자진사직 및 해고나 비진의 의사표시에 관한 법리오해의 위법은 없다.

7-4 여성에 대한 부당해고 여부

[232] 징계대상자인 여교사의 의원면직
　　　[여성특별위원회 1999.12.21 결정 99고용-23](여성차별 불인정)

■ 근무태도 불성실 등을 이유로 한 여성해고([233], [234])
[233] [서울행정법원 2003.1.24 선고 2002구합16306](여성차별 불인정)
[234] [서울고등법원 2003.9.26 선고 2003누33126](여성차별 불인정)

1) 징계대상자인 여교사의 의원면직

　여성특별위원회[232]는 신청인이 여성이라는 이유로 남성교사 대신 과원교사로 책정하여 퇴직을 강요하고 이에 반발하자 징계를 추진하는 등 압력을 가하여 신청인이 의원면직하도록 한 것은 부당하므로 신청인을 복직시켜 달라는 차별시정신청을 기각하였다. 이유는 동료교사들의 징계제청서, 학생들의 자술서에 의해, 신청인이 그동안 동료교사와의 관계뿐 아니라 학생지도 면에서 수많은 갈등을 야기시킨 사실이 인정되고, 대다수 지방 사립학교가 학생수 감소로 과원교사가 발생하고 있어 과원교사로 책정하여 공립학교로 나가는 기회를 주는 것은 불이익조치가 아니라는 점 등을 고려할 때, 여성차별로 볼 수 없다는 것이다.

2) 근무태도 불성실 등을 이유로 한 여성해고

　서울행정법원[233]과 서울고등법원[234]은 ○○○○코리아가 여성근로자에 대하여 근무태도의 불성실과 업무수행능력 부족 등을 이유로 해고한 조치에 대하여 중앙노동위원회가 부당해고구제신청을 기각한 재심판정의 취소를 청구한 사건에서 회사의 주장을 인정하고, 여성근로자를 여성이라는 이유로 악의적으로 부당해고하였다고 볼 증거가 없다고 판단하였다.

제**3**장

사회보장 분야의 성차별 관련
판례 · 결정례의 개요와 평석

「사회보장기본법」(2012.1.26 전부개정, 2013.1.27 시행)에서 '사회보장'이란 "출산, 양육, 실업, 노령, 장애, 질병, 빈곤 및 사망 등의 사회적 위험으로부터 모든 국민을 보호하고 국민 삶의 질을 향상시키는 데 필요한 소득·서비스를 보장하는 사회보험, 공공부조, 사회서비스를 말한다."(제3조 제1호) 사회보장의 유형에는 사회보험, 공공부조, 사회서비스가 있다.

「사회보장기본법」에서 '사회보험'이란 "국민에게 발생하는 사회적 위험을 보험의 방식으29로 대처함으로써 국민의 건강과 소득을 보장하는 제도를 말한다."(제3조 제2호) '공공부조'(公共扶助)란 "국가와 지방자치단체의 책임하에 생활유지능력이 없거나 생활이 어려운 국민의 최저생활을 보장하고 자립을 지원하는 제도를 말한다."(제3조 제3호) '사회서비스'[1]란 "국가·지방자치단체 및 민간부문의 도움이 필요한 모든 국민에게 복지, 보건의료, 교육, 고용, 주거, 문화, 환경 등의 분야에서 인간다운 생활을 보장하고 상담, 재활, 돌봄, 정보의 제공, 관련 시설의 이용, 역량 개발, 사회참여 지원 등을 통하여 국민의 삶의 질이 향상되도록 지원하는 제도를 말한다."(제3조 제4호)

광복 후부터 2012년까지 수집한 사회보장 분야에서의 성차별 관련 판례·결정례는 9건으로[2] 전체 304건 중 3.0%이며, 다음과 같은 특성을 가진다.

1) 분쟁처리기관(권리구제기관)을 보면, 국가인권위원회의 결정례 7건, 법

---

1) '사회서비스'란 용어는 2012년 1월 26일에 「사회보장기본법」이 전부개정되면서 신설된 용어이다. 개정되기 전의 '사회복지서비스'(국가와 지방자치단체의 책임으로 국가와 지방자치단체 및 민간부문의 도움이 필요한 모든 국민에게 상담, 재활, 직업의 소개 및 지도, 사회복지시설의 이용 등을 제공하여 정상적인 사회생활이 가능하도록 지원하는 제도)와 '관련 복지제도'(보건, 주거, 교육, 고용 등의 분야에서 인간다운 생활이 보장될 수 있도록 지원하는 각종 복지제도)를 통합한 것이다.

2) 국가인권위원회의 차별의 진정접수(분쟁처리) 대상에는 사회보장이란 분류가 없다. 이 결정례들은 「국가인권위원회법」에서는 재화·시설·용역의 제공과 이용과 관련된 결정례에 해당된다.

원의 판례와 헌법재판소의 결정례 각 1건이다.

2) 시대별로는 9건 모두 2000년대이다.

3) 대상별로는 남성대상 8건, 여성대상 1건이어서 남성대상이 압도적으로 많다.

4) 성차별 인정여부별로는 남성차별을 불인정한 경우가 4건, 남성차별을 인정한 경우가 4건이며, 여성차별을 인정한 경우가 1건이다.

5) 내용을 보면, 사회보험 관련 5건, 사회서비스 관련 4건이다. 공공부조 관련은 없다.

〈표 25〉 **사회보장 분야의 성차별 관련 판례·결정례의 내역**

사회보험 관련 5건	• 얼굴 흉터에 대한 재해(장해)보상보험 관련 2건 • 유족보상연금 관련 2건 • 건강보험 관련 1건
사회서비스 관련 4건	• 얼굴 흉터에 대한 상이보상 관련 1건 • 한부모가족시설 관련 1건 • 여성복지관 관련 1건 • 가정폭력피해자보호 관련 1건

2. 사회보험 관련

사회보험 관련 5건 중에는 얼굴 흉터에 대한 재해(장해)보상보험 관련 2건, 유족보상연금 관련 2건, 건강보험 관련 1건이 있다.

얼굴 흉터에 대한 장해등급의 남녀차등

[235] 「산업재해보상보험법 시행령」의 장해등급의 남녀차등
    [국가인권위원회 2002.11.25 결정 02진차2, 36](남성차별 인정)
[236] 「자동차손해배상보험법 시행령」의 장해등급의 남녀차등
    [국가인권위원회 2003.6.20 결정 03진차5](남성차별 인정)

사회보험에 관한 성차별 관련 결정례 2건은 모두 동일한 정도의 외모(얼굴 흉터)에 대하여 남성보다 여성에게 높은 장해등급을 정한 시행령에 관한 것이다. 그중 「산업재해보상보험법 시행령」에 관해 살펴보면, 제31조(장해급여의 등급기준)의 [별표 2] '신체장해등급표'에서 동일한 정도의 뚜렷한 얼굴 흉터에 대해 남성은 제7급 제12호, 여성은 제12급 제13호로 정하여 여성이 더 많은 보상을 받을 수 있게 하였다.

그런데 2002년에 교통사고를 당하여 얼굴에 상처를 입은 택시기사가 산업재해보상보험의 장해등급이 성차별이라고 국가인권위원회에 진정을 하였다. 국가인권위원회는 남성에 대한 차별을 인정하는 결정[235]을 하였다.

 국가인권위원회의 결정[235]요지

「산업재해보상보험법 시행령」 제31조(장해급여의 등급기준)의 [별표 2] 신체장해등급표에서 동일한 얼굴의 흉터에 대해서 남성보다 여성에 대한 등급을 상위로 정하여 보상금 지급액을 달리 정한 것은 의학적으로 타당성이 없다는 것이 의료전문가의 소견이다. 외모의 흉터로 인한 장애는 남성과 여성의 외모에 대한 가치평가를 달리 하는 사회적 통념의 문제와는 성격을 달리 한다. 상대방에게 혐오감을 줄 정도의 커다란 흉터는 남녀 모두에게 극심한 정신적 고통뿐 아니라 직업수행과정에서의 어려움 등 사회·경제적 불이익도 겪게 되는 문제이다. 그러므로 신체장해를 평가하는 과정에서 남녀 차별이 존재하는 것은 비합리적이며 같은 부위의 같은 정도의 흉터에 대하여 남녀간 보상금 지급기준이 다

른 것은 평등권을 침해하는 조항이라고 판단된다.

「산업재해보상보험법 시행령」에 관한 결정례는 국가인권위원회가 2001년 11월 25일 가동한 후 1년 만인 2002년 11월 25일에 나왔는데, 국가인권위원회가 가동한 후 성차별과 관련하여 첫 번째로 한 결정례이자 남성에 대한 최초의 성차별 관련 결정례라는 의의가 있다.

국가인권위원회의 결정례에 따라 노동부장관은 관련 규정의 신체장해등급표를 2003년 5월 17일에 개정하여 얼굴의 흉터장해에 대한 남녀간의 장해등급차등을 해소하였다.

그 외 「자동차손해배상보험법 시행령」도 장해등급을 정할 때 동일한 정도의 얼굴 흉터에 대하여 남녀차등등급을 규정하였다. 이에 관한 국가인권위원회의 결정례[236]도 [235]의 결정례와 같은 이유로 건설교통부장관에게 차별적 요소가 없도록 개정을 권고하였다.

일본에서도 얼굴 등에 흉터가 남은 노동장애보상에서 여성보다 남성의 장애등급을 낮게 책정한 후생노동성의 기준은 합리적인 근거가 없으므로 위헌이라는 판결[교토(京都)지방법원 2010.5.27 선고]이 나왔다. 이에 대하여 그러한 장해등급은 여성의 가치를 용모로 결정하는 낡은 사회통념에 기초한 것이며, 이 판결은 남녀평등을 향한 역사적인 흐름을 따르는 판결이라는 전문가(竹中惠美子)의 평가가 있다.[3]

2-2 유족보상연금수급자격의 부부차등

[237] [서울행정법원 2006.1.12 선고 2005아1596](위헌법률심판제청, 남성차별 인정)

[238] [헌법재판소 2008.11.27 선고 2006헌가1](합헌결정, 남성차별 불인정)

---

3) 세계일보, 2010.6.7 기사("日 법원 '얼굴 흉터, 여성우대보상 위헌'")

유족보상연금수급자격의 1순위를 '처'로 규정한 「국민연금법」에 관하여 서울행정법원이 남성에 대한 차별을 인정하고 위헌법률심판제청을 한 판례 1건과 헌법재판소가 합헌을 결정하여 남성에 대한 차별을 불인정한 결정례 1건이 있다.

제청신청인(남성)은 국민연금가입자인 아내가 출산 중 사망하자 국민연금관리공단에 유족연금의 지급을 2005년 8월경 청구하였으나, 공단은 당시의 「국민연금법」(2007.7.23 법률 제8541호로 전부 개정되기 전의 것) 제63조가 "유족연금을 지급받을 수 있는 유족은 가입자 또는 가입자이었던 자의 사망 당시 그에 의하여 생계를 유지하고 있던 배우자로 한다. 다만 부(夫)의 경우에는 60세 이상이거나 장애등급 2급 이상에 해당하는 자에 한한다."라고 규정하고 있다는 이유로 유족연금의 지급을 거부하는 내용의 처분을 하였다. 이에 불복하여 제청신청인은 공단을 상대로 서울행정법원 2005구합26380호로 이 처분의 취소를 구하는 행정소송을 제기하는 한편, 구(舊) 「국민연금법」 제63조 제1항 제1호 단서에 대하여 위헌법률심판제청신청(2005아1596)을 하였다. 서울행정법원[237]의 위헌법률심판제청결정의 요지는 다음과 같다.

 서울행정법원의 위헌법률심판제청결정[237]의 요지

1) 이 사건 법률조항은 과거 우리 사회에서 가족의 생계를 유지하는 주된 책임이 남성에게 있다는 성의 역할에 관한 고정관념에 기초하여 사회보장급여의 수급권을 성별에 의해 차별하는 것으로서 「헌법」 제11조 제1항에 위반된다.
2) 이 사건 법률조항은 가입자의 사망 당시 그에 의하여 생계를 유지하고 있던 남편인 배우자의 유족연금수급권을 제한하는 것일 뿐만 아니라 가입자의 사망으로 인하여 사회·경제적 약자의 지위에 놓이게 될 염려가 있는 다른 유족들의 생활보장에 대한 기대를 침해하는 결과를 초래할 것이라는 점에서 과잉금지의 원칙에 반하여 「헌법」 제23조 제1항에 위반된다.

그런데 헌법재판소는 재판관 9명 중 5명의 의견에 따라 합헌결정을 하였다. 위헌결정을 하려면 재판관 6명의 찬성이 있어야 하는데 4명의 재판관이 위헌의견⁴⁾을 제시했기 때문이다.

헌법재판소의 합헌결정[238]은 「헌법」 제11조 제1항은 성차별금지를, 「헌법」 제36조 제1항은 혼인과 가족생활에 있어서 특별히 양성의 평등대우를 명하고 있으므로 이 사건 법률조항에 대하여는 엄격한 심사척도를 적용하여 비례성 원칙에 따른 심사를 행하여야 할 것이라고 하며, 입법목적의 정당성, 차별대우의 적합성과 비례성 여부에 관해 다음과 같이 판단하였다.

 헌법재판소의 합헌결정[238]의 요지

1) 입법목적의 정당성

유족연금은 가입자 또는 가입자이었던 자가 사망할 경우 그에 의하여 생계를 유지하던 자의 생계보호를 목적으로 지급되는 급여이다. 따라서 소득수단이 없는 연금가입자의 배우자나 그가 부양하던 미성년자 등 유족이 가입자의 사망으로 생활의 어려움에 처하는 것을 보호하기 위하여 지급되는 유족연금의 주된 목적에 비추어, 유족의 범위에 해당되는 자들은 주로 스스로 노동을 통한 소득

---

4) [위헌의견의 요지] 가입자 등의 배우자가 남편인지 처인지 여부에 따라 차별대우를 하는 이 사건 법률조항은 그 제정·시행 당시 부부 중 여성이 주로 가사에만 종사하고, 노동시장에서 남성과 여성의 지위에 차이가 있던 사회경제적 배경을 반영한 것으로 볼 수 있고, 가입자 등의 사망으로 생활의 곤란을 겪게 되는 여성배우자의 보호를 위한 것이었다는 점에서 그 입법목적은 일응 수긍할 수 있다. 그러나 남성의 경우에도 18세 미만의 아동이나 장애아동을 부양하는 경우가 있고 질병, 부상, 기타 여러 사정으로 소득활동을 할 수 없는 경우가 있으므로 남성배우자에 대하여 과도하게 연령제한을 하는 것은 남성배우자를 여성배우자에 비하여 지나치게 차별하는 것이라 할 것이다. 우리나라 경제발전 초기인 과거에 여성의 취업이 어렵고 여성근로자의 임금이 매우 낮아 여성이 소득활동을 하여 가족을 부양하기가 어렵다는 전제에서 여성배우자의 유족연금수급을 용이하게 하기 위하여 여성배우자에 대한 유족연금수급연령을 낮게 설정했다고 볼 수 있다. 그러나 고용구조의 변화에 따라 여성의 경제활동참가가 확대되고 있는 추세이므로 유족연금에서 남녀간 수급연령의 격차유지는 더 이상 설득력이 없다고 할 것이다. 외국의 입법례를 보아도 대부분의 국가에서 여성들의 경제활동참가율이 남성과 비슷해지면서 남녀간 유족연금수급요건에 차이를 두지 않고 있다. 따라서 이 사건 법률조항은 차별취급을 통하여 달성하려는 입법목적의 비중과 차별로 인한 불평등의 효과가 균형을 이루고 있다고 볼 수 없다. 결론적으로 이 사건 법률조항이 입법되던 당시와는 달리 시대의 변화로 인해 여성의 경제활동인구가 증가하고, 가족 내에서 경제적 역할분담의 양상이 다양해진 오늘날, 부에 대한 유족연금수급권을 처에 비하여 차별적으로 인정하는 것은 「헌법」 제11조의 평등원칙에 위반된다고 할 것이다.

을 얻기 어려운 상태에 있는 자라고 볼 것이다. 이 사건 법률조항은 여성이 주로 가사에만 종사하던 시기에 남성의 경우에는 노령이나 장애로 인한 경제활동의 제약이 없는 한 유족급여를 지급하지 아니하는 반면, 여성의 경우에는 그 배우자가 사망하였을 때 생활을 영위하기 어려움에 따라 스스로 생활을 영위할 수 있을 때까지 또는 취업이 불가능한 기간 동안 유족연금을 지급하여 자립을 돕기 위한 것으로서, 이러한 입법목적 자체가 부당한 것이라고는 보기 어렵고, 특히 이러한 입법목적이 이 사건 법률조항 제정 당시에는 타당하였다고 할 것이다.

일반적으로 법률에 성차별적 규정이 존재할 수 있는 것은 입법자의 차별의도보다는 성별에 대한 무의식(Gender Blindness)과 당시의 사회적 의식에 의한 경우가 많다. 또한 제정된 법률과 사회의 변화 사이에 간극이 발생하여 제정 당시에는 성차별적으로 인식되지 않던 규정도 그 시행과 적용과정에서 차별적 규정이 되기도 한다. 그러나 사회적 인식의 변화를 반영하여 법률의 개정시점을 정하는 것은 입법자에게 판단의 여지가 있다고 할 것이고, 특히 연금수급권과 같은 사회보장수급권의 영역에 있어서는 입법자의 재량이 더욱 넓어진다고 할 것이다.

오늘날 노동시장의 유연화와 여성의 경제활동참가의 확대 등 사회경제적 환경이 변화하고 가족 내에서의 경제적 역할분담의 양상이 다양화되기는 하였으나, 이 사건 법률조항은 그 제정 및 시행 당시(1988.1.1) 우리나라의 기혼남성과 여성의 사회경제적 지위, 취업, 기타 소득활동의 참가율, 기간 및 소득수준, 그리고 가정에서의 역할 등에 있어서의 현실적 차이를 반영한 것이다. 즉, 남성배우자를 여성배우자에 비해 차별하려는 의도였다기보다는 남성배우자의 사망으로 생활이 곤란하게 된 여성배우자의 생활을 보장한다는 사회보장의 측면에서 여성배우자를 보호하고자 하는 의도가 강하였다고 볼 것이다.

이렇게 원래는 평등원칙에 합치하는 법률조항이 사회경제적 환경의 변화로 인하여 어느 때인가부터 평등원칙에 반하는 것으로 되는지 여부가 문제되는 사안의 경우, 사회경제적 환경의 변화와 그 시점에 대한 충분한 실증이 없는 이상, 그에 대하여 이견(異見)이 있을 수 있다고 하더라도 입법자의 판단을 존중함이 상당하다.

2) 차별대우의 적합성 여부

이 사건 법률조항은 파생적 수급권인 유족연금에 대하여 취업형태와 임금구조

등 노동시장에서의 여성의 경제적 지위를 반영하여 가계를 책임지는 자는 통상 남성가장이라는 입법자의 판단에 따라 가계를 책임진 자의 사망으로 생활의 곤란을 겪는 가족의 생계보호라는 입법목적의 달성을 촉진하고 있다고 할 것이므로 정책수단으로서의 적합성을 가지고 있다고 보아야 할 것이다.

3) 차별대우의 비례성 여부

사회보장수급권으로서의 성격이 강한 유족급여의 경우 배우자의 유족연금의 수급요건을 정하는 것은 남녀의 사회·경제적 역할 분담과 그 지위 등에 영향을 받을 수밖에 없는 것이다. 물론 유족연금제도 도입 당시에 비해 여성경제활동 참가율 등이 증가한 측면은 있으나, 2006년 12월 말 현재 국민연금가입률(남자 65.7%, 여자 34.3%), 노령연금수급자(남자 1,047천 명, 여자 470천 명), 경제활동참가율(남자 74.1%, 여자 50.4%), 여성근로자의 평균임금(남성근로자의 64%) 등을 감안할 때 구법 시행 당시에는 유족연금의 수급요건에 있어서 남녀 배우자 간에 차별이 있다 하더라도 이는 여성배우자 보호의 필요에 의한 것이라고 보여지고, 2007.7.23에 이르러 비로소 유족연금의 수급요건이 남녀 배우자 동일하게 개정되었다고 하여 이 사건 법률조항이 위헌이라고 단정하기는 어렵다. 그러므로 이 사건 법률조항은 우리나라 취업시장의 현황, 임금구조, 전체적인 사회보장수준, 우리 가족관계의 특성 등을 종합적으로 고려하여 유족급여의 제공 여부를 결정하고 있는 것으로서, 이 사건 법률조항이 남성배우자에 대한 실질적 차별을 내용으로 하고 있다거나 입법목적의 비중과 차별대우의 정도가 균형을 상실하였다고 볼 수 없고, 따라서 평등원칙에 반한다고 볼 수 없다.

헌법재판소의 결정문을 살펴보면, 비록 위헌의견이 소극적인 표현을 하였지만, 합헌의견과 위헌의견 모두 입법목적의 정당성은 인정하였다. 구 「국민연금법」이 유족연금수급자격에서 배우자 중 처에게 아무런 조건을 두지 않고 남성에게만 60세 이상이거나 장해 2등급 이상이라는 조건을 붙인 목적은 입법 당시 부부 중 여성이 주로 가사에만 종사하고, 노동시장에서 남녀지위에 차이가 있던 사회경제적 배경을 감안하여 가입자인 남편의 사망으로 생활의 곤란을 겪게 되는 여성배우자를 보호한다는 정당성이 있다고 본 것이다.

합헌의견과 위헌의견의 차이는 입법 이후의 여성의 경제적 · 사회적 지위의 변화에 관한 인식의 차이에 있다. 합헌의견은 "오늘날 노동시장의 유연화와 여성의 경제활동참가의 확대 등 사회경제적 환경이 변화하고 가족 내에서의 경제적 역할분담의 양상이 다양화되기는 하였으나", 입법 당시에 정당한 목적을 가진 법을 위헌이라고 할 만큼 여성의 경제적 · 사회적 지위가 상승되었다는 실증적 증거가 없다고 본 것이다. 반면, 위헌의견은 이 사건 법률조항이 입법되던 당시와는 달리 시대의 변화로 인해 여성의 경제활동인구가 증가하고, 가족 내에서 경제적 역할분담의 양상이 다양해진 오늘날, 남편의 유족연금수급권을 처에 비하여 과도하게 차별하는 것은 평등원칙에 위반된다는 것이다.

그런데 심판대상이 된 「국민연금법」이 유족연금의 수급자를 "가입자 또는 가입자이었던 자의 사망 당시 그에 의하여 생계를 유지하고 있던 배우자"로 규정하면서도 단서에 남편은 예외적인 경우(60세 이상이거나 장해 2등급 이상)에만 수급자로 한 것은 '남성은 생계부양자, 여성은 가사노동담당자 · 피부양자'라는 고정관념에 기초한 것이다. 유족연금지급의 취지를 고려해 볼 때, 처와 남편을 성별에 따라 획일적으로 차등대우하는 것은 타당치 않고 소득이나 재산보유의 수준에 따라 수급자를 정하는 것이 타당하다고 본다. 외국의 법이나 판례에서도 여성의 경제활동참가율이 남성과 비슷해지는 사정을 감안하여 남녀간의 차등을 남녀차별로 보아 폐지하는 추세이다.

미국의 연방대법원은 근로자인 남편이 사망한 경우에는 유족급여를 그의 생존배우자와 미성년자녀에게 지급하는 반면, 근로자인 처가 사망한 경우에는 미성년자녀에게만 유족급여를 지급하게 한 「연방사회보장법」에 관한 판결[Weinberger v. Wiesenfeld, 420 US. 636(1975년)], 처는 남편이 사망하면 자동적으로 유족연금을 받을 수 있지만, 남편은 자신이 아내의 소득에 실제로 의존했다거나 정신적으로나 육체적으로 근로소득을 얻을 능력이 없다는 것을 입증하지 못하면 유족연금을 받을 수 없도록 한 미주리(Missouri) 주의 「근로자보상법」에 관한 판결[Wengler v. Druggists Mutual Ins. Co, 446 U.S. 142(1980년)]에서 두 법을 「수정미국헌법」의 평등조항(제14조) 위반으로 무효화시켰다. 두 판결은 공통적으로 두 가지 판시 이유를 제시했는데 첫째, 여성은 가사와 자녀양육에 전념해야 한다는 고정관념에서 여성으로 하여금 남편

사망 후 유족급여로 생계를 유지할 수 있는 길을 허용하는 데 입법의도가 있기 때문인데, 이는 고풍적이고도 지나치게 정형화된 관념으로서 근로하는 여성을 보호하는 의미에서도 이 규정은 정당화될 수 없다고 하였다. 둘째, 남성근로자의 유족보다 여성근로자의 유족에게 덜한 보호를 줌으로써 사회보장세를 납부하도록 요구받은 여성근로자를 부당하게 차별대우한다는 것이다. 이 논지는 미국 연방대법원이 처는 남편의 사망후 유족연금을 받을 수 있지만, 남편은 사망한 처로부터 생계비의 반 이상을 부양받았음을 입증해야 유족연금을 받게 한 '노인·유족·장애보험 급부 프로그램'의 규정을 위헌으로 판시한 판결에서도 발견된다.[5]

그런데 헌법재판소의 심판대상이 된 조문은 2007년 7월 23일에 「국민연금법」이 성차별이라는 지적[6]을 감안하여 제63조에서 남편에게만 조건을 둔 단서조항을 폐지하기 전의 것이다. 즉, 이미 심판대상의 법조항이 남녀평등하게 개정된 후에 헌법재판소의 결정이 내려졌기 때문에 헌법재판소의 합헌결정이 입법에 영향을 미치지 않았다. 현행법(2012.10.22 일부개정)은 유족연금을 받을 수 있는 유족의 범위에 관하여 제73조에서 "가입자 또는 가입자였던 자가 사망할 당시 그에 의하여 생계를 유지하고 있던 배우자"를 최우선 순위자로 규정하고 있다.

한편, 「산업재해보상보험법」도 구 「국민연금법」과 동일한 유족급여에 관한 규정을 두어 성차별이라는 지적을 받았지만,[7] 평석대상의 결정례가 합헌결정을 내리자 개정되지 않았다. 그리하여 유족급여에 관하여 제1순위를 「국민연금법」은 '배우자'라고 규정한 반면, 「산업재해보상보험법」은 '처'라고 규정하여 상충하는 입법이 존재하였다. 그런데 2012년 12월 18일에 「산업재해보상보험법」의 유족보상연금 수급자격자의 범위에 관한 제63조가 개정되어

---

5) 윤후정·신인령(2001), 『법여성학 – 평등권과 여성』, 이화여자대학교출판부, 364~365면; 박승호(2006), "여성에게 유리한 성차별에 관한 미연방대법원 판례", 『미국법연구』 제17권 제2호, 미국헌법학회, 334~335면.

6) 김엘림(1995), 『현행 남녀차별법령의 개정방향』, 한국여성개발원, 72~77면; 이상광(2001), "사회법에 있어서의 배우자 유족급여의 문제점", 『아세아여성법학』, 아세아여성법학회 등.

7) 김엘림(1995), 82~86면; 강선희(2010), "산재보험법상 유족보상연금의 남녀차별적 지급기준", 『노동정책 연구』 제10권 제4호, 한국노동연구원, 181~208면; 박종희·강선희·이승현·차동욱(2010), 『산재보험 유족급여 지급기준의 개선방안』, 고용노동부 등.

1순위를 "근로자가 사망할 당시 그 근로자와 생계를 같이 하고 있던 유족(그 근로자가 사망할 당시 대한민국 국민이 아닌 자로서 외국에서 거주하고 있던 유족은 제외한다) 중 배우자"로 규정하였다.

2-3   폐암치료제의 건강보험적용에서의 남녀차등

[239] [국가인권위원회 2008.1.28 결정 07진차536](남성차별 불인정)

건강보험심사평가원이 정한 폐암치료제의 건강보험적용요건이 "선암일 것, 여성일 것, 비흡연자일 것이라는 세 가지 요건 중에서 두 가지 요건에 해당되는 경우일 것"으로 되어 있어 남성에게 불리하게 되어 있다고 폐암질환자인 부친의 자녀가 진정한 사건에 관하여 국가인권위원회는 남성차별을 불인정하였다.

 국가인권위원회의 결정[239]요지

폐암치료제(이레사정)의 보험적용조건에 있어 남녀를 다르게 한 것은 피진정기관이 보험적용 여부를 고려할 때 약제에 대한 임상시험결과를 바탕으로 보다 치료효과가 있는 대상을 선정한 결과이지 남성에 비해 여성이 유리하도록 하는 차별적 처우로서 결정한 것이 아니며, 남성의 경우에도 선암이며 비흡연자여서 두 가지 요건을 만족하는 경우에는 보험적용을 받을 수 있어 남성이 전혀 건강보험을 적용받지 못하는 것도 아니다.

3. 사회서비스 관련

사회서비스와 관련하여 성차별이 분쟁이 된 사례에는 국가유공자의 얼굴 흉터에 대한 상이보상 관련 1건, 한부모가족시설 관련 1건, 여성복지관 관련 1건, 가정폭력피해자보호조치 관련 1건이 있다.

3-1 얼굴 흉터에 대한 상이등급의 남녀차등

[240] [국가인권위원회 2004.6.21 결정 04진차130](남성차별 인정)

국가인권위원회[240]는 「국가유공자 등 예우 및 지원에 관한 법률 시행령」 제14조 관련 [별표 3] 상이등급구분표 중 "외모에 (고도의) 흉터가 남아 있는" 신체상이에 관한 부분은 남자 국가유공자에 대한 「헌법」 제11조의 평등권침해의 차별행위임을 [국가인권위원회 2002.11.25 결정 02진차2, 36]와 같은 논지로 인정하였다. 즉, 사회생활에서 외모의 흉터로 인해 받는 정신적인 고통이 남성보다 여성이 더 크다는 일반적인 사회통념을 감안하여 여성에게 상위 등급을 부여하도록 한 입법취지를 감안하더라도, 외모의 흉터가 여성에게 특히 고통과 피해를 준다고 판단할 근거가 없을 뿐만 아니라 외모의 뚜렷한 흉터는 남녀 모두에게 고통과 피해를 줄 수 있고, 양성평등의 원칙에 비추어 볼 때 특별히 여성을 우대하여야 할 합리적인 이유가 없다고 판단하였다. 그리하여 피진정인(국가보훈처장)에게 성별에 따른 차별적 요소가 없도록 개정할 것을 권고하였다.

모자복지시설과 부자복지시설의 설치차등

  진정인(모자가정의 모)은 피진정인(여성가족부장관)이 정한 「한부모가족지원법 시행규칙」 제10조의2의 모·부자 복지시설의 설치기준이 모자복지시설과 달리 부자복지시설에만 영양사와 조리원을 두고 식당 및 조리실을 설치하도록 규정한 것은 불합리한 성차별이라고 진정을 하였다.

  국가인권위원회[241]는 피진정인에게 이 규칙에 규정된 시설인 식당 및 조리실이 성별이 아닌 시설 이용자의 욕구와 필요성에 부합하여 설치될 수 있도록 그 설치요건을 개정할 것을 권고하였다.[8]

 국가인권위원회의 결정[241]요지

모·부자 가정 즉 한부모가정은 양부모가정과는 달리 모 또는 부가 경제활동과 가사노동이라는 두 가지 역할을 혼자 수행해야 한다. 특히 복지시설에 입소한 모·부의 경우는 물적·인적 지지기반이 취약한 무주택 저소득층이기 때문에 생계부양과 가사노동, 자녀양육에 어려움이 매우 클 것임을 어렵지 않게 알 수 있다. 그러나 모 또는 부가 직장생활과 가사노동, 자녀양육에서 겪는 어려움은 양자간에 그 차이가 크다고 보기 어렵고 설령 부자가정의 부의 경우 여성과 다른 사회화 과정으로 인해 가사노동 특히 식사 준비와 요리에 다소 어려움을 겪는다는 현실을 인정한다 할지라도 조리원이 음식을 제공하는 공동식당의 이용이 절실히 필요한 모자가정이나 이러한 서비스가 불필요한 부자가정이 있을 수 있는 바, 식당과 조리실에 대한 수요와 세대주의 성별이 절대적으로 부합한다고 보기 어렵다. 또한 모·부자 복지시설은 일정한 기간 동안 주거와 경제적 지원을 통해 입소한 가정의 자립과 자활을 지원하는 곳인데 시설 입소 가정의 특성 또는 자립·자활에 필요한 점 등 다른 근거는 전혀 없이 성별에 의해서만 시설

---

8) 국가인권위원회는 이 결정례를 '주거시설의 제공과 이용과 관련한 차별행위'로 분류하였다.

기준에 차별을 두고 있는 것은 모·부자 복지시설 설립 및 운영의 취지에도 맞지 않는다고 판단된다. 그러므로 피진정인이 모자복지시설이라는 이유로 부자복지시설과 달리 시설 설치기준에 식당 및 조리실과 영양사 및 조리원에 관한 규정을 두지 않는 것은 성별을 이유로 한 합리적 이유 없는 차별행위이다.

이 결정례는 '남성은 가장, 여성은 가사노동의 담당자'라는 사회통념이나 현실적으로 "부자가정의 경우에는 부가 음식을 조리하는 역할을 제대로 수행하지 못하는 경우가 많을 뿐만 아니라 모자가정의 모에 비해 가사문제에 더 큰 어려움을 느끼고 있고, 지금까지의 사회화 과정과 그로 인한 남녀 역할 차이를 고려하여 부자시설에만 식당 및 조리실을 추가로 설치하도록 하였고 영양사와 조리원을 두도록 하였다."는 피진정인(여성가족부장관)의 주장을 받아들이지 않았다. 즉, 조리원이 음식을 제공하는 공동식당의 이용이 절실히 필요한 모자가정이나 이러한 서비스가 불필요한 부자가정이 있을 수 있는 바, 식당과 조리실에 대한 수요와 세대주의 성별이 절대적으로 부합한다고 보기 어렵다고 판단한 것이다.[9]

3-3 여성복지관의 여성전용프로그램

[242] [국가인권위원회 2005.8.22 결정 05진차469](남성차별 불인정)

국가인권위원회는 진정인(남성)이 시립 여성복지관이 여성전용프로그램을 마련하고 남성의 수강을 허용하지 않은 것은 남성에 대한 차별이라고 제기한

---

9) 그런데 모자가정과 부자가정을 대상으로 고충을 조사, 비교한 연구는 모자가정의 어머니는 경제적인 불안정을 가장 큰 어려움으로 느끼고 있고, 자녀양육의 문제, 사회적 편견으로 인한 취업의 어려움 등을 호소한 반면, 부자가정의 아버지는 요리 등의 가사와 자녀돌보기, 자녀에 대한 부모역할 등의 어려움을 호소하였다고 하며 고충의 차이에 따라 지원정책이 달라져야 한다고 하였다(황은숙(2007), "모자가정과 부자가정의 고충 비교 연구", 『한부모가정연구』 제2권 제2호, 한국한부모가정연구소, 1~20면).

진정을 다음과 같은 이유로 기각하였다.

국가인권위원회의 결정[242]요지

피진정인(○○○○시 여성복지관관장)은 직업전문교육에 한해 정원의 10% 내에서 남성의 수강을 허용하고 있어 피진정인이 일방적으로 남성을 수강대상에서 제외하고 있다고 볼 수 없고, 또한 남성은 도서관, 종합복지관 및 주민자치센터 등을 통해 여타 문화·취미과정을 교육받을 수 있는 기회가 별도로 있다. 여성복지관의 설립목적이 여성의 능력개발 및 자아실현 기회를 확대하고 저소득여성의 자활능력지원 및 여성복지증진이라는 점을 감안할 때, 일부 프로그램에 대해 여성에게 대해서만 수강자격을 부여하는 것은 합리적인 이유가 있다고 판단된다.

3-4 남성인 가정폭력피해자의 임시조치신청의 미처리

[243] [국가인권위원회 2006.12.12 결정 06진차391](남성차별 불인정)

「가정폭력범죄의 처벌 등에 관한 특례법」에 따라 피해자 또는 그 법정대리인은 검사 또는 사법경찰관에게 가정폭력범죄가 재발될 우려가 있는 경우에 임시조치의 청구 또는 그 신청을 요청하거나 이에 관하여 의견을 진술할 수 있다. 피해자로부터 신청을 받은 사법경찰관은 임시조치를 검사에게 신청할 수 있는데, 신청하지 아니하는 경우에는 검사에게 그 사유를 보고하여야 한다(제8조). 임시조치는 판사가 가정보호사건의 원활한 조사·심리 또는 피해자보호를 위하여 필요하다고 인정하는 경우에 결정으로 가정폭력행위자에게 1. 피해자 또는 가정구성원의 주거 또는 점유하는 방실(房室)로부터의 퇴거 등 격리, 2. 피해자 또는 가정구성원의 주거, 직장 등에서 100미터 이내의 접근금지, 3. 피해자 또는 가정구성원에 대한 「전기통신기본법」 제22조 제1호의 전기통신을 이용한 접근금지, 4. 의료기관이나 그 밖의 요양소에의 위탁, 5. 국가경찰관서의 유치장 또는 구치소에의 유치의 방법으로 할 수 있다.

그런데 부부 상호간에 가정폭력이 발생하여 쌍방 고소한 사건에서 진정인(남편)이 경찰관에게 임시조치(강제퇴거)신청을 검찰에 해 줄 것을 요청하였으나, 경찰관이 검사에게 신청을 하지 않자 그 담당경찰관과 소속경찰서장을 피진정인으로 하여 남성에 대한 차별행위라고 국가인권위원회에 진정을 하였다. 국가인권위원회[243]¹⁰⁾는 이 진정에 대하여 기각결정을 하였다.

 국가인권위원회의 결정[243]요지

이 사건 담당경찰관은 실수로 진정인이 신청한 임시조치를 처리하지 않은 것이라고 주장하고 있고, 그 배경에는 당시 가해의 정도가 큰 것으로 보인 진정인 신청은 기각될 것이라는 생각이 작용하였던 것으로 보아, 당시 담당경찰관은 진정인이 남성이라는 이유로 의도적으로 성차별을 하였다기보다는 가정폭력피해의 정도가 진정인보다 더 큰 진정인의 처의 보호에 치중한 나머지 실수로 그 처가 신청한 임시조치만 처리하고 진정인이 신청한 임시조치를 처리하지 않은 것으로 보인다. 「가정폭력특례법」상 임시조치는 가정폭력범죄가 재발될 우려가 있는 경우 검사의 청구로 법원의 결정에 따라 이루어지며, 이때 피해자의 임시조치요청을 받은 사법경찰관은 이를 검사에게 신청하여야 하는 것으로 해석된다. 따라서 진정인이 요청한 임시조치신청을 처리하지 않은 행위는 사법절차에 따른 진정인의 정당한 권리행사 기회를 상실하게 한 것으로서 적법절차에 위반하여 진정인의 행복추구권을 침해한 행위로 판단된다.

이와 같이 국가인권위원회는 경찰관이 부부 쌍방이 임시조치(강제퇴거명령)를 신청했는데 처의 신청만 응한 것에 대하여 사법절차에 따른 진정인의 정당한 권리행사 기회를 경찰관의 직무상 과실로 인해 적법한 절차를 밟지 않아 진정인의 행복추구권을 침해한 행위로 판단하였고, ○○경찰서장에게 가

10) 국가인권위원회는 이 결정례를 '용역의 제공과 이용 등에 관한 결정례'로 분류하였다.

정폭력사건의 임시조치신청을 처리함에 있어 피해 당사자에게 보장된 권리행사의 기회가 박탈되지 않도록 적절한 재발방지대책을 수립하여 통보할 것을 권고하였다.

그런데 남성에 대한 차별행위로는 판단하지 않았다. 이 판단은 피진정인들(경찰관과 소속경찰서장)이 진정인이 처에 비하여 경미한 피해를 입어 신청해도 법원에서 기각당했을 것이라는 진술과 실수로 진정인의 신청을 처리하지 않았다고 진술한 점과 진정인에 의하여 폭력을 당한 처의 임시조치신청을 가정법원이 2006.5.16에 받아들여 진정인에 대하여 피해자의 주거에서 강제퇴거하고 접근하지 말라는 임시조치신청을 한 점과 이 조치에 대하여 진정인이 가정법원에 항고하였으나 가정법원이 2006.5.30에 기각한 점, 진정인이 처를 폭력행위 등으로 고소하였으나 지방검찰청이 기소유예처분을 한 점 등을 고려한 것이라 보여지고, 일응 적절성이 인정된다.

그러나 한편, 성차별은 성차별을 하려는 의도가 있었는지에 관계없이 결과적으로 합리적 이유 없이 특정 성에게 불리한 결과를 초래하면 성차별로 인정되어야 하는 점을 살펴볼 때, 국가인권위원회는 피진정인이 실수로 남편의 신청에 응하지 아니하였다는 진술에 의존할 것이 아니라 피진정인이 남성은 가해자, 여성은 피해자라는 고정관념에 기초하여 그러한 조치를 하였는지, 경찰관이 남편의 신청에 응하지 아니하여 어떠한 피해가 발생하였는지에 중점을 두고 결정논지를 구성했어야 한다고 본다.

제4장

재화 · 용역 · 시설 분야의 성차별
관련 판례 · 결정례의 개요와 평석

1. 개요

「국가인권위원회법」은 합리적 이유 없이 "재화·용역·교통수단·상업시설·토지·주거시설의 공급이나 이용과 관련하여 특정한 사람을 우대·배제·구별하거나 불리하게 대우하는 행위"(제2조 제4호)를 평등권침해의 차별행위로 규정하고 있다. 「부가가치세법」에서 '재화(財貨)'란 "재산가치가 있는 모든 유체물(有體物)[1]과 무체물(無體物)[2]을 말한다."(제1조 제2항) '용역(用役)'이란 "재화 외의 재산가치가 있는 모든 역무(役務) 및 그 밖의 행위를 말한다."[3](제1조 제3항)

광복 후부터 2012년까지 수집한 재화·용역·시설 분야의 성차별 관련 판례·결정례는 전체 304건 중 9.5%에 해당하는 29건[4]이며, 다음과 같은 특성을 가진다.

1) 분쟁처리기관을 보면, 국가인권위원회의 결정례 12건, 남녀차별개선위원회의 결정례 7건, 여성특별위원회의 결정례 5건, 법원의 판례 5건이다.

2) 시대를 보면 29건 모두 2000년대에 이루어졌다.

---

1) 유체물에는 상품·제품·원료·기계·건물과 기타 모든 유형적 물건을 포함한다(시행령 제1조 제1항).
2) 무체물에는 동력·열·기타 관리할 수 있는 자연력 및 권리 등으로서 재산적 가치가 있는 유체물 이외의 모든 것을 포함한다(시행령 제1조 제2항).
3) 용역은 다음 각 호의 사업에 해당하는 모든 역무 및 그 밖의 행위로 한다. 1. 건설업, 2. 숙박 및 음식점업, 3. 운수업, 4. 방송통신 및 정보서비스업, 5. 금융 및 보험업, 6. 부동산업 및 임대업, 다만, 전·답·과수원·목장용지·임야 또는 염전임대업을 제외한다, 7. 전문, 과학 및 기술서비스업, 사업시설관리 및 사업지원서비스업, 8. 공공행정, 국방 및 사회보장행정, 9. 교육서비스업, 10. 보건업 및 사회복지서비스업, 11. 예술, 스포츠 및 여가 관련 서비스업, 12. 협회 및 단체, 수리 및 기타 개인서비스업, 13. 가구 내 고용활동 및 달리 분류되지 않은 자가생산활동, 14. 국제 및 외국기관의 사업.
4) 이 연구는 사회보장 분야와 군사 분야를 세부 분야로 분류하고 있다. 그런데 이 연구에서 사회보장 분야에 편성된 국가인권위원회의 결정례 7건과 군사 분야에 편성된 국가인권위원회의 결정례 1건은 「국가인권위원회법」에서 말하는 재화·시설·용역의 이용과 제공에 포함된다. 그러므로 사회보장 분야와 군사 분야가 없다면 재화·시설·용역에 관한 성차별 관련 판례·결정례는 37건이라고 할 수 있다.

3) 대상별로는 여성대상 25건, 남성대상 4건이다.

4) 성차별 인정여부를 보면, 여성차별을 인정한 경우는 15건, 여성차별을 불인정한 경우가 10건, 남성차별을 인정한 경우와 남성차별을 불인정한 경우가 각 2건이다.

5) 내용별로는 재화 관련 16건, 용역 관련 9건, 시설 관련 4건이다.

〈표 26〉 **재화 · 용역 · 시설 분야의 성차별 관련 판례 · 결정례의 내역**

재화 관련 16건	• 재화의 남녀차등 제공 4건 • 재화의 성중립적 제공기준에 따른 남녀차등 5건 • 재화의 출가외인(出嫁外人)관념에 따른 차등 제공 7건
용역 관련 9건	• 통장의 남성우선 위촉 1건 • 시민단체의 여성회원에 대한 총회의결권 미부여 6건 • 임신 · 출산한 여성에 대한 시험응시 편의의 미제공 1건 • 남성전업주부에 대한 신용카드 발급거부 1건
시설 관련 4건	• 여성에 대한 골프장의 입회 제한 1건 • 남성에 대한 시민회관 수영강습반의 수강 제한 1건 • 남성에 대한 시립여성전용도서관의 이용 제한 1건 • 대학기숙사 입소기준의 남녀차등 1건

2. 재화 관련

재화와 관련한 성차별 분쟁 중에는 출가외인(出嫁外人)관념에 기초한 남녀차등 제공 관련이 7건으로 가장 많고, 그 외 성중립적 제공기준에 따른 남녀차등 관련이 5건, 그 외 재화의 남녀차등 제공 관련이 4건이 있다.

> [244] 여성에게만 수건을 무상대여하지 않은 온천장의 조치
>   [여성특별위원회 2000.10.27 결정 00재시용-1](여성차별 인정)
> [245] 민주화보상대상자 선정에서 품위손상으로 해임된 여교사의 탈락
>   [남녀차별개선위원회 2004.4.6 결정 04남녀차별6](여성차별 불인정)
> [246] 조합원자녀의 장학금 신청심사에서의 남녀차등
>   [국가인권위원회 2009.7.6 결정 09진차200](여성차별 불인정)
> [247] 조달청 입찰에서 여성기업인에게 특별가산점을 부여한 조치
>   [국가인권위원회 2009.7.6 결정 08진차1379](남성차별 불인정)

재화의 제공에 있어서 남녀를 다르게 대우하여 성차별 여부가 분쟁사안이된 결정례 중에는 여성차별을 인정한 1건과 여성차별을 불인정한 2건, 남성차별을 불인정한 1건이 있다.

1) 여성차별을 인정한 결정례

재화의 남녀차등 제공 관련 중 여성차별을 인정한 결정례는 신청인(여성)이 관례상 온천장에 가면 수건을 주는 것으로 여기고 그냥 갔으나 여탕 손님에게만 수건을 주지 않아 필요 시 구입하여야 했으며 매표소에서도 이 사실을 알려주지 않아 입장한 이용자는 어쩔 수 없이 수건을 구입하게 한 것은 남녀차별이라며 여성특별위원회에 차별시정을 신청한 사안에 관한 것이다.

피신청인(유황온천)은 최초 개장 후 2개월간 남녀 이용객 모두에게 수건을 지급한 바 있으나 여탕에서의 수건 회수율이 남탕에 비해 현저히 낮아 경영상 비용부담의 초과로 지급을 중단하였다고 진술하였다.

여성특별위원회[244]는 피신청인의 행위는 다음과 같은 이유로 남녀차별임을 결정하고 피신청인에게 여탕에서 수건을 무상대여하지 않는다는 사실을 입장객에게 미리 고지할 수 있는 방법을 강구하여 이행하도록 권고하는 결정을 하였다.

여성특별위원회의 결정[244]요지

피신청인이 수건 회수율의 차이만을 이유로 모든 여성 이용자들에게 수건을 지급하지 않은 것은 회수율에 차이가 있을 뿐 남탕에서도 수건이 분실된다는 점에서 이용편의에 남녀차이를 두는 기준이 될 수 없으며 소수의 여성 이용자가 수건을 반납하지 않음을 이유로 여성 이용자 전원을 예비 절도자로 보는 점은 문제가 있다. 표본조사를 실시한 서울 시내 목욕탕의 입장은 여탕의 분실률이 높으나 목욕탕 주변의 고정이용객을 확보하기 위하여 영업 특성상 계속적으로 수건을 지급하고 있다고 하고 다른 지역의 온천장에서도 남녀구별 없이 수건을 지급하고 있는 현실에서 특별히 그 지역의 이용객만이 경영상 타격을 줄 만큼 많은 수건을 가져간다는 것은 논리적으로 맞지 않는다. 결국 독점적인 영업방식으로 남성과 똑같은 경제적 비용을 부담하면서도 여성에게만 시설이용에 있어 불이익이 돌아오는 행위를 한 것으로 판단된다. 입장 전 온천장의 서비스가 제공되지 않는다는 것을 알리지 않고 입장시켜 2000원의 수건을 사야만 온천욕을 할 수 있도록 하여 신청인에게 남성보다 더 많은 경제적 부담을 요구하였다는 것은 명백한 남녀차별이다.

온천장뿐 아니라 목욕탕에서 수건을 남성에게는 제공하고 여성에게는 제공하지 않는 일은 일상생활에서 흔한 일인데, 이를 진정인인 여성이 여성특별위원회에 여성에 대한 차별이라며 진정을 제기한 진정사건과 이에 관하여 위원회가 차별이라고 판단한 이 결정례는 당시 언론과 사회적 주목을 많이 받았다.

이 결정례는 1999년 2월 8일에 제정된 「남녀차별금지 및 구제에 관한 법률」이 재화·용역·시설의 이용과 제공에서 합리적 이유 없이 구별·배제 또는 제한하는 행위를 남녀차별행위의 유형으로 규정한 후 여성특별위원회가 이를 첫 번째로 적용한 결정례이다.

2) 여성차별을 인정하지 않은 결정례

여성차별을 인정하지 않은 2건의 결정례 중에는 민주화보상심의위원회가 민주화보상대상자 선정에서 전교조 소속 여교사의 신청을 기각시킨 조치에 관하여 신청인이 민주화 활동보다는 품위손상으로 해임되었기에 남녀차별로 볼 수 없다는 남녀차별개선위원회의 결정례[245]가 있다.

또한 농업협동조합에서 조합원자녀의 장학금 신청심사와 관련하여 여성조합원 명의의 신청건에 대해 배우자의 재산세 납부액을 심사하기로 한 것은 부부 복수조합원의 경우 보통 재산세 납부 사실이 있는 배우자(남편) 명의로 신청하므로 다른 조합원과 형평을 맞추기 위한 것으로, 가정형편이 어려운 조합원자녀의 학자금 지원이라는 조합원 장학금사업 기본 취지에 비추어 볼 때 타당한 기준이라고 결정한 국가인권위원회의 결정례[246]가 있다.

3) 남성차별을 인정하지 않은 결정례

피진정인(조달청)이 국가와 지방자치단체가 여성의 창업과 여성기업인의 기업활동을 촉진하기 위하여 종합적인 지원 및 사업활동 기회가 균등하게 보장될 수 있도록 노력할 것을 규정하고 있는 「여성기업 지원에 관한 법률」에 따라 일반용역 적격심사(신인도 평가) 시 여성기업인에게 가산점을 부여한 것이 남성기업인에 대한 차별행위인지가 쟁점이 되었다.

국가인권위원회[247]는 그 조치가 성차별 시정을 위한 적극적 우대조치임을 인정하고 차별행위에 해당하지 아니한다는 이유로 진정을 기각하였다.

국가인권위원회의 결정[247]요지

중소기업청에서 조사 발표한 '2007년도 여성기업 실태조사서'에 의하면 우리나라의 여성기업체 비율은 전체 사업자의 36%로 선진국 수준에 이르나 구성으로 보면 숙박 · 음식업이나 도 · 소매업에 치중되어 제조업 비중이 매우 낮고, 대부분 종업원수 5인 미만의 소규모 기업이다. 또한 여성기업인 활동 시 판로 · 마케

팅에 가장 큰 어려움을 갖고 있다고 조사·보고되어 있다. 이와 같은 상황에서 「여성기업 지원에 관한 법률」에 따라 여성경제활동 제고와 여성고용창출을 위한 효과적인 정부시책 차원에서 '적격심사 세부기준'에 적용하고 있는 여성기업 신인도 가점과 같은 제도는 「국가인권위원회법」상 불균형 해소를 위한 적극적 우대조치(Affirmative Action)로 볼 수 있다.

또한 '적격심사 세부기준'에 따르면 여성기업인뿐만 아니라 장애인고용 우수기업, 신규채용 우수기업, 공동수급체를 구성한 경우 등 다양한 경우에 대하여 가산점을 부여하고 있으며, 그 비중이 그리 높지 않을 뿐만 아니라 가산점이 없어도 만점을 획득할 수 있도록 구성되어 있는 바, 여성기업인만을 우대한다고 보기도 어렵다.

'적극적 우대조치' 또는 '적극적 남녀평등촉진조치(affirmative action, Positive Action)'란 차별과 편견 등으로 인해 사회참여에서 열세에 있는 특정 성을 잠정적으로 우대하여 사회참여와 실질적 남녀평등을 촉진하기 위한 조치를 말한다. 이 조치는 성차별을 금지하거나 기회의 평등을 제공하는 것만으로는 오랫동안 고정관념과 편견이나 사회구조적으로 이루어진 성차별로 인하여 현재 발생된 남녀간의 현저한 지위상의 차이나 특정 성의 과소대표문제를 해소하기 어렵다는 인식과 경험에서 등장하여 조건의 평등과 결과의 평등을 도모하여 형평과 사회정의를 이룬다. UN의 「여성차별철폐협약」은 '잠정적 특별조치(temporary special measures)'라는 용어를 사용하여 "남성과 여성 사이의 사실상의 평등(de facto equality)을 촉진할 목적으로 당사국이 채택한 잠정적 특별조치는 본 협약에서 정의한 차별로 보지 아니한다. 그러나 그 결과 불평등한 또는 별도의 기준이 유지되어서는 결코 아니 된다. 기회와 대우의 평등이라는 목적이 달성되었을 때 이러한 조치는 중지되어야 한다."(제4조 제1항)고 규정하였다.

우리나라에서 현존하는 남녀차별을 효과적으로 해소하고 남녀평등을 이루기 위해 국가와 지방자치단체가 잠정적으로 특정 성을 우대하는 조치를 실시할 수 있는 법적 근거는 「남녀고용평등법」이 1989년 4월 1일 개정될 때부터 마련되었다.

「여성기업 지원에 관한 법률」(1999.2.5 제정)은 "여성기업의 활동과 여성의 창업을 적극적으로 지원함으로써 경제영역에 있어 남녀의 실질적인 평등을 도모하고 여성의 경제활동과 여성경제인의 지위향상을 제고함으로써 국민경제발전에 이바지함"을 목적으로 한다(제1조). 이 법에서 말하는 '여성기업'이란 "여성이 당해 기업을 소유하거나 경영하는 기업으로서 대통령령이 정하는 기준에 해당하는 기업"(제2조 제1호)을 말하며, '여성경제인'이란 "기업의 임원으로서 당해 기업의 최고의사결정에 참여하는 여성"(제2조 제2호)을 말한다. 이 법은 '적극적 남녀평등촉진조치'라는 용어나 이에 관한 조항을 별도로 두고 있지는 않다. 그러나 법의 목적과 내용에서 공공기관의 장은 여성기업이 생산하는 물품의 구매를 촉진하여야 한다는 조항(제9조)과 국가 및 지방자치단체는 기업에 대한 자금을 지원함에 있어 여성기업의 활동과 창업을 촉진하기 위하여 여성기업을 우대하여야 한다는 조항(제10조) 등에 그러한 실질을 담고 있다.

「국가인권위원회법」은 '평등권침해의 차별행위'의 예외로서 "현존하는 차별을 없애기 위하여 특정한 사람(특정한 사람들의 집단을 포함한다)을 잠정적으로 우대하는 행위와 이를 내용으로 하는 법령의 제정·개정 및 정책의 수립·집행은 평등권침해의 차별행위로 보지 아니한다."(제2조 제4호 단서)는 조항을 두었다.

이 결정례는 이와 같은 적극적 남녀평등촉진조치에 관한 법들을 조달청 입찰에서 여성기업인에게 특별가산점을 부여한 조치의 성차별 여부가 문제가 된 사안에 적용하여 남성에 대한 차별을 부정한 것이다.

2-2 재화의 성중립적 제공기준에 따른 남녀차등

재화의 제공과 관련하여 성차별이 분쟁사안이 된 결정례 중에는 남녀를 다르게 대우한 것이 아니라 성중립적인 기준이나 조건을 적용하여 결과적으로 여성에게 불이익이 초래된 사안이 간접차별인가의 여부를 심사한 결정례 5건이 있다. 간접차별이란 성중립적인 기준이나 조건을 적용하여 표면상 남녀평등한 것처럼 보이나 그 기준이나 조건이 특정 성에게 적용될 가능성이 현저히 적고 업무상 반드시 필요하지 않으면서 결과적으로 특정 성에게 불리한 결과를 초래하는 차별을 말한다.

5건 중에서 여성에 대한 간접차별을 인정한 결정례는 2건이고, 3건은 여성차별을 인정하지 않았다.

1) 여성에 대한 간접차별을 인정한 결정례

[248] 부모 중 '국가유공자를 주로 부양한 자'에게 유족증을 발급한 조치
　　　[남녀차별개선위원회 2001.5.14 결정 00법집행13](여성차별 인정)
[249] '등기부등본, 농지원부의 소유자 등'의 농업종사경력인정기준
　　　[국가인권위원회 2005.9.28 결정 05진차4677](여성차별 인정)

남녀차별개선위원회[248]는 「국가유공자 등 예우 및 지원에 관한 법률 시행령」이 선순위 유족 결정에 있어서 부모의 경우 "국가유공자를 주로 부양 또는 양육한 자가 우선한다."라고 정한 것에 대하여 국가보훈처에게 법령개정 또는 제도개선에 상응한 조치를 취할 것을 의견표명하였다.

 남녀차별개선위원회의 결정[248]요지

주로 부양 또는 양육한 자를 판단할 때에 현실적으로 경제적 부양능력을 중요시하게 되고 따라서 사회통념상 경제적 활동이 적은 여성이 '주로 부양 또는 양육한 자'로 선정되기는 어렵다. 그러므로 결과적으로 여성에 대한 차별의 소지가 있을 수 있다.

또한 국가인권위원회[249]는 피진정인(교육인적자원부장관)이 교육공무원의 농업종사경력을 인정함에 있어서 '토지대장, 등기부등본, 농지원부상의 소유자 및 농업인'을 기준으로 한 조치에 대하여 다음과 같은 이유로 간접차별의 소지가 있다고 판단하고 피진정인에게 교육공무원의 농업종사경력을 인정함에 있

어 여성에 대한 차별이 없도록 농업종사경력인정제도를 개선할 것을 권고하는 결정을 하였다.

 국가인권위원회의 결정[249]요지

성별을 직접 이유로 특정 집단에 차등적 대우를 하는 것은 아니어도, 겉으로 보기에는 중립적인 기준을 적용하였으나 그 기준이 특정 성에 현저히 불리한 결과를 야기하는 경우 또한 성별을 이유로 한 차별혐의가 성립되고, 중립적으로 보이는 그 기준이 수행하는 직무와 관련이 있으며 사업운영에 필수불가결한 것임을 사용자가 입증하지 못한다면 그러한 기준은 차별로 인정된다.

그런데 등기부등본, 토지대장, 농업소득세납입증명서, 주민등록등본만으로는 실제 농업에 종사하는지 여부를 객관적으로 입증하는 데 불충분하다고 할 수 있어 그 정당성이 인정되지 않으며, 이 기준에 의할 때 상당수의 여성농업인이 농업종사경력인정에서 불이익을 받으므로 결과적으로 성차별이 발생한다고 판단된다.

이 결정례는 여성특별위원회가 근로자주택장기저축의 소득세의 공제대상을 부양가족이 있는 세대주로 한 조치[2000.3.31 결정 00법집행3]와 서민전세자금대출대상을 무주택세대주로 한 조치에 관하여 여성차별을 불인정한 결정례[2000.7.14 결정 00법집행10]와 비교된다. 국가인권위원회가 표면상 성중립적인 기준으로 보이는 '토지대장, 등기부등본, 농지원부상의 소유자 및 농업인'이 농업종사경력을 인정하는 기준으로 합리적인가를 실증적으로 검토하고 그 기준이 성별에 미치는 영향이 어떠한가를 검토하여 여성에 대한 간접차별이라고 판단한 것으로서 진일보한 성차별 관련 결정이라고 평가된다.

2) 여성에 대한 간접차별을 인정하지 않은 결정례

[250] 근로자주택장기저축의 소득세의 공제대상을 '부양가족이 있는 세대주'로 한 조치

(1) '세대주'의 재화제공 기준

여성특별위원회는 '근로자주택장기저축'에 대한 소득공제 혜택을 부양가족이 있는 세대주에 한정한 조치[250]와 주택은행이 서민전세자금대출대상을 무주택세대주로 한 조치[251]에 대하여 여성도 세대주가 될 수 있다는 이유로 간접차별을 불인정하였다.

여성특별위원회의 결정[250]요지

여성도 세대주이면 소득공제(주택자금공제) 혜택을 받을 수 있는 길이 열려 있으므로 신청인이 혜택을 받지 못한 것은 신청인 자신이 법적 요건(세대주)을 충족시키지 못한 데 따른 것이다. 따라서 연말정산 시 '근로자주택장기저축'에 대한 소득공제 혜택을 세대주에 한정하는 것은 남녀차별이라고 볼 수 없으므로 신청을 주문과 같이 기각한다.

그런데 진정인이 진정할 당시에는 호주제가 있었기 때문에 「주민등록법」상 남녀 모두 세대주가 될 수 있지만 실제로는 세대주의 상당수가 남성으로 되는 경우가 일반적이었다. 그러므로 세대주라는 재화제공 기준은 세대주가 아닌 여성에 대한 간접차별이 될 수 있으므로 여성특별위원회는 세대주의 취득실태와 서민전세자금을 대출받은 사람의 성별 분포 등을 살펴보고 성중립적으로 보이는 '세대주'라는 기준이 간접차별인지 아닌지를 판단해야 한다. 그런데 여성특별위원회의 결정 당시에는 「남녀고용평등법」이 1999년 2월 8일에 개정될 때, "사업주가 여성 또는 남성 어느 한 성이 충족하기 어려운 인사에 관한 기준이나 조건을 적용하는 것도 차별로 본다."는 문구를 차별의 개념 규정에 도입하였을 뿐 간접차별에 관한 구체적인 규정이 없고 연구도 많지 않았던 때라 그러한 한계가 드러난 것으로 보인다.

(2) 마라톤대회의 남녀혼합시상

그 외 여성차별을 인정하지 않은 1건의 결정례는 마라톤대회에서 여자부 우승을 한 적 있는 진정인이 서바이벌 마라톤대회를 주최한 조직위원회가 남녀를 구분하여 시상을 하지 않고 전체 1위를 한 사람에게만 시상을 하여 자신이 수상하지 못한 것은 여성에 대한 차별이라며 진정한 사건에 관한 것이다.

국가인권위원회[252]는 피진정인이 개최한 서바이벌 마라톤대회는 마라톤 동호인 간의 우의를 돈독히 하고 건강을 증진하는 등의 목적이 있으며, 대회요강에 1위 및 최고령 각 1명에게 시상을 주기로 미리 명시하였으므로 차별행위로 볼 수 없다고 결정하였다.

2-3 재화의 출가외인(出嫁外人) 관념에 따른 차등 제공

재화를 제공함에 있어서 여성은 결혼하면 친정과는 남이 된다는 출가외인 관념에 기초하여 여성에게 불이익을 준 조치에 대하여 7건의 결정례 모두 여성에 대한 차별을 인정하였다.

이러한 여성에 대한 불이익조치에 관한 결정례 중에는 외손자녀를 가족(유족)에서 제외시킨 조치에 관한 3건의 결정례와 기혼여성의 친정부모를 경조금과 진료비 감면혜택에서 제외시킨 조치에 관한 4건의 결정례가 있다.

1) 외손자녀를 가족에서 제외시킨 조치

[253] 독립유공자의 유족에서 외손자녀를 제외한 조치
　　[여성특별위원회 2000.9.8 결정 00법집행6](여성차별 인정)

[254] 항공마일리지 합산대상 가족에 외조부모·외손자녀를 제외한 조치
  [국가인권위원회 2009.8.17 결정 09진차487·09진차1006(병합)]
  (여성차별 인정)
[255] 철거이주민에 대한 장학금 지급에서 이주민의 외손자녀를 제외한 조치
  [국가인권위원회 2006.5.29 결정 06진차35](여성차별 인정)

외손자녀를 가족(유족)에서 제외시킨 조치에 관한 결정례는 3건이 있다. 그 중에서 재단법인 ○장학회가 철거이주민의 자녀 또는 손자녀에게 장학금을 지급하면서 출가한 딸은 이주민의 부양자가 아니며 재정 또한 충분치 못하다는 이유로 외손자녀를 지급대상에서 제외시킨 조치에 관하여 국가인권위원회[255]는 다음과 같은 이유로 성차별로 인정하였다.

 국가인권위원회의 결정[255]요지

성질상 오로지 남성 또는 여성에게만 특유하게 나타나는 문제의 해결을 위하여 필요한 예외적 경우에만 성차별적 규율이 정당화될 수 있고, 성역할에 관한 고정관념에 기초한 차별은 허용되지 않는다. 현대 핵가족사회에서 아들과 딸의 역할은 크게 변화하여 아들만이 부모를 부양한다고 볼 수 없고 다양한 방법으로 부모를 부양하는 딸의 수가 크게 증가하였으므로, 모든 출가한 딸은 이주민의 부양자가 아니라고 볼 수 없다.

2) 기혼여직원의 친정부모를 재화제공대상자에서 제외시킨 조치

■ 기혼여직원의 친부모 사망을 경조금 지급대상에서 제외한 조치([256], [257])
[256] [남녀차별개선위원회 2003.3.24 결정 02남녀차별35](여성차별 인정)
[257] [국가인권위원회 2011.7.15 결정 11진정0115900](여성차별 인정)

■ 기혼여성의 친부모를 진료비 감면에서 제외 또는 차등시킨 조치([258], [259])

[258] [남녀차별개선위원회 2004.7.26 결정 04남녀차별34](여성차별 인정)

[259] [국가인권위원회 2012.8.22 결정 12진정0315200](여성차별 인정)

우리나라에서 남녀를 차등대우하는 법이나 관습의 취지에는 여자녀는 결혼하면 남이라는 출가외인의 관념에 기초한 것이 많다. 「민법」도 호주제가 있던 2007년까지는 이 관념에 기초하여 무남독녀라도 혼인하면 남편의 가(家)에 입적한다는 이유로 가족의 범위에 포함시키지 않았다.

출가외인 관념에 기초하여 기혼여직원의 친부모 사망을 경조금 지급대상에서 제외한 조치는 2건이 있다. 최근 2012년 8월에도 경북대학교 부속병원이 기혼여직원의 친정부모를 진료비 할인대상에서 제외하여 진정이 발생하였는데, 이 조치에 관하여 국가인권위원회[259]가 병원장에게 진료비 감면대상에서 결혼한 여성직원과 결혼한 남성직원 사이에 차별이 발생하지 않도록 진료비 감면기준을 개선할 것을 권고하는 결정을 하였다.

 국가인권위원회의 결정[259]요지

피진정인의 조치는 여성직원의 경우 결혼 이후 진료비 감면대상을 누구로 할지 선택할 기회를 주지 않아 실제 부양 여부와 무관하게 수혜대상에서 제외되는 결과를 초래할 수 있고, 부부가 대학교 직원이라 한다면 부부 모두에게 진료비 감면대상이 남편의 부모로 한정되는 결과를 초래할 수 있는 등의 문제가 있다. 아울러 이러한 피진정인의 진료비 감면제도는 결혼한 여성은 출가외인이므로 친정의 일에 남성인 자녀와 동일한 책임과 권리를 주장하기 어렵다는 통념이 작용한 것으로 성별 고정관념에 의한 차별로 판단된다. 같은 맥락에서 조부모를 남성직원의 친조부모 또는 여성직원의 시조부로 한정하는 것에도 합리적 이유가 없다.

3. 용역 관련

용역의 제공에서의 9건의 성차별 관련 결정례는 다음 4종의 분쟁사안에 관하여 판결 또는 결정한 것이다.

3-1 통장의 남성우선 위촉

이 사안은 ○○광역시 ○구청이 통장을 위촉함에 있어서 관할구역 내 일반예비군 또는 재향군인인 남자를 우선적으로 하고, 다만 남자로 충원할 수 없는 경우 민방위대에 편성된 여성을 위촉하도록 하며 통장의 연령자격에서도 남성은 30세 이상 60세 이하인 반면, 여성은 30세 이상 50세 이하로 규정한 조례에 따라 남성을 우선하여 위촉한 조치로 인하여 통장에 재위촉되지 못한 여성이 차별시정신청을 한 것이다.

여성특별위원회[260]는 피신청인에게 조례의 개정을 권고하며, 다른 자치단체의 조례에도 남녀차별적인 통장위촉 관련 조항이 고쳐지지 않고 남아 있을 수 있으므로 이를 시정하기 위한 직권조사를 실시한다는 결정을 하였다.

여성특별위원회의 결정[260]요지

신청인들의 통장 탈락사유에서 해촉된 여성통장이 통장으로서 부적합하다는 증거는 없다. 남성을 우선하여 통장으로 위촉하는 조항은 지방자치가 실시되기 이전부터 규정되어 있던 내용이며, 남녀평등의식이 성장하면서 공공기관이 솔

선하여 남녀평등을 실천한다는 점과 현실적으로 여성들의 통장활동이 늘어나면서 많은 자치단체들이 이 조항을 개정하였다. 통장활동이 주민에 대한 봉사직이라는 측면이 강하므로 이 직책의 수임대상에서 남녀에게 다른 기준을 적용하여 군경력을 우선하는 것은 시대에 뒤떨어진 처사이며, 수임연령차별은 명백히 「남녀차별금지 및 구제에 관한 법률」 제6조(법과 정책의 집행에 있어서의 차별금지)의 규정에 위반한 행위이다.

3-2 시민단체의 여성회원에 대한 총회의결권 미부여

[261] [서울중앙지방법원 2004.2.20 선고 2004카합392](가처분청구 기각, 여성차별 불인정)
[262] [국가인권위원회 2004.5.10 결정 04진차12](여성차별 인정)
[263] [서울중앙지방법원 2005.2.23 선고 2005카합53](가처분청구 기각, 여성차별 불인정)
[264] [서울중앙지방법원 2007.6.28 선고 2005가82852](여성차별 불인정)
[265] [서울고등법원 2009.2.10 선고 2007나72665](여성차별 인정)
[266] [대법원 2011.1.27 선고 2009다19864](여성차별 인정)

여성회원에게 총회의결권을 주지 않은 시민단체의 조치에 대한 6건의 판례·결정례 중 국가인권위원회[262], 서울고등법원[265], 대법원[266]은 여성차별을 인정하였고, 서울중앙지방법원의 3건의 판례는 모두 여성차별을 불인정하였다.

서울YMCA(기독교청년회)는 일반회원의 60%를 여성이 차지하고, 1967년에 헌장을 개정하며 회원자격을 '남자'에서 '사람'으로 변경하였음에도 100여 년 전에 남성을 본위로 하는 민간운동단체로 설립한 역사적 정체성을 가진다는 이유로 정관에서 여성회원에게 총회의결권을 행사할 수 있는 총회원자격을 부여하지 않았다. 이를 개선하기 위하여 여성회원들이 1989년부터 참정권을 요구하였고 2003년 2월 22일에 개최된 서울YMCA 제100차 정기총회에서 모든 의사결정에 남녀가 동등한 자격으로 참여하고 조직의 성차별적 요인을 해소한다는 것을 골자로 하는 결의문을 채택하게 하였다. 그러나 여성을 총회원으로 명시하는 헌장개정안은 남성들만 참석한 총회에서 계속 부결되었다.[5]

여성회원들은 성차별철폐위원회를 의결권의 허용을 요청하는 가처분[6]신청(2004카합392)을 제기하였으나, 서울중앙지방법원[261]은 "신청인들이 회비납부·회원활동 참여 여부 등 총회구성원으로서의 자격요건을 완비하였다는 피보전권리에 대한 소명이 부족하다."는 이유로 이를 기각하였다.

그 후 국가인권위원회[262]는 2004년 5월 10일에 서울YMCA에게 여성회원들에 대하여 총회의결권 등을 허용할 것을 권고하였다.

국가인권위원회의 결정[262]요지

서울YMCA의 다양한 활동에 여성회원들의 참여가 활발한 점, 전국 43개의 지역YMCA 중 서울YMCA를 제외하고는 여성을 배제하는 곳이 한 곳도 없다는 점, 헌장에 총회회원의 성별에 대한 제한은 명시되어 있지 않다는 점 등을 고려해 볼 때, 총회회원으로서의 자격을 갖춘 여성회원들에 대하여 여성이라는 이유로 총회의결권을 배제하는 것은 차별행위로 판단된다.

그러나 서울YMCA는 국가인권위원회의 권고를 수용하는 것을 거부하였다. 그래서 여성회원들은 다시 가처분소송을 제기하였다. 그런데 서울중앙지방법원[263]은 다음과 같은 이유로 가처분신청을 다시 기각하였다.

---

5) 한국YMCA 전국연맹은 YMCA의 전국 지부 중 유일하게 이러한 여성배제조치를 하고 있는 서울YMCA에 대하여 여성회원들에게 총회의결권을 부여하지 않으면 제재할 것을 2006년 6월 3일에 결의하였는데 제104차 총회에서도 헌장개정안이 부결되자 2006년 11월 15일에 서울YMCA를 전국연맹에서 퇴회시키기로 결정하고 2007년 2월 3일에 제명시켰다.
6) 가처분이란 보전처분의 하나로 민사소송의 대상이 되고 있는 권리 또는 법률관계에 대한 쟁송이 있을 것을 전제로 확정판결의 집행을 용이하게 하거나 확정판결이 있을 때까지의 손해발생을 방지하고자 하는 목적으로 본안소송과는 별도의 절차에 의하여 잠정적인 처분을 하고 그 집행을 통하여 현상을 동결하거나 임시의 법률관계를 형성하는 제도이다.

서울중앙지방법원의 판결[263]요지

피신청인과 같은 임의단체의 경우 그 성질상 총회에 참석하여 선거권, 피선거권, 의결권을 행사할 자를 추천하여 결정함에 있어 정관이 정하는 범위 내에서 당해 단체의 목적에 따라 그 기준을 합목적적으로 설정하거나 상당한 재량권을 행사하는 것이 허용된다고 할 것이므로, …… 산하 회원위원회가 총회구성원으로 추천하여 달라는 신청인들의 요청을 즉시 이행하지 아니하고 정기총회를 거친 후 결정하기로 한 것 자체가 객관적으로 보아 위법하거나 현저히 재량권을 일탈·남용한 것이라고 단정할 수 없다.

그 후 여성회원 38명과 남성회원 2명은 서울YMCA 이사 25명을 상대로 여성회원을 총회원으로 인정하지 아니하는 것이 위법한 행위이고 이러한 행위로 정신적 고통을 받았다고 주장하며 손해배상소송을 제기하였다. 그런데 서울중앙지방법원[264]은 시민단체의 자율성을 중시하여 이를 기각하였다.

서울중앙지방법원의 판결[264]요지

피고의 헌장은 총회원이 될 수 있는 자격을 남자에 한정하고 있지 않다. 따라서 여성회원들에게 여성이라는 이유만으로 총회원으로 인정하지 않음으로써 실질적으로 여성회원들의 의결권을 완전히 박탈하는 것은 허용되지 않는다. 「헌법」 제11조는 사법(私法)과 단체법의 원리가 지배하고 있는 사인 간의 단체의 내부관계에는 직접 적용될 수 없고, 따라서 피고들의 이러한 행위가 직접 「헌법」 제11조에 위반된다고 보기 어렵다. 나아가 「헌법」 제10조와 제119조 제1항에 정해진 계약자유의 원칙을 핵심으로 하는 사적자치의 원칙과 「헌법」 제21조에 정해진 단체의 결성·존속·활동의 자유와 단체에의 가입 및 탈퇴의 자유 등을 내용으로 하는 결사의 자유 등의 「헌법」 규정에 비추어 피고들이 여성회원들에게 피고 서울회의 총회원의 자격을 인정하지 않은 것이 권리남용금지 또는 반사회

적 법률행위 등의 사법상의 일반원칙에 위반된다고 보기 어렵다. 피고는 비법인
사단으로서 구성원의 가입과 탈퇴가 자유로운 임의적 단체이고, 피고가 여성회
원들에 대하여 합리적인 근거나 타당성도 없이 총회원으로 인정하지 않아 여성
회원들이 단체의 구성원이 가지는 공익권 중 가장 중요한 총회의결권 등을 행
사할 수 없었다고 하더라도, 이는 피고 내부에서 자치적이고 자율적으로 해결해
야 하는 비법인사단의 내부문제에 불과하다. …… 그러므로 원고 여성회원들의
일반 「민사법」의 질서와 밀접한 관련이 있는 경제생활이나 사회생활상의 권리
나 법적으로 보호받을 이익을 침해당하였다고 단정할 수 없다. 뿐만 아니라 피
고 이사들이 피고 서울회의 구성원인 여성회원들에 대하여 그들을 반드시 피고
서울회의 총회원으로 선정하여야 할 법적 의무를 부담한다고 볼 근거도 없다.

원고들의 항소소송에서 서울고등법원 민사14부[265]는 다음과 같은 논지
로 피고인 서울YMCA의 조치가 여성회원들에 대한 성차별적 처우이고 불법
행위임을 인정하였다.

 서울고등법원의 판결[265]요지

1) 피고가 그 구성원인 회원들 중 일부에 대해서 오로지 그 성별만을 이유로 사
단의 의사결정이나 기관선출에 참여할 수 있는 지위에서 범주적으로 배제하는
것은 우리 「헌법」 제11조가 선언한 평등권의 원리에 비추어 용인될 수 없는 성
차별적 처우에 해당한다고 보아야 한다. 물론 피고가 기본적으로 사적·자발
적·임의적 결사체이고, 이러한 결사체의 형성과 조직, 활동에 있어서 자유가
보장되어야 한다는 것 역시 중요한 헌법원리 가운데 하나이기는 하나, 우리 「헌
법」은 사적인 법률관계라고 하여 전면적으로 「헌법」의 규율영역에서 배제하
지 않고 있고, 오히려 공·사법의 구분을 넘어 법률관계 전 영역에 걸쳐서 직·
간접적으로 「헌법」정신이 실현될 것을 요구하고 있다고 보아야 한다. 특히 평
등권의 실현은 「헌법」에 명시된 모든 기본권보장의 토대로서 「헌법」 제10조에
서 선언된 인간의 존엄성보장과 기본적 인권보장의 필수적 전제이고, 그 가운데

서도 성별에 따른 차별은 인종 등에 따른 차별과 함께 국제적으로도 특별한 관심과 노력이 요구되고 있는 인권보호의 핵심영역이다. 이러한 맥락에서 1985년 1월 26일부터 국내법과 같은 효력을 가지게 된 유엔의 「여성차별철폐협약」은 이 사건에서도 중요한 의미를 갖는다. 위 협약은 제1조에서 '여성에 대한 차별'이라 함은 "정치적, 경제적, 사회적, 문화적, 시민적 또는 기타 분야에 있어서 결혼 여부와 관계없이 여성이 남녀동등의 기초 위에서 인권과 기본적 자유를 인식, 향유 또는 행사하는 것을 저해하거나 무효화하는 것을 목적으로 하는 성별에 근거한 모든 구별, 제외(배제) 또는 제한을 의미한다."고 규정하고 있는데, 피고 서울회의 여성회원에 대한 총회원자격 제한이 이에 해당함은 명백하다.

2) 구별 없이 구성원으로 받아들인 후 특정 성별, 종교, 인종에 대해서만 차별적으로 단체 내 지위나 권한을 제한하는 것은 용인될 수 없다. 이 점에서 피고들이 피고 서울회의 초기 연혁이나 정체성 등을 내세워 그 구성이 변경된 현재까지도 계속하여 여성회원을 총회원에서 배제하면서 이를 차별적 처우가 아니라고 다투는 것은 이유가 없다.

3) 「헌법」상 평등권은 기본적으로 대국가적 기본권으로서 성격을 갖기 때문에 그러한 평등권의 원리가 사법상 법률관계에서 실현되는 것은 사법상의 법원리나 「민법」의 일반조항을 매개로 간접적인 방식으로 이루어진다. 이처럼 「헌법」상의 기본권보장과 사법관계를 매개하는 일반조항으로는 「민법」 제2조(신의성실의 원칙, 권리남용금지), 제103조(반사회질서의 법률행위), 제750조 이하(불법행위) 등을 들 수 있다. 즉, 사법상 법률행위가 「헌법」상 평등의 원리에 반하여 용인될 수 없을 때에는 그에 기초한 권리행사는 인정되지 않거나 법률행위의 효력이 부인되고, 사인의 어떠한 사실상의 행위나 처우가 「헌법」상 평등의 원리에 비추어 용인될 수 없을 정도로 위법성을 띨 때에는 불법행위를 구성하여 손해배상책임을 져야 하는 것이다. 피고 서울회의 구조적이고 지속적인 성차별적 처우는 「헌법」 제11조에서 정한 평등의 원리 등 전체 법질서에 비추어 용인될 수 없는 위법행위로서 「민법」 제750조의 불법행위를 구성한다고 봄이 상당하다. 그리고 위와 같은 피고 서울회의 차별적 처우로 말미암아 그 차별의 대상이 된 원고 여성회원들이 「헌법」 제10조에서 선언한 인간의 존엄성으로 표상되는 인격권의 침해를 입었을 것임이 넉넉히 인정되므로, 피고 서울회는 이를 금전으로 위자할 의무가 있다.

4) 한편, 원고들 중 남자회원인 원고도 주위 사람이 피고 서울회를 성차별단체라고 비판할 때마다 회원으로서 정신적 고통을 받았으므로 이로 인한 손해를 배상받아야 한다고 주장하나, 위 원고는 피고 서울회의 차별적 처우의 직접적인 피해자가 아니고, 위 원고가 주장하는 손해와 피고 서울회의 차별적 처우 사이에 상당인과관계가 인정된다고 보기도 어려워, 위 원고의 손해배상청구는 받아들이지 않는다.

5) 피고 이사들이 특별히 이사회나 총회 등에서 여성회원들에 대한 차별적 처우를 계속하기로 하는 내용의 의사 형성을 주도하였다거나 차별적 처우를 해소하기 위한 노력을 적극적으로 방해하였다는 등의 특별한 사정이 인정되지 않는 한, 제100차 총회 이후 피고 서울회의 이사로 재임하였다는 사정만으로 불법행위자로서 손해배상책임을 지울 수 없다.

6) 이 사건 차별의 내용과 성격, 피고 서울회의 성차별적 관행의 시정에 관한 소극적 태도, 이로 인하여 원고 여성회원들이 이 사건 소송에 이르기까지 겪었을 심리적 고통, 금전적 손해배상이 기본권 보호를 위한 실효적 수단이 되어야 할 필요 등을 감안하여, 피고 서울회가 원고 여성회원들에게 지급하여야 할 위자료를 위 원고들이 구하는 바대로 각 10,000,000원으로 정한다.

피고인 서울YMCA의 상고에 대하여 대법원[266]은 기각하여 사건을 원고 승소로 확정하였다. 그 논지는 서울고등법원의 판결[265]과 유사한데, 간략히 정리하면 다음과 같다.

대법원의 판결[266]요지

1) 「헌법」상의 기본권은 제1차적으로 개인의 자유로운 영역을 공권력의 침해로부터 보호하기 위한 방어적 권리이지만 다른 한편으로 「헌법」의 기본적인 결단인 객관적인 가치질서를 구체화한 것으로서, 사법을 포함한 모든 법 영역에 그 영향을 미치는 것이므로 사인 간의 사적인 법률관계도 「헌법」상의 기본권 규정에 적합하게 규율되어야 한다. 다만 기본권 규정은 그 성질상 사법관계에

직접 적용될 수 있는 예외적인 것을 제외하고는 사법상의 일반원칙을 규정한 「민법」 제2조, 제103조, 제750조, 제751조 등의 내용을 형성하고 그 해석기준이 되어 간접적으로 사법관계에 효력을 미치게 된다. 「헌법」 제11조는 평등의 원칙을 선언함과 동시에 모든 국민에게 평등권을 보장하고 있다. 따라서 사적 단체를 포함하여 사회공동체 내에서 개인이 성별에 따른 불합리한 차별을 받지 아니하고 자신의 희망과 소양에 따라 다양한 사회적·경제적 활동을 영위하는 것은 그 인격권 실현의 본질적 부분에 해당하므로 평등권이라는 기본권의 침해도 「민법」 제750조의 일반규정을 통하여 사법상 보호되는 인격적 법익침해의 형태로 구체화되어 논하여질 수 있고, 그 위법성 인정을 위하여 반드시 사인 간의 평등권보호에 관한 별개의 입법이 있어야만 하는 것은 아니다.

2) 사적 단체는 사적 자치의 원칙 내지 결사의 자유에 따라 그 단체의 형성과 조직, 운영을 자유롭게 할 수 있으므로, 사적 단체가 그 성격이나 목적에 비추어 그 구성원을 성별에 따라 달리 취급하는 것이 일반적으로 금지된다고 할 수는 없다. 그러나 사적 단체의 구성원에 대한 성별에 따른 차별처우가 사회공동체의 건전한 상식과 법감정에 비추어 볼 때 도저히 용인될 수 있는 한계를 벗어난 경우에는 사회질서에 위반되는 행위로서 위법한 것으로 평가할 수 있고, 위와 같은 한계를 벗어났는지 여부는 사적 단체의 성격이나 목적, 차별처우의 필요성, 차별처우에 의한 법익침해의 양상 및 정도 등을 종합적으로 고려하여 판단하여야 한다. 특히 사적 단체의 성격이나 목적과 관련해서는, 대외적으로 그 단체가 사회공동체 내에서 순수하게 사적인 영역에서만 활동하는지 아니면 일정 부분 공공적 영역에서 활동하며 공익적 기능도 수행하는지와 대내적으로 그 단체의 구성원들에게 제공되는 구체적인 역무의 내용과 성격 등을, 차별처우의 필요성과 관련해서는 그러한 차별처우가 단체의 정체성을 유지하기 위하여 불가피한 것으로서 필요한 한도 내의 조치였는지 여부를, 차별처우에 의한 법익침해의 양상 및 정도와 관련해서는 해당 구성원의 단체 가입목적, 이를 위한 단체 내 활동에서의 제약 정도와 기간, 그 가입목적 달성을 위한 대체적 단체의 가입 가능성 유무, 가입 시 단체 내 차별처우의 존재에 대한 인식 여부, 차별처우에 대한 문제제기 기간과 이에 대한 그 단체의 대응방식 등을 우리 사회의 건전한 상식과 법감정에 비추어 합리적으로 고려하여야 한다.

3) 서울기독교청년회가 남성회원에게는 별다른 심사 없이 총회의결권 등을 가

지는 총회원자격을 부여하면서도 여성회원의 경우에는 지속적인 요구에도 불구하고 원천적으로 총회원자격심사에서 배제하여 온 것은, 우리 사회의 건전한 상식과 법감정에 비추어 용인될 수 있는 한계를 벗어나 사회질서에 위반되는 것으로서 여성회원들의 인격적 법익을 침해하여 불법행위를 구성한다.

이와 같은 여성총회원 배제사건은 여성회원들이 시민단체들의 지원을 받아 9년간의 투쟁 끝에 원고승소판결을 받아 마무리되었다.[7] 서울YMCA는 2010년 2월 27일 개최된 총회에서 참석자 87%의 찬성으로 드디어 여성회원에게 참정권을 부여하기로 결정하였다.

이 사건에서 가장 큰 쟁점은 시민단체가 여성회원들에게 총회원자격을 부여하지 않는 조치가 서울중앙지방법원이 해석한 것처럼 임의단체의 자율적 조치로 인정될 수 있는 것인가 아니면 「헌법」이 보장한 평등권을 침해하는 행위로서 민주사회가 용인할 수 없는 행위로 보아야 할 것인가의 문제인데 국가인권위원회, 서울고등법원과 대법원은 사적 단체, 임의단체라도 평등권을 침해하는 차별행위는 용인될 수 없다고 해석한 것이다. 이러한 입장은 호주제에 관한 헌법재판소의 헌법불합치결정문에서 전통이라도 「헌법」의 기본질서인 남녀평등원칙에 위반하면 존립할 수 없다고 판시한 대목과 종중과 같은 임의단체, 관습상의 단체에서 여성후손들에게 종중회원자격을 부여하지 않은 조치에 대하여 2005년 7월 21일의 대법원 판결 2건이 종래의 입장을 변경하여 평등권침해행위로 본 것과 같은 입장으로 해석된다.

---

7) 여성회원들은 진정과 소송, 단식 기도회, 릴레이 1인 시위, 목요집회 등을 지속적으로 하였다. 소송은 성평등을 지향하는 시민모임 '너머서'가 주축이 되었다. 이 단체는 2005년 서울 YMCA 개혁모임인 '성차별철폐연대회의'의 사람들과 이들의 활동에 뜻을 모은 남녀 150명으로 결성되었다(여성신문, 2011.2.11 기사("서울YMCA여성참정권 운동 9년 만에 '승소' ─함께 한 여성들의 자매애에 감사")). 한국여성단체연합을 비롯한 시민단체들도 2006년 2월에 '서울YMCA 성평등 실현을 위한 시민사회대책위원회'를 구성하고 여성회원들의 참정권운동을 지원하였다.

3-3 임신 · 출산한 여성에 대한 시험응시 편의의 미제공

[267] [국가인권위원회 2009.6.3 결정 08진차1393](여성차별 불인정)

임신 · 출산으로 국가기술자격시험의 실기시험응시에 어려움이 있는데도 편의를 제공하지 않은 것은 차별이라며 산업안전인력공단이사장을 피진정인으로 제기된 진정사건에서 국가인권위원회[267]는 실기시험이 필답고사인 점을 고려할 때 차별행위로 볼 수 없다고 결정하였다.

3-4 남성전업주부에 대한 신용카드 발급거부

[268] [국가인권위원회 2009.8.17 결정 09진차225](남성차별 인정)

용역과 관련하여 남성차별을 인정한 결정례는 가사전담남성에게 신용카드 발급을 거부한 은행의 조치에 대하여 국가인권위원회[268]가 남성에 대한 차별이라고 결정한 사례이다. 결정의 논지는 다음과 같다.

 국가인권위원회의 결정[268]요지

우리 사회에서 주부는 비록 자신의 소득은 없으나 배우자와 공동생활을 영위하면서 배우자의 소득, 재산을 실질적으로 공유하여 경제행위를 할 수 있는 점을 감안할 때, 배우자의 동의 및 결제능력에 따라 주부에게도 본인 명의의 신용카드 발급을 허용할 합리적 이유가 있다. 그러나 피진정인의 입장과 같이 여성만을 주부로 인정하는 것은 배우자 간 성역할에 대한 고정관념에 기인하는 측면이 크다. 반면 우리 사회에서 여성의 사회 · 경제적 활동이 점차 확대됨에 따라 여성인 배우자가 가사를 전담한다는 전통적 주부의 개념이 변화하고 있고, 최근의 공식 통계자료를 보더라도 가사와 육아를 사유로 경제활동에 종사하지 않는 남성이 15만 명 이상에 이르고 있다. 또한 고용의 유동성이 증가하면서 양 배우자 중 현재 어느 쪽에 직업과 소득이 있는지에 따라 부부 간 역할이 바뀔 수 있는 점 등도 감안해야 할 것이다.

외견상 여전히 주부의 절대다수가 여성이라고는 하나 가사를 전담하는 남성이 여성에 비해 소수라는 것이 이들을 달리 대우해야 할 근거가 될 수 없고, 직업과 소득이 없는 남성에 대해 실제 가사를 수행하는지 여부를 확인하기 어렵다는 점은 여성의 경우에도 마찬가지이며, 배우자의 동의와 결제능력이 전제되는 한 신용카드의 발급에 있어 가사를 전담하는지 여부가 중요한 판단기준이라고 보기 어렵다. 또한 결제능력을 보증하는 배우자가 여성이라 하여 상환 불이행의 위험도가 더 높아진다고 볼 수 없는 점 등을 고려할 때 성별에 따라 신용카드의 발급기준을 달리 하는 피진정인의 기준 및 관행에 합리적 이유가 인정되지 않는다.

4. 시설 관련

4-1 여성에 대한 시설의 이용 제한

[269] 여성에 대한 골프장의 입회 제한
　　[남녀차별개선위원회 2004.5.10 결정 04남녀차별20](여성차별 인정)

여성에 대한 시설 이용 제한과 관련한 결정례는 (주)△△컨트리클럽이 클럽 내 여성락카 및 욕실 수용의 한계를 이유로 '신입회원자격 심사규정'에서 여성이 남성으로부터 증여받을 경우에만 특별한 조건을 부과하는 등의 방법으로 여성의 입회를 허용한 조치에 관한 것이다.

남녀차별개선위원회[269]는 이러한 조치에 대하여 다음과 같은 이유로 여성차별로 결정하였다.

 남녀차별개선위원회의 결정[269]요지

락카와 욕실은 골프장의 부대시설로서 피신청인이 회원들의 수요에 맞게 적극적으로 서비스를 개선하여 제공하여야 할 부분임에도 '클럽 여성락카 및 욕실 수용 한계'를 내세워 피신청인의 일방적인 편의에 따라 '환경이 원활해질 때까지'라고 막연하게 기간을 정하여 여성회원의 입회를 제한하는 것은 부당하다.

4-2 남성에 대한 시설의 이용 제한

남성에 대한 시설의 이용 제한과 관련한 결정례는 다음 2건이 있다.

[270] 남성에 대한 시민회관 수영강습반의 수강 제한
　　　[남녀차별개선위원회 2003.8.11 결정 03남녀차별31](남성차별 불인정)
[271] 남성에 대한 시립여성전용도서관의 이용 제한
　　　[국가인권위원회 2011.11.25 결정 11진정0316500](남성차별 인정)

1) 남성에 대한 시민회관 수영강습반의 수강 제한

신청인은 5세 된 딸을 돌보는 남성 전업주부로 2001년 봄에 피신청인이 운영하는 △△시민회관에서 에어로빅 강습을 받으려고 방문하였으나 접수창구에서 남성은 안 된다며 거절하였고 수영반은 가능하다고 하여 등록하여 딸과 수영을 하였다. 그런데 신청인이 다니던 오후반이 폐강이 되었고 오전반의

경우 여성수강생이 많아서 남성용 탈의실도 여성이 모두 사용하기 때문에 아빠인 신청인은 수영장에 출입할 수 없다고 하자 남성차별이라며 진정하였다. 그런데 남녀차별개선위원회[270]는 남성차별이 아니라고 결정하고 진정을 기각하였다.

남녀차별개선위원회의 결정[270]요지

수영장은 굳이 남녀 성을 구분하여 운영할 필요성이 없는 시설임에도 불구하고 오전시간 모두를 여성 위주로 편성하고 탈의실 부족을 이유로 신청인과 같은 남성에게 이용할 수 있는 다른 대안을 제시함이 없이 남성의 출입 자체를 배제시킨 것은 신청인 입장에서만 본다면 피신청인 시설현황의 문제를 신청인에게 전가시키고 소수 이용자의 권익을 무시한 부당한 처사로 느껴질 수 있을 것이다. …… 그러나 피신청인이 운영하는 수영장의 경우 남, 여 탈의실이 각 1개씩이며 오전 9시부터 12시까지 사이에 등록된 여성이용객이 월 700여 명 이상인 점을 감안해 보면, 수영장을 이용하려는 여성이 남성보다 월등히 많고 특히 오전시간에는 가정주부의 수요가 많은 점을 감안하여 '어머니'반, '엄마랑 아가랑'반 등 주로 여성수요자 위주로 반을 편성하고 부족한 탈의실을 확보하기 위해 남성용 탈의실까지 여성에게 제공함으로써 이용자의 편의를 증대시키는 과정에서 결과적으로 특정 성을 배제할 수밖에 없는 효과가 발생하였다 하더라도 이는 다수의 이익을 고려하기 위한 부득이한 사정에 의한 것으로 합리적인 이유가 있는 것으로 판단된다.

이 결정례에서 수영장의 조치를 남성에 대한 차별로 인정하지 않은 것은 피진정인의 수영장 시설과 운영의 실태를 감안한 것이다. 한편 이 결정례는 "다만, 피신청인은 공공시설의 운용자로서 신청인과 같이 다수의 이익을 위해 희생되는 소수에 대해서도 관심을 기울여 현재 진행 중인 시설 리모델링 계획을 속히 진행시켜 이러한 문제점을 해소하는 데 노력을 기울여야 할 것으로 보인다."라고 하였다.

그런데 남녀차별개선위원회는 그 후 여성에 대한 골프장의 입회 제한에 관한 결정례[269]에서는 부대시설의 부족은 합리적인 남녀차등을 인정할 수 있는 근거가 아니라고 하여 피진정인의 주장을 배척하고 여성에 대한 차별로 결정하였다.

2) 남성에 대한 시립여성전용도서관의 이용 제한

진정인은 제천시가 시립도서관의 산하조직으로 1994년 4월에 여성도서관을 개관하고 초등학교 5학년 이상인 남성의 이용을 금지한 것은 남성에 대한 차별행위라고 진정하였다. 제천시는 부지 기증자가 이를 여성전용도서관으로 건립하기를 희망하여 여성도서관을 여성과 일부 남자어린이로 제한하였으며 여성도서관의 남성 이용을 위해서는 시설 개선에 따른 예산 소요 등의 어려움이 있다고 주장하였다. 국가인권위원회[271]는 피진정인(제천시 시립도서관장)에게 여성도서관시설 이용에서 남성이 완전히 배제되지 않도록 필요한 조치를 취할 것을 권고하는 결정을 하였다.

 국가인권위원회의 결정[271]요지

1) 공립 공공도서관은 공중의 정보이용·문화활동·독서활동 및 평생교육을 위하여 국가 또는 지방자치단체가 설립·운영하는 도서관으로 그 설립과정뿐 아니라 이후 운영과정에서도 지속적으로 행정력과 공적 자원이 소요되는 바, 그 이용에 있어 특정한 집단의 사람을 배제하려면 납득할 만한 이유가 있어야 할 것이다.

2) 여성도서관의 이용자수가 전체의 15%에 이르고, 시험기간 등 도서관 이용의 수요가 높은 기간에는 제천시 내 도서관의 이용이 수월하지 않은 상황에서 남성 이용자가 이용 가능한 시설이 여성보다 제한되는 것은 사실이다.

3) 남성화장실 추가설치 등에 따른 예산이 소요될 수는 있겠으나 이를 남성에 대한 차별을 시정할 수 없는 근본적인 이유라고 할 수 없다. 따라서 피진정인이 해마다 시의 예산과 인력이 투입되는 여성도서관을 운영하면서 남성의 이용을

배제하는 것은 합리적 이유 없는 차별행위로 판단된다.

4) 피진정인이 여성을 주 이용대상으로 하는 도서관을 운영하고자 하는 경우에 여성 관련 분야의 자료와 교육프로그램 등으로 서비스를 특화하여 그 목적으로 달성할 수 있고, 남성의 도서관 이용 자체를 배제할 이유는 없다고 할 것이다.

그런데 국가인권위원회는 시립여성복지관의 여성전용프로그램에 관한 결정례[2005.8.22 결정 05진차469]와 여성가족부가 여성취업지원사업으로 위탁의뢰하여 대학교에 개설된 전문직종 양성과정의 교육훈련생을 여성으로 제한한 조치에 관한 결정례[2008.7.15 결정 08진차536]에서 남성과 여성의 취업의 격차 등의 현실을 감안하여 실질적 평등을 실현하기 위한 적극적 조치로서 남성차별이 아니라고 판단하였다. 한편 시립여성전용도서관에 관하여 2011년 11월에 내린 이 결정례에서는 남성에 대한 차별로 결정하였다. 시설의 이용과 제공에서 특정 성을 배제 또는 제한한 조치에 대한 성차별 여부의 일관성 있는 판단기준이 필요하다.

4-3   시설의 입소기준의 남녀차등

[272] 대학기숙사 입소기준의 남녀차등
　　[남녀차별개선위원회 2001.10.8 결정 01재시용3](여성차별 불인정)

시설의 입소기준의 남녀차등에 관한 결정례는 대학기숙사의 성별 수용정원에 따른 남녀차등 입소기준에 관한 것이다. 남녀차별개선위원회[272]는 다음과 같은 이유로 여성차별을 불인정하였다.

남녀차별개선위원회의 결정[272]요지

대학교가 신청인원의 성별 비율대로 성별 기숙사 수용정원을 정하고 이에 따라 기숙사 입사생을 남녀 구분하여 선발한 방법은 남녀의 기숙사 입사 인원비율의 형평성을 맞추고 기숙사 관리의 효율성을 고려한 합리적 사유에 기인했다고 할 수 있고 따라서 그 결과 비록 98~2000학번의 입사 기준학점에 남학생과 여학생의 성적에 상당한 편차가 생긴 문제가 발생하였으나, 이러한 이유만으로 합리적인 이유 없이 남녀를 차별한 것이라고 보기는 어렵다.

제5장

교육 · 문화 분야의 성차별 관련 결정례의 개요와 평석

1. 개요

광복 후부터 2012년까지 교육·문화 분야의 성차별 관련 결정례는 전체 304건 중 16건(5.3%)이며, 다음과 같은 특성을 가진다.

1) 분쟁처리기관을 보면, 국가인권위원회의 결정례 14건, 남녀차별개선위원회의 결정례 2건이다.

2) 시대별로는 16건 모두 2000년대이다.

3) 대상을 보면, 여성대상 13건, 남성대상 3건이다.

4) 성차별 인정여부를 보면, 여성차별을 인정한 결정례 11건, 여성차별을 불인정한 결정례와 남성차별을 인정한 결정례 각 2건, 남성차별을 불인정한 결정례 1건이다.

5) 내용을 보면 학교의 입학 관련 5건, 교육과정 관련 4건, 교육(직업)훈련 관련 4건, 문화 관련 3건이다.

〈표 27〉 **교육·문화 분야의 성차별 관련 결정례의 내역**

학교의 입학 관련 5건	• 남성 또는 여성으로 제한한 입학자격 관련 3건 • 여성의 입학정원 제한 관련 2건
교육의 과정 관련 4건	• 출석부 순서의 성별 구분 관련 2건 • 여학생에게 치마교복착용 의무 부과 관련 1건 • 어머니 학부모에 대한 급식당번의 배정 관련 1건
교육(직업)훈련 관련 4건	• 출산휴가를 한 수련의에게 추가교육훈련 요구 관련 2건 • 여성취업지원사업의 전문직종 양성과정 관련 1건 • 교도소 여성수형자의 정보화교육 기회의 배제 관련 1건
문화 관련 3건	• 무형문화재의 여성전수교육조교의 지정해제 관련 1건 • 무형문화재의 전승자지정에서의 여성배제 관련 1건 • 임신·출산한 도립 국악원 단원들에 대한 인격침해 관련 1건

학교의 입학과 관련한 성차별 분쟁은 남성 또는 여성만을 입학시킨 3건의 조치와 입학정원을 성별로 분리하여 여성의 입학정원을 남성의 정원에 비해 상당히 제한한 2건의 조치에 관하여 발생하였는데 이러한 조치들에 대하여 모두 국가인권위원회가 성차별을 인정하였다.

2-1 입학자격의 남녀차등

남성 또는 여성만을 입학시킨 조치에 관한 3건의 결정례 중 입학생을 여성으로 제한한 조치에 관한 결정례는 2건, 남성으로 제한한 조치에 관한 결정례는 1건이 있다. 모두 성역할에 관한 고정관념에 기초한 것이라는 이유로 성차별이 인정되었다.

[273] 사립 미용고등학교의 입학생을 여성으로 제한
    [국가인권위원회 2010.5.25 결정 09진차1218](남성차별 인정)
[274] 전문대학 간호과의 입학생을 여성으로 제한
    [국가인권위원회 2012.9.17 결정 12진정0486102](남성차별 인정)
[275] 해사고등학교의 입학생을 남성으로 제한
    [국가인권위원회 2011.11.25 결정 11직권0002000](여성차별 인정)

1) 사립 미용고등학교의 입학생을 여성으로 제한

국가인권위원회[273]는 사립 미용고등학교에서 입학생을 여성으로 제한한 조치가 전통적인 성별 역할분업관에 기초하여 불합리한 차등대우라 하여 남성에 대한 차별을 인정하였다.

 국가인권위원회의 결정[273]요지

피진정인은 민간 학교법인이 운영하는 사립 교육기관으로서 교육의 내용, 방법, 교과과정의 편성 및 학생의 선발 등에 있어서 일정한 자율성을 가진다고 볼 수 있다. 그러나 교육기관의 운영에 있어 운영주체의 자율권뿐 아니라 교육이 갖는 공공성의 측면도 존중해야 할 것인 바 특히 평등의 원칙에 반하지 않아야 할 것이다. 해당 학교의 설립이념 또는 기본적 교육방침을 살펴보건대, '전문 미용인 양성을 위한 전인교육' 실시 외에 교육대상을 여성으로 특정해야 할 가치와 목적성이 나타난다고 보기는 어렵다. 또한 미용과 교육과정의 내용이 전통적으로 여성에게 특화되어 있던 기술영역이었다고 하더라도 교육대상을 여학생으로만 한정하는 것은 성역할에 관한 사회적 고정관념에 불과하고, 이미 미용업에 종사하거나 종사를 희망하는 남성도 꾸준히 늘어나고 있는 현실도 감안해야 할 것이다. 남학생의 학교생활 지도가 어려운 점은 학교의 운영방법상 해결해야 할 문제이고, 다른 다수의 미용고등학교는 이러한 문제에도 불구하고 남학생의 선발을 배제하고 있지 않은 점에서 피진정인이 남학생의 입학지원 기회를 원천적으로 제한하는 데 합당한 이유를 찾기 어렵다. 또한 일반학교에 비해 선택의 폭이 좁은 미용고등학교의 특성상 피진정인 외에 남학생을 선발하는 미용고등학교가 있다고 하더라도 피해자의 교육기관선택 기회가 제약되는 불이익이 경미하다 할 수 없다.

2) 전문대학 간호과의 입학생을 여성으로 제한

국가인권위원회[274]는 전문대학에서 간호과의 입학생을 여성으로 제한한 조치에 관해서도 남성에 대한 차별을 인정하였다.

국가인권위원회의 결정[274]요지

간호사라는 직업이 전통적으로 여성에게 특화되어 있던 업무영역이었다고 하더라도 간호과 모집대상을 여학생만으로 한정하는 것은 성역할에 관한 사회적 고정관념에서 기인한 것이라 볼 수 있으며, 실습이 제한되거나 졸업 후 남자간호사로 취업하는 것이 제한적이라는 등의 이유로 남학생의 입학 자체를 제한하는 것은 합리적 이유 없이 성별을 이유로 교육시설 이용을 배제하는 것이다.

미국 연방대법원[Mississippi University for Women v. Hogan, 458 U.S. 718(1982년)]도 미시시피 주의 지원을 받는 주립여자대학교가 간호대학에 여성만의 입학을 허용하고, 남성에 대해서는 청강은 허용하지만 정식으로 학점을 취득하는 것은 허용하지 않는 정책을 취하는 것에 대해 수정헌법 제14조의 평등보호조항에 위반된다는 판결을 내렸다. 주요한 판시이유는 간호대학의 입학정책이 여성이 직면한 차별장벽에 대한 보상이라기보다는 남성과 여성의 역할과 능력에 관한 고정관념에 기초하여 간호사를 전적으로 여성의 직업으로 보는 고정관념을 영속화하는 데 기여한다는 것이다. 주립여자대학교는 여성교육을 위해 설립된 여자대학으로서의 존립의의와 남성의 입학을 허용하지 않은 조치는 과거의 여성차별에 대한 호의적·보상적 조치라고 주장하였다. 그러나 연방대법원은 재판관 9명 중 5명의 다수의견으로 실질적 관계심사기준를 적용하여 학교측의 주장을 배척하였다.[1]

그런데 우리나라에서는 전체 25개 로스쿨(법학전문대학원)의 입학정원 2,000명 중 100명을 여성에게만 입학자격을 준 이화여대 로스쿨에 교육과기술부가 배정하고 이화여대가 로스쿨 신입생 모집요강에 여성으로 지원 자격을 제한한 조치에 대하여 로스쿨 준비생인 남성 3명이 평등권, 직업선택의 자유, 교육을 받을 권리를 침해받았다며 헌법소원을 제기하는 사건이 발생하여 귀추가 크게 주목되고 있다. 2011년 2월 10일에 헌법재판소가 개최한 공개변론에서 헌법소원 신청인들은 남성은 사실상 1,900명의 정원을 두고 경쟁

---

1) 박성호(2006), 338~340면; 석인선(2008), 370~371면; 윤후정·신인령(2001), 364~366면.

하는 등 여성에 비해 차별을 받고 있으며 사법시험에서 여성 합격률이 40%
에 육박하고, 판사·검사의 여성임용 비율이 남성보다 오히려 높기 때문에 여
성을 위한 적극적 평등 조치는 더 이상 필요하지 않다."고 주장하였다. 반면,
이화여대측은 여성만 입학대상으로 한 조치는 성평등에 기반한 법조인의 양
성과 차세대 여성지도자의 양성이라는 사학의 교육이념을 조화적으로 달성
하기 위한 합리적 범위 내의 것이고 학교 특유의 교육목표 이념은 사학의
자유라는 기본권으로 보장되어야 하며, 헌법소원을 낸 남성들은 이화여대
가 아닌 다른 로스쿨에 진학할 수 있는 만큼 기본권 침해가 아니라는 입장
이다.[2]

3) 해사고등학교의 입학생을 남성으로 제한

국가인권위원회[275]는 2개의 해사고등학교장에게 신입생을 모집할 때 지
원자격을 남학생으로 한정하지 말고 여학생도 지원할 수 있도록 신입생 모집
요강을 개정하여 시행할 것을 권고함과 아울러 국토해양부장관에게 여학생
교육을 위한 해사고등학교 시설개선 소요예산을 지원할 것과 여학생 입학허
용에 따른 관련 제도를 개선할 것을 권고하였다.

 국가인권위원회의 결정[275]요지

해사고등학교는 전액 국비로 내항선박 및 6,000톤급 이하의 소형 외항선박에
필요한 4급 해기사를 양성하는 것을 목적으로 설립된 교육기관으로서 학교 설
립 이후 현재까지 지원자격을 남학생으로만 제한하여 여학생의 입학을 배제하
고 있다. 동 학교가 여학생의 입학을 제한하기 위해서는 장래 여학생들이 해기
사라는 업무를 수행하는 것이 불가능하거나 여학생에 대하여 교육을 실시하기
곤란한 합리적인 이유가 있어야 한다.
해기사는 선원으로서 일정한 기술과 지식을 가진 선장, 항해사, 기관장 등의 직무

---

2) 국민일보, 2011.2.10 기사("이화여대 로스쿨은 왜 여자만 가나요 – 헌재 '공개변론' 팽팽"); 서울
신문, 2011.2.10 기사("남학생의 호소, 이화여대 입학시켜 주세요") 참조.

를 수행하는 사람을 말하는데 해기사라는 직업이 전통적으로 남성에게 특화되어 있던 업무영역이었다고 하더라도 미성년자인 여학생이 남자선원이 대다수인 선박에 승선하여 직무를 수행하는 것을 기피할 것이라는 편견으로 교육대상을 남학생만으로 한정하는 것은 성역할에 관한 사회적 고정관념에 불과하다.

뿐만 아니라 한국해양대학교에서도 해운선사의 여학생 고용기피 등의 문제가 있었음에도 불구하고 여학생의 선발을 배제하지 않은 점을 볼 때 피조사자들이 여학생의 입학지원 기회를 원천적으로 제한하는 것에 대해 합당한 이유를 찾기 어려우며, 일반학교에 비해 선택의 폭이 좁은 해양 관련 마이스터고의 특성상 교육기관선택의 자유 및 여성의 직업선택의 기회가 제한되는 불이익도 경미하다고 볼 수 없다.

2-2 여성의 입학정원 제한

[276] 해양대의 여성신입생을 입학정원의 10%로 제한
　　[국가인권위원회 2006.5.29 결정 06진차37](여성차별 인정)
[277] 항공운항학과의 여성신입생을 입학정원의 6%로 제한
　　[국가인권위원회 2012.4.12 결정 12진정0077900](여성차별 인정)

남성과 여성의 현저한 입학정원 차등조치에 관한 결정례는 2건이 있으며 국가인권위원회가 모두 여성차별을 인정하였다.

1) 해양대의 여성신입생을 입학정원의 10%로 제한

국가인권위원회[276]는 목포해양대학교가 해사계열인 해상운송시스템학부와 기관시스템공학부의 일반전형에서 여자신입생을 전체 모집정원의 10%로 한정하는 제도를 시행한 결과, 합격점이 640점이었고 진정인은 702점을 받았음에도 불구하고 불합격된 결과가 발생하여 제기된 진정사건에 관하여

총장에게 신입생 모집 시 여학생 수를 제한하지 말 것과 진정인 구제를 위해 적절한 조치를 취할 것을 권고하였다.

국가인권위원회의 결정[276]요지

이 사건에서 피진정인이 해사계열 여성신입생의 수를 10% 이내로 제한하여 선발하는 것은 성별을 이유로 한 차등적 대우이므로 이러한 기준은 성별이 해당 학업의 성질상 불가피하게 요구되는 경우 혹은 성별이 이후 수행하게 될 직무의 성질상 불가피하게 요구되는 경우에 한하여 정당성이 인정되며, 직무의 성질상 불가피하게 요구되는 경우란 본질적 업무와 부수적 업무를 구분하여 성별이 본질적 업무를 성공적으로 수행하기 위한 결정적 요소, 즉 필수적 직무자격요건인 경우를 말한다.

그런데 선장, 항해사, 기관장 등의 업무수행에 있어 여성이라는 성별로 인해 당해 업무수행이 반드시 불가능하다고 할 수 없고, …… 선박 내 여성을 위한 근무시설의 미비는 적극 개선되어야 할 사항이고 여학생의 학습권 및 직업선택의 자유침해를 정당화하는 사유가 되기 어렵다. 여성졸업생에 대한 기업의 합리적 이유 없는 채용거부 또한 여성의 평등권을 침해하는 것으로 차별개선의 대상이 될 뿐 교육기회에서의 차별을 정당화하는 근거가 될 수 없다.

진정인이 지원하였던 기관시스템공학부는 최첨단 자동화선박에 근무할 유능한 엔지니어 양성을 위한 교육과정으로, 선박추진을 위한 기관시스템의 효율적 운전관리, 설계제작 및 연구개발 분야에 종사할 전문인력 양성을 목표로 하고 있는 바, 제출된 자료에 의할 때 여성이라는 성별로 인해 이러한 학습과정을 이수하는 것이 불가능하다고 보이지 않는다.

2) 항공운항학과의 여성신입생을 입학정원의 6%로 제한

국가인권위원회[277]는 한국항공대학교가 항공운항학과의 여성신입생을 입학정원의 6%로 제한한 조치에 대하여 총장에게 항공운항학과 신입생 모집

시 특정 성별에 대한 별도 정원 제한을 두지 않도록 신입생 모집요강 등을 개정하여 입학전형을 시행할 것을 권고하였다.

 국가인권위원회의 결정[277]요지

피진정인은 국내외 항공사들이 여성조종사를 선호하지 않아 많은 비용을 들여 교육을 받고도 취업을 하지 못하는 여학생이 발생할 수 있으므로 학생보호 차원에서 부득이 성별 제한규정을 두고 있다고 주장하나, 이러한 선호는 오히려 시정해야 할 대상이지 취업의 전단계에서 여성에 대한 교육·훈련 기회를 제한하는 것을 정당화하는 근거가 될 수는 없을 것으로 판단된다. …… 피진정인은 관련 학과 학생 선발 시에 취업시장에서의 고용주의 성별 선호를 적극 반영함으로써 특정 직업에 대한 성역할 고정관념을 확대·강화하고 있을 뿐 아니라, 남성이었다면 합격하였을 성적 및 기타 지원자격을 갖추고도 여학생 정원 상한제에 의해 교육기회를 누리지 못하는 여성지원자가 발생할 수 있는 상황을 유지하고 있다.

신체검사를 통과하고 소정의 교육과정을 수료한 자가 여성이라고 하여 장래 조종사업무를 수행하는 것이 불가능하거나 심히 곤란한 사유가 있다고 보기 어렵다. 아울러 2011년 국내 항공운항학과 설치 대학 5개교 중 피진정인 학교를 제외한 다른 4개교는 신입생 모집 시 성별 정원 제한을 두고 있지 않은 점 등에 비추어, 피진정인이 항공운항학과 신입생 모집 시 여성에 대하여 반드시 정원 제한을 두어야 할 이유가 있다고 보기 어렵다.

3. 교육의 과정 관련

교육과정에서 출석부 순서의 성별 구분에 관한 2건과 여학생에 대한 치마 교복착용 의무에 관한 1건의 결정례는 이러한 조치들이 남성우월의식이나 성역할에 관한 고정관념을 조장한다는 이유로 성차별을 인정하였다. 반면, 초등학교 어머니 학부모에 대한 급식당번의 배정에 관한 1건의 결정례는 강제가 아니라는 이유로 여성차별을 불인정하였다.

[278] 중학교 출석부 앞번호를 남학생들에게 배정
　　　[남녀차별개선위원회 2001.6.18 결정 01교육1](여성차별 인정)
[279] 초등학교 출석부 앞번호를 남학생들에게 배정
　　　[국가인권위원회 2005.9.28 결정 05진차517](여성차별 인정)
[280] 여학생에게 치마교복착용 의무 부과
　　　[남녀차별개선위원회 2003.11.24 결정 03남녀차별56](여성차별 인정)
[281] 어머니 학부모에 대한 급식당번의 배정
　　　[국가인권위원회 2006.5.29 결정 05진차523](여성차별 불인정)

3-1　출석부 순서의 성별 구분

교육의 과정에서 출석부의 앞번호를 남학생들에게 배정한 조치와 관련한 결정례는 2건이 있다. 이에 관하여 남녀차별개선위원회[278]와 국가인권위원회[279]는 유사한 논지로 여성차별이라고 판단하였다.

남녀차별개선위원회의 결정[278]요지

이러한 출석번호 부여방식이 남녀간에 선·후 구분을 둠으로써 여학생에게 차별적 감정을 초래하여 정신적 피해를 입힐 수 있고, 신청인이 자라나는 청소년임을 감안할 때 그 정서적 영향은 더욱 클 수 있으며, 피신청인은 학생들의 이름만으로는 남녀를 구별하기 힘든 경우가 많아 전산처리 및 학급관리에 효율성을 기하기 위하여 남녀를 분리하여 남학생의 번호부터 부여하였다고 하나, 이러한 번호 부여방식의 합리성·타당성을 인정하기 어렵다.

 국가인권위원회의 결정[279]요지

어린 시절부터 남성이 여성보다 우선한다는 생각을 무의식적으로 갖게 할 수 있고, 남학생에게는 적극적인 자세를, 여학생에게는 소극적인 자세를 갖게 할 수 있으므로 성차별적이다. 이 사건 행정적 편리함은 성별에 따른 차별을 정당화하는 예외사유로 인정되지 아니한다.

3-2 여학생에게 치마교복착용 의무 부과

남녀차별개선위원회[280]는 피진정기관(△△△△△교육청과 15개 기관)에게 중·고등학교 여학생이 교복으로 치마와 바지를 선택하여 착용할 수 있도록 지침을 개선할 것을 권고하였다.

남녀차별개선위원회의 결정[280]요지

중·고등학교 여학생의 교복착용에 있어서, 자라나는 세대에게 양성평등의식을 심어 주어야 할 학교에서 여학생에게는 교복으로 치마를 입도록 학교규칙으로 강제하는 것은 여성에게는 바지보다도 치마가 여성답다라는 고정관념에서 비롯된 관행적이고 전근대적인 의식의 반영이다. 이는 여학생의 태도를 규제하게 되어 성별에 따른 차별적 감정을 초래하고 특히 겨울철에는 건강에 좋지 않은 영향을 미치거나 여러 행동에 제약을 가하는 등의 불합리한 점이 발생할 수 있다. 따라서 여학생들이 자신의 의사와 개성에 따라 치마와 바지 중에서 선택하여 교복으로 착용할 수 있는 기회를 확대하는 것이 양성평등교육을 지향하는 교육이념에도 부합한다고 할 것이다.

3-3 어머니 학부모에 대한 급식당번의 배정

국가인권위원회[281]는 3개의 초등학교에서 학부모를 급식도우미로 활용하는 학부모 자원봉사제로 운영한 급식당번제도에 대하여 진정인들이 이 제도는 학생의 어머니들을 강제로 급식당번으로 배정한 후 불참 시 돈을 지불하게 하는 방법으로 획일적이고 강제적으로 운영하고 있는 바, 이러한 급식제도는 여성을 가사와 양육의 전담자로 간주하는 성차별이며, 장애인가족, 한부모가족 등의 가족상황을 고려하지 않는 차별적 제도이므로 급식당번제도의 폐지를 원한다고 진정한 사건에 관하여 여성차별을 불인정하였다.

 국가인권위원회의 결정[281]요지

피진정인들의 각 학교는 급식당번제도에 어머니들만이 강제로 급식당번으로 동원된다고 할 수 없고, 아버지도 배식도우미로 참여하고 있어 급식당번제도 자체를 성차별이나 가족상황에 의한 차별적 제도라고 보기는 어렵다. …… 다만, 현실적으로 양육의 책임을 여성에게 지우고 있는 우리 사회의 일반적 의식 및 문화가 이와 같은 자원봉사적 급식당번제도의 운영에 있어서 결과적으로 한쪽 성인 어머니들, 즉 여성에게 많은 부담과 고통을 전가하고 있는 것은 사실이나 이는 양육에 있어서 우리 사회구성원들이 갖고 있는 성차별적 문화와 가치관을 개선하고 교육예산을 확충함으로써 개선할 문제이지 이 사건 급식당번제도 자체가 성차별적이기 때문에 비롯된 문제는 아니라 할 것이다.

4. 교육(직업)훈련 관련

교육(직업)훈련에 있어서 성차별과 관련한 결정례는 4건이 있다.

■ 출산휴가를 한 수련의에게 추가교육훈련 요구([282], [283])
[282] [국가인권위원회 2005.3.7 결정 05진차308](여성차별 인정)
[283] [국가인권위원회 2009.5.20 결정 08진차818](여성차별 인정)

[284] 여성취업지원사업의 전문직종 양성과정
　　　[국가인권위원회 2008.7.15 결정 08진차536](남성차별 불인정)
[285] 교도소 여성수형자의 정보화교육 기회의 배제
　　　[국가인권위원회 2008.11.10 결정 08진차197](여성차별 인정)

출산휴가를 한 수련의에 대한 추가교육훈련 요구

　국가인권위원회는 병원이 출산휴가를 한 수련의에게 추가교육훈련을 받을 것을 요구하여 여성수련의들이 2005년과 2009년에 진정한 2건의 사건 [282], [283]에 대하여 출산휴가제도의 중요성에 관해 언급하고 피진정인들에게 출산휴가를 사용한 전공의에 대한 추가수련기간을 정함에 있어 일률적이기보다 전공의의 수련정도 등을 감안해 탄력적으로 산정할 것을 권고하였다.

 국가인권위원회의 결정[283]요지

출산휴가제도는 임신 중의 여성근로자에게 산전과 산후를 합쳐 90일의 보호휴가를 부여하도록 제도화함으로써 임산부와 태아 또는 신생아의 건강을 보호할 뿐 아니라 가정과 직장생활을 조화롭게 양립할 수 있도록 하는 제도이다. 나아가 「헌법」 제32조 제4항에서는 여자의 근로는 특별한 보호를 받으며 근로조건 등에 있어서 부당한 차별을 받지 아니한다고 규정하고 있고, 유엔의 「여성에 대한 모든 형태의 차별철폐협약」 제11조의2에서는 모성을 이유로 한 여성에 대한 차별을 금지하도록 명시하여 출산은 여성 개인이 사적으로 책임져야 할 문제가 아니라 그 의미와 가치에 있어 사회적 인정과 배려가 수반되어야 함을 분명히 하고 있다.

이 사건에 있어 피진정인들이 국민에게 양질의 의료를 제공하기 위해 전문성을 갖춘 전문의를 양성하고자 하는 목적은 물론 정당하다. 또한 전공의는 국민의 생명과 건강에 직결된 의료 분야에서 전문의가 되기 위해 필요한 전문지식을 습득하는 피교육자의 신분을 갖고 있으므로 전공의수련 교과과정을 습득하는 것이 필수적으로 요구된다. 하지만 수련의 목적이 전문의로서 필수적으로 요구되는 전문성을 갖추기 위한 것이라면 출산휴가를 사용한 여성전공의들의 개별적 역량, 필수교과과정 이수정도, 실습실적 등을 종합적으로 고려해 추가수련기간을 정하는 것이 타당하며, 일률적으로 6개월 또는 9개월의 추가수련을 요구하는 것은 합리적이라고 보기 어렵다. 특히 출산휴가를 1회 사용한 자의 경우는 추가수련이 없는 반면, 출산휴가를 2회 이상 사용한 자의 경우 출산휴가 1회 사

용 시 가산되지 않았던 기간까지 포함하여 추가수련을 받도록 하는 것은 출산
휴가를 1회 사용한 자와의 형평성에서도 문제가 되는 불합리한 규정이라고 보
지 않을 수 없다.

4-2 여성취업지원사업의 전문직종 양성과정

여성부는 여성고용의 질을 제고하고 전문직종 분야의 여성진출 확대를 목
적으로 교육훈련 프로그램을 공모하여 인하대학교의 데이터전문가 양성과정
등 총 10개의 교육과정을 선정하였다. 진정인은 여성부장관을 피진정인으로
하여 교육훈련생을 여성으로 제한한 조치가 남성에 대한 차별이라는 진정을
국가인권위원회에 하였다.

국가인권위원회[2008.7.15 결정 08진차536]는 여성취업지원사업과 여성대
상의 전문직종 양성과정은 성차별 시정을 위한 특별조치로서 적극적 조치
(Affirmative Action)가 필요하다는 논지로 진정을 기각하였는데, 그 결정의 요
지는 다음과 같다.

 국가인권위원회의 결정[284]요지

1) 적극적 조치의 의미
「대한민국헌법」 제32조 제4항은 '근로' 내지 '고용'에 있어 특별히 남녀평등을
요구하고 있고, 「국가인권위원회법」 제2조 제4호 단서에 의하면 현존하는 차
별을 해소하기 위하여 특정한 사람들의 집단을 잠정적으로 우대하는 행위와 이
를 내용으로 하는 법령의 제·개정 및 정책의 수립·집행은 평등권침해의 차별
행위로 보지 아니한다고 규정하며, 「여성에 대한 모든 형태의 차별철폐에 관한
협약」 제4조 제1호 전단에 의하면 남성과 여성 사이의 사실상의 평등을 촉진할
목적으로 당사국이 채택한 잠정적 특별조치는 본 협약에서 정의한 차별로 보지
아니한다고 규정하고 있다. 적극적 조치란 차별의 금지만으로는 실질적 해소가

불충분한 현존하는 현저한 차별을 시정하는 데 필요한 조치로서, 해당 차별을 받은 특정 집단에 속하는 개인을 잠정적으로 우대하되, 그로 인해 불이익을 당하는 비우대집단의 개인의 이익을 과도하게 침해하지 않는 잠정적 조치를 의미하는데, 이와 같은 특성을 지닌 적극적 조치는 차별에 해당되지 아니한다. 적극적 조치는 구조적이고 현저한 차별을 시정하는 것이 목적이므로 적극적 조치의 평등권침해 여부를 심사하는 기준은 덜 엄격해야 하고, 특히 위 사안의 경우와 같이 「대한민국헌법」이 특별히 평등을 요구하거나 고용에 있어 직접적인 영향을 미치지 아니한 경우에는 완화된 심사기준을 적용해야 한다.

2) 피진정인의 행위가 불합리한 차별행위인지 여부

상대적으로 노동시장에서 여성이 남성보다 취약한 지위에 있고 전문직종 고용영역에서는 현저한 성별 불균형이 존재한다고 할 것이다. 「여성발전기본법」은 여성의 능력개발 등을 통해 「대한민국헌법」의 남녀평등 이념을 실현하기 위해 제정된 것으로 제21조의2 제1항에 의하면 국가 및 지방자치단체는 여성의 사회참여를 촉진하기 위하여 여성인적자원개발을 위한 시책을 강구하여야 한다고 규정하고 있다. 여성부의 2008년도 전문직종 취업지원사업의 교육훈련 프로그램은 여성의 고용의 질을 제고하고 전문직종 분야의 여성진출 확대를 위한 것으로서 목적의 정당성이 인정되고, 교육훈련기관이 교육이수자에 대한 취업을 지원함으로써 여성의 전문직종 취업률 제고에 기여하며, 교육훈련 프로그램 제공이라는 수단은 고용에 있어 직접적인 영향을 미치지 아니하고 비우대집단의 개인적 권리 또는 이익을 과도하게 침해하지 않는 방식인 바, 본 사건의 교육훈련 프로그램은 전문직종 고용영역에 있어 성차별을 해소하기 위하여 필요한 조치라고 할 것이다. 또한 교육훈련은 그 자체로 여성취업예정자에게 가산점 부여 등 이익을 부여하지 않아 취업에 있어 직접적인 영향을 미치지 아니하고, 위 교육훈련 프로그램은 남녀의 경제활동참가율 등의 격차가 해소되는 시점까지 진행되는 잠정적 또는 한시적 조치로 보이므로 이 사건 비우대집단인 남성취업예정자의 개인적 권리 또는 이익을 과도하게 침해한 것이라고 볼 수 없다. 따라서 여성부가 2008년도 전문직종 여성취업지원사업의 교육훈련생을 여성에 한정하고 지원금을 지급한 것은 현존하는 구조적 성차별을 해소하기 위해 여성을 잠정적으로 우대하는 행위이므로 「국가인권위원회법」 제2조 제4호가 규정하고 있는 불합리한 성차별행위라고 보기 어렵다.

여성수형자인 진정인은 이전에 수감되어 있던 교도소에서 정보화교육을 받던 중 ○○교도소로 이송되었는데 ○○교도소는 남성재소자에게는 정보화교육을 실시하는 반면 여성재소자에게는 정보화교육을 실시하지 않고 있으며, 진정인은 워드프로세서 1급 기술자격의 필기시험에 합격한 상태이나 동 자격 실기시험 준비를 위한 실습시간을 하루 1시간으로만 한정하고 있는 바, 이는 합리적 이유 없는 성차별이라고 진정하였다.

피진정인(교도소장)은 「행형법」상 교도소 내 남성과 여성은 격리수용하여야 하므로 정보화교육도 성별로 나누어 실시해야 하는데 ○○교도소 내 남성수형자가 약 3,000명 규모인 반면 여성수형자는 100명에 미치지 못하고 실제 정보화교육을 신청하는 인원이 극히 적어 정규 정보화교육반을 따로 편성하지 못하였지만, 여자 사동에 별도의 정보화교육실을 마련하는 등의 교육편의를 제공하였다고 하였다.

국가인권위원회[285]는 ○○교도소장에게 진정인의 정보화교육실 이용시간을 충분히 보장하는 등 기술자격 취득을 지원하기 위한 실질적 여건을 확보하도록 할 것을 권고하고, 법무부장관에게 전국 교도소 내 여성수형자의 전반적인 교육 및 직업훈련 상황을 개선하기 위한 종합적인 계획을 수립하여 시행할 것을 권고하였다.

국가인권위원회의 결정[285]요지

1) 수형자에 대한 차별 판단기준

「모든 형태의 억류·구금하에 있는 사람들을 보호하기 위한 원칙」과 「피구금자 처우에 관한 최저기준규칙」 등 국제규범은 피구금자에게 성별 등에 의한 어떠한 차별도 있어서는 안 된다고 규정한다. 또한 「헌법」 제11조는 모든 국민의 평등권을 규정하고 있고, 「국가인권위원회법」 제2조 제4호는 합리적 이유 없이 성별을 이유로 교육훈련에서 배제·구별하거나 불리하게 대우하는 행위를 평등권침해의 차별행위로 규정하고 있다. 「행형법」의 대체법률인 「형의 집행 및 수용자의 처우에 관한 법률」제5조도 수용자의 성별 등에 의한 합리적 이유 없는 차별의 금지를 명시하고 있다.

2) 여성수형자의 정보화교육 기회 제한의 합리적 이유 여부 판단

교도소는 단순히 징벌을 집행하는 데 그치지 않고 수형자를 교정교화하고 건전한 사회복귀를 도모하여야 한다. 따라서 교도소장은 모든 수형자에게 필요한 지식과 소양, 기술 등의 습득을 위한 교육을 실시하고자 노력하여야 할 책무를 가지고 있다고 볼 수 있다. 교도소 내에서 남성과 여성은 분리하여 수용하여야 하므로 여성수형자인 진정인을 이미 편성되어 있는 남성 교육반에 편입케 할 수는 없고, 여성수형자에 대한 별도의 교육과정 개설 및 교육반의 편성이 필요하다. 그러나 현실적으로 전국 교도소에 분산 수용된 여성수형자는 전체 인원 중 5% 미만으로 이 중 작업에 종사하지 않으면서 교육을 희망하는 인원은 극소수이며 여성수용자를 계호할 직원이 부족하다는 사유로 인하여 이들을 대상으로 한 교육 및 직업훈련은 전무하거나 매우 한정적으로 이루어지고 있다. 하지만 여성수형자 중 교육 희망자가 매우 적다는 것은 그만큼 여성수형자에 대한 교육이 부실하게 이루어져 온 결과 여성수형자들이 교도소 내 교육에 대해 가지는 기대가 낮은 수준에 머물러 있고, 여성수형자들의 교육수요를 적절히 반영하지 못하는 현실에 기인한다고 볼 수 있으며, 이러한 현실은 시급히 개선해야 할 대상이지 여성수형자에 대한 교육 기회의 제한을 합리화하는 근거가 될 수 없다. 여성수형자의 교육 실시에 따라 배치되어야 할 계호직원이 부족하다는 주장도 「행형법」및 「형의 집행 및 수용자의 처우에 관한 법률」의 목적에 비추어 볼 때 수형자의 교정교화 및 건전한 사회복귀를 위한 교육의 중요성을 간과하고, 수형자를 형의 집행과 계호의 대상으로서만 인식하는 문제점이 있다. 다만 ○○ 교도소에서 진정인 외에 정보화교육을 희망하는 여성수형자가 없는 상황에서 당장 남성수형자와 같은 정규 교육반을 편성, 운영하는 데에는 현실적으로 과도한 비용과 인력이 소요될 수 있고, 교도소는 진정인의 기술자격 취득을 위하여 여자 사동 내 별도의 정보화교육실 설치, 자율실습시간의 보장 및 희망 시 직원의 개별지도 등 편의를 제공하고 있는 점이 인정된다. 그러나 워드프로세서 1급 자격실기시험의 특성상 이론학습보다는 실습을 통한 반복 숙달이 절대적으로 중요한 점을 감안하면 진정인의 실습시간을 매일 1시간으로 한정하는 것은 매우 미흡한 조치이다. 교도소의 사전평가에서 진정인이 기술자격 검정시험에 응시하기에는 아직 기량이 미치지 못하는 것으로 나타났다는 사실도 진정인의 실습기회 부족과 상관성이 크다고 판단된다.

따라서 진정인은 같은 교도소에서 남성이라면 받을 수 있었을 정규 정보화교육을 받지 못하였으며, 소수의 여성에 대하여 별도로 교육을 실시하는 데 따르는 현실적 여건의 어려움을 감안한다고 하더라도 충분한 실습시간의 보장 등 대체적 방안이 합리적으로 강구되었다고 인정하기 어려우므로, ○○교도소의 조치는 여성수형자에 대한 합리적 이유 없는 차별로 인정된다.

아울러 여성수형자의 교도소 내 교육 및 직업훈련과 관련한 현재의 상황을 개선하기 위해서는 여성수형자들의 교육훈련 수요를 전반적으로 확인해 보아야 하고, 그에 따라 프로그램과 관련 인력 및 예산을 확충하거나, 교도소 간 여성 수용인원을 효율적으로 조정하는 등 제반 조치가 따라야 할 것이다. 그러나 이에 대해 각 교도소의 개별적인 노력만으로 해결할 수 있는 여지는 매우 제한적일 수밖에 없다. 따라서 전국 교정시설의 운영을 관장하는 법무부는 여성수형자의 교육 및 직업훈련 개선을 위한 종합계획을 수립하여 시행할 필요성이 큰 것으로 판단된다.

5. 문화 관련

문화와 관련하여 성차별이 분쟁 사안이 된 사건은 무형문화재의 전승에 관한 2건과 임신·출산한 도립 국악원 단원들에 대한 인격침해사건 1건이 있으며 모두 국가인권위원회가 판단, 처리하였다.

5-1　무형문화재의 여성전수교육조교의 지정해제

　진정인(여성)은 ○○○○(무형문화재)의 예능을 원형대로 보존하고 실현하는 보유자 또는 보유단체를 보조하여 그 전수교육을 돕는 전수조교로 선정되었는데 ○○광역시가 자신을 여성이라는 이유로 조교에서 해제하려는 ○○○○보존회장의 요구를 수용하여 조교해제를 예고한 것은 성차별이라고 진정하였다. 피진정인인 ○○○○보존회장은 진정인이 전수교육보조자로서 부적합한 행동을 하여 보존회 단원들 모두가 진정인의 복귀를 원하지 않아 조교해제를 요청한 것이라 하였고, 피진정인인 ○○광역시는 보존회장의 해제요청과 진정인의 전수교육실적이 저조하다는 이유로 조교지정을 해제하려고 하였을 뿐 성차별이 아니라고 하였다.

　국가인권위원회[286]는 "진정인이 여성이라는 사유로 전수교육조교 해제 예고 결정에 이르렀다는 증거를 찾기 어렵다."는 이유로 기각결정을 하였다.

5-2　무형문화재의 전승자지정에서의 여성배제

　진정인은 부산시 무형문화재인 동래학춤의 전수조교인데, 피진정인(부산광역시장)이 2006년 9월 동래학춤 보유자후보심의 시 여성인 진정인을 보유자후보로 선정할 수 없고 향후 예능보유자, 보유자후보, 전수조교 등으로 여성을 선정하지 않겠다고 의결하였는 바, 이는 성별을 이유로 한 부당한 차별이라고 진정하였다. 피진정인은 동래학춤이 전통적으로 남성의 춤이기 때문에 여성을 전승자로 선정하지 않은 것이라고 주장하였다.

국가인권위원회[287]는 피진정인에게 동래학춤 보유자, 보유자후보, 전수조교지정 시 여성을 배제하지 말고 규정에 명시된 바대로 기능 또는 예능을 선정기준으로 할 것을 권고하였다.

 국가인권위원회의 결정[287]요지

예술공연 등에서 연기자가 남성 또는 여성일 것이 특별히 요구되고 다른 성이 수행하면 실질적으로 차이가 생기는 경우에는 특정 성을 갖출 것이라는 요건이 차별의 예외인 진정직업자격에 해당될 수 있다. 또한 무형문화재의 보유자 등은 해당 민속예술 분야에서 최고의 예능을 가진 자 또는 예능을 전수할 수 있는 자로서 그 명예가 매우 크고 더불어 매달 국가 또는 지방자치단체로부터 전승비를 지급받고 있으므로 이 사건의 차별 여부를 판단하기 위해서 성별이 동래학춤의 보유자 등을 지정함에 있어서 필수적 요건인지, 즉 진정직업자격에 해당하는지 여부를 살펴보아야 한다.

우선, 동래학춤의 원형과 관련하여 동래학춤의 복색이 남성의 것일 뿐, 과거에 처음으로 춤을 추었던 사람이 여성인지 남성인지는 누구도 고증이 불가능하다. 또한 지금까지 남성들만 보유자로 지정되었으나 동래학춤이 문화재로 지정되기 이전에는 남녀가 함께 전승하여 왔다. 피진정인은 여성이 남성 복장을 하고 동래학춤을 추더라도 신체구조상 남성과 같은 춤동작이 나오지 않는다고 주장하나, 무형문화재는 유형문화재처럼 고정된 하나의 실체가 아니라 시대를 거쳐 여러 사람에 의해 그 원형이 보존되는 특징이 있는 바, '원형대로 보존'의 의미는 춤을 얼마나 몸에 잘 체득하고 있는가 하는 기능 또는 예능에 따라 좌우된다 할 것이다.

임신 · 출산한 도립 국악원 단원들에 대한 인격침해[3]

　2011년 6월, 민주노동당 전남도당, 공무원 노조 전남본부, 광주 · 전남의 진보연대와 여성단체연합 등 시민사회단체들은 전라남도의 도립 국악원 상임지휘자겸 예술감독(남성)이 임신 · 출산한 여성단원들에 대하여 전체 단원들이 모여 있는 자리에서 "피임도 못 하느냐", "네가 한 일은 애 만드는 것 밖에 없다" 등의 인격모독을 하고 성차별적 발언을 하였고 자신의 우월적 지위를 이용하여 단원들에게 사적으로 공연하게 하고 이익금을 챙기는 비리를 하였다며 파면과 인권침해방지대책을 요구하는 집회를 도청광장에서 개최하였다.

　전라남도는 2011년 6월 7일, 징계위원회를 개최하고 해촉결정을 내렸다. 상임지휘자는 법원에 해촉 결정의 효력정지 가처분 신청을 하였으나 법원은 이를 기각하였다.

　국가인권위원회는 2010년 8월 1일, 상임지휘자의 언동은 '평등침해의 차별행위'에 해당하는 것으로 인정하고, 상임지휘자에게 특별인권교육을 받도록 권고하고 아울러 전라남도 도지사에게 재발 방지책을 마련할 것을 권고했다.

---

3) 광주일보, 2011.8.1 기사("인권위, 도립국악단 전 지휘자 인격침해 인정"); CBS 노컷뉴스, 2011. 6.1 기사("전남 도립 국악단 상임지휘자 파면요구") 등.

제6장

군사 분야의 성차별 관련 결정례의
개요와 평석

1. 개요

군사 분야의 성차별 관련 결정례는 전체 304건 중 2.6%에 해당하는 총 8건이며, 다음과 같은 특성을 가진다.

1) 분쟁처리기관을 보면, 국가인권위원회 4건과 헌법재판소 4건이다.

2) 시대별로는 1990년대 1건, 2000년대 7건이 있다.

3) 남녀대상별로는 여성대상 4건, 남성대상 4건이다.

4) 성차별 인정여부를 보면 여성차별을 인정한 결정례 4건, 남성차별을 불인정한 결정례 3건, 남성차별을 인정한 결정례 1건이다.

5) 내용별로는 남성의 군복무 관련 3건, 군인의 양성과 대우 관련 5건이있다.

〈표 28〉 **군사 분야의 성차별 관련 결정례의 내역**

남성의 군복무 관련 3건	• 제대군인의 취업시험 가산제 1건 • 남성의 징병제 2건
군인의 양성과 대우 관련 5건	• 여성을 배제한 조치(군장학생 선발, 특전사 부사관 선발, 공군사관후보생 조종장교 선발) 3건 • 남성을 배제한 조치(국군간호사관생도 모집, 육아휴직 대상자) 2건

2. 남성의 군복무 관련

[289] 제대군인의 취업시험 가산제
   [헌법재판소 1999.12.23 선고 98헌마363](위헌결정, 여성차별 인정)

■ 남성의 징병제([290], [291])
[290] [헌법재판소 2010.11.25 선고 2006헌마328](합헌결정, 남성차별 불인정)
[291] [헌법재판소 2011.6.30 선고 2010헌마460](합헌결정, 남성차별 불인정)

남성의 군복무와 관련하여 성차별이 분쟁사안이 된 결정례는 제대군인의 취업시험 가산제와 남성의 징병제에 관한 헌법재판소의 결정례 3건이 있다. 헌법재판소는 이 3건의 사안 중 제대군인의 취업시험 가산제에 대하여 '엄격한 심사기준'을 적용하여 재판관 9명 전원이 위헌이라고 결정하였다. 반면, 남성의 징병제에 대해서는 '합리적 심사기준'을 적용하여 재판관 6명의 의견에 따라 합헌이라고 결정하였다.

2-1 제대군인의 취업시험 가산제

제대군인의 취업시험가산제란 「제대군인 지원에 관한 법률」과 같은 법 시행령에 따라 군복무를 하고 제대한 군인에 대하여 6급 이하 공무원과 교원의 임용시험, 기능직 공무원의 모든 직급, 그 밖에 「국가유공자 예우 및 지원에 관한 법률」이 규정한 취업보호실시기관(상시 1일 20명 이상의 근로자를 고용하는 공·사 기업체 또는 공·사단체 등)의 채용시험에 응시한 경우에 필기시험의 각 과목별 득점에 각 과목별 만점의 5%(군복무기간이 2년 이상인 경우) 내지 3%를 가산해 주어 제대군인의 취업을 지원하기 위한 제도이다.

제대군인의 취업시험가산제는 박정희 대통령이 집권한 후인 1961년 7월부터 40년간 실시되어 왔는데 남성의 징병제로 인하여 대부분의 남성이 군복무를 하기 때문에 사실상 남성의 취업지원제도라 할 수 있다. 반면, 여성들은 자원하는 경우에만 군복무를 하는데다가 가산점 혜택 정도가 너무 커서(공무원 시험 만점 800점의 24점 내지 40점) 가산제는 제대군인이 아닌 여성 등의 고용기회를 제한하고 특히 여성의 공직 취업에 중대한 장벽이 되었다. 이러한 문제제기는 1980년대 말에 한국여성단체협의회 등의 여성단체들이 당시 여성정책전담기관인 정무장관(제2실)에게 개선을 요구하여 시작되었다. 그러나 당시 군사정부가 집권하던 때라 공론화되지 못하였다.

그런데 1993년 6월에 문민정부가 행정쇄신위원회를 설치하자 이화여대 교수들(75명)과 학생(1,900여 명)들은 가산제의 폐지를 요구하는 청원서를 제출하였다. 당시 여성정책전담기관인 대통령직속 여성특별위원회와 여성단체들도 이에 가세하여 가산제의 문제에 대한 논의가 공론화되었다. 그러나 청원에 대하여 재향군인회 등은 거센 반발을 하였고 정부는 군복무자에 대한 우대조치를 강화하여 군복무 기피풍조를 막겠다며 가산제의 적용범위와 위반에 대한 제재를 높이려는 입법정책을 추진하였다. 이에 대응하기 위해 1998년 9월 16일에 한국여성단체협의회, 한국여성단체연합, 경실련, 참여연대는 공동대책을 위한 긴급토론회 [군경력에 대한 채용·급여·승진 3중 혜택 무엇이 문제인가]를 대통령직속 여성특별위원회의 후원으로 개최하고 헌법소원제기를 대책방안의 하나로 논의하였다.

이와 같은 배경에서 1998년 10월 19일에 7급 또는 9급 국가공무원 공개경쟁채용시험에 응시하기 위하여 준비 중이던 이화여대 학생 5명과 장애인 남성 1명이 헌법소원심판을 청구하였다.

이에 대하여 국가보훈처장은 가산제는 현역장병들의 사기가 저하되지 않도록 함으로써 안정된 국방력을 확보하기 위하여 시행되는 제도라고 반박하였다. 또한 군복무 중에는 학업 또는 생업을 포기하여야 하고 취업할 기회와 취업을 준비하는 기회도 상실하게 되는 개인적 희생을 감수하여야 하므로 이러한 손실을 최소한도나마 보전해 줌으로써 전역 후 빠른 기간 내에 일반사회로 복귀할 수 있도록 해 주는 것이 군복무를 하지 않고 일반사회생활을 한 사람들과의 형평에 부합하며, 군복무자와 비복무자를 기계적으로 동등하게 취급하여 경쟁하도록 하는 것은 대부분의 군복무자들의 공무담임권과 직업선택의 자유를 원천적으로 제한하는 결과가 되고 실질적 평등의 원칙에도 어긋난다고 주장하였다.

그러나 헌법재판소는 1999년 12월 23일(98헌마363)에 재판관 9명의 일치된 의견으로 가산제가 여성과 신체장애자 등의 평등권과 공무담임권을 침해한다는 결정을 내렸다.[1]

 헌법재판소의 결정[289]요지

1) 가산점제도의 평등권침해 여부

(1) 차별의 대상 : 전체 여성 중의 극히 일부분만이 제대군인에 해당될 수 있는 반면, 남자의 대부분(80% 이상)은 제대군인에 해당하므로 가산점제도는 실질적으로 성별에 의한 차별이다. 또한 가산점을 받을 수 있는 현역복무를 하게 되는지 여부는 병역의무자의 의사와 관계없이 징병검사의 판정결과, 학력과 병력수급의 사정에 따라 정하는 것이므로 가산점제도는 현역복무나 상근예비역 소집근무를 할 수 있는 신체건장한 남자와 그렇지 못한 남자, 즉 병역면제자와 보충역복무를 하게 되는 자를 차별하는 제도이다.

(2) 심사의 척도 : 평등위반 여부를 심사할 때 엄격한 심사척도를 따를 것인지, 완화된 심사척도를 따를 것인지는 입법자에게 인정되는 입법형성권의 정도에 따라 달라지게 될 것이나, 「헌법」에서 특별히 평등을 요구하는 경우와 차별적 취급으로 인하여 관련 기본권에 대한 중대한 제한을 초래하게 된다면 입법형성권은 축소되어 더욱 엄격한 심사척도를 적용해야 할 것이다. 그런데 가산점제도

---

1) 미연방 정부와 41개 정도의 주정부는, 공무원 임용에 있어서 군필자들에게 가산점을 부여하는데 대개 장애가 있는 군필자의 경우에는 10점을, 장애가 없는 경우 5점을 가산한다. 그런데 매사추세츠 주의 군복무자들에 대한 우대 규정이 「수정헌법」 제14조의 평등보호 조항에 반하는지 여부가 여성에 소송을 제기하여 문제가 된 사건[Personnel Administrator of Massachusetts v. Feeney, 442 U.S. 256(1979년)]에서 연방대법원은 매사추세츠 주의 가산제는 90일 이상 군복무를 하였거나, 실제 전쟁에 하루 이상 참전한 간호사를 포함하여 남성과 여성 누구나에게 적용되는 것이므로 여성에 대하여 남성을 우대하는 것이 아니라, 젠더에 관련 없이 남녀의 군필자를 남녀의 미필자에 비해 우대하는 것이므로 합헌이라고 판결하였다(양현아(2002), "서구의 여성주의 법학 – 평등과 차이의 논쟁사", 『법사학연구』 제26호, 한국법사학회, 246면 참조).

는 엄격한 심사척도를 적용하여야 하는 위 두 경우에 모두 해당한다. 「헌법」 제32조 제4항은 "여자의 근로는 특별한 보호를 받으며, 고용·임금 및 근로조건에 있어서 부당한 차별을 받지 아니한다."고 규정하여 '근로' 내지 '고용'의 영역에 있어서 특별히 남녀평등을 요구하고 있는데, 가산점제도는 바로 이 영역에서 남성과 여성을 달리 취급하는 제도이기 때문이다. 또한 가산점제도는 「헌법」 제25조에 의하여 보장된 공무담임권이라는 기본권의 행사에 중대한 제약을 초래하는 것이기 때문이다. 엄격한 심사를 한다는 것은 자의금지원칙에 따른 심사, 즉 합리적 이유의 유무를 심사하는 것에 그치지 아니하고 비례성원칙에 따른 심사, 즉 차별취급의 목적과 수단 간에 엄격한 비례관계가 성립하는지를 기준으로 한 심사를 행함을 의미한다.

2) 가산점제도의 평등위반성

(1) 가산점제도의 입법목적 : 가산점제도의 주된 목적은 군복무 중에는 취업할 기회와 취업을 준비하는 기회를 상실하게 되므로 이러한 불이익을 보전해 줌으로써 제대군인이 군복무를 마친 후 빠른 기간 내에 일반사회로 복귀할 수 있도록 해 주는 데에 있다. 인생의 황금기에 해당하는 20대 초·중반의 소중한 시간을 사회와 격리된 채 통제된 환경에서 자기개발의 여지 없이 군복무수행에 바침으로써 국가·사회에 기여하였고, 그 결과 공무원채용시험 응시 등 취업준비에 있어 제대군인이 아닌 사람에 비하여 상대적으로 불리한 처지에 놓이게 된 제대군인의 사회복귀를 지원한다는 것은 입법정책적으로 얼마든지 가능하고 또 매우 필요하다고 할 수 있으므로 이 입법목적은 정당하다.

(2) 차별취급의 적합성 여부 : 제대군인에 대하여 여러 가지 사회정책적 지원을 강구하는 것이 필요하다 할지라도, 그것이 사회공동체의 다른 집단에게 동등하게 보장되어야 할 균등한 기회 자체를 박탈하는 것이어서는 아니 된다. 그런데 가산점제도는 아무런 재정적 뒷받침 없이 제대군인을 지원하려 한 나머지 결과적으로 여성과 장애인 등 이른바 사회적 약자들의 희생을 초래하고 있으며, 각종 국제협약, 실질적 평등 및 사회적 법치국가를 표방하고 있는 우리 「헌법」과 이를 구체화하고 있는 전체 법체계 등에 비추어 우리 법체계 내에 확고히 정립된 기본질서라고 할 '여성과 장애인에 대한 차별금지와 보호'에도 저촉되므로 정책수단으로서의 적합성과 합리성을 상실하였다.

(3) 차별취급의 비례성 여부 : 가산점제도의 가산정도는 가산점을 받지 못하는

사람들을 6급 이하의 공무원채용에 있어서 실질적으로 거의 배제하는 것과 마찬가지의 결과를 초래할 뿐 아니라 제대군인에 대한 가산혜택을 몇 번이고 아무런 제한 없이 부여하고 있다. 더욱이 심각한 것은 공무원채용시험이야말로 사회적·문화적 편견으로 말미암아 능력에 맞는 취업의 기회를 민간부문에서 구한다는 것은 매우 어려운 실정에 있는 여성과 장애인에게 거의 유일하다시피한 공정한 경쟁시장인데 가산점제도는 이들에게 심각한 타격을 가하는 것이 된다. 그런데 공직부문에서 여성의 진입이 봉쇄되면 국가 전체의 역량발휘의 면에서도 매우 부조화스러운 결과를 야기한다. 국민의 절반인 여성의 능력발휘 없이 국가와 사회 전체의 잠재적 능력을 제대로 발휘할 수는 없다. 더구나 정보화시대에 있어 여성의 능력은 보다 소중한 자원으로 인식되어 이를 개발할 필요성이 점증하고 있다는 점까지 생각해 보면, 가산점제도는 미래의 발전을 가로막는 요소라고까지 말할 수 있다. 그러므로 차별취급을 통하여 달성하려는 입법목적의 비중에 비하여 차별로 인한 불평등의 효과가 극심하므로 가산점제도는 차별취급의 비례성을 상실하고 있다.

또한 가산점제도가 추구하는 공익은 입법정책적 법익에 불과하다. 그러나 가산점제도로 인하여 침해되는 것은 「헌법」이 강도 높게 보호하고자 하는 고용상의 남녀평등, 장애인에 대한 차별금지라는 헌법적 가치이다. 그러므로 법익의 일반적, 추상적 비교의 차원에서 보거나, 차별취급 및 이로 인한 부작용의 결과가 위와 같이 심각한 점을 보았을 때 가산점제도는 법익균형성을 현저히 상실한 제도라는 결론에 이르지 아니할 수 없다.

3) 가산점제도의 공무담임권침해 여부

가산점제도는 능력주의와 무관한 불합리한 기준으로 여성과 장애인 등의 공직에의 진입 자체를 어렵게 함으로써 공직선택의 기회를 원천적으로 박탈하는 것이기 때문에 「헌법」 제25조에 위배되고, 이로 인하여 청구인들의 공무담임권이 침해된다.

이 결정례는 제대군인의 취업시험가산제가 「헌법」이 특별히 여성에 대한 차별을 금지하고 있는 근로에 관한 것이므로 성차별 여부는 합리성 유무가 아니라 차별취급의 목적과 수단 간에 엄격한 비례관계가 성립하는지를 기준으로 심사해야 한다고 하였다. '엄격한 심사척도'에 관한 이 결정례의 판시는 부계혈통주의에 의한 국적취득[2008.8.31 선고 97헌가12], 유족연금수급자격의 부부차등[2008.11.27 선고 2006헌가41] 등의 여러 결정례에서 성차별 여부의 판단기준으로 제시되었다. 그리고 이 결정을 계기로 여성의 공무원 진출기회가 획기적으로 늘어났다. 그리하여 여성인권을 보장한 대표적인 결정례로 평가할 수 있다.[2]

그러나 한편, 이 결정례는 지금도 많은 논란의 대상이 되고 있다. 그 결정적 이유는 남성의 병역의무에 관해 "「헌법」 제39조 제1항에서 국방의 의무를 국민에게 부과하고 있는 이상 「병역법」에 따라 군복무를 하는 것은 국민이 마땅히 하여야 할 이른바 신성한 의무를 다하는 것일 뿐, 그러한 의무를 이행하였다고 하여 이를 특별한 희생으로 보아 일일이 보상하여야 한다고 할 수는 없는 것이므로, 「헌법」 제39조 제2항은 병역의무를 이행한 사람에게 보상조치를 취하거나 특혜를 부여할 의무를 국가에게 지우는 것이 아니라 법문 그대로 병역의무의 이행을 이유로 불이익한 처우를 하는 것을 금지하고 있을 뿐인데, 「제대군인지원에 관한 법률」 제8조 제1항 및 제3항, 동법 시행령 제9조에 의한 가산점제도는 이러한 「헌법」 제39조 제2항의 범위를 넘어 제대군인에게 일종의 적극적 보상조치를 취하는 제도라고 할 것이므로 이를 「헌법」 제39조 제2항에 근거한 제도라고 할 수 없고, 제대군인은 「헌법」 제32조 제6항에 규정된 '국가유공자·상이군경 및 전몰군경의 유가족'에 해당하지 아니하므로 이 「헌법」조항도 가산점제도의 근거가 될 수 없으며, 달리 「헌법」상의 근거를 찾아볼 수 없다."라고 판시한 데 있다. 그리하여 군복무를 한 많은 남

---

2) 한편, 헌법재판소는 국가유공자에 등에 대한 가산점제도에 대하여 2001년의 결정례 [2001.2.22 선고 2000헌마25]는 「헌법」에 국가유공자에 대한 근로보호가 명시되어 있고 가산점이 제대군인에 대한 가산점과 비교할 때 훨씬 미약하며 취업보호대상자의 합격률이 약 10% 전후에 그치고 있다는 등의 이유로 합헌 결정을 하였다. 그러나 2006년의 결정례 [2006.2.23 선고 2004헌마675]는 2001년 결정례 당시와 달리 가산점 수혜대상자가 비약적으로 확대되었고, 가산점 수혜를 유공자 본인이 받는 경우는 10% 미만이고 유·가족이 받는 경우가 90%를 상회하여 제도의 본질이 변질되고 있어 평등권과 공무담임권을 침해하는 문제가 있으므로 가산점제도의 차별효과가 응시자의 공무담임권 행사를 지나치게 제한하지 않는 범위로 낮추고 수혜 대상자의 범위를 재조정하는 등의 방법으로 대체입법을 2007년 6월 30일까지 마련하여 위헌적인 상태를 제거해야 한다고 하며 헌법불합치결정을 내렸다 (송강직(2006), "가산점제도와 고용차별-헌법재판소 결정; 2006.2.3 2004헌마675를 소재로-", 『법학논고』 제25집, 경북대 법학연구소, 163~187면).

성의 비난을 받았다. 특히 군관계자와 일부 국회의원은 군복무에 관한 보상으로 제대군인에 대한 취업지원가산제를 변형한 방안을 여러 차례 국회에 제출한 바 있다.

또 하나 유의깊게 살펴볼 점은 이 결정례가 제시한 '엄격한 심사척도'는 '기본권제한의 비례성심사'와 같다는 것이다. '기본권제한의 비례성심사'는 「헌법」이 "국민의 모든 자유와 권리는 국가안전보장, 질서유지 또는 공공복리를 위하여 필요한 경우에 한하여 법률로써 제한할 수 있으며, 제한하는 경우에도 자유와 권리의 본질적인 내용을 침해할 수 없다."(제37조 제2항)고 규정하고 있는 바에 따라 차별하는 목적의 정당성, 방법의 적절성, 피해의 최소성, 법익의 균형성을 심사한다. 즉, 차별이 정당성을 인정받으려면 ① 차별하는 목적이 「헌법」 및 법률의 체제상 국가안전보장, 질서유지 또는 공공복리를 위하여 정당성이 인정되어야 한다(목적의 정당성), ② 차별하는 방법은 그 목적을 달성하기 위하여 법률로써 필요한 경우에 한하여 효과적이고 적절하게 행해져야 한다(방법의 적절성), ③ 차별의 피해는 자유와 권리의 본질적 내용이 침해되지 않는 범위 내에서 최소한도에 그쳐야 한다(피해의 최소성), ④ 차별에 따라 보호하려는 공익(公益)과 침해받는 사익(私益)을 비교형량할 때 보호되는 공익이 더 커야 한다(법익의 균형성).

그러므로 미국 법원이 평등권침해 여부를 심사하는 기준3)의 하나로 사용하는 엄격한 심사기준(strict scrutiny test)과 용어는 유사하지만 동일한 기준이라고 볼 수는 없다. 미국의 엄격한 심사기준이란 비교대상 간에 다르게 취급하는 것이 정부에 필요불가결한(compelling) 이익이 있고, 수단은 목적을 달성하기 위해 불가피할 정도로(necessary) 긴밀한 관계가 있어야 하며, 엄밀히 고안되어야(narrowly tailored) 차별이 되지 않는다고 보는 판단기준이다. 그런데 미국에서는 이 기준은 주로 인종차별에 관해 적용된다. 성차별에 관한 사건에서는 정부의 중요한(important) 목적이 있어야 하고 그러한 목적과 수단 사이에는 실질적인 관련(substantially related)이 있어야 한다는 실질적 관계심사기준(substantial relationship test)이 채택되었는데 이 기준은 엄격한 심사기

---

3) 안경환(1997), "평등권-미국헌법을 중심으로-", 『기본권의 개념과 범위에 관한 연구』, 헌법재판소, 37~166면; 김문현(1997), "남녀평등에 관한 미연방대법원 판례의 분석", 『헌법학연구』 제3집, 한국헌법학회, 227~251면.

준과 합리적 차별심사기준의 중간기준이라 할 수 있다.[4]

그런데 성차별은 평등권을 침해하는 행위인데도 헌법재판소가 '기본권제한의 비례성 심사'를 성차별에 관해서는「헌법」이 특별히 차별을 명시적으로 제한하고 있는 근로와 혼인으로 적용범위를 제한하는 해석을 낳게 하고 있다. 남성만을 징병하고 있는「병역법」에 관한 위헌심사를 할 때 헌법재판소 [290], [291]는 이러한 해석을 하였다.

2-2   남성의 징병제

「헌법」은 "모든 국민은 법률이 정하는 바에 의하여 국방의 의무를 진다." (제39조)라고 규정하고 있다. 그런데「병역법」은 "대한민국 국민인 남자는 「헌법」과 이 법이 정하는 바에 따라 병역의무를 성실히 수행하여야 한다. 여자는 지원에 의하여 현역에 한하여 복무할 수 있다."(제3조 제1항)라고 규정하고 있다.

우리나라는 남북이 분단된 상황에서 안보와 국방력을 매우 중요하게 여겨 왔음에도 여성의 징집문제를 크게 공론화하지는 않았다. 그런데 1999년 12월 23일, 헌법재판소가 재판관 9명의 일치된 의견으로 공무원 공채시험에 응시한 제대군인에 대해 만점의 5% 내지 3%의 가산점을 주는 제도는 청구인들 (여성과 장애인)의 평등권과 공무담임권을 침해하는 법률이라며 위헌결정을 내리자 이에 항의하는 남성들에 의해 논란이 가열되기 시작하였다. 2000년 1월 13일에는 한국남성운동협의회 소속 회원들이 평등권침해라며 헌법소원을 제기한 바 있다. 이에 대해 헌법재판소는 "이 사건은 제소 없이 직접 법률의 위헌확인을 구하려는 것으로 추상적 규범통제가 허용되지 아니하는 우리나라

---

4) 이 중간심사기준은 1976년의 Craig v. Boren 사건의 대법원 판결에서 대두되었다. 18세에서 20세까지의 남성이 동일 연령의 여성보다 음주운전과 사고의 위험성이 많다는 통계적 자료를 근거로 알코올성이 약한(3.2% 농도) 맥주판매를 불허한 반면, 18세 이상의 여성에게는 허가한 오클라호마주법에 대해 행정상의 편의 또는 사회경제생활에 있어 남녀에게 기대하는 역할과 정형화(stereotype)관념을 촉진하는 목적으로 하는 성을 이유로 한 구별은 정당화될 수 없고 또한 남녀의 경제적 지위, 남녀 특성에 관한 고풍적이고도 지나치게 광범위한 일반화에 기반된 분류는 입법목적에 있어 실질적 관계가 존재하지 않으며, 따라서 이 입법은 평등권 조항에 위반되는 것으로 판단하였다(안경환(1997), 85면; 윤후정·신인령, 310면).

에서는 부적법하다."고 하여 이 사건 심판청구를 기각하였다. 그러나 2001년 여성부가 출범하자 여성들이 남녀평등을 요구하려면 병역의무도 남녀가 분담해야 한다는 남성들의 견해가 많이 표출되었다. 그 후 군복무에 대한 남녀 차등조치의 타당성에 관한 논의가 많아졌다.

그런데 「병역법」에 따른 남성징병제에 대하여 모집병(카투사)에 지원하여 입대한 군인이 헌법소원심판을 2006년 3월에 청구하였다. 청구인은 「병역법」이 여성에 대한 일괄적 병역면제 외에도 국방력 유지 등 입법목적을 달성할 다양한 수단이 존재하기 때문에 과잉금지원칙에 위배하여 청구인의 평등권을 침해하고, 군대에서 복무하는 동안 다른 직업을 가질 수 없도록 하고, 지정된 군시설에 거주하도록 하며, 학업을 중단하도록 하여 청구인의 직업의 자유, 거주이전의 자유, 학문의 자유, 행복추구권 등을 침해한다고 주장하였다.

헌법재판소는 심판대상 법조항에 관하여 재판관 9명 중 6명이 기각(합헌) 의견, 2명이 위헌의견[5], 1명은 각하의견[6]을 제시하여 합헌으로 결정하였다.

---

5) [위헌의견] 「헌법」상 모든 국민은 국방의 의무를 지는 바, 남성과 여성의 신체적 조건 등에 따르는 차별취급은 용인되어야 할 것이나, 「병역법」은 국방의 의무 가운데 그 복무내용이 신체적 조건이나 능력과 직접 관계되지 않는 의무까지도 남자에게만 부과함으로써 남자와 여자를 합리적 이유 없이 차별취급하고 있다. 남성과 여성 간의 신체적 상이 및 그에 따른 사회적 역할의 차이를 고려하더라도, 이 사건 법률조항에 의하여 「병역법」상의 모든 국방의무를 남자에게만 부과하는 것은, 「헌법」상 규정된 국방의무의 부담에 있어서 남성과 여성을 합리적으로 차별한다고 볼 수 없다. 이는 오히려 과거에 전통적으로 남녀의 생활관계가 일정한 형태로 형성되어 왔다는 사실이나 관념에 기인하는 차별로 보이는 바, 그러한 성역할에 관한 고정관념에 기초한 차별은 허용되지 않는 것이다. 한편, 위와 같은 차별의 불합리성을 완화하기 위하여는 "누구든지 병역의무의 이행으로 인하여 불이익한 처우를 받지 아니한다."고 규정한 「헌법」제39조 제2항의 취지를 존중하여 병역의무의 이행에 따른 기본권 제한을 완화시키거나 그 제한으로 인한 손실을 전보하여 주는 제도적 장치가 존재하여, 성별에 따른 국방의무의 부담이 전체적으로 보아 균형을 이룰 수 있도록 하는 보완장치가 마련되어야 한다. 그러나 현재 국방의 의무를 구체화하고 있는 여러 법률들은 남자에 대하여 대부분의 의무를 부과하고, 여자는 소극적 지원에 그치게 함으로써 국방의무의 배분이 전체적으로 균형을 이루고 있다고 인정하기 어렵고, 나아가 남자에 대하여 병역의무의 이행에 따르는 기본권 제한을 완화시키거나 그 제한으로 인한 손실 및 공헌을 전보하여 주는 제도적 장치가 마련되어 있지도 않다(여성의 임신 및 출산에 의한 국가·사회적 역할의 중요성에 대하여 이론의 여지가 없지만, 국가가 이로 인한 손실 및 공헌을 전보하는 장치를 마련하여야 하는 문제는 병역의무의 문제와 별도로 이루어져야 한다). 따라서 이 사건 법률조항은 국방의 의무의 자의적 배분으로서 남성의 평등권을 침해하여 「헌법」에 위반된다.
6) [각하의견] 이 사건 법률조항이 위헌으로 선언되더라도 종래 여자들이 병역의무를 부담하지 않던 혜택이 제거되는 것일 뿐 청구인과 같은 남자들의 병역의무의 내용이나 범위 등

📖 헌법재판소의 합헌결정[29O]요지[7)]

1) 이 사건 법률조항은 「헌법」이 특별히 양성평등을 요구하는 경우(혼인, 근로)나 관련 기본권에 중대한 제한을 초래하는 경우의 차별취급을 그 내용으로 하고 있다고 보기 어려우며, 징집대상자의 범위 결정에 관하여는 입법자의 광범위한 입법형성권이 인정된다는 점에 비추어 이 사건 법률조항이 평등권을 침해하는지 여부는 완화된 심사기준에 따라 판단하여야 한다.

2) 집단으로서의 남자는 집단으로서의 여자에 비하여 보다 전투에 적합한 신체적 능력을 갖추고 있으며, 개개인의 신체적 능력에 기초한 전투적합성을 객관화하여 비교하는 검사체계를 갖추는 것이 현실적으로 어려운 점, 신체적 능력이 뛰어난 여자의 경우에도 월경이나 임신, 출산 등으로 인한 신체적 특성상 병력자원으로 투입하기에 부담이 큰 점, 특히 가임기 여자는 현재 임신상태가 아니라고 하더라도 언제든 임신 · 출산과 출산 후 수유 등 대체 불가능한 부담을 질 개연성이 있는 바, 임신 중이거나 출산 후 일정한 기간은 위생 및 자녀양육의 필요성에 비추어 영내생활이나 군사훈련 자체가 거의 불가능하다. 나아가 여자는 전시에 포로가 되는 경우 등에 있어, 남자에 비하여 성적 학대를 비롯한 위험에 노출될 가능성이 더 크다는 점에서 군사작전 등 실전투입에 부담이 크다. 이러한 신체적 특징의 차이에 기초하여, 입법자가 최적의 전투력 확보를 위하여 남자만을 징병검사의 대상이 되는 병역의무자로 정한 것이 현저히 자의적인 것이라 보기 어렵다. 또한 비교법적으로 보아도, 이 사건 법률조항과 같은 입법이 현저히 자의적인 기준에 의한 것이라 볼 수 없다. 징병제가 존재하는 70여 개 나라 가운데 여성에게 병역의무를 부과하는 국가는 이스라엘 등 극히 일부 국가에 한정되어 있으며, 여성에게 병역의무를 부과하는 대표적 국가인 이스라엘의

에 어떠한 직접적이고 본질적인 영향을 미친다고 보기 어려운 이상, 이 사건 법률조항으로 인하여 청구인의 평등권이 침해될 가능성이 있다거나 자기관련성 또는 심판청구의 이익이 인정된다고 보기 어려우므로 위 조항에 대한 청구는 부적법하다.

7) 재판관 이강국, 재판관 김희옥, 재판관 이동흡, 재판관 송두환의 기각의견(재판관 김희옥의 위 기각의견에 대한 보충의견 : 입법자로서는, 현역 이외의 대체적 복무형태는 국토방위라는 병역의무 본래의 목적과 관련하여 불가피한 경우에 한하도록 하고, 병역의무를 부담하지 아니하는 국민은 다른 형태로 병역의무의 이행을 지원하도록 하는 등의 진지한 개선 노력을 경주하여야 할 것이다. 다만, 그 구체적 내용은 입법자의 광범위한 형성 영역에 있다)

경우도 남녀의 복무기간 및 병역거부 사유를 다르게 규정하는 한편, 여성의 전투단위 근무는 이례적인 것이 현실이다.

3) 그 밖에 남녀의 동등한 군복무를 전제로 한 시설과 관리체제를 갖추는 것은 역사적으로나 비교법적으로 전례가 없어 추산하기 어려운 경제적 비용이 소요될 수 있고, 현재 남자를 중심으로 짜여져 있는 군조직과 병영의 시설체계하에서 여자에 대해 전면적인 병역의무를 부과할 경우, 군대 내부에서의 상명하복의 권력관계를 이용한 성희롱 등의 범죄나 남녀간의 성적 긴장관계에서 발생하는 기강 해이가 발생할 우려가 없다고 단언하기 어렵다.

4) 한편 보충역이나 제2국민역 등은 국가비상사태에 즉시 전력으로 투입될 수 있는 예비적 전력으로서 병력동원이나 근로소집의 대상이 되는 바, 평시에 현역으로 복무하지 않는다고 하더라도 병력자원으로서 일정한 신체적 능력이 요구된다고 할 것이므로 보충역 등 복무의무를 여자에게 부과하지 않은 것이 자의적이라 보기도 어렵다. 결국 이 사건 법률조항이 성별을 기준으로 병역의무자의 범위를 정한 것은 자의금지원칙에 위배하여 평등권을 침해하지 않는다.

5) 이 사건 법률조항은 「헌법」상 기본의무인 국방의 의무의 부과에 관한 것이므로 그에 대한 심사는 기본권의 과잉제한을 논할 필요가 없고, 다만 기본의무의 부과가 그 목적에 있어 정당한지, 그 부과내용이 합리적이고 공평한지 여부를 따지는 것으로 족하며, 이 사건 법률조항은 국가보위를 목적으로 하는 국군의 최적의 전투력 확보를 위한 것으로서 여자의 신체적 특징, 대한민국의 국방안보현실 등을 고려할 때 기본의무 부과에 있어 지켜야 할 「헌법」상 심사기준을 충족시킨다.

남성의 징병제에 관한 두 번째 헌법소원심판청구는 학업을 이유로 입영통지서를 받고도 입영을 연기한 남성이 「병역법」 제3조 제1항 및 제8조 제1항이 청구인의 거주이전의 자유 등 기본권을 침해하고 또한 남녀를 차별취급하여 청구인의 평등권을 침해한다며 2010년 7월 23일에 제기하였다. 이 청구에 대하여 헌법재판소[291]는 [290]의 결정례와 같은 이유로 합헌을 결정하였다. 이 결정에서는 재판관 중 2명이 별개의견을, 1명이 위헌의견을, 1명이 각하의견을 제시하였다.

남성의 징병제가 평등권을 침해하는 위헌적인 법제인가의 여부는 여성주의 법학, 젠더법학에서 최대의 쟁론이 되어 왔다. 이에 관한 입장은 다양한데, 여성의 군복무면제가 정당하다는 견해, 남성에 대한 성차별이라는 견해, 남녀 모두에 대해 성차별이라는 견해로 구분할 수 있다.[8]

1) 여성의 군복무면제가 정당하다는 견해의 주요 논지는 다음과 같이 정리할 수 있다. (1) 여성의 임신·출산으로 인한 사회적 기여나 역할은 남성의 군복무에 의한 사회적 기여와 동일한 가치를 가진다. (2) 여성은 신체적으로나 기질상 전투무기 사용에 적합하지 않다. 이에 기초하여 미국에서 베트남전쟁 시 남성(18~26세)에게만 군인징병등록을 하도록 한 법이 평등권 위반인지 여부가 문제가 된 소송에서 연방대법원(Rostker v. Goldberg, 453 U.S. 57(1981))은 집단으로서의 여성은 남성과 달리 전투에 적합지 않고 남성징병등록제는 적절한 국방력을 유지하기 위한 합리적 목적을 가진 제한이므로 헌법의 적법절차에 위반하지 않는다는 판결을 1981년에 내렸다.[9] (3) 냉전시대가 와해되고 평화적 통일을 앞두고 남성의 징집제도 자체를 감축 또는 모병제로의 전환을 검토해야 할 상황에서 여성의 군복무는 필요하지 않다. (4) 의무의 평등은 권리의 평등을 전제로 하는 것인데 여성에게 병역의무의 평등만을 요구하는 것은 불합리하다. (5) 여성에게 군복무를 의무화하려면 현실적으로 군대시설의 대대적인 개선이 요구되므로 재정상 어렵다.

2) 남성에게 불이익을 주는 성차별로 보는 견해의 주요 논지는 다음과 같다. (1) 군의 장비가 현대화·과학화되고 있고 군에서의 역할이 전투무기 사용업무만 있는 것이 아니므로 여성도 군복무를 할 수 있다. 모든 남성의 신체조건이나 기질이 군복무에 적합한 것은 아니다. 이스라엘에서는 여성도 군복무를 의무적으로 하고, 우리나라 여성군인들은 특수한 경우를 제외하고는 남성군인들과 동일하게 배치되고 있다. 그러므로 「병역법」이 남성만 징집대상으로 한 것은 남녀의 신체적·생리적 차이에 기초한 합리적 차등대우라고 볼 수 없다. (2) 여성의 임신·출산으로 인한 사회적 기여가 중요하더라도 임신·출산은 개인이 선택할 수 있고 그로 인한 학업이나 취업과 사회활동의 단절이 비교적 짧고 또한 부상이나 사망을 당할 가능성도 비교적 적다. 이에

---

8) 김엘림(2009), 176~179면.
9) 박승호(2006), 340~342면.

비해 남성의 군복무는 강제되며 군복무로 인한 학업이나 취업과 사회활동의 단절이 보통 2~3년 정도로 길고 군복무 중 부상이나 사망을 당할 가능성도 상당히 많다. 그러므로 남성만의 병역의무는 남성에게 합리적 이유 없이 상당한 불이익을 주므로 남성에 대한 차별이다.

3) 한편, 남성과 여성에 대한 성차별로 보는 견해의 주요 논지는 다음과 같다. (1) 군복무는 특별한 훈련이나 경험을 쌓고 직업으로서 일할 수 있는 기회가 되는데 여성에게 매우 제한된 자원입대의 기회만 주는 것은 여성우대가 아니라 여성차별이다. 2000년 1월 11일에 유럽재판소는 "18세 이상 55세 여성은 유사시 의무병(醫務兵)으로서 병역의무를 수행하는 것은 가능하지만, 전투군인은 될 수 없다."고 규정한 「독일 헌법」(제12a조 제4항)을 근거로 독일연방군의 전자무기 정비분야에 복무하려는 여성의 지원을 거부한 독일연방군의 조치에 대해 여성의 직업선택의 자유를 침해하고 고용, 직업훈련, 승진과 근로조건에서의 남녀차별을 금지하는 EC(유럽공동체)의 지침(Directive)에 위배된다는 판결을 내렸다.[10] (2) 한국사회에서 남성만의 병역의무제도는 남성과 여성의 전통적 성별역할분업관과 '강하고 책임감 있는' 남성상과 '연약하고 사회적 책임감이 없는' 여성상을 고착화시키고, 정책적으로 취업이나 공직취임에 남성에게 상당한 혜택을 부여해 왔다.

그런데 헌법재판소의 합헌결정의 논지는 여성의 군복무면제가 정당하다는 견해의 주요 논지와 유사하다. 이 논지는 남성과 여성의 특질과 역할에 관한 고정관념에 기초하고 있다는 점, 설사 여성의 평균적 신체적 특성과 힘이 남성에 비해 전투업무에서 취약한 면이 있다고 하더라도 군대업무에 전투업무만 있는 것이 아니라는 점, 여성이 징집대상이 될 경우 국방시설의 개선에 막대한 재정이 필요하다는 점을 합헌의 이유로 제시한 점에서 위헌의견이 지적한 바와 같이 성차별문제에 관한 판단이 옳은지 의문이 든다. 국가인권위원회에서는 시설의 이용과 제공에 관한 남녀차등조치에 관하여 비용문제를 정당한 항변사유로 인정하지 않았다.

---

10) 서울여대 사회복지학과 정재훈 교수의 인터넷게시글(http: //www.berlinreport.com/jung, http: //216.169.122.42/jung/board(2000.2.1 게재)); 한겨레신문, 2000.1.12 기사("독일여성 군복무제한 남녀평등 위반")

3. 군인의 양성과 대우 관련

3-1   여성을 배제한 조치

[292] 군장학생 선발에서 여성을 배제한 조치

   [국가인권위원회 2006.11.28 결정 06진차326](여성차별 인정)

[293] 특전사 부사관 선발에서 이혼여성을 배제한 조치

   [국가인권위원회 2006.12.22 결정 06진차399](여성차별 인정)

[294] 공군사관후보생 조종장교 지원자격을 남성으로 제한한 조치

   [국가인권위원회 2010.5.25 결정 09진차773](여성차별 인정)

군인의 양성과 대우에 있어서 여성을 배제한 조치에 관한 결정례는 3건이 있으며 모두 국가인권위원회가 여성차별을 인정하였다. 그 공통된 논지는 차별의 예외가 되는 진정직업적격은 특정 성이 직무수행에 반드시 필요한 경우에 인정되는데, 군업무는 남성만이 할 수 있는 것은 아니라는 것이다.

1) 군장학생 선발에서 여성을 배제한 조치

육군본부는 전문직업장교로 양성하여 육군에서 7년간 복무하게 하기 위하여 민간대학의 군사학과에 입학한 남녀학생 중 선발된 남학생에게만 일체의 교육비용을 국비로 장학금을 지원하였다. 진정인은 이러한 조치가 성차별이라고 진정하였다. 피진정인(국방부장관, 육군참모총장)은 남학생의 경우에는 「병역법」에 의해 의무복무가 예정되어 있고 여성은 희망에 의하여 복무를 하는 것이기 때문에 군복무를 강제할 수 없는 여성에게 장학금을 지급하기 곤란하다고 주장하였다.

국가인권위원회[292]는 이 조치에 관하여 성차별이라 판단하고 피진정인들에게 군장학생을 선발함에 있어 여학생이 일률적으로 배제되지 않도록 군장학생 선발제도를 개선할 것을 권고하였다.[11]

국가인권위원회의 결정[292]요지

성별을 이유로 한 차등적 대우는 이후 성별이 수행하게 될 직무의 성질상 불가피하게 요구되는 경우에 한하여 정당성이 인정되며, 직무의 성질상 불가피하게 요구되는 경우란 해당 조건이 본질적 업무를 성공적으로 수행하기 위한 결정적 요소, 즉 필수적 직무자격요건인 경우를 말한다.

민간대학의 군사학과는 군사학을 체계적으로 연마하여 고도의 전문성을 갖춘 군사전문가를 양성하기 위하여 설치된 학과로서 남성과 여성이 모두 지원하여 학습을 하고 있으며, 군사업무 자체가 특정 성을 진정직업자격으로 요구하고 있지 아니함은 명백한 사실이다. 육군본부는 전문적 직업장교 양성의 필요성에 입각하여 군사학과에 입학한 학생들에게 장학금을 지급하고 대신 일정기간 의무복무의 의무를 부여하고 있는데, 우수한 군사장교의 획득 필요성은 특별히 남성에게만 더욱 크다거나 여성은 제외되어야 한다는 합리적인 근거를 찾기 어렵다. 오히려 우리 군에 있어서 우수한 여성장교의 현실적 획득 필요성이 더욱 증대되고 있는 것이 현실이다.

따라서 육군에서 7년 이상 장교로 복무하는 장교를 육성하기 위해 남성으로만 대상자를 제한하여 군장학생을 선발하는 것은, 군사학과에 입학하여 장래 직업장교로서 일하겠다는 포부를 가지고 있고 그 능력과 자질이 남학생에 결코 뒤떨어지지 않는 여학생에게 군장학생으로 선발될 수 있는 기회를 원천적으로 박탈하는 것이라고 할 것이다.

---

11) 국가인권위원회는 이 결정례를 재화에 관한 차별행위로 분류하였다.

2) 특전사 부사관 선발에서 이혼여성을 배제한 조치

진정인은 이혼한 여성으로, 특전사의 부사관 모집에 응시하여 신체검사와 체력검정에서 다른 응시자들에 비해 월등하였음에도 불구하고 호적상에 이혼한 경력이 드러남에 따라 불합격처리가 된 바, 이는 부당하게 차별을 당한 것이라고 진정하였다.

피진정인(육군참모총장, 특수전사령부사령관)은 "여성의 경우는 미혼으로 그 대상을 제한하는 이유는 양성기간 중에 임신으로 인한 사고발생 시 국가가 그 책임을 질 수밖에 없기 때문에 이를 사전에 예방하고, 태아도 인간이라는 차원에서 육체적으로 강도 높은 훈련을 받게 될 태아와 산모의 고통과 건강을 배려할 필요가 있기 때문이다. 또한 만약 이혼여성이 부사관이 될 경우 기혼여성과 마찬가지로 특수교육이수와 대기임무수행 등 단체생활 및 팀 유지에 제한이 있게 되므로 정상적인 특수임무수행이 불가능하다."고 하였다.

국가인권위원회[293]는 피진정인들에게 부사관 모집 시 이혼여성이 배제되지 않도록 적절한 조치를 취할 것과 피진정인인 육군참모총장에게 관계 규정에서 "여성의 경우는 미혼으로 그 대상을 제한한다."를 삭제할 것을 권고하였다.

국가인권위원회의 결정[293]요지

1) 특전사 부사관 모집 시 이혼여성을 제외하는 것이 불합리한 차별인지 여부
피진정인이 주장하는 것과 같은 제한 취지를 고려해 볼 때, 미혼여성과 이혼여성은 모두 혼인관계에 있지 아니한 자이므로 임신 가능성이나 팀워크 등 단체생활 유지라는 측면에서 구분의 실익이 없고 오히려 동질적 집단이라고 할 수 있으며, 하나의 범주로 포섭, 해석되는 것이 타당하다 할 것이다. 그럼에도 불구하고 피진정인들이 미혼과 이혼의 차이점을 구체적으로 제시하지 못하면서 막연히 이혼자를 배제하고 있는 바, 이는 합리적인 사유 없이 이혼한 여성이라는 이유로 특전사 부사관에 응시할 기회를 부여하지 않는 차별적 해석이라 할 것이다. 결국 미혼과 이혼여성을 구분하는 실익이 없고 사전적 의미로서도 적극적으로 이혼자를 기혼자와 동일한 범주로 판단할 근거가 부족함에도 불구하고, 신체조건과 체력검정상 우수한 성적을 나타낸 진정인을 이혼자라는 이유만으로 심사에서 탈락시킨 것은 합리적인 이유 없는 차별에 해당하는 것으로 판단된다.

2) 육군규정에 육군(특전사 포함) 부사관 모집 시 여성에게만 미혼의 요건을 두는 것이 불합리한 차별인지 여부

기혼여성의 경우에 만일 그 여성이 양성교육기간 중 임신으로 인한 사고 발생 위험이나 건강상의 염려가 문제된다면, 이를 방지할 수 있는 다른 여러 방안을 마련해야 할 것이지, 일부 특수한 사정을 가정하여 기혼여성 전부를 응시자격에서 완전히 배제하는 것은 타당하다고 할 수 없다. 나아가 피진정인은 원래 군업무가 여성보다는 남성에 더 적합한 것이고 제한된 범위 내에서나마 여성을 간부로 채용하는 것은 여성 권익의 확대라고 주장하나, 우선 부사관제도는 징병제에 의해 모집되는 일반사병과는 달리 본인들의 자원에 의한 직업군인에 관한 제도로서, 그 부사관의 모집 시 자격을 제한하는 것은 직업선택의 자유와 공무담임권을 침해할 소지가 있는 바, 여성에게 남성과 다른 요건을 요구한다면 그 이유가 구체적으로 합리적이어야 할 것임에도 이에 대한 피진정인의 주장은 납득하기 어렵다. 더욱이 군업무가 현대화·정보화되면서 여성의 장점을 발휘할 수 있는 분야가 점차 확대되고 있는 상황에서 군업무에 있어서 성별이 진정 직업자격기준이 된다고 보기 어려울 뿐만 아니라, 군·경찰 등 남성 집중 직무로 여겨졌던 분야들이 양성평등적으로 변화하는 추세에 비추어 보더라도 이 사건 육군규정이 특별히 여군 지원자에 대하여 미혼으로 자격조건을 제한하고 있는 것은 합리적인 이유 없이 성별을 이유로 한 차별에 해당하는 것으로 판단된다.

3) 공군사관후보생 조종장교 지원자격을 남성으로 제한한 조치

국가인권위원회[294]는 공군사관후보생 조종장교 지원자격을 남성으로 제한한 조치를 여성차별로 인정하고 피진정인에게 공군사관후보생 조종장교 모집 시 여성에게도 지원자격을 부여할 것을 권고하였다.

국가인권위원회의 결정[294]요지

피진정인은 공군사관후보생 조종장교 모집 시 여성을 제외한 이유는 「국방개혁에 관한 법률」 제16조 제1항에서 2020년까지 연차적으로 장교 정원의 100분의 7까지, 부사관 정원의 100분의 5까지 여군인력을 확충하도록 되어 있고 공사여생도만으로도 공군의 여군 소요인력이 충족되기 때문이라고 주장한다. 그러나 공군 전체 장교(9,426명)에서 여성장교가 차지하는 비율이 3.7%이고 조종병과에서는 더욱 낮은 비율인 1.1%에 불과하다. 그러나 2007년 다른 전투기에 비해 기동성이 뛰어나고 기능과 임무가 복잡하여 고난도의 숙련도를 필요로 하는 KF-16전투기 조종사에 여성이 선발되는 등 공군 여성조종사들의 기량과 체력, 정신력, 공중지휘능력 등이 남성조종사에 비해 떨어지지 않는다.

또한 공군사관후보생 조종장교 응시자격을 남성으로 제한하게 되면 남성은 고등학교 전후에 공군 조종 분야의 입학기회와 대학졸업 후 공군사관후보생 조종장교 응시기회가 주어지는 반면, 여성은 공사 조종 분야의 입학기회만 주어져 남성에 비해 조종사로 진출할 기회가 제한된다는 점, 공군 조종장교는 다른 병과의 장교에 비하여 군 예편 이후 고액연봉의 민간항공사 조종사로 재취업기회가 주어진다는 점, 공군사관후보생 선발이 군필자도 응시가 가능한 모병제인 점 등을 감안해 볼 때 공군사관후보생 조종장교 모집에 있어 여성을 배제하는 것은 합리적인 이유 없이 성별을 이유로 고용영역에서의 차별을 한 것으로 판단된다.

3-2   남성을 배제한 조치

[295] 국군간호사관생도 모집에서 신입생의 자격을 여성으로 제한한 조치
　　　[국가인권위원회 2006.7.18 결정 06직차6](남성차별 인정)
[296] 단기복무 남성군인에게 육아휴직을 허용하지 않은 조치
　　　[헌법재판소 2008.10.30 선고 2005헌마1156](합헌결정, 남성차별 불인정)

군인의 양성과 대우에 있어서 남성을 배제한 조치에 관한 결정례에는 2건이 있다. 남성차별을 인정한 결정례는 진정직업적격으로 볼 수 없다는 것이며, 남성차별을 불인정한 결정례는 단기복무 남성군인에게 육아휴직을 허용하지 않는 조치는 육아휴직제도의 성격에 비추어 볼 때 위헌이 아니라는 것이다.

1) 국군간호사관생도 모집에서 신입생의 자격을 여성으로 제한한 조치

국가인권위원회[295]는 국군간호사관학교가 여성 및 특정 신체조건을 가진 자로 신입생자격을 제한한다는 사실을 인지하고 직권조사를 하였다. 그리고 국군간호사관학교장에게 국군간호사관학교 생도 모집 시 입학자격을 여성으로 제한하고, 군본부 간호장교 채용조건보다 더 엄격한 키, 몸무게, 내반슬에 대한 제한조건을 규정하고 있는 「국군간호사관학교 학칙」 및 「국군간호사관학교 생도선발 신체검사 불합격기준」을 개정할 것을 권고하였다.

 국가인권위원회의 결정[295]요지

국군간호사관학교는 일체의 교육비용을 국비로 지원하여 육·해·공군 정예 간호장교를 양성하는 교육기관으로서 그 교육기회를 제공함에 있어 더욱 공평하여야 하는 바, 성별, 특정 신체조건에 따라 입학기회를 제한하는 것은 해당 조건이 학업의 성질상 불가피하게 요구되는 경우 혹은 이후 수행하게 될 직무의 성질상 불가피하게 요구되는 경우에 한하여 정당성이 인정되며, 직무의 성질상 불가피하게 요구되는 경우란 본질적 업무와 부수적 업무를 구분하여 해당 조건이 본질적 업무를 성공적으로 수행하기 위한 결정적 요소, 즉 필수적 직무자격요건인 경우를 말한다.
국군간호사관학교는 국군간호사관생도 모집요강에서 신입생을 '여성'으로 제한하는 바, 정예 간호장교의 업무, 군진간호의 학문적 발전 주도, 학술이론과 응용방법 연구 및 교수라는 임무가 남성은 불가능하다고 할 수 없고, 특정 성별로 제한하지 않는 육군본부 간호장교 모집계획을 보아도 간호장교의 직무가 여성에 한정될 필요가 없으며, 2004.1.20 개정된 「국군간호사관학교설치법」에서도 여성으로 입학자격을 제한하지 아니하고 남자사관생도의 모집시기를 정할 것을 대통령령에 위임하고 있는 바, 신입생을 '여성'으로 제한하는 것의 합리적 이유가 인정되지 아니한다.

2) 단기복무 남성군인에게 육아휴직을 허용하지 않은 조치

단기복무장교인 군법무관으로 임용된 청구인은 딸이 출생하여 육아휴직을 신청하고자 하였으나, 구「군인사법」제48조 제3항 본문 제4호가 장기복무장교, 준사관 및 장기복무 부사관, 단기복무 중인 여성군인만 육아휴직을 신청할 수 있도록 규정하고 있을 뿐 청구인과 같은 남성 단기복무장교에 관하여는 아무런 규정을 두고 있지 않아서 신청을 할 수 없었다. 청구인은 그 조항이 청구인의 자녀양육권과 교육권, 인격권과 행복추구권, 평등권을 침해하는 것이라며 헌법소원을 청구하였다.

이에 관하여 국방부장관은 "남성 단기복무장교는 「병역법」상의 현역복무의무를 이행하는 자이므로 장기복무장교 등 직업군인과는 복무형태에 있어서 차이가 있는 바, 이 사건 법률조항이 남성 단기복무장교에게 육아휴직신청권을 부여하지 아니한 것은 입법자가 의무복무라는 복무형태와 장기간의 공백이 용인될 수 없는 업무의 성격을 고려하여 합리적으로 그 허용범위를 정한 것일 뿐만 아니라, 남성 단기복무장교는 사병과 달리 주거가 영내로 제한되지도 아니하고, 연가를 사용하는 등의 방법으로 자녀의 양육을 담당할 수 있는 가능성이 열려 있으므로 「헌법」에 위배되지 아니한다."고 주장하였다.

헌법재판소[296]는 남성 단기복무장교를 육아휴직 허용대상에서 제외하고 여성에게만 육아휴직을 허용하는 것은 성별에 의한 차별이 아니라 의무복무군인과 직업군인이라는 복무형태에 따른 차별이라고 판단하였다. 반면, 2명의 재판관은 성차별이라고 판단하였다.

합헌론과 위헌론은 공통적으로 자녀의 양육에 관하여 부모가 국가의 지원을 요구할 수 있는 권리(사회권적 기본권)를 가지고 그 권리는 「헌법」제36조

제1항 등의 헌법적 근거를 가진다는 것을 인정하였다. 그런데 육아휴직 신청권에 대해서는 합헌론은 입법자가 입법의 목적, 수혜자의 상황, 국가예산, 전체적인 사회보장수준, 국민정서 등 여러 요소를 고려하여 제정하는 입법에 적용요건, 적용대상, 기간 등 구체적인 사항이 규정될 때 비로소 형성되는 법률상의 권리라고 규정하고, 육아휴직제도의 전면적 실시에 따른 국가부담의 증가, 장기의무복무군인 사이의 형평성, 국방력의 유지 등 국가가 추구하는 다른 정책적 목표를 고려하여, 국가가 단기복무 남성군인에게 육아휴직을 인정하지 않은 것이 양육권을 최소한 보장하여야 할 의무를 불이행한 것으로 볼 수 없다고 판단하였다. 반면, 위헌론은 단기 의무복무군인이라는 이유만으로 육아휴직을 허용하지 않는 것은 사회권적 기본권으로서의 양육권의 보장을 위하여 국가가 객관적으로 필요한 최소한의 조치를 다하였다고 볼 수 없다고 판단하였다. 합헌론과 위헌론의 논지는 다음과 같다.

 헌법재판소의 결정[296]요지

1) 합헌의견의 요지

(1) 당초 근로여성을 대상으로 시행된 구 「남녀고용평등법」상의 육아휴직제도는 여성근로에 대한 특별한 보호를 규정하고 있는 「헌법」 제32조 제4항과 국가의 모성보호의무를 규정하고 있는 「헌법」 제36조 제2항에서 그 헌법적 근거를 찾아왔으나, 현행 육아휴직제도는 모성보호 및 근로여성의 직업능력개발이라는 당초의 취지에서 한발 더 나아가 자녀양육의 지원을 통한 여성의 노동시장 참여장려 및 직장과 가정의 양립, 출산장려와 아동복지 제고, 남성의 가족책임 분담과 이를 통한 실질적인 가족 내 양성평등의 달성이라는 사회적 기능을 수행한다고 할 수 있다.

(2) 자녀에 대한 부모의 양육권은 비록 「헌법」에 명문으로 규정되어 있지는 아니하지만, 이는 모든 인간이 누리는 불가침의 인권으로서 혼인과 가족생활을 보장하는 「헌법」 제36조 제1항, 행복추구권을 보장하는 「헌법」 제10조 및 "국민의 자유와 권리는 헌법에 열거되지 아니한 이유로 경시되지 아니한다."고 규정한 「헌법」 제37조 제1항에서 나오는 중요한 기본권이다. 부모는 자녀의 양육에

관하여 전반적인 계획을 세우고 자신의 인생관·사회관·교육관에 따라 자녀의 양육을 자유롭게 형성할 권리를 가진다. 「헌법」은 제36조 제1항에서 혼인과 가정생활을 보장함으로써 가족의 자율영역이 국가의 간섭에 의하여 획일화·평준화되고 이념화되는 것으로부터 보호하고 있는데, 가족생활을 구성하는 핵심적 내용 중의 하나가 바로 자녀의 양육이다(헌재 2000.4.27 98헌가16, 98헌마429(병합), 판례집 12 - 1, 427면, 445~448면 참조).

한편 「헌법」 제36조 제1항은 혼인과 가족에 관련되는 공법 및 사법의 모든 영역에 영향을 미치는 헌법원리 내지 원칙규범으로서의 성격도 가지는데, 이는 적극적으로는 적절한 조치를 통해서 혼인과 가족을 지원하고 제3자에 의한 침해 앞에서 혼인과 가족을 보호해야 할 국가의 과제를 포함하며, 소극적으로는 불이익을 야기하는 제한조치를 통해서 혼인과 가족을 차별하는 것을 금지해야 할 국가의 의무를 포함한다(헌재 2002.8.29. 2001헌바82, 판례집 14 - 2, 170면, 180면 참조).

그러므로 양육권은 공권력으로부터 자녀의 양육을 방해받지 않을 권리라는 점에서는 자유권적 기본권으로서의 성격을, 자녀의 양육에 관하여 국가의 지원을 요구할 수 있는 권리라는 점에서는 사회권적 기본권으로서의 성격을 아울러 가진다.

(3) 그러나 육아휴직신청권은 「헌법」 제36조 제1항 등으로부터 개인에게 직접 주어지는 「헌법」적 차원의 권리라고 볼 수는 없고, 입법자가 입법의 목적, 수혜자의 상황, 국가예산, 전체적인 사회보장수준, 국민정서 등 여러 요소를 고려하여 제정하는 입법에 적용요건, 적용대상, 기간 등 구체적인 사항이 규정될 때 비로소 형성되는 법률상의 권리이다.

(4) 국가에게 혼인과 가족생활의 보호자로서 부모의 자녀양육을 지원할 「헌법」상 과제가 부여되어 있다 하더라도 그로부터 곧바로 「헌법」이 국가에게 육아휴직제도를 전면적으로 도입하여 그 신청대상에 청구인과 같이 「병역법」에 따라 의무복무 중인 현역군인도 포함하는 규정을 만들어야 할 명시적인 입법의무를 부여하였다고 할 수는 없다. 입법자는 군인의 육아휴직에 관한 입법을 함에 있어 제도의 목적, 대상군인의 복무형태와 수행업무 및 지위, 군의 인력운영 상황, 국가예산, 국민정서 등 제반 사정을 고려하여야 하므로, 군인에 대한 육아휴직의 허용요건이나 허용대상, 허용기간 등을 어떻게 정할 것인지는 입법자

의 재량에 맡겨져 있다고 보아야 할 것이다. 따라서 이 사건 법률조항이 육아휴직을 신청할 수 있는 군인의 범위에 청구인과 같은 남성 단기복무장교를 포함하고 있지 아니한 것이 현저히 불합리하여 「헌법」상 용인될 수 있는 재량의 범위를 명백히 일탈함으로써 사회적 기본권으로서의 양육권을 보장하여야 할 국가의 최소한 보장의무의 불이행으로 볼 수 있는 경우에 한하여 「헌법」에 위반된다고 할 수 있다(헌재 2003.5.15 2002헌마90, 판례집 15-1, 581면, 601면; 헌재 2004.10.28 2002헌마328, 판례집 16-2하, 195면, 204~205면 등 참조).

(5) 이 사건 법률조항은 입법자가 육아휴직신청권이 가지는 근로자로서의 권리성, 육아휴직의 허용대상을 확대할 경우 예산과 인력이 추가로 소요되는 점, 다른 의무복무군인과의 형평성 등을 고려하여 육아휴직의 허용대상을 정한 것이므로, 국가가 「헌법」상 용인될 수 있는 재량의 범위를 명백히 일탈함으로써 사회적 기본권으로서의 양육권을 최소한 보장하여야 할 의무를 불이행한 것으로 볼 수 없다.

(6) 장교를 포함한 남성 단기복무군인은 「병역법」상의 병역의무 이행을 위하여 한정된 기간 동안만 복무하는 데 반하여 직업군인은 군인을 직업으로 선택하여 상대적으로 장기간 복무한다는 점에서 중요한 차이가 있으므로, 입법자가 그와 같은 복무형태의 차이 및 육아휴직신청권이 갖는 근로자로서의 권리성, 제도의 전면적 실시에 따른 국가부담의 증가, 의무복무군인 사이의 형평성, 국방력의 유지 등 국가가 추구하는 다른 정책적 목표를 고려하여, 육아휴직의 적용대상으로부터 의무복무 중인 단기장교를 제외한 것이 입법재량의 범위를 벗어났다거나 의무복무군인인 남성 단기복무장교의 평등권을 침해한다고 볼 수 없다.

(7) 병역의무를 이행하고 있는 남성 단기복무군인과 달리 장교를 포함한 여성 단기복무군인은 지원에 의하여 직업으로서 군인을 선택한 것이므로, 이 사건 법률조항이 육아휴직과 관련하여 단기복무군인 중 남성과 여성을 차별하는 것은 성별에 근거한 차별이 아니라 의무복무군인과 직업군인이라는 복무형태에 따른 차별로 봄이 타당하다.

2) 위헌의견의 요지

육아휴직제도는 양육권의 사회권적 기본권으로서의 측면을 법률로써 구체화한 것으로, 육아휴직신청권은 우리 「헌법」하에서 사회의 전 분야에서 수용되고 있는 「헌법」상 보장된 기본권으로서의 지위를 획득하였다.

자녀의 출산과 양육은 국가를 유지하기 위한 인적 기반이 된다는 점에서 국가 공동체의 생존 및 발전, 나아가 인류의 존속을 위해서도 결코 소홀히 할 수 없을 뿐만 아니라 자녀에 대한 양육권은 부모의 천부적인 권리인 동시에 부모에게 부과된 의무이기도 한데, 의무복무군인이라는 이유만으로 육아휴직을 허용하지 않는 것은 국민의 의무인 병역의무를 이유로 인간의 의무인 양육의무의 이행을 제한하는 것인 바, 병역의무를 일방적으로 양육의무보다 우위에 둘 합리적인 이유를 찾기 어렵고, 이 사건 법률조항은 예외적으로 육아휴직을 간절히 필요로 하는 남성 단기복무장교에게 육아휴직의 신청조차 할 수 없도록 함으로써 이들이 자녀에 대한 양육의무를 이행할 기회를 원천봉쇄하고 있다는 점에서 사회권적 기본권으로서의 양육권의 보장을 위하여 국가가 객관적으로 필요한 최소한의 조치를 다하였다고 볼 수 없다.

또한 군복무가 병역의무 이행으로서의 복무이든, 직업으로서의 복무이든 간에 계급에 의하여 지휘·통솔되는 군조직의 특성상 동일한 계급의 군인에 대하여는 동일한 처우가 이루어져야 하고, 육아휴직을 간절히 필요로 하는 남성 단기복무장교에게 이를 허용한다 하더라도 그로 인하여 국방력의 약화나 국가가 감당할 수 없을 정도의 추가적인 인적·예산상의 부담이 발생하는 것도 아니므로, 육아휴직신청권을 부여함에 있어서 의무복무 중인 남성 단기복무장교와 직업군인을 차별하는 것은 합리적인 이유가 없는 자의적인 차별이다.

따라서 이 사건 법률조항은 사회권적 기본권으로서의 양육권에 대한 국가의 최소보장원칙을 위반하였고, 청구인의 평등권도 침해하므로 「헌법」에 위반된다.

제7장

형사 분야의 성차별 관련 판례 · 결정례의 개요와 특성

1. 개요

　광복 후부터 2012년까지 수집한 형사 분야의 성차별 관련 판례·결정례의 건수는 8건으로 전체 304건 중 2.6%에 해당하며, 다음과 같은 특성을 가진다.

　1) 분쟁처리기관을 보면, 법원의 판례 6건과 헌법재판소의 결정례 2건이 있다.

　2) 시대별로는 1960년대에 2건, 1990년대에 1건, 2000년대에 5건이 있다.

　3) 8건 모두가 남성대상의 성차별이 문제가 된 사건이다.

　4) 성차별 인정여부별로는 남성차별을 불인정한 판례·결정례가 7건, 남성차별을 인정한 결정례가 1건이다.

　5) 내용을 보면, 형사(刑事) 분야의 성차별 관련 판례·결정례가 심판한 대상은 모두 「형법」의 성범죄의 대상(객체)에 관한 것이다. 즉, 강간죄의 대상(객체)을 '부녀'로 정한 제297조의 규정과 혼인빙자간음죄의 대상(객체)을 '음행의 상습 없는 부녀'로 정한 제304조의 규정이다. 이들 규정은 1953년에 「형법」이 제정될 때 도입되었다. 혼인빙자간음죄의 대상과 관련한 6건의 판례·결정례, 강간죄의 대상과 관련한 2건의 판례가 있다.

〈표 29〉 **형사 분야의 성차별 관련 판례·결정례의 내역**

강간죄의 대상 관련 2건	고등법원·대법원 판례 각 1건
혼인빙자간음죄의 대상 관련 6건	• 법원의 위헌법률심판제청신청 기각 판례 4건 • 헌법재판소의 합헌결정례 1건과 위헌결정례 1건

2. 성범죄의 대상(객체) 관련

2-1   강간죄의 '부녀' 대상

[297] [서울고등법원 1966.12.20 선고 66노259](남성차별 불인정)
[298] [대법원 1967.2.28 선고 67도1](남성차별 불인정)

강간치상죄와 강도죄를 범한 피고인(남성)이 제2심(원심판결) [서울고등법원 1966.12.20 선고 66노259][1]에서 징역 2년 6월을 선고받은 후 원심판결에 사실오인과 양형부당의 위법이 있다는 취지로 상고하면서 강간죄의 객체를 부녀만으로 규정한 「형법」 제297조가 성차별금지원칙을 규정한 「헌법」 제9조 제1항에 위반된다는 주장을 하였다.

그러나 [대법원 1967.2.28 선고 67도1]은 이 조항이 합리적인 남녀차등이라고 인정하며 상고를 기각하였다.

 대법원의 판결[298]요지[2]

「헌법」 제9조 제1항에서, 법 앞에 국민평등의 원칙을 선명하고, 국민은 누구든지 성별, 종교, 또는 사회적 신분에 의하여 정치적, 경제적, 사회적, 문화적 생활의 모든 영역에 있어서 차별을 받지 아니하기로 규정한 것은 모든 국민은 인간

---

1) 대법원의 판결문에 지방법원의 판결을 '제1심 서울형사지방법원'이라고만 표기하고 사건 번호와 판시내용에 관하여 언급하지 않았고 고등법원의 판결내용도 구체적으로 언급하지 않았다. 지방법원과 고등법원의 판결을 수집하기 위해 법원에 정보공개를 요청했고 관련 문헌들을 찾아보았으나 구하지 못했다.
2) 판결문의 [변호인의 상고이유 제1점에 대한 판단]의 전문(全文)

으로서의 존엄성과 인격적 가치에 있어서 평등하고, 성별, 종교, 또는 사회적 신분 등의 차이로 인하여 혹은 특권을 가지고, 혹은 불이익한 대우를 받아서는 안 된다는 대원칙을 표시한 것이라고 할 것이고, 구체적 인간으로서의 개개의 국민은 경제적, 사회적, 기타 여러 가지 조건에 따른 차이가 있으므로, 그 구체적인 차이로 인한 일반사회 관념상 합리적인 근거 있는 차등까지를 금하는 것은 아니라고 할 것이다.

그리고 「형법」 제297조 강간죄에 있어서 그 객체를 부녀로 한 것은 남녀의 생리적, 육체적 차이에 의하여 강간이 남성에 의하여 감행됨을 보통으로 하는 실정에 비추어 사회적, 도덕적 견지에서 피해자인 부녀를 보호하라는 것이고, 이로 인하여 일반사회 관념상 합리적인 근거 없는 특권을 부녀에게만 부여하고 남성에게 불이익을 주었다고는 할 수 없다 할 것이고, 이는 「병역법」에서 남자에게만 병역에 복무할 의무를 인정하고 여자에게는 인정하지 아니함이 「헌법」 제9조에 위반된다고 할 수 없음같이, 「형법」 제297조도 「헌법」 제9조에 위반한 규정이라고는 할 수 없으므로 반대의 논지는 이유 없다.

1967년에 내려진 이 대법원 판결은 평등원칙을 규정한 「헌법」 제9조(현행법 제11조 제1항)에 대하여 "개개 국민의 구체적인 차이로 인한 일반사회 관념상 합리적인 근거 있는 차등까지를 금하는 것은 아니라고 할 것이다."라고 실질적 평등론으로 해석하였다. 그리고 남녀의 "생리적, 육체적 차이"로 인해 "강간이 남성에 의하여 감행됨을 보통으로 한다."는 젠더관을 기초로 한다. 그리고 「형법」 제297조에 대하여 그러한 실정을 감안하고 "사회적, 도덕적 견지에서", "피해자인 부녀를 보호"하라는 취지가 있는 합리성을 가진 것으로 해석하였다. 특이한 점은 남자에게만 병역에 복무할 의무를 인정하고 여자에게는 인정하지 아니하는 「병역법」에 대하여 합헌으로 해석하고, 강간죄의 대상을 여성으로 한정하는 「형법」도 합헌이라는 해석을 한 부분이다.

그런데 제1부에서 언급한 바와 같이 법과 판례는 입법이나 판결 당시의 상황에 크게 영향을 받는다. 「형법」은 1953년 9월 18일에 제정될 때부터 제297조(강간)와 제298조(강제추행)를 '정조(貞操)에 관한 죄'라는 제목의 제32장에 배치하였다. 이에 대하여 강간죄와 강제추행죄가 단순히 도덕질서를 위반하는 데 그치는 것이 아니라 성적(性的) 행위를 자유의사에 따라 원하는 상대방과 할 권리를 침해하고 원하지 않는 성적 언동을 받지 않을 권리를 침해하기 때문에 형사처벌하는 것이라는 취지를 명확히 부각하기 위하여 '정조에 관한 죄'를 '성적 자기결정권 침해의 죄'로 변경하자는 논의가 있었으나, 1995년 12월 29일에 개정된 「형법」은 제32장을 '강간과 추행의 죄'로 변경하는 데 그쳤다. 이러한 입법상황과 판례와 논의의 추이를 감안해 볼 때, 대법원 판결은 정조(성적 순결), 특히 여성의 성적 순결을 중시하는 사회통념과 강간으로 임신하여 그 피해가 남성보다 큰 실정을 감안한 것으로 평가된다.

또한 강제적 성적 행위에 있어서 강간과 강제추행의 형태를 성관계의 유무로 구분하고, 강간을 상대방의 동의 없이 강제적으로 성적 교섭 즉 남성의 성기가 여성의 음부에 삽입하는 행위로, 강제추행을 성교행위에 이르지 아니하는 성적 접촉을 사람에 대하여 하는 행위로 보는 법과 학설, 판례를 살펴볼 때,[3] 대법원 판결은 남성의 성기삽입을 성관계로 보는 남성성기중심의 관점이 있는 것으로 평가된다.

이 판결에 대하여 여성보호라는 외관에도 불구하고 정조이데올로기를 존속시키는 데 기여하며 성적 자기결정권이라는 성폭력범죄의 보호법익을 왜곡한다는 비판론[4]이 많다.[5] 비판적 견해는 이 대법원 판결을 참조하여 남성

---

3) 판결 당시 「형법」 제298조(강제추행)는 "폭행 또는 협박으로 사람에 대하여 추행을 한 자는 10년 이하의 징역 또는 5만 환 이하의 벌금에 처한다."라고 규정하였고, 1995년 12월 29일의 법개정으로 형량을 10년 이하의 징역 또는 1천 5백만 원 이하의 벌금으로 높였다.

4) 김엘림·윤덕경·박현미(1999), 『성폭력·가정폭력 관련법의 시행실태와 과제』, 한국여성개발원, 232~234면; 이영란(2002), "형법에서의 여성의 인권", 『아시아여성연구』 제41호, 숙명여자대학교 여성연구소, 30면; 이유정(2004), "법여성학적 관점에서 본 성폭력특별법 10년", 『반성폭력운동의 성과와 과제』, 한국성폭력상담소, 2면; 이호중(2005), "성폭력 처벌규정에 대한 비판적 성찰 및 재구성", 『형사정책연구』 제17권 제2호, 한국형사정책학회, 94면, 204면; 조국(2003), 『형사법의 성편향』, 박영사, 9~16면; 김엘림(2007), "성적 행동에 대한 법의 규제에 관한 연구", 『논문집』 제43집, 한국방송통신대학교, 157~159면; 박혜진(2010), "법여성주의에서 바라본 성에 대한 법인식의 문제-강간죄의 객체를 중심으로-", 『형사정책』 제22권 제1호, 한국형사정책학회, 24면.

5) 반면, 남성이 여성보다 공격적이고 맹목적 욕정에 지배되므로 성폭력피해자가 주로 여성이 되는데 여성에 의한 남성의 강간을 예외적임에도 불구하고 강간죄로 규율함은 과잉입법이 될 수 있다는 의견(이인숙(2007), "진화생물학 고찰을 통한 강간죄 검토", 『형사법연구』 제19권 제3호, 한국형사법학회, 637~661면)도 있다.

에서 여성으로 성전환한 자에 대해 임신 가능성이 없다는 이유로 강간죄의 대상에 포함하지 않는 판결(서울지방법원 1995.10.11 선고 95고합516; 서울고 등법원 1996.2.23 선고 95노2876; 대법원 1996.6.11 선고 96도791 등)들에 대하여 이러한 판결들이 기초한 젠더관과 강간에 대한 편면적 시각을 문제삼았다.[6]

그런데 미국, 영국, 프랑스, 스웨덴, 독일 등에서는 강간죄의 대상을 남녀 모두로 하는 한편 구강성교와 항문성교 등의 다양한 성교형태를 강간에 포함하고 있다.[7] 최근 우리나라에서도 강간죄의 객체인 '부녀'를 인정함에 있어서 생물학적 요소 외에 개인이 스스로 인식하는 남성 또는 여성으로의 귀속감과 성역할 등과 같이 정신적·사회적 요소를 종합적으로 고려하여야 하므로 사회통념상 여성으로 평가되는 성전환자도 포함해야 한다는 판결[대법원 2009.9.10 선고 2009도3580 등]들도 나왔다. 이러한 판결과 논의들은 강간의 범위와 대상을 '부녀'로 한정하고 성기삽입중심으로 강간의 성립을 인정하고 있는 법조항에 대한 개정논의를 촉진시켰다.

그리하여 2012년 12월 18일의 개정으로 강간죄의 대상이 부녀에서 사람으로 변경되어 「형법」 제297조의 조항이 "폭행 또는 협박으로 사람을 강간한 자는 3년 이상의 유기징역에 처한다."라고 개정되었다. 또한 "폭행 또는 협박으로 사람에 대하여 구강, 항문 등 신체(성기는 제외한다)의 내부에 성기를 넣거나 성기, 항문에 손가락 등 신체(성기는 제외한다)의 일부 또는 도구를 넣는 행위를 한 사람은 2년 이상의 유기징역에 처한다."라는 제297조의2(유사강간)의 조항도 신설되었다.

---

6) 김엘림·윤덕경·박현미(1999), 『성폭력특별법 제정 이후 성폭력범죄에 관한 판례연구』, 대통령직속 여성특별위원회, 66~76면, 122~124면; 조국(2003), 13~16면.
7) 박선영·윤덕경·박복순·이성은·한지영(2007), 『성폭력·가정폭력·성매매 관련 법제 정비방안』, 한국여성정책연구원, 106~108면.

2-2 혼인빙자간음죄의 '음행의 상습 없는 부녀' 대상

[299] [서울지방법원 1999.5.1 선고 99헌바40](위헌법률심판제청신청의 기각, 남성차별 불인정)

[300] [서울지방법원 2002.5.24 선고 2002헌바50](위헌법률심판제청신청의 기각, 남성차별 불인정)

[301] [헌법재판소 2002.10.31 선고 99헌바40, 2002헌바50(병합)](합헌, 남성차별 불인정)

[302] [대법원 2008.6.12 선고 2008헌바58](위헌법률심판제청신청의 기각, 남성차별 불인정)

[303] [서울동부지방법원 2009.7.16 선고 2009헌바191](위헌법률심판제청신청의 기각, 남성차별 불인정)

[304] [헌법재판소 2009.11.26 선고 2008헌바58](위헌, 남성차별 인정)

「형법」은 1953년에 제정될 때부터 제304조(혼인빙자 등에 의한 간음)에서 "혼인을 빙자하거나 기타 위계로써 음행의 상습 없는 부녀를 기망하여 간음한 자는 2년 이하의 징역 또는 5백만 원 이하의 벌금에 처한다."라고 규정하였다.

혼인빙자간음죄의 대상(객체)을 '음행의 상습 없는 부녀'로 정한 「형법」 제304조에 관하여 법원의 4개의 판례 [서울지방법원 1999.5.1 선고 99헌바40], [서울지방법원 2002.5.24 선고 2002헌바50], [대법원 2008.6.12 선고 2008헌바58], [서울동부지방법원 2009.7.16 선고 2009헌바191]는 모두 원고의 위헌법률심판제청신청을 기각하는 결정을 하였다. 대법원의 위헌법률심판제청신청의 기각이유의 요지는 다음과 같다.

대법원의 위헌법률심판제청신청 기각[302]이유

「형법」제304조는 성적 자기결정권에 대한 필요 최소한의 제한으로서 그 본질적인 부분을 침해하지 아니하므로 「헌법」제37조 제2항의 과잉금지원칙에 위반되지 아니하고, 따라서 위 규정으로 인하여 사생활의 비밀과 자유가 침해된다고 볼 수 없다. 한편, 위 규정은 사회적 약자인 여성의 성적 자기결정권을 보호하려는 정당한 목적이 있고 남성을 자의적으로 차별하여 처벌하는 것이라고 단정하기도 어려우며, 차별의 기준이 그 목적의 실현을 위하여 실질적인 관계가 있고 차별의 정도도 적정한 것으로 보여지므로 평등원칙에 위반된다고 볼 수도 없다.

「형법」제304조에 대하여 법원이 청구인(남성)들의 위헌법률심판제청신청을 기각하는 결정을 내리자 청구인들은 헌법재판소에 대하여 헌법소원심판을 청구하였다.

헌법재판소는 2002년에 재판관 9명 중 7명이 합헌의견을 제시했고 2명이 위헌의견을 제시하여 합헌결정[2002.10.31 선고 99헌바40, 2002헌바50(병합)]을 내렸다.

 헌법재판소의 합헌결정(2002년)의 요지

아직도 우리 사회에는 남녀간의 성에 대한 신체적 차이, 성행위에 대한 인식과 평가가 다른 것이 엄연한 현실이다. 현행 「형법」에서 성범죄의 피해자 및 범죄의 구성요건을 구분하여 규정하는 것은 바로 이러한 차이를 고려한 인식의 바탕 위에서 법률조항을 규정한 것으로 볼 수 있다. 이 사건 법률조항은 사회적 약자인 여성의 성적 자기결정권을 보호하려는 정당한 목적이 있고, 남성을 자의적으로 차별하여 처벌하는 것이라고 단정하기도 어려우며, 차별의 기준이 그 목적의 실현을 위하여 실질적인 관계가 있고, 차별의 정도도 적정한 것으로 보여지므로 평등원칙에 위반된다고 볼 것도 아니다.

그런데 헌법재판소는 2009년에 「형법」 제304조의 헌법소원심판에서 "혼인을 빙자하여 음행의 상습 없는 부녀를 기망하여 간음한 자" 부분에 대해 재판관 9명 중 6명이 위헌의견을 제시했고 3명이 합헌의견[8]을 제시하여 위헌결정[304]을 하였다.

헌법재판소의 위헌결정(2009년)의 요지

1) 「형법」 제304조의 해석

혼인빙자간음죄는 음행의 상습 없는 부녀의 성적 자기결정권을 그 보호법익으로 하며, 여기서 혼인을 빙자한다는 것은 위계의 한 예시에 불과하고, '음행의 상습 없는 부녀'란 '정조관념이 약하여 특정인이 아닌 자를 상대로 성생활을 하는 자' 이외의 자로서 20세 이상인 성년의 부녀자를 의미하는 것으로 해석된다.

2) 「형법」 제304조에 의하여 제한되는 기본권

「헌법」 제10조가 보장한 개인의 인격권·행복추구권에는 개인의 자기운명결정권이 전제되는 것이고, 이 자기운명결정권에는 성행위 여부 및 그 상대방을 결정할 수 있는 성적 자기결정권이 포함되어 있다. 이 사건 법률조항이 혼인빙자간음행위를 형사처벌함으로써 남성의 성적 자기결정권을 제한하는 것임은 틀림없고, 나아가 이 사건 법률조항은 남성의 성생활이라는 내밀한 사적 생활영역에서의 행위를 제한하므로 우리 「헌법」 제17조가 보장하는 사생활의 비밀과 자유 역시 제한하는 것으로 보인다.

---

8) [합헌의견의 요지] 혼인을 빙자하여 부녀를 간음하는 행위는 다른 인격체의 법익을 침해하는 행위이기 때문에 자기결정권의 내재적 한계를 벗어나는 것이고, 따라서 이 사건 법률조항이 혼인을 빙자하여 음행의 상습 없는 부녀를 간음한 남자의 성적 자기결정권을 침해한다고 볼 수는 없다. 또한 남성이 혼인할 의사가 없으면서 혼인하겠다고 속이는 행위까지 「헌법」 제17조에 의하여 보호되는 사생활에 속한다고 할 수는 없으므로, 남자가 혼인빙자행위라는 부정한 수단을 사용한 이상, 상대방 부녀가 거짓을 알아차리지 못한 과실이 있다고 하여 혼인빙자간음행위의 가벌성을 부정할 수 없다. 이 사건 법률조항은 오직 남성이 여성을 쾌락의 대상으로 여겨 혼인의사도 없이 혼인빙자의 위계로써 기망하여 성관계를 편취하는 반사회적인 행위를 제재하는 것인데 이러한 점들을 무시하고 이 사건 법률조항이 남성의 성적 자기결정권을 침해하는 것이라고 한다면 이는 결과적으로 성관계에 관하여 위계, 기망, 편취의 자유를 인정하는 셈이 될 것이며, 이것이 부당함은 명백하다.

3) 과잉금지원칙 위반 여부의 심사기준

남성의 성적 자기결정권 및 사생활의 비밀과 자유에 대하여 국가안전보장, 질서유지 또는 공공복리를 위하여 필요한 경우에는 법률로써 제한할 수 있지만, 그 한계를 넘어「헌법」제37조 제2항에서 정하고 있는 과잉금지원칙에 위배되어서는 아니 되므로 그 기본권제한에 대한 위헌성을 판단함에 있어서도 엄격한 비례심사가 이루어져야 한다.

4) 목적의 정당성에 관한 심사

(1) 인간이 도덕과 관습의 범위 내에서 국가의 간섭 없이 자유롭게 이성(異性)과 애정을 나눌 수 있는 것은「헌법」제10조가 규정하는 인간의 존엄과 행복추구의 본질적 내용의 일부를 구성하고, 남녀간의 내밀한 성적인 자유는 그 자유의 속성상 법률에 의한 제한과는 친하지 않은 속성을 갖고 있으므로 이러한 자유를 제한하는 입법의 위헌성 심사에서도 이러한 특성을 고려하지 않을 수 없다. (2) 남성이 해악적 문제를 수반하지 않는 방법으로 여성을 유혹하는 성적행위에 대해서 국가가 개입하는 것은 억제되어야 한다. 그리고 남성의 여성에 대한 유혹의 방법은 남성의 내밀한 성적 자기결정권의 영역에 속하는 것이고, 또한 애정행위는 그 속성상 과장이 수반되게 마련이다. 이러한 관점에서 우리「형법」이 혼전 성관계를 처벌대상으로 하지 않고 있는 이상, 혼전 성관계의 과정에서 이루어지는 통상적 유도행위 또한 처벌하여서는 아니 되는 것이다. (3) 여성이 혼전 성관계를 요구하는 상대방 남자와 성관계를 가질 것인가의 여부를 스스로 결정한 후 자신의 결정이 착오에 의한 것이라고 주장하면서 국가에 대하여 상대방 남성의 처벌을 요구하는 것은 여성 스스로가 자신의 성적 자기결정권을 부인하는 행위이다. 남성이 결혼을 약속했다고 하여 성관계를 맺은 여성만의 착오를 국가가 형벌로써 사후적으로 보호한다는 것은 '여성이란 남성과 달리 성적 자기결정권을 자기책임 아래 스스로 행사할 능력이 없는 존재, 즉 자신의 인생과 운명에 관하여 스스로 결정하고 형성할 능력이 없는 열등한 존재'라는 것의 규범적 표현이다. 그러므로 이 사건 법률조항은 남녀평등의 사회를 지향하고 실현해야 할 국가의 헌법적 의무(「헌법」제36조 제1항)에 반하는 것이자, 여성을 유아시(幼兒視)함으로써 여성을 보호한다는 미명 아래 사실상 국가 스스로가 여성의 성적 자기결정권을 부인하는 것이 되는 것이다. 나아가 개인 스스로 선택한 인생관·사회관을 바탕으로 사회공동체 안에서 각자의 생활을 자

신의 책임 아래 스스로 결정하고 형성하는 성숙한 민주시민이 우리 「헌법」이 지향하는 바람직한 인간상이라는 점에 비추어 볼 때, 결국 이 사건 법률조항이 보호하고자 하는 여성의 성적 자기결정권은 여성의 존엄과 가치에 역행하는 것이라 하지 않을 수 없다. (4) 혼인빙자간음죄가 다수의 남성과 성관계를 맺는 여성 일체를 '음행의 상습 있는 부녀'로 낙인찍어 보호의 대상에서 제외시키고 보호대상을 '음행의 상습 없는 부녀'로 한정함으로써 결국에는 여성에 대한 고전적 정조관념에 기초한 가부장적·도덕주의적 성이데올로기를 강요하는 셈이 되고 만다. 이는 결국 이 사건 법률조항의 보호법익이 여성의 주체적 기본권으로서 성적 자기결정권에 있다기보다는 현재 또는 장래의 경건하고 정숙한 혼인생활이라는 여성에 대한 남성우월의 고전적인 정조관념에 입각한 것임을 보여 준다 할 것이다. (5) 따라서 이 사건 법률조항의 경우 형벌규정을 통하여 추구하고자 하는 목적 자체가 「헌법」에 의하여 허용되지 않는 것으로서 그 정당성이 인정되지 않는다고 할 것이다.

5) 수단의 적절성 및 피해최소성

개인의 성행위와 같은 사생활의 내밀영역에 속하는 부분에 대하여는 그 권리와 자유의 성질상 국가는 간섭과 규제를 가능하면 최대한으로 자제하여 개인의 자기결정권에 맡겨야 하며, 국가형벌권의 행사는 중대한 법익에 대한 위험이 명백한 경우에 한하여 최후수단으로서 필요한 최소한의 범위에 그쳐야 하기 때문에 이 사건 법률조항에 사회적 약자인 여성의 성적 자기결정권을 보호하고자 하는 입법목적의 정당성을 인정해 준다고 하더라도, 그 목적을 달성하기 위하여 혼인빙자간음행위를 형사처벌하는 것은 수단의 적절성과 피해최소성을 갖추지 못하였다고 할 것이다.

6) 국민 일반의 법감정의 변화

최근의 우리 사회는 급속한 개인주의적·성개방적인 사고의 확산에 따라 성과 사랑은 법으로 통제할 사항이 아닌 사적인 문제라는 인식이 커져 가고 있으며, 전통적 성도덕의 유지라는 사회적 법익 못지 않게 성적 자기결정권의 자유로운 행사라는 개인적 법익이 더한층 중요시되는 사회로 변해가고 있다. 이와 같이 결혼과 성에 관한 국민의 법의식에 많은 변화가 생겨나 여성의 착오에 의한 혼전 성관계를 형사 법률이 적극적으로 보호해야 할 필요성은 이미 미미해졌다고 보지 않을 수 없다.

7) 형사처벌의 적정성

(1) 우리의 생활영역에는 법률이 직접 규율할 영역도 있지만 도덕률에 맡겨 두어야 할 영역도 있다. 법률을 도덕의 최소한이라 하듯이 법률규범은 그보다 상층규범에 속하는 도덕규범에 맡겨 두어야 할 영역까지 함부로 침범해서는 안 된다. 법률이 도덕의 영역을 침범하면 그 사회는 법률만능에 빠져서 품격 있는 사회발전을 기약할 수 없게 되는 것이다. 따라서 성인이 어떤 종류의 성행위와 사랑을 하건, 그것은 원칙적으로 개인의 자유영역에 속하고, 다만 그것이 외부에 표출되어 명백히 사회에 해악을 끼칠 때에만 법률이 이를 규제하면 충분하다. 혼인을 빙자하여 간음한 자는 가정, 사회, 직장 등 여러 방면에서 윤리 · 도덕에 의한 사회적 비난과 제재를 받을 것이므로 본질적으로 개인 간의 사생활에 속하는 이러한 행위까지 일일이 추적하여 「형법」이 간섭할 필요는 없다. 그리고 장차 결혼생활의 불행이 예상됨에도 불구하고 남성이 혼인빙자간음죄에 의한 처벌이 두려워 혼인한다면, 결국 「형법」이 파탄이 자명한 혼인을 강요하는 것과 다름이 없으므로 이를 법률로 강제하는 것은 이 점에서 보아도 부당하다. 그러므로 성인 부녀자의 성적인 의사결정에 폭행 · 협박 · 위력의 강압적 요인이 개입하는 등 사회적 해악을 초래할 때에만 가해자를 강간죄 또는 업무상 위력 등에 의한 간음죄 등으로 처벌받게 하면 족할 것이고, 그 외의 경우는 여성 자신의 책임에 맡겨야 하고 「형법」이 개입할 분야가 아니라 할 것이다. (2) 개개인의 행위가 비록 도덕률에 반하더라도 본질적으로 개인의 사생활에 속하고 사회유해성이 없거나 법익에 대한 명백한 침해가 없는 경우에는 국가권력이 개입해서는 안 된다는 사생활에 대한 비범죄화 경향이 현대 형법의 추세이다. 세계적으로도 혼인빙자간음죄를 폐지해 가는 추세에 있어 대부분의 국가들이 1970년대 이전에 혼인빙자간음죄를 폐지하였다.

8) 형사처벌의 실효성

(1) 혼인빙자간음행위 중 고소되는 사건의 수는 1년에 500건 내지 700건 남짓에 불과하고 그중에서도 기소되는 사건은 연(年)평균 30건 미만이며, 고소 이후에도 수사나 재판과정에서 고소취소되어 공소권없음 또는 공소기각으로 종결되는 사건이 상당수에 이름으로써 형벌로서의 처단기능이 현저히 약화되었다. 또한 혼인에 대한 약속은 대부분 구두상의 약속이므로 고소인인 여성이 이를 입증하기 어렵다. 결국 혼인빙자간음죄는 행위규제규범으로서의 기능을 잃어

가고 있어 형사정책상으로도 일반예방 및 특별예방의 효과를 모두 거두기 어렵게 되었다. (2) 과거 우리 사회에서 혼인빙자간음죄의 존재가 여성을 보호하는 역할을 수행하였던 것은 사실이다. 즉, 우리 사회에서 여성은 사회적 · 경제적 약자였으므로, 혼인빙자간음죄의 존재가 남성들로 하여금 혼인을 빙자해서 간음행위에 이르지 않도록 심리적 억제작용을 하였고, 나아가 여성이 고소를 취소하여 주는 조건으로 남성으로부터 위자료 등을 받을 수 있었다. 그러나 오늘날 우리 시대의 법적 · 사회적 · 경제적 변화는 혼인빙자간음죄의 위와 같은 존재이유를 상당 부분 상실하도록 하였다. 우선 여성의 사회적 · 경제적 활동이 활발하여짐에 따라 여성의 생활능력과 경제적 능력이 향상됨으로써 여성이 사회적 · 경제적 약자라는 전제가 모든 남녀관계에 적용되지는 않게 되었고, 아울러 여성도 혼인과 상관없이 성적 자기결정을 하는 분위기가 널리 확산되었다. 그럼에도 국가가 나서서 그 상대방인 남자만을 처벌한다는 것은 그 자체가 아직도 여성을 사회적 약자로 보아 여성을 비하하는 것이 된다. (3) 이 사건 법률조항이 여성의 성적 자기결정권 보호라는 목적과는 달리 혼인빙자간음 고소 및 그 취소가 남성을 협박하거나 그로부터 위자료를 받아내는 수단으로 악용되는 폐해도 종종 발생한다. 자기결정에 의하여 자기책임하에서 스스로 정조를 포기한 여성이 그 위자료청구의 대안이나 배신한 상대방에 대한 보복의 수단으로 국가형벌권을 이용하고 있다면 이는 국가의 공형벌권이 정당하게 행사되고 있다고는 볼 수 없는 것이다. (4) 따라서 혼인을 빙자한 남성을 형사처벌함으로써 사회적 약자인 여성의 성적 자기결정권을 보호하겠다는 이 사건 법률조항은 그 수단의 적절성과 피해의 최소성도 갖추지 못하였다.

9) 법익의 균형성

이 사건 법률조항은 개인의 내밀한 성생활의 영역을 형사처벌의 대상으로 삼음으로써 남성의 성적 자기결정권과 사생활의 비밀과 자유라는 기본권을 지나치게 제한하는 것인 반면, 이로 인하여 추구되는 공익은 오늘날 보호의 실효성이 현격히 저하된 음행의 상습 없는 부녀들만의 '성행위 동기의 착오의 보호'로서 그것이 침해되는 기본권보다 중대하다고는 볼 수 없으므로, 이 사건 법률조항은 법익의 균형성도 상실하였다고 할 것이다.

10) 결론

결국 이 사건 법률조항은 목적의 정당성, 수단의 적절성 및 피해최소성을 갖추지 못하였고 법익의 균형성도 이루지 못하였으므로, 「헌법」 제37조 제2항의 과잉금지원칙을 위반하여 남성의 성적 자기결정권 및 사생활의 비밀과 자유를 과잉제한하는 것으로 「헌법」에 위반된다.

「형법」 제304조는 여성이 혼인을 빙자하여 남성을 기망하여 간음(성관계)을 한 경우는 처벌하지 않는 점에서 남녀평등원칙에 어긋나고 모든 여성이 아니라 '음행의 상습 없는 부녀'만을 보호대상으로 하는 점에서 여성의 인권을 보호하기보다는 가부장주의에 기초하여 여성의 성적 순결을 보호하려는 입법의도가 있고 또한 여성을 성적 행위의 주체로 보지 않는 문제가 있다. 그리하여 많은 논자가 비판을 하고 「형법」 개정논의과정에서도 폐지 논의가 있었다.[9]

2009년의 결정례는 「형법」 제304조가 가지고 있는 그러한 문제를 지적하고 종래의 합헌의견을 변경하여 위헌이라는 결론을 내린 점에서 의의가 있다고 본다. 또한 성행위 여부 및 그 상대방을 결정할 수 있는 성적 자기결정권과 그에 기초한 성인 개인의 애정행위는 법이나 국가의 과도한 개입으로부터 보호되어야 하고 자율에 맡겨야 한다는 인식과 개인 스스로 선택한 인생관·사회관을 바탕으로 사회공동체 안에서 각자의 생활을 자신의 책임 아래 스스로 결정하고 형성하는 성숙한 민주시민이 우리 「헌법」이 지향하는 바람직한 인간상이며 남녀평등의 사회를 지향하고 실현해야 할 일이 국가의 「헌법」적 의무라는 인식을 분명히 표명하였다. 또한 사회적 약자와 피보호자라는 전통적인 여성상과 여성의 성적 순결만을 중시하는 가부장적이고 도덕주의적인 성이데올로기를 벗어나 평등한 인간상에 기초하고 있어 진보적인 결정례라고 평가할 수 있다.

이 결정례가 공포된 후 언론은 헌법재판소의 위헌결정에 대해 대한변호사협회, 다수 법학자뿐 아니라 여성부와 '여성계'도 환영하였다고 보도했다.

그러나 헌법재판소의 위헌결정의 논리전개를 살펴보면, 다음과 같은 문제를 가지고 있다.

---

9) 박선영·김진 외(2005), 『현행 법령상 남녀차별규정 발굴·정리』, 여성가족부, 36면; 김엘림(2007), 162~163면; 조국(2009), "혼인빙자간음죄 위헌론 소고", 『형사법연구』 제21권 제3호, 한국형사법학회, 253~266면 등.

1) 위헌결정의 논지는 「형법」 제304조가 모든 혼인빙자간음행위가 아니라 혼인할 의사가 전혀 없으면서 혼인하자며 적극적으로 속여 착오를 일으키게 하고 그를 이용하여 범행목적을 달성하는 위계(僞計)의 방법으로 여성과 성관계를 가진 행위를 처벌하는 점과 혼인빙자간음행위의 해악성을 경시한 문제가 있다. 혼인빙자간음행위자의 행태를 보면 다수의 여성을 대상으로 기망행위를 하고 재산을 편취하는 경우들이 종종 있다. 위헌법률심판 청구인 중에도 그러한 형태로 행위를 하여 유죄판결을 받은 사람도 있다. 대상이 된 여성들은 나중에 속은 사실을 알고 엄청난 배신감과 임신 등의 육체적, 심리적 후유증을 가지게 되며 주위의 비난에 시달리게 되고 자살하기도 한다. 혼인빙자간음행위는 위헌결정문이 말하는 국가와 법이 규제해서는 안 되는 "도덕과 관습의 범위 내에서 해악을 수반하지 않는 방법으로 여성을 유혹하는 성적 행위", "그 속성상 과장이 수반되게 마련인 애정행위", "혼전 성관계의 과정에서 이루어지는 통상적 유도행위"라고 볼 수 없다.

2) 위헌결정의 논지는 혼인빙자간음행위를 한 남성을 성적 자기결정권의 주체로 보고 그 침해를 중시한 반면, 피해자의 권리침해문제를 경시한 문제가 있다. 성적 자기결정권이란 성적 욕망이나 행위를 자유롭게 발현할 권리뿐 아니라 원하지 않는 성적 관계와 행동을 받지 아니할 권리를 말한다. 인격권에서 유래되는 성적 자기결정권은 타인을 속이고 해악을 주는 성적 행위를 할 권리가 아니다. 피해자는 혼인을 빙자한 기망행위가 없었다면 가해자와 성관계를 하지 않았을 것이다. 그러므로 혼인을 빙자한 남성의 성관계의 요구는 위헌결정문이 말하는 "남성의 내밀한 성적 자기결정권의 영역에 속하는 행위"가 아니다. 혹자는 피해자의 권리는 형벌이 아니라 가해자에게 손해배상소송을 하여 보호받으면 된다고 하지만, 소송하기도 어려울 뿐 아니라 가해자가 배상능력이 없는 경우에는 배상받을 수도 없다. 위헌결정의 논지는 여성의 성적 자기결정권에 대한 침해문제는 고려하지 않고 여성은 남성의 혼인빙자기망행위에 대해 적절히 판단, 대처했어야 하고 혼인하려고 하는 남성과 성관계를 가졌으면 그에 따른 책임도 져야 한다는 인식을 나타낸다. 형사법의 성편향 문제를 지적한 진보적 성향의 형법학자[10]도 위헌결정의 논지와

---

10) 조국(2009), 256면.

같이 "남성의 구애는 필연적으로 …… 과장과 기망을 내포한다. 그리고 남성은 구애과정에서 명시적 또는 묵시적으로 혼인에 대한 약속을 하기 마련이다. 과장과 기망이 내포된 구애행위를 하는 남성과 동일한 사회에 살고 있는 여성은 이러한 구애행위의 특징을 알고 있거나 알고 있어야 하며, 혼인에 대한 약속을 포함한 상대 남성의 인격과 품성, 그리고 구애의 진의를 자기책임 하에 면밀히 검토한 후 성교 여부에 대한 선택을 해야 한다. 만약 그러한 주의의무를 다하지 않고 성교를 하였다면 그 결과에 대한 책임은 여성이 부담해야 한다."라고 하였다. 이러한 견해는 헌법재판소의 2002년 합헌결정례[301]에서 소수의견(위헌의견)을 제시한 재판관들(권성, 주선희)의 견해와도 일치한다. 그런데 이러한 견해들은 기망한 남성의 책임은 묻지 않고 기망당한 여성을 비난하는 다분히 남성중심적 사고이며, 혼인빙자간음행위가 소위 '꽃뱀'이라고 일컬어지는 여성에 의해 남성에게 발생하는 사건들도 있지만 주로 남성이 여성을 대상으로 하여 혼인을 빙자한 교묘한 기망으로 상당한 피해를 주고 있는 사건들이 아직도 종종 발생하고 있는 현실을 간과한 문제가 있다고 본다. 유의해야 할 것은 여성들의 미약한 판단력이 문제가 아니라 혼인 상대자를 믿고 성관계를 가진 여성들을 기망한 남성의 행위가 문제이다. 보이스 피싱이나 사기와 같이 기망행위로 인한 사건의 피해자 중에는 높은 수준의 학위나 사회적 지위를 가지고 판단력이 높다고 평가받는 사람들도 많다는 것을 생각해 볼 필요가 있다. 이러한 점에서 헌법재판소는 제304조의 혼인빙자간음죄가 남성의 성적 자기결정권과 애정의 자유에 초점을 둘 것이 아니라 '음행의 상습 없는 여성'만을 대상으로 하고 있는 문제에 초점을 두어 평등권위반의 문제로 논지를 전개했어야 한다고 본다.

3) 위헌결정의 논지는 성과 사랑은 법으로 통제할 사항이 아닌 사적인 문제라는 인식이 커져 가고 있고 혼인빙자간음행위를 금지하는 것은 법의 과도한 사생활침해라고 하고 있지만, 국가와 법이 통제하는 성적 행위 중 성희롱, 성폭력, 성매매, 혼인빙자간음행위는 '사랑'이 아니며 사생활의 일로 방치할 문제가 아니다.

4) 위헌결정의 논지가 혼인빙자간음행위에 대한 고소율, 기소율이 적으므로 형사처벌의 실효성이 적다고 평가하고 이를 제304조의 폐지론의 논거로 제시한 것도 강간죄의 고소율, 기소율도 적다는 사실에 비추어 보면 반드시

타당한 논거로 볼 수 없다.

　5) 더구나 이번 헌법재판소의 위헌결정으로 혼인빙자간음죄는 도입된 지 56년 만에 효력이 없어지게 되었고 현재 재판이 진행 중인 사건은 모두 공소 기각되어 풀려날 수 있게 된 것은 물론, 과거에 이 죄로 처벌받은 사람들은 법원에 재심을 청구할 수 있으며 실형을 선고받고 수감된 경우 국가로부터 형사보상금을 받을 수 있게 되었다. 이러한 결과는 국가의 형벌권의 오·남용으로 인한 피해에 대한 원상회복을 하는 취지에서 「헌법재판소법」에 따른 것이지만, 1950년대 이후 사회문제화되었던 혼인빙자간음행위의 범행실태와 피해여성과 사회에 대한 해악을 고려해 보면 모든 형사 관련 행위에 원상회복적 구제를 하고 있는 현행 제도는 재검토되어야 한다고 본다.

　법과 판례는 시대적 상황과 법을 만들고 해석하고 적용, 집행하는 사람들의 가치관이나 이해관계와 경험, 국민의 여론에 따라 크게 영향을 받으며 형성, 변화하는 속성을 가진다. 혼인빙자간음죄에 대한 평가도 이러한 영향을 받아 이루어지는 것이지만, 피해자의 입장이나 고통과 행위의 해악성을 고려해야 할 것이다.

　그런데 「형법」 제304조는 "실효성이 미약하고, 여성의 성적 주체성을 훼손하는" 것으로 평가되어 2012년 12월 18일에 개정되고 2013년 6월 19일에 시행되는 「형법」에서 삭제되었다.

제4부

남녀대상별 성차별 관련 판례 · 결정례의 특성

제1장

여성대상의 성차별 관련 판례 · 결정례의 특성

1. 여성차별을 인정한 판례와 결정례의 특성

　　광복 후 2012년까지 성차별과 관련한 판례와 결정례 304건 중 성차별을 받았다고 진정 또는 소송을 한 사람이 여성인 경우는 268건(88.2%)이며, 남성인 경우는 36건(11.8%)이다.

　　그중 여성차별을 인정한 판례·결정례는 172건으로서 전체 304건 중에서 56.6%를 차지하고 여성 대상 268건 중에서는 64.2%를 차지한다.

1-1　분쟁처리기관별 특성

〈표 30〉 **분쟁처리기관별 판례·결정례의 여성차별 인정률**　　（괄호: 전체 판례·결정례 건수）

여성 차별 인정	법원 (152건)	국가 인권 위원회 (62건)	노동 위원회 (22건)	헌법 재판소 (12건)	성차별분쟁 전문처리기구				총계 (304건)
					남녀차별 개선 위원회 (37건)	여성특별 위원회 (14건)	고용평등 위원회 (5건)	소계 (56건)	
건수 (건)	77	39	16	5	22	8	5	35	172
비율 (%)	44.8	22.6	9.3	2.9	12.8	4.7	2.9	20.4	100.0
인정률 (%)	50.7	62.9	72.7	41.7	59.5	57.1	100.0	62.5	

　　여성차별을 인정한 판례·결정례 172건의 분쟁처리기관을 살펴보면, 〈표 30〉에서 보는 바와 같이, 법원이 77건(44.8%)으로 가장 많다. 두 번째로 많은 것은 국가인권위원회 39건(22.6%)이다. 그 다음은 남녀차별개선위원회 22건(12.8%), 노동위원회 16건(9.3%), 여성특별위원회 8건(4.7%)의 순이다. 헌법재판소와 고용평등위원회가 각 5건(2.9%)씩으로 가장 적다. 3개의 성차별분쟁

전문처리기구가 여성차별을 인정한 결정례는 35건으로 20.4%를 차지한다.

분쟁처리기관별로 여성차별 인정률을 살펴보면, 고용평등위원회가 100%(총 5건 중 5건)로 가장 높다. 두 번째는 노동위원회로 72.7%(총 22건 중 16건)이다. 그 다음은 국가인권위원회 62.9%(총 62건 중 39건), 남녀차별개선위원회 59.5%(총 37건 중 22건), 여성특별위원회 57.1%(총 14건 중 8건), 법원 50.7%(총 152건 중 77건)의 순이며, 헌법재판소가 41.7%(총 12건 중 5건)로 가장 낮다.

1-2 시대별 특성

〈표 31〉 **시대별 판례·결정례의 여성차별 인정률** 　　　　(괄호: 전체 판례·결정례 건수)

여성차별 인정	1948년 7월 전 (4건)	「헌법」 제정 후						총계 (304건)
		1950년대 (1건)	1960년대 (2건)	1970년대 (0건)	1980년대 (7건)	1990년대 (53건)	2000년대 (237건)	
건수 (건)	2	0	0	0	4	40	126	172
비율 (%)	1.2	0.0	0.0	0.0	2.3	23.2	73.3	100.0
인정률 (%)	50.0%	0.0	0.0	0.0	57.1	75.5	53.2	

여성차별을 인정한 판례·결정례 172건의 시대를 살펴보면, 〈표 31〉에서 보는 바와 같이, 2000년대가 126건(73.3%)로 가장 많다. 두 번째는 1990년대 (40건, 23.2%)이다. 그 다음은 1980년대(4건, 2.3%), 1940년대(2건, 1.2%)의 순이다. 1950년대, 1960년대, 1970년대는 없다.

시대별로 여성차별 인정률을 살펴보면, 1990년대가 75.5%(총 53건 중 40건)로 가장 높다. 두 번째는 1980년대 57.1%(총 7건 중 4건)이다. 그 다음은 2000년대 53.2%(총 237건 중 126건)이며, 1940년대가 50.0%(총 4건 중 2건)로 가장 적다.

1-3 분야별 특성

〈표 32〉 **분야별 판례·결정례의 여성차별 인정률**　　　(괄호: 전체 판례·결정례 건수)

여성 차별 인정	고용 (195건)	가족 (39건)	재화· 용역· 시설 (29건)	교육· 문화 (16건)	사회 보장 (9건)	군사 (8건)	형사 (8건)	총계 (304건)
건수 (건)	115	26	15	11	1	4	0	172
비율 (%)	66.9	15.1	8.7	6.4	0.6	2.3	0.0	100.0
인정률 (%)	59.0	66.7	51.7	68.8	11.1	50.0	0.0	

　여성차별을 인정한 판례·결정례의 분야를 살펴보면, 〈표 32〉에서 보는 바와 같이, 고용 분야가 115건(66.9%)으로 가장 많다. 두 번째는 가족 분야(26건, 15.1%)이다. 그 다음은 재화·용역·시설 분야(15건, 8.7%), 교육·문화 분야(11건, 6.4%), 군사 분야(4건, 2.3%), 사회보장 분야(1건, 0.6%)의 순이다. 형사 분야는 없다.

　분야별로 여성차별 인정률을 살펴보면, 교육·문화 분야가 68.8%(총 16건 중 11건)로 가장 높다. 두 번째는 가족 분야 66.7%(총 39건 중 26건)이다. 그 다음은 고용 분야 59.0%(총 195건 중 115건), 재화·용역·시설 분야 51.7%(총 29건 중 15건), 군사 분야 50.0%(총 8건 중 4건)의 순이며, 사회보장 분야가 11.1%(총 9건 중 9건)로 가장 낮다.

1-4 여성의 차별사유와 사안의 특성

1) 여성의 차별사유

　(1) 여성차별을 인정한 판례와 결정례 172건에서 여성이 차별받은 사유를 살펴보면, 〈표 33〉에서 보는 바와 같이 성별에 따라 기질과 역할, 능력이 다르다고 보는 고정관념(성별역할분업관)이 80건(46.5%)으로 가장 많다.

〈표 33〉 판례 · 결정례의 여성차별 인정사유

| 여성
차별
사유 | 성별
역할
분업관 | 가부장적
가족관(37건) | | 결혼 · 임신 · 출산 · 육아
(44건) | | | 남성
군복무 | 용모 | 성희롱
고소 | 총계 |
		가부장 주의	출가 외인 통념	결혼	임신 · 출산	출산휴 가 · 육 아휴직 사용				
건수 (건)	80	30	7	24	7	13	8	2	1	172
비율 (%)	46.5	17.4	4.1	14.0	4.1	7.6	4.6	1.2	0.6	100.0

성별역할분업관을 기초로 여성이 차별받은 사안을 살펴보면, 임금 관련이 20건으로 가장 많고, 두 번째로 많은 사안은 모집 · 채용 관련과 정년 관련이며 각 14건씩이 있다. 세 번째로 많은 사안은 승진 관련 6건이고 네 번째는 전근과 업무배정 등 인사관리 관련, 퇴직 · 해고관련, 용역 관련이 각 4건씩이다. 그 다음은 학교입학 관련과 교육과정 관련이 각 3건씩, 혼인 · 가족생활 관련과 재화 관련이 각 2건씩, 사회서비스 관련과 시설 관련, 교육 관련, 문화 관련이 각 1건씩이 있다.

(2) 두 번째로 많은 여성차별 사유는 결혼 · 임신 · 출산 · 육아이다. 이에 해당되는 판례와 결정례는 44건(25.6%)이 있는데 그중에는 결혼과 관련된 사례가 24건(14.0%)으로 가장 많고, 그 다음은 출산휴가와 육아휴직을 사용한 것을 이유로 불이익을 준 사례가 13건(7.6%), 임신 · 출산한 것을 이유로 불이익을 준 사례가 7건(4.1%)이 있다.

① 결혼 관련 24건 중에는 퇴직 관련 19건, 전근 관련 5건이 있다.

② 출산휴가와 육아휴직의 사용 관련 13건 중에는 퇴직 관련 7건, 상여금 관련 3건, 교육훈련 관련 2건, 승진 관련 1건이 있다.

② 임신 · 출산 관련 7건 중에는 퇴직 관련 6건, 모집 · 채용 관련 1건이 있다.

(3) 세 번째로 많은 여성차별 사유는 가부장적 가족관이다. 이에 해당되는 판례와 결정례는 37건(21.5%)이 있는데 그 중에는 가부장적 가족제도에 기초한 사례가 30건(17.4%), 출가외인의 관념에 기초한 사례가 7건(4.1%)이 있다.

① 가부장적 가족제도와 관련한 30건 중에는 종중 관련 14건, 혼인과 가정생활 관련 10건, 임금 관련 5건, 재화 관련 1건이 있다.

② 출가외인의 관념 관련 7건은 모두 재화의 제공과 관련된 것이다.

(4) 네 번째로 많은 여성차별 사유는 남성의 군복무와 관련한 것이다. 이에 해당되는 결정례는 8건이 있다. 모집·채용 관련과 임금 관련이 각 3건씩, 승진관련과 군장학생 선발 관련이 각 1건씩 있다.

(5) 다섯 번째로 많은 여성차별 사유는 여성의 용모이다. 이에 해당되는 결정례는 채용 관련 2건이 있다.

(6) 그 밖에 성희롱고소를 한 전력을 사유로 채용을 거부한 사례 1건이 있다.

2) 여성의 차별사안

〈표 34〉 판례·결정례의 여성차별 인정사안

여성 차별 사안	퇴직· 해고	임금	모집· 채용	정년	종중	혼인· 가족	재화	전근 등	교육	기타	총계
건수 (건)	36	31	21	14	14	12	10	9	9	16	172
비율 (%)	20.9	18.0	12.2	8.1	8.1	7.0	5.8	5.2	5.2	9.3	100.0

(1) 여성차별을 인정한 판례와 결정례 172건에서 여성이 가장 많이 차별받은 사안은 〈표 34〉에서 보는 바와 같이 퇴직·해고과 관련된 것으로 36건 (20.9%)이 있다.

(2) 두 번째로 많은 차별사안은 임금 관련으로 31건(17.4%)이 있다.

(3) 세 번째로 많은 차별사안은 모집·채용 관련으로 21건(12.2%)이 있다.

(4) 네 번째로 많은 차별사안은 정년 관련과 종중 관련으로, 각 14건(8.1%)씩 있다.

(5) 그 다음은 혼인·가족생활 관련 12건(7.0%), 재화 관련 10건(5.8%), 전근 등 인사관리 관련과 교육관련이 각 9건(5.2%)씩이 있다.

(6) 기타 16건 중에는 승진 관련이 7건(4.1%)으로 가장 많다. 그 다음은 용

역 관련 4건, 용모 관련 2건, 사회서비스 관련, 시설 관련과 문화 관련이 각 1건씩 있다.

2. 여성차별을 불인정한 판례와 결정례의 특성

광복 후 2012년까지 성차별과 관련한 판례와 결정례 304건 중 여성차별을 불인정한 판례·결정례는 96건(31.6%)이다. 여성이 성차별을 받았다고 진정 또는 소송을 한 268건 중에서 35.8%를 차지한다.

2-1 분쟁처리기관별 특성

〈표 35〉 **분쟁처리기관별 판례·결정례의 여성차별 불인정률**　(괄호: 전체 판례·결정례 건수)

| 여성 차별 불인정 | 법원 (152건) | 국가 인권 위원회 (62건) | 노동 위원회 (22건) | 헌법 재판소 (12건) | 성차별분쟁 전문처리기구 | | | | 총계 (304건) |
					남녀차별 개선 위원회 (37건)	여성 특별 위원회 (14건)	고용 평등 위원회 (5건)	소계 (56건)	
건수 (건)	65	6	6	0	13	6	0	19	96
비율 (%)	67.7	6.3	6.3	0.0	13.5	6.3	0.0	19.8	100.0
불인정률 (%)	42.8	9.7	27.3	0.0	35.1	42.9	0.0	33.9	

여성차별을 불인정한 판례·결정례 96건의 분쟁처리기관을 살펴보면, 〈표 35〉에서 보는 바와 같이, 법원이 65건(67.7.%)으로 가장 많다. 두 번째로 많은

것은 남녀차별개선위원회 13건(13.5%)이다. 그 다음은 국가인권위원회, 노동위원회와 여성특별위원회로 각 6건씩(6.3%씩)의 순이다. 헌법재판소와 고용평등위원회는 없다. 3개의 성차별분쟁 전문처리기구가 여성차별을 불인정한 결정례는 19건(19.8%)이다.

분쟁처리기관별로 여성차별 불인정률을 살펴보면 여성특별위원회가 42.9%(총 14건 중 6건)로 가장 높은데, 두 번째로 높은 법원 42.8%(총 152건 중 62건)와 비슷하다. 그 다음은 남녀차별개선위원회 35.1%(총 37건 중 13건), 노동위원회 27.3%(총 22건 중 6건), 국가인권위원회 9.7%(총 62건 중 6건)의 순이다. 헌법재판소, 고용평등위원회는 없다.

2-2   시대별 특성

〈표 36〉 **시대별 판례 · 결정례의 여성차별 불인정률**   (괄호: 전체 판례 · 결정례 건수)

여성차별 불인정	1948년 7월 전 (4건)	「헌법」 제정 후						총계 (304건)
		1950년대 (1건)	1960년대 (2건)	1970년대 (0건)	1980년대 (7건)	1990년대 (53건)	2000년대 (237건)	
건수 (건)	2	1	0	0	3	12	78	96
비율 (%)	2.1	1.0	0.0	0.0	3.1	12.5	81.3	100.0
불인정률 (%)	50.0	100.0	0.0	0.0	42.9	22.6	32.9	

여성차별을 불인정한 판례 · 결정례 96건의 시대를 살펴보면, 〈표 36〉에서 보는 바와 같이, 2000년대가 78건(81.3%)으로 가장 많다. 두 번째는 1990년대의 12건(12.5%)이다. 그 다음은 1980년대 3건(3.1%), 1940년대 2건(2.1%), 1950년대 1건(1.0%)의 순이다. 1960년대, 1970년대는 없다.

시대별로 여성차별 불인정률을 살펴보면, 1950년대가 100%(총 1건 중 1건)로 가장 높다. 두 번째는 1940년대 50.0%(총 4건 중 2건)이다. 그 다음은 1980년대 42.9%(총 7건 중 3건), 2000년대 32.9%(총 237건 중 78건), 1990년대 22.6%(총 53건 중 12건)의 순이다.

2-3 분야별 특성

〈표 37〉 **분야별 판례 · 결정례의 여성차별 불인정률**

여성차별 불인정	고용 (195건)	가족 (39건)	재화 · 용역 · 시설 (29건)	교육 · 문화 (16건)	사회 보장 (9건)	군사 (8건)	형사 (8건)	총계 (304건)
건수 (건)	71	13	10	2	0	0	0	96
비율 (%)	74.0	13.5	10.4	2.1	0.0	0.0	0.0	100.0
불인정률 (%)	36.4	33.3	34.5	12.5	0.0	0.0	0.0	

여성차별을 불인정한 판례 · 결정례 96건의 분야를 살펴보면, 〈표 37〉에서 보는 바와 같이 고용 분야가 71건(74.0%)으로 가장 많다. 두 번째는 가족 분야 13건(13.5%)이다. 그 다음은 재화 · 용역 · 시설 분야 10건(10.4%), 교육 · 문화 분야 2건(2.1%)의 순이다. 사회보장 분야, 군사 분야, 형사 분야는 없다.

분야별로 여성차별 불인정율을 살펴보면, 고용 분야가 36.4%(총 195건 중 71건)로 가장 많다. 두 번째는 재화 · 용역 · 시설 분야 34.5%(총 29건 중 10건)이다. 그 다음은 가족 분야 33.3%(총 39건 중 13건), 교육 · 문화 분야 12.5%(총 16건 중 2건)의 순이다.

2-4 차별의 불인정 사유와 사안의 특성

1) 여성의 차별불인정 사유

(1) 여성차별을 불인정한 판례와 결정례 96건에서 여성차별을 불인정한 사유를 살펴보면, 〈표 38〉에서 보는 바와 같이 남녀차별문제로 보지 않고 경영상의 사정을 감안한 경영자율적인 조치로서 합리적 이유가 있다고 본 사례가 45건(46.9%)으로 가장 많다. 그중에는 구조조정 관련 19건, 정년 관련 9건, 재화의 제공 관련 4건, 모집 · 채용 관련 3건, 승진 관련 3건, 용역 관련 3건, 업

<표 38> 판례 · 결정례의 여성차별 불인정사유

여성차별 불인정사유	가부장주의	경영자율	남녀노동의 차이	여성의 자격미달 · 귀책사유	차별증거의 불충분	총계
건수 (건)	14	45	6	13	18	96
비율 (%)	14.6	46.9	6.3	13.5	18.8	100.0

무배정 등 인사관리 관련 2건, 시설 관련 1건, 교육의 과정 관련 1건이 있다.

(2) 여성차별을 불인정한 사유 중 두 번째로 많은 것은 차별의 증거가 불충분하다는 것이다. 18건(18.8%)이 있는데 그중에는 명예퇴직 관련 6건, 결혼퇴직 관련 5건, 임신퇴직 관련 3건, 여성에 대한 부당해고 관련 2건, 여성부에 차별시정신청을 이유로 한 보복적 전보 관련 2건이 있다.

(3) 여성차별을 불인정한 사유 중 세 번째로 많은 것은 가부장주의로 14건(14.6%)이 있다. 그중에는 종중 관련 10건, 혼인과 가정생활 관련 3건, 결혼퇴직제를 전제로 손해배상을 산정한 판결 관련 1건이 있다.

(4) 여성차별을 불인정한 사유 중 네 번째로 많은 것은 성차별을 받았다고 주장하는 여성에게 자격미달 등의 귀책사유가 있다는 것이 13건(13.5%)이다. 그중에는 모집 · 채용 관련 5건, 승진 관련 3건이 있고 그 밖에 임금 관련, 해고 관련, 재화 관련, 용역 관련, 문화 관련이 각 1건씩 있다.

(5) 그 밖에 여성차별을 불인정한 사유는 남녀간의 노동이 동일노동이 아니기 때문에 남녀간의 임금 차등은 차별이 아니라고 본 6건(6.3%)이 있다.

2) 여성의 차별 불인정사안

(1) 여성차별을 불인정한 판례와 결정례 96건에서 여성이 가장 많이 차별받은 사안은 <표 39>에서 보는 바와 같이 퇴직 · 해고 관련으로 37건(38.5%)이 있다.

(2) 두 번째로 많은 차별사안은 종중 관련으로 10건(10.4%)이 있다.

(3) 세 번째로 많은 차별사안은 정년 관련으로 9건(9.4%)이 있다.

<표 39> 판례 · 결정례의 여성차별 불인정사안

여성차별 불인정 사안	퇴직 · 해고	종중	정년	모집 · 채용	임금	승진	재화	용역	업무 배정 · 전보	혼인 · 가정	기타	총계
건수 (건)	37	10	9	6	7	6	5	4	4	3	5	96
비율 (%)	38.5	10.4	9.4	6.3	7.3	6.3	5.2	4.2	4.2	3.1	5.2	100.0

(4) 그 다음은 임금 관련 7건, 모집 · 채용 · 승진 관련 6건, 재화 관련 5건, 용역 관련 4건, 업무배정 · 전보 관련 4건, 혼인 · 가정 관련 3건의 순이다.

(5) 그 밖에 5건에는 시설 관련, 교육과정 관련, 문화 관련이 각 1건씩 있다.

제2장

남성대상의 성차별 관련 판례 · 결정례의 특성

1. 남성차별을 인정한 판례와 결정례의 특성

광복 후 2012년까지 성차별과 관련한 판례와 결정례 304건 중 남성차별을 인정한 판례·결정례는 12건(3.9%)이다. 이것은 남성이 성차별을 받았다고 문제를 제기한 36건 중에서 33.3%를 차지한다.

1-1 분쟁처리기관별 특성

〈표 40〉 **분쟁처리기관별 판례·결정례의 남성차별 인정률**   (괄호: 전체 판례·결정례 건수)

| 남성차별인정 | 법원(152건) | 국가인권위원회(62건) | 노동위원회(22건) | 헌법재판소(12건) | 성차별분쟁 전문처리기구 | | | | 총계(304건) |
					남녀차별개선위원회(37건)	여성특별위원회(14건)	고용평등위원회(5건)	소계(56건)	
건수(건)	1	10	0	1	0	0	0	0	12
비율(%)	8.3	83.3	0.0	8.3	0.0	0.0	0.0	0.0	100.0
인정률(%)	0.7	16.1	0.0	8.3	0.0	0.0	0.0	0.0	

남성차별을 인정한 판례·결정례 12건의 분쟁처리기관을 살펴보면, 〈표 40〉에서 보는 바와 같이, 국가인권위원회가 10건(83.3%)으로 가장 많다. 그 다음은 법원과 헌법재판소가 각 1건(8.3%)씩이다. 노동위원회, 남녀차별개선위원회, 여성특별위원회, 고용평등위원회의 결정례 중 남성차별을 인정한 것은 없다.

분쟁처리기관별로 남성차별 인정률을 살펴보면, 국가인권위원회가 16.1%로 가장 높다. 그 다음은 헌법재판소(8.3%), 법원(0.7%)의 순이다.

1-2 시대별 특성

〈표 41〉 **시대별 판례 · 결정례의 남성차별 인정률**　　　(괄호: 전체 판례 · 결정례 건수)

남성 차별 인정	1948년 7월 전 (4건)	「헌법」 제정 후						총계 (304건)
		1950년대 (1건)	1960년대 (2건)	1970년대 (0건)	1980년대 (7건)	1990년대 (53건)	2000년대 (237건)	
건수 (건)	0	0	0	0	0	0	12	12
비율 (%)	0.0	0.0	0.0	0.0	0.0	0.0	100.0	100.0
인정률 (%)	0.0	0.0	0.0	0.0	0.0	0.0	5.1	

　　남성차별을 인정한 판례 · 결정례 12건의 시대를 살펴보면, 〈표 41〉에서 보는 바와 같이, 2000년대 12건(100.0%) 밖에 없다. 그 외 시대에서는 남성차별을 인정한 판례 · 결정례가 없다.

　　남성차별 인정률을 살펴보면, 2000년대 5.1%이다.

1-3 분야별 특성

〈표 42〉 **분야별 판례 · 결정례의 남성차별 인정률**　　　(괄호: 전체 판례 · 결정례 건수)

여성차별 불인정	고용 (195건)	가족 (39건)	재화 · 용 역 · 시설 (29건)	교육 · 문화 (16건)	사회 보장 (9건)	군사 (8건)	형사 (8건)	총계 (304건)
건수 (건)	2	0	2	2	4	1	1	12
비율 (%)	16.7	0.0	16.7	16.7	33.3	8.3	8.3	100.0
불인정률 (%)	1.0	0.0	6.9	12.5	44.4	12.5	12.5	

　　남성차별을 인정한 판례 · 결정례 12건의 분야를 살펴보면, 〈표 42〉에서 보는 바와 같이, 사회보장 분야가 4건(33.3%)으로 가장 많다. 두 번째는 고용 분

야, 재화·용역·시설 분야, 교육·문화 분야의 각 2건(16.7%)씩이다. 세 번째는 군사 분야와 형사 분야의 각 1건(8.3%)씩이다. 가족 분야는 없다.

분야별로 남성차별 인정률을 살펴보면, 사회보장 분야가 44.4%로 가장 높다. 두 번째는 교육·문화 분야와 군사 분야, 형사 분야로 각 12.5%씩이며, 그 다음은 재화·용역·시설 분야 6.9%, 고용 분야 1.0%이다.

1-4 차별의 인정사유와 사안의 특성

1) 남성의 차별사유

〈표 43〉 판례·결정례의 남성차별 인정사유

남성차별 사유	성별역할 분업관	여성용모 중시	여성전용 시설	성범죄에 대한 여성보호	총계
건수 (건)	7	3	1	1	12
비율 (%)	58.3	25.0	8.3	8.3	100.0

(1) 남성차별을 인정한 판례와 결정례 12건에서 남성이 차별받은 사유를 살펴보면, 〈표 43〉에서 보는 바와 같이 성별에 따라 역할과 능력이 다르다는 고정관념에 기초하여 남성에게 불이익을 준 사안이 7건(58.3%)으로 가장 많았다. 즉 간호사, 승무원, 주부, 미용사, 간호사, 간호장교의 일은 여성의 일이라는 고정관념과 남성은 가족생계책임자이고 여성보다 경제적 자립능력이 있다는 고정관념을 이유로 한 남성차별이다. ① 간호사의 모집·채용에서 남성을 배제한 조치, ② 비행기 승무원의 채용에서 남성이 응시할 수 있는 방법을 제한한 조치, ③ 유족보상연금수급자격에서 처를 1순위로 하고 남편은 60세 이상이거나 장해등급 2급 이상이어야 유족연금을 받게 한 구 「국민연금법」의 규정, ④ 남성 전업주부에 대하여 은행이 신용카드 발급을 거부한 조치, ⑤ 사립 미용고등학교의 입학생을 여성으로 제한한 조치, ⑥ 전문대학 간호학과의 입학생을 여성으로 제한한 조치, ⑦ 국군간호사관생도 모집에서 신입생의 자격을 여성으로 제한한 조치가 이에 해당된다.

(2) 남성이 차별받은 사유 중 두 번째로 많은 것은 "여자는 얼굴이 생명이다."라는 통념에 기초하여 여성의 용모를 중시하여 동일한 정도의 얼굴흉터에 대한 장해(상이) 등급을 남성보다 높게 정하여 남성이 여성보다 낮은 보상을 받게 한 사안으로, 3건(25.0%)이 있다. 얼굴 흉터에 대한 ① 「산업재해보상보험법 시행령」의 장해등급의 남녀차등, ② 「자동차손해배상보험법 시행령」의 장해등급의 남녀차등, ③ 「국가유공자예우 및 지원에 관한 법률 시행령」의 상이등급의 남녀차등이 이에 해당된다.

(3) 그 밖의 남성이 차별받은 사유는 여성의 보호 또는 우대와 관련한 것이다. 즉 여성전용시설(시립 여성전용도서관)을 사유로 남성의 이용을 제한한 조치에 관한 국가인권위원회의 결정례 1건과 성범죄의 여성보호를 사유로 한 「형법」의 규정(혼인빙자간음죄의 대상을 '음행의 상습 없는 부녀'로 정한 「형법」제304조)에 관한 헌법재판소의 결정례 1건이 있다.

2) 남성의 차별사안

〈표 44〉 판례 · 결정례의 남성차별 인정사안

남성차별 사안	모집 · 채용	사회 보험	사회 서비스	용역	시설	학교 입학	성범죄의 대상	총계
건수 (건)	2	3	1	1	1	3	1	12
비율 (%)	16.7	25.0	8.3	8.3	8.3	25.0	8.3	100.0

(1) 남성차별을 인정한 판례와 결정례 12건에서 남성이 차별받은 사안을 살펴보면, 사회보험과 학교입학 관련한 것이 각 3건씩(25.0%씩)으로 가장 많다. 사회보험 관련 3건은 ① 「산업재해보상보험법 시행령」의 장해등급의 남녀차등, ② 「자동차손해배상보험법 시행령」의 장해등급의 남녀차등, ③ 유족보상연금수급자격의 부부차등이다. 학교입학 관련 3건은 ① 사립 미용고등학교의 입학생을 여성으로 제한한 조치, ② 전문대학 간호학과의 입학생을 여성으로 제한한 조치, ③ 국군간호사관생도 모집에서 신입생의 자격을 여성으로 제한한 조치이다.

(2) 남성이 차별받은 사안 중 두 번째로 많은 것은 모집·채용과 관련한 2건이다. ① 간호사의 모집·채용에서의 남성을 배제한 조치, ② 비행기 승무원의 채용에서 남성의 응시방법을 제한한 조치가 이에 해당된다.

(3) 그 밖에 남성이 차별받은 사안에는 사회서비스 관련 1건(얼굴흉터에 대한 상이등급에서의 남녀차등), 용역 관련 1건(남성 전업주부에 대하여 은행이 신용카드 발급을 거부한 조치), 시설 관련 1건(시립 여성전용도서관이 남성의 이용을 제한한 조치), 성범죄의 대상 관련 1건(혼인빙자간음죄의 대상을 '음행의 상습 없는 부녀'로 정한 「형법」의 규정)이다.

2. 남성차별을 불인정한 판례와 결정례의 특성

광복 후 2012년까지 성차별과 관련한 판례와 결정례 304건 중 남성차별을 불인정한 판례·결정례는 24건(7.9%)이다. 이것은 남성이 성차별을 받았다고 문제를 제기한 36건 중에서 66.7%를 차지한다.

2-1 분쟁처리기관별 특성

남성차별을 불인정한 판례·결정례 24건을 분쟁처리기관별로 살펴보니, 〈표 45〉에서 보는 바와 같이 법원이 9건(37.5%)으로 가장 많다. 두 번째는 국가인권위원회 7건(29.2%)이다. 그 다음은 헌법재판소 6건(25.0%), 남녀차별개선위원회 2건(8.3%)의 순이다. 노동위원회, 여성특별위원회, 고용평등위원회의 결정례 중 남성차별을 인정한 것은 없다.

분쟁처리기관별로 남성차별 불인정률을 살펴보면, 헌법재판소가 50.0%로

<표 45〉 **분쟁처리기관별 판례·결정례의 남성차별 불인정률**   (괄호: 전체 판례·결정례 건수)

남성 차별 불인정	법원 (152건)	국가 인권 위원회 (62건)	노동 위원회 (22건)	헌법 재판소 (12건)	성차별분쟁 전문처리기구				총계 (304건)
					남녀차별 개선 위원회 (37건)	여성 특별 위원회 (14건)	고용 평등 위원회 (5건)	소계 (56건)	
건수 (건)	9	7	0	6	2	0	0	2	24
비율 (%)	37.5	29.2	0.0	25.0	8.3	0.0	0.0	8.3	100.0
불인정률 (%)	5.9	11.3	0.0	50.0	5.4	0.0	0.0	3.8	

가장 높다. 두 번째는 국가인권위원회로 11.3%이다. 그 다음은 법원 5.9%, 남녀차별개선위원회 5.4%의 순이다.

2-2   시대별 특성

<표 46〉 **시대별 판례·결정례의 남성차별 불인정률**   (괄호: 전체 판례·결정례 건수)

남성 차별 불인정	1948년 7월 전 (4건)	「헌법」 제정 후						총계 (304건)
		1950년대 (1건)	1960년대 (2건)	1970년대 (0건)	1980년대 (7건)	1990년대 (53건)	2000년대 (237건)	
건수 (건)	0	0	2	0	0	1	21	24
비율 (%)	0.0	0.0	8.3	0.0	0.0	4.2	87.5	100.0
불인정률 (%)	0.0	0.0	100.0	0.0	0.0	1.9	8.7	

남성차별을 불인정한 판례·결정례 24건을 시대별로 살펴보니, 〈표 46〉에서 보는 바와 같이, 2000년대가 21건(87.5%)으로 가장 많다. 그 다음은 1960년대 2건(8.3%), 1990년대 1건(4.2%)의 순이다.

시대별로 남성차별 불인정률을 살펴보면, 1960년대가 100.0%로 가장 높다. 그 다음은 2000년대 8.7%, 1990년대 1.9%의 순이다.

2-3 분야별 특성

〈표 47〉 분야별 판례·결정례의 남성차별 불인정률 (괄호: 전체 판례·결정례 건수)

남성차별 불인정	고용 (195건)	가족 (39건)	재화·용 역·시설 (29건)	교육· 문화 (16건)	사회 보장 (9건)	군사 (8건)	형사 (8건)	총계 (304건)
건수 (건)	7	0	2	1	4	3	7	24
비율 (%)	29.2	0.0	8.3	4.2	16.7	12.5	29.2	100.0
불인정률 (%)	3.6	0.0	6.9	6.3	44.4	37.5	87.5	

남성차별을 불인정한 판례·결정례 24건을 분야별로 살펴보니, 〈표 47〉에서 보는 바와 같이, 고용 분야와 형사 분야가 각 7건(29.2%)씩으로 가장 많다. 두 번째는 사회보장 분야가 4건(16.7%)이다. 그 다음은 군사 분야 3건(12.5%), 재화·용역·시설 분야 2건(8.3%), 교육·문화 분야 1건(4.2%)의 순이다. 가족 분야는 없다.

분야별로 남성차별 불인정률을 살펴보면, 형사 분야가 87.5%로 가장 높다. 두 번째는 사회보장 분야 44.4%이다. 그 다음은 군사 분야 37.5%, 재화·용역·시설 분야 6.9%, 교육·문화 분야 6.3%, 고용 분야 3.6%의 순이다.

2-4 차별의 불인정사유와 사안의 특성

1) 남성의 차별불인정사유

〈표 48〉 판례 · 결정례의 남성차별 불인정사유

남성차별 불인정 사유	합리적 남녀차등 조치	차별증거 불충분	적극적 차별시정조치	직무문제	성범죄의 여성보호	총계
건수 (건)	8	3	4	2	7	24
비율 (%)	33.3	12.5	16.7	8.3	29.2	100.0

(1) 남성차별을 불인정한 판례와 결정례 24건에서 남성의 차별을 불인정한 사유를 살펴보면 합리적 남녀차등조치를 사유로 한 것이 8건(33.3%)으로 가장 많다. 이러한 결정례에는 국가인권위원회의 결정례 4건, 헌법재판소의 결정례 4건이 있다.

국가인권위원회의 결정례에는 ① 주 · 정차단속검사원 채용에서 '18~29세 여성'을 응시자격으로 명시한 조치를 성비균형을 위한 조치로 본 결정례, ② 병원에서 남성에게만 숙직근무를 하게 한 조치에 대하여 병원의 특성에 따른 남성의 야간근무 필요성과 여성의 야간근로를 제한한 법규정에 따른 조치로 본 결정례, ③ 폐암치료제의 건강보험 적용에 남녀차등이 있는 것은 치료제의 투여 요건에 따른 것으로 본 결정례, ④ 시민회관이 남성전업주부에 대하여 수영강습반의 수강을 제한한 조치는 수영장의 시설여건을 감안한 부득이한 조치라고 본 결정례가 있다.

헌법재판소의 결정례에는 ① 공립중등학교 교사임용후보자선정 경쟁시험에 양성평등채용목표제를 적용하지 아니한 조치에 대하여 교사의 전문성 등을 고려한 조치로 본 결정례, ② 유족보상연금수급자격의 1순위를 처로 규정한 구「국민연금법」은 유족연금의 취지와 가입자인 남편 사망 후 여성이 생계와 가족부양이 곤란한 상태에 처할 가능성이 많은 현실을 고려한 입법조치로 본 결정례, ③ 남성의 징병제는 전투병력에 부적합하고 성범죄의 대상이 되기 쉬운 여성의 신체적 특성 등을 고려한 조치로 본 결정례가 있다.

(2) 남성의 차별을 불인정한 사유 중 두 번째로 많은 것은 남성의 신체적 특성에 따라 성범죄는 주로 남성에 의해 감행되며 여성은 임신 등으로 인하여 성범죄의 피해가 남성보다 크고 여성의 성적 자기결정권을 보호해야 한다는 것이다. 이러한 판례와 결정례는 7건(29.2%)이 있다. 여기에는 강간죄의 대상을 '부녀'로 정한 「형법」규정에 관한 법원의 판례 2건과 혼인빙자간음죄의 대상을 '음행의 상습 없는 부녀'로 정한 「형법」규정에 관하여 위헌법률심판제청신청을 기각한 법원의 판례 4건과 헌법재판소의 결정례 1건이 있다.

(3) 남성의 차별을 불인정한 사유 중 세 번째로 많은 것은 남녀간의 현격한 격차를 효과적으로 시정하고 남녀평등을 촉진하기 위해 잠정적으로 여성을 우대하는 적극적 조치는 차별이 아니라는 것이다. 4건의 결정례(16.7%)가 있는데 국가인권위원회가 ① 초·중등학교 교장·교감 승진에서의 여성우대정책, ② 여성복지관의 여성전용프로그램, ③ 조달청이 입찰에서 여성기업인에게 특별가산점을 부여한 조치, ④ 여성취업지원사업의 전문직종 양성과정의 교육훈련생을 여성으로 제한한 조치에 관하여 처리한 결정례가 이에 해당된다.

(4) 그 밖에 병원의 '원무행정 여 대졸이상'의 채용공고에 대하여 증거불충분을 사유로 남성의 차별을 불인정한 판례 3건이 있다.

(5) 또한 남녀차등조치를 남녀차별문제가 아니라 직무상의 문제로 보아 남성의 차별을 불인정한 2건의 결정례가 있다. ① 부부 쌍방이 가정폭력피해자의 보호를 위한 임시조치를 신청한 사건에서 경찰관이 가정폭력 가해정도가 큰 남편의 신청을 처리하지 않은 조치는 직무상의 실수로 본 국가인권위원회의 결정례와 ② 단기복무 남성군인에게 육아휴직을 허용하지 아니한 조치는 남녀차별이 아니라 장기근속을 장려하기 위한 육아휴직제도의 성격과 장기근무 군인과 단기복무군인의 형평, 군대의 인사관리 효율 등을 감안한 조치라고 본 헌법재판소의 결정례가 이에 해당된다.

2) 남성의 차별불인정사안

〈표 49〉 판례 · 결정례의 남성차별 불인정사안

남성 차별 불인정 사안	모집 · 채용	업무 배정	승진	사회 보험	사회 서비스	재화	시설	교육	징병	군인 대우	성범죄 대상	총계
건수 (건)	5	1	1	2	2	1	1	1	2	1	7	24
비율 (%)	20.8	4.2	4.2	8.3	8.3	4.2	4.2.	4.2	8.3	4.2	29.2	100.0

(1) 남성차별을 불인정한 판례와 결정례 24건에서 남성이 차별받은 사안을 살펴보면, 성범죄의 대상 관련한 것이 7건(29.2%)으로 가장 많다. 그중에는 강간죄의 대상을 '부녀'로 정한 「형법」의 규정 관련 2건, 혼인빙자간음죄의 대상을 '음행의 상습없는 부녀'로 정한 「형법」의 규정 관련 5건이 있다.

(2) 두 번째로 많은 남성차별의 불인정 사안은 모집 · 채용과 관련한 5건 (20.8%)이다. ① 주 · 정차단속검사원 채용에서 '18~29세 여성'을 응시자격으로 명시한 조치 관련 1건, ② 병원이 '원무행정 여 대졸이상'을 채용기준으로 공고한 조치 관련 3건, ③ 공립중등학교 교사임용후보자선정 경쟁시험에 양성평등채용목표제를 적용하지 않은 조치 관련 1건이 이에 해당된다.

(3) 세 번째로 많은 남성차별의 불인정 사안은 ① 사회보험 관련 2건(유족보상연금수급자격의 부부차등, 폐암치료제의 건강보험 적용에서의 남녀차등), ② 사회서비스 관련 2건(여성복지관의 여성전용프로그램, 남성인 가정폭력피해자의 임시조치 신청의 미처리), ③ 남성의 징병제 2건이다.

(4) 그 밖에 남성차별의 불인정 사안으로는 ① 업무배정의 남녀차등 관련 1건(남성의 숙직근무), ② 승진요건의 남녀차등 관련 1건(초 · 중등학교 교장 · 교감 승진에서의 여성우대정책), ③ 재화의 남녀차등 제공 관련 1건(조달청이 입찰에서 여성기업인에게 특별가산점을 부여한 조치), ④ 남성에 대한 시설 이용 제한 관련 1건(남성전업주부에 대한 시민회관 수영강습반의 수강 제한), ⑤ 군인의 양성과 대우 관련 1건(단기복무 남성군인에게 육아휴직을 허용하지 아니한 조치)이 있다.

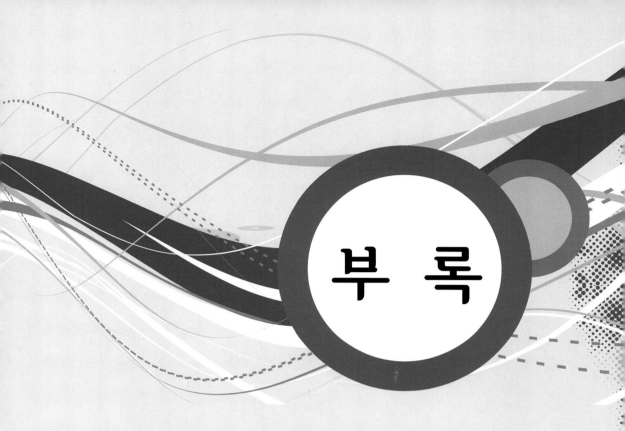

부 록

분쟁처리기관별 · 시대별 성차별 관련 판례와 결정례 목록

1 　법원(152건)

1-1 　지방법원(65건)

1) 1940년대

[1] 재산상속에서의 출가녀(出嫁女)제외

　　[부산지방법원 1946.4.21 선고](여성차별 불인정)

[2] 법률행위능력의 부부차등

　　[전주지방심리원 1947.3.27 선고](여성차별 인정)

2) 1980년대

[3] 여성전화교환원과 다른 직종의 12세 정년차등

　　[서울민사지방법원 1983.6.21 선고 83가합221](여성차별 불인정)

[4] 미혼여성의 교통사고 손해배상액 산정에서 결혼퇴직제의 적용

　　[서울민사지방법원 1985.4.1 선고 84가합4162](여성차별 불인정)

3) 1990년대

[5] 여성청소원과 남성방호직 사이의 임금차등

　　[서울지방법원 서부지원 1991.6.27 선고 90가단7848](여성차별 불인정)

[6] 선별포장직 여성과 기능직 남성의 3세 정년차등

　　[서울지방법원 동부지원 1992.10.28 선고 92가합6220](여성차별 인정)

[7] 결혼퇴직제 등 여성차별적 직장관행에 항의한 여사원의 징계해고
　　[서울민사지방법원 1994.1.13 선고 93가합5385](여성차별 인정)

[8] 혼인빙자간음죄의 '음행의 상습 없는 부녀' 대상
　　[서울지방법원 1999.5.1 선고 99헌바40](위헌법률심판제청신청의 기각,
　　남성차별 불인정)

■ 희망퇴직자인 여성전화교환원의 정년차별무효확인([9], [10])

[9] [서울지방법원 1997.2.20 선고 95가합103071](여성차별 불인정)

[10] [서울지방법원 1997.3.27 선고 96가합51559](여성차별 불인정)

[11] 여성에게 불리한 직제개편에 따른 남녀임금차등
　　[서울지방법원 1998.1.8 선고 96가합32886](여성차별 인정)

[12] 금융회사의 직원채용직종의 남녀차등
　　[서울지방법원 1998.9.19 선고 97가합55091](여성차별 불인정)

4) 2000년대

[13] '부부사원 중 1인'의 명예퇴직기준에 따른 여성집단퇴직
　　[서울지방법원 2000.7.20 약식명령](여성차별 인정)

[14] '부부사원 중 1인'의 명예퇴직기준과 특별수당 부가에 따른 여성집단
　　퇴직
　　[서울민사지방법원 2000.11.30 선고 99가합48608](여성차별 불인정)

[15] 여성성년후손의 종중원 자격의 불인정
　　[수원지방법원 2001.3.23 선고 2000가합5711](여성차별 불인정)

■ 호주제([16], [17])

[16] [서울지방법원 서부지원 2001.3.27 선고 2001헌가9](위헌법률심판제청,
　　여성차별 인정)

[17] [서울지방법원 북부지원 2001.3.29 선고 2001헌가10 내지 15](위헌법
　　률심판제청, 여성차별 인정)

■ 여성으로만 구성된 산업상담원의 직권면직처분([18], [19])

[18] [전주지방법원 2001.4.6 선고 2000구297](여성차별 불인정)

[19] [부산지방법원 2001.4.12 선고 2000구1669](여성차별 불인정)

■ '부부사원 중 1인'의 명예퇴직기준에 따른 여성집단퇴직([20], [21])

[20] [서울지방법원 2001.4.12 선고 2000가합38454](여성차별 불인정)

[21] [대구지방법원 2001.6.28 선고 2001가합10707](여성차별 불인정)

[22] 성별 임금책정과 직무분리에 따른 임금차등
    [수원지방법원 평택지원 2001.9.23 선고 1997고단1484](여성차별 인정)

[23] 동일가치노동을 수행한 남녀근로자 사이의 임금격차
    [광주지방법원 2002.1.9 선고 2001고단2938](여성차별 인정)

[24] 혼인빙자간음죄의 '음행의 상습 없는 부녀' 대상
    [서울지방법원 2002.5.24 선고 2002헌바50](위헌법률심판제청신청의 기
    각, 남성차별 불인정)

[25] 성별 임금책정과 직무분리에 따른 임금차등
    [수원지방법원 2002.7.11 선고 2011노3321](여성차별 불인정)

[26] 여성에 대한 결혼퇴직 강요
    [서울지방법원 2002.10.11 선고 2002가합9726](여성차별 불인정)

[27] '부부사원 중 1인'의 명예퇴직기준과 특별수당 부가에 따른 여성집단
    퇴직
    [서울지방법원 2002.12.21 선고 2000가합232168](여성차별 불인정)

[28] 자녀의 부성(父姓)계승주의의 전면적용
    [서울지방법원 북부지원 2003.2.13 선고 2002호파84](위헌법률심판제
    청, 여성차별 인정)

[29] 호주제
    [대전지방법원 2004.2.9 선고 2002헌가5](위헌법률심판제청, 여성차별
    인정)

[30] 시민단체의 여성회원에 대한 총회의결권 미부여
    [서울중앙지방법원 2004.2.20 선고 2004카합392](가처분청구 기각, 여
    성차별 불인정)

[31] 시민단체의 여성회원에 대한 총회의결권 미부여
    [서울중앙지방법원 2005.2.23 선고 2005카합53](가처분청구 기각, 여성
    차별 불인정)

■ 주로 여성인 경찰청 고용직 공무원의 직권면직([32]~[36])

[32] [창원지방법원 2005.10.13 선고 2005구합850](여성차별 불인정)

[33] [춘천지방법원 2005.11.17 선고 2005구합768](여성차별 불인정)

[34] [대구지방법원 2005.11.18 선고 2005구합1796](여성차별 불인정)

[35] [광주지방법원 2005.12.1 선고 2005구합1176](여성차별 불인정)

[36] [전주지방법원 2005.12.8 선고 2005구합78](여성차별 불인정)

[37] 여성종중원을 배제한 종중총회의 회원자격과 수용보상금 대여 의결
　　　[대전지방법원 2006.7.26 선고 2006가합1545](무효, 여성차별 인정)

[38] 종중재산의 출가녀(出嫁女)에 대한 차등분배
　　　[서울지방법원 서부지원 2006.11.10 선고 2006가합2070](여성차별 불
　　　인정)

[39] 출산휴가 중 부당해고
　　　[창원지방법원 2007.2.15 선고 2006노499](여성차별 인정)

[40] 시민단체의 여성회원에 대한 총회의결권 미부여
　　　[서울중앙지방법원 2007.6.28 선고 2005가82852](여성차별 불인정)

[41] 사무직채용직급의 남녀차등
　　　[부산지방법원 2007.11.21 선고 2007고정405](여성차별 인정)

[42] 육아휴직 중 부당해고
　　　[대구지방법원 경주지원 2008.4.1 선고 2007고단229(병합)](여성차별
　　　인정)

[43] 승진에서 여성의 불이익이 있는 직급의 정년
　　　[서울남부지방법원 2008.5.9 선고 2007가합9697](여성차별 인정)

[44] 사무직채용직급의 남녀차등
　　　[부산지방법원 2008.5.22 선고 2007노4889](여성차별 인정)

[45] 남성정규직과 여성비정규직의 임금차등
　　　[서울남부지방법원 2008.7.2 선고 2007가단16179](여성차별 불인정)

[46] 종중재산의 남녀차등분배
　　　[수원지방법원 2009.10.18 선고 2008가합19235](여성차별 인정)

[47] 남녀동일가치노동·동일임금원칙의 위반죄

[대전지방법원 논산지원 2008.8.8 선고 2007고단731](여성차별 인정)

[48] 남성후손만을 종중원으로 한 종중의 대표자선임

[대전지방법원 2008.8.20 선고 2008나977](유효, 여성차별 불인정)

[49] 남녀동일가치노동·동일임금원칙의 위반죄

[대전지방법원 2008.10.10 선고 2008노2053](여성차별 인정)

[50] 임신을 이유로 한 부당해고

[인천지방법원 부천지원 2009.1.14 선고 2008가단23516](여성차별 불인정)

[51] 성별 직종과 직무분리채용에 따른 남녀임금차등

[울산지방법원 2009.2.19 선고 2007가단22834](여성차별 불인정)

[52] 남성으로 지원자격을 제한한 생산직원 모집광고

[대전지방법원 천안지원 2009.5.21 선고 고단310](여성차별 인정)

[53] 혼인빙자간음죄의 '음행의 상습 없는 부녀' 대상

[서울동부지방법원 2009.7.16 선고 2009헌바191](위헌법률심판제청 기각, 남성차별 불인정)

[54] 남성으로 지원자격을 제한한 생산직원 모집광고

[대전지방법원 2009.7.22 선고 2009노1195](여성차별 인정)

[55] 임신을 이유로 한 부당해고

[인천지방법원 2009.9.8 선고 2009나2347](여성차별 불인정)

[56] 업무가 다른 계약직 남녀근로자의 임금차등

[서울남부지방법원 2009.10.12 선고 2008고정3051](여성차별 인정)

[57] 출산휴가자와 육아휴직자에 대한 사직강요

[서울동부지방법원 2009.10.28 선고 2009가합1267](여성차별 인정)

[58] 업무가 다른 계약직 남녀근로자의 임금차등

[서울남부지방법원 2010.2.11 선고 2009노1951](여성차별 인정)

[59] 남녀동일가치노동에 대한 동일임금액 청구소송

[서울남부지방법원 2010.7.28 선고 2008가소346192](여성차별 인정)

[60] 임신 등을 이유로 한 계약직여성의 계약해지

[창원지방법원 2010.8.19 선고 2008가합10556](여성차별 인정)

[61] 병원의 '원무행정 여 대졸이상'의 채용공고

[청주지방법원 2011.1.13 선고 2010노1035(분리)](남성차별 불인정)

[62] 콜센터 여성근로자에 대한 경영상 해고

[서울중앙지방법원 2011.3.29 선고 2010가합86193](여성차별 불인정)

[63] 병원의 '원무행정 여 대졸이상'의 채용공고

[청주지방법원 충주지원 2011.8.26 선고 2009고단681 등(병합)](남성
차별 불인정)

[64] 병원의 '원무행정 여 대졸이상'의 채용공고

[청주지방법원 2011.12.30 선고 2010노1035-1(분리)](남성차별 불인정)

[65] 환경미화원의 남녀임금차등

[인천지방법원 2012.8.16 선고 2011가합15717](여성차별 인정)

1-2 특수법원(19건)

1) 1990년대

[1] 남성으로 지원자격을 제한한 사원모집광고

[서울형사지방법원 1990.5.26 선고(약식명령)](여성차별 인정)

[2] 병원외과 인턴합격자 인원의 남녀차등

[전주형사지방법원 1991.8.19 선고(약식명령)](여성차별 인정)

[3] 여성사무보조원의 28세 정년

[대구형사지방법원 1991.9 선고(약식명령)](여성차별 인정)

[4] 고졸여사원의 용모채용기준

[서울형사지방법원 1995. 선고(약식명령)](여성차별 인정)

[5] 혼인제도 : 동성동본금혼제(同姓同本禁婚制)

[서울가정법원 1995.5.17 선고 95호파3029 내지 3036](위헌법률심판제
청, 여성차별 인정)

[6] 남성직원에 대한 일률적 군경력 인정에 따른 남녀임금차등

[서울형사지방법원 1996.2.27 선고(약식명령)](여성차별 인정)

2) 2000년대

[7] 여성결혼퇴직각서의 이행 강요

　　[서울행정법원 2000.2.15 선고 99구18615](여성차별 인정)

[8] 여성으로만 구성된 산업상담원의 직권면직처분

　　[서울행정법원 2000.6.27 선고 2000구2623](여성차별 불인정)

[9] 근무태도 불성실 등을 이유로 한 여성해고

　　[서울행정법원 2003.1.24 선고 2002구합16306](여성차별 불인정)

[10] 직제개편으로 인한 여성직군의 승진지체

　　[서울행정법원 2004.4.16 선고 2002구합39750](여성차별 불인정)

■ 주로 여성인 경찰청 고용직 공무원의 직권면직([11], [12])

[11] [서울행정법원 2005.9.22 선고 2005구합10002](여성차별 불인정)

[12] [서울행정법원 2005.9.22 선고 2005구합20108](여성차별 불인정)

[13] 유족보상연금수급자격의 부부차등

　　[서울행정법원 2006.1.12 선고 2005아1596](위헌법률심판제청, 남성차
　　별 인정)

[14] 출산휴가 후 부당해고

　　[서울행정법원 2007.12.20 선고 2007구합28410](여성차별 인정)

[15] 여성부에 대한 여성차별시정신청을 이유로 한 보복적 전보

　　[서울행정법원 2008.3.13 선고 2007구합31751](여성차별 불인정)

[16] 유사한 업무를 하는 남녀근로자의 기본급 차등

　　[서울행정법원 2008.6.12 선고 2007구합45057](여성차별 인정)

[17] 하위직 여성근로자의 정년단축

　　[서울행정법원 2008.7.29 선고 2008구합8888](여성차별 불인정)

[18] 정리해고대상을 주로 여성으로 선정한 조치

　　[서울행정법원 2009.10.7 선고 2008구합50605](여성차별 인정)

[19] 유사한 업무를 하는 남녀근로자의 기본급 차등

　　[서울형사지방법원 2010.2.11 선고 2009노195](여성차별 인정)

고등법원(39건)

1) 1960년대

[1] 강간죄의 '부녀' 대상

  [서울고등법원 1966.12.10 선고 66노259](남성차별 불인정)

2) 1980년대

[2] 여성전화교환원과 다른 직종의 12세 정년차등

  [서울고등법원 1985.2.15 선고 83나3100](여성차별 불인정)

[3] 미혼여성의 교통사고 손해배상액 산정에서 결혼퇴직제의 적용

  [서울고등법원 1986.3.4 선고 85나1683](여성차별 인정)

[4] 여성전화교환원과 다른 직종의 12세 정년차등

  [서울고등법원 1989.4.19 선고 89나2136](여성차별 인정)

3) 1990년대

[5] 결혼한 여성아나운서와 PD의 해고

  [서울고등법원 1991.5.30 선고 90구13941](여성차별 인정)

[6] 여성의 종중회원자격을 불인정하는 관습

  [서울고등법원 1992.6.16 선고 91나38312](여성차별 인정)

[7] 기계부서 남녀근로자의 2세 정년차등

  [서울고등법원 1992.9.17 선고 91구19434](여성차별 인정)

[8] 선별포장직 여성과 기능직 남성의 3세 정년차등

  [서울고등법원 1993.5.11 선고 92나67621](여성차별 인정)

[9] 결혼퇴직제 등 여성차별적 직장관행에 항의한 여사원의 징계해고

  [서울고등법원 1994.9.2 선고 97나6347](여성차별 인정)

[10] 여성전화교환원과 다른 직종의 5세 정년차등

  [서울고등법원 1994.9.29 선고 93구25563](여성차별 인정)

[11] 사보담당 기혼여성을 지방소재 지사의 판매부로 전보

  [서울고등법원 1997.2.28 선고 94구36973](여성차별 불인정)

[12] 부계(父系)혈통주의에 의한 국적취득

[서울고등법원 1997.8.20 선고 97부776](위헌법률심판제청, 여성차별 인정)

4) 2000년대

[13] 여성결혼퇴직각서의 이행 강요

[서울고등법원 2000.8.30 선고 2000누2817](여성차별 불인정)

[14] 여성으로만 구성된 산업상담원의 직권면직처분

[서울고등법원 2001.4.4 선고 2000누8631](여성차별 불인정)

[15] 객관적 평가기준 없이 여성을 정리해고시킨 조치

[서울고등법원 2001.6.29 선고 2000누8839](여성차별 인정)

[16] 여성으로만 구성된 산업상담원의 직권면직처분

[부산고등법원 2001.7.13 선고 2001누69](여성차별 불인정)

[17] 여성성년후손의 종중원자격의 불인정

[서울고등법원 2001.12.11 선고 2001나195994](여성차별 불인정)

[18] '성년후손'에서 '남자후손'으로 종중원의 자격을 개정한 종중규약

[서울고등법원 2002.1.11 선고 2000나36097](유효, 여성차별 불인정)

[19] '부부사원 중 1인'의 명예퇴직기준에 따른 여성집단퇴직

[서울고등법원 2002.2.26 선고 2001나25018](여성차별 인정)

[20] '부부사원 중 1인'의 명예퇴직기준과 특별수당 부가에 따른 여성집단
퇴직

[서울고등법원 2002.5.17 선고 2001나1661](여성차별 불인정)

[21] '부부사원 중 1인'의 명예퇴직기준에 따른 여성집단퇴직

[대구고등법원 2002.11.13 선고 2001나6092](여성차별 인정)

[22] 여성으로만 구성된 산업상담원의 직권면직처분

[부산고등법원 2003.2.14 선고 2001누1406](여성차별 불인정)

[23] 근무태도 불성실 등을 이유로 한 여성해고

[서울고등법원 2003.9.26 선고 2003누33126](여성차별 불인정)

[24] 여성에 대한 결혼퇴직 강요

[서울고등법원 2003.11.5 선고 2002가나62700](여성차별 불인정)

[25] 직제개편으로 인한 여성직군의 승진지체

[서울고등법원 2006.1.12 선고 2004누885](여성차별 인정)

1) 1940년대

[1] 재산상속에서의 출가녀(出嫁女)차등

　　[대법원 1946.10.11 선고 민상 제32호](여성차별 불인정)

[2] 법률행위능력의 부부차등

　　[대법원 1947.9.2 선고 민상 제88호](여성차별 인정)

2) 1950년대

[3] 모(母)의 친권행사의 제한

　　[대법원 1954.9.7 선고 민상 제50호](여성차별 불인정)

3) 1960년대

[4] 강간죄의 '부녀' 대상

　　[대법원 1967.2.28 선고 67도1](남성차별 불인정)

4) 1980년대

[5] 미혼여성의 교통사고 손해배상액 산정에서 결혼퇴직제의 적용

　　[대법원 1987.9.8 선고 86다카816](여성차별 인정)

[6] 여성전화교환원과 다른 직종의 12세 정년차등

　　[대법원 1988.12.27 선고 85다카657](여성차별 인정)

5) 1990년대

[7] 여성의 종중회원자격을 불인정하는 관습

　　[대법원 1992.12.11 선고 92다30153](여성차별 불인정)

[8] 기계부서 남녀근로자의 2세 정년차등

　　[대법원 1993.4.9 선고 92누15765](여성차별 인정)

[9] 여성전화교환원과 다른 직종의 5세 정년차등

　　[대법원 1996.8.23 선고 94누13589](여성차별 불인정)

6) 2000년대

[10] 여성결혼퇴직각서의 이행 강요

[대법원 2001.12.27 선고 2000두7797](여성차별 불인정)

[11] '부부사원 중 1인'의 명예퇴직기준에 따른 여성집단퇴직

[대법원 2002.7.26 선고 2002다19292](여성차별 인정)

[12] '부부사원 중 1인'의 명예퇴직기준과 특별수당 부가에 따른 여성집단
퇴직

[대법원 2002.11.8 선고 2002다35379](여성차별 불인정)

[13] 여성으로만 구성된 산업상담원의 직권면직처분

[대법원 2002.11.18 선고 2001두3051](여성차별 불인정)

[14] 성별 임금책정과 직무분리에 따른 남녀임금차등

[대법원 2003.3.14 선고 2002도3883](여성차별 인정)

[15] 여성에 대한 결혼퇴직 강요

[대법원 2004.4.26 선고 2003다55745](여성차별 불인정)

[16] 여성성년후손의 종중원 자격의 불인정

[대법원 2005.7.21 선고 2002다1178](여성차별 인정)

[17] '성년후손'에서 '남자후손'으로 종중원의 자격을 개정한 종중규약

[대법원 2005.7.21 선고 2002다13850](무효, 여성차별 인정)

[18] 직제개편으로 인한 여성직군의 승진지체

[대법원 2006.7.28 선고 2006두3476](여성차별 인정)

[19] 여성종중원을 배제한 종중총회의 회원자격과 수용보상금 대여 의결

[대법원 2007.9.6 선고 2007다34982](무효, 여성차별 인정)

[20] 혼인빙자간음죄의 '음행의 상습 없는 부녀' 대상

[대법원 2008.6.12 선고 2008헌바58](위헌법률심판제청신청의 기각, 남
성차별 불인정)

[21] 여성종중원을 배제한 종중총회에서 선출된 대표자의 지위

[대법원 2009.2.26 선고 2008다8898](무효, 여성차별 인정)

[22] 남녀동일가치노동·동일임금원칙의 위반죄

[대법원 2009.5.14 선고 2009도9909](상고기각, 여성차별 인정)

[23] 남성후손만을 종중원으로 한 종중의 대표자선임

[대법원 2009.11.5 선고 2008다70220](무효, 여성차별 인정)

[24] 여성종중원을 배제한 종중총회의 총유재산 보존 의결

[대법원 2010.2.11 선고 2009다83650](무효, 여성차별 인정)

[25] 여성종중원을 배제한 종중총회의 회원자격 개정

　　[대법원 2010.7.22 선고 2009마1948](무효, 여성차별 인정)

[26] 종중재산의 출가녀(出嫁女)에 대한 차등분배

　　[대법원 2010.9.30 선고 2007다74775](여성차별 불인정)

[27] 여성종중원을 배제한 종중총회의 소집권자 선정

　　[대법원 2010.12.9 선고 2009다26596](여성차별 인정)

[28] 시민단체의 여성회원에 대한 총회의결권 미부여

　　[대법원 2011.1.27 선고 2009다19864](여성차별 인정)

[29] 남녀동일가치노동에 대한 동일임금액의 청구소송

　　[대법원 2011.4.28 선고 2011다6632](여성차별 인정)

2　헌법재판소(12건)

1) 1990년대

[1] 혼인제도 : 동성동본금혼제(同姓同本禁婚制)

　　[헌법재판소 1997.7.16 선고 95헌가6](헌법불합치결정, 여성차별 인정)

[2] 제대군인의 취업시험 가산점제도

　　[헌법재판소 1999.12.23 선고 98헌마363](위헌결정, 여성차별 인정)

2) 2000년대

[3] 부계(父系)혈통주의에 의한 국적취득

　　[헌법재판소 2000.8.31 선고 97헌가12](헌법불합치결정, 여성차별 인정)

[4] 혼인빙자간음죄의 '음행의 상습 없는 부녀' 대상

　　[헌법재판소 2002.10.31 선고 99헌바40, 2002헌바50(병합)](합헌결정,
　　남성차별 불인정)

[5] 호주제

[헌법재판소 2005.2.3 선고 2001헌가5, 9](헌법불합치결정, 여성차별 인정)
[6] 자녀의 부성(父姓)계승주의의 전면적용

　　[헌법재판소 2005.12.22 선고 2003헌가5, 6(병합)](헌법불합치결정, 여성차별 인정)
[7] 공립중등학교 교사임용후보자 선정 경쟁시험에 대한 양성평등채용목표제의 적용제외

　　[헌법재판소 2006.5.25 선고 2005헌마362](합헌결정, 남성차별 불인정)
[8] 단기복무 남성군인에게 육아휴직을 허용하지 않은 조치

　　[헌법재판소 2008.10.30 선고 2005헌마1156](합헌결정, 남성차별 불인정)
[9] 유족보상연금수급자격의 부부차등

　　[헌법재판소 2008.11.27 선고 2006헌가1](합헌결정, 남성차별 불인정)
[10] 혼인빙자간음죄의 '음행의 상습 없는 부녀' 대상

　　[헌법재판소 2009.11.26 선고 2008헌바58](위헌결정, 남성차별 인정)

■ 남성의 징병제([11], [12])

[11] [헌법재판소 2010.11.25 선고 2006헌마328](합헌결정, 남성차별 불인정)
[12] [헌법재판소 2011.6.30 선고 2001헌마460](합헌결정, 남성차별 불인정)

3 국가인권위원회(62건)

1) 2000년대

[1] 「산업재해보상보험법 시행령」의 장해등급의 남녀차등

　　[국가인권위원회 2002.11.25 결정 02진차2, 36](남성차별 인정)
[2] 「자동차손해배상보험법 시행령」의 장해등급의 남녀차등

　　[국가인권위원회 2003.6.20 결정 03진차5](남성차별 인정)
[3] 검찰사무직렬에 대한 양성평등채용목표제의 적용제외

　　[국가인권위원회 2003.9.1 결정 03진차10](여성차별 인정)

[4] 시민단체의 여성회원에 대한 총회의결권 미부여

　　[국가인권위원회 2004.5.10 결정 04진차12](여성차별 인정)

[5] 얼굴 흉터에 대한 상이등급의 남녀차등

　　[국가인권위원회 2004.6.21 결정 04진차130](남성차별 인정)

[6] 경찰공무원 채용시험의 응시연령의 남녀차등

　　[국가인권위원회 2004.10.18 결정 03진차589](여성차별 인정)

[7] 출산휴가를 한 수련의에 대한 추가교육훈련 요구

　　[국가인권위원회 2005.3.7 결정 05진차308](여성차별 인정)

[8] 여성복지관의 여성전용프로그램

　　[국가인권위원회 2005.8.22 결정 05진차469](남성차별 불인정)

[9] 초등학교 출석부 앞번호를 남학생들에게 배정한 조치

　　[국가인권위원회 2005.9.28 결정 05진차517](여성차별 인정)

[10] '등기부등본, 농지원부의 소유자 등'의 농업종사경력인정기준

　　[국가인권위원회 2005.9.28 결정 05진차4677](여성차별 인정)

[11] 경찰공무원 채용인원의 남녀차등

　　[국가인권위원회 2005.12.5 결정 04진기213](여성차별 인정)

[12] 마라톤대회의 남녀혼합시상

　　[국가인권위원회 2005.12.12 결정 05진차740](여성차별 불인정)

[13] 주·정차단속검사원 채용에서의 '18~29세 여성'의 응시자격

　　[국가인권위원회 2005.12.12 결정 05진차273](남성차별 불인정)

[14] 어머니 학부모에 대한 급식당번의 배정

　　[국가인권위원회 2006.5.29 결정 05진차523](여성차별 불인정)

[15] 초·중등학교 교장·교감 승진에서의 여성우대정책

　　[국가인권위원회 2006.5.29 결정 06진차14](남성차별 불인정)

[16] 해양대의 여성신입생을 입학정원의 10%로 제한

　　[국가인권위원회 2006.5.29 결정 06진차37](여성차별 인정)

[17] 철거이주민에 대한 장학금지급에서 외손자녀를 제외한 조치

　　[국가인권위원회 2006.5.29 결정 06진차35](여성차별 인정)

[18] 무형문화재의 여성전수교육조교의 지정해제

　　[국가인권위원회 2006.7.4 결정 05진차798](여성차별 불인정)

[19] 국군간호사관생도 모집에서 신입생의 자격을 여성으로 제한한 조치

[국가인권위원회 2006.7.18 결정 06직차6](남성차별 인정)

[20] KTX 여승무원의 용모채용기준

[국가인권위원회 2006.9.11 결정 06진차116, 06진차136(병합)](여성차별 인정)

[21] 육아휴직 중인 여성승진대상자를 승진에서 제외

[국가인권위원회 2006.10.10 결정 06진차308](여성차별 인정)

[22] 승진소요연수와 상위직급의 점유율에서의 남녀차이

[국가인권위원회 2006.11.16 결정 06진차42](여성차별 인정)

[23] 군장학생 선발에서 여성을 배제한 조치

[국가인권위원회 2006.11.28 결정 06진차326](여성차별 인정)

[24] 남성인 가정폭력피해자의 임시조치신청의 미처리

[국가인권위원회 2006.12.12 결정 06진차391](남성차별 불인정)

[25] 특전사 부사관 선발에서 이혼여성을 배제한 조치

[국가인권위원회 2006.12.22 결정 06진차399](여성차별 인정)

[26] 방송사 계약직 여사원의 결혼퇴직관행

[국가인권위원회 2006.12.22 결정 06진차481](여성차별 인정)

[27] 보건소 의사채용에서의 임신 중인 여성지원자 탈락

[국가인권위원회 2007.3.9 결정 06진차618](여성차별 인정)

[28] 출산휴가기간을 상여금 지급대상기간에서 제외한 지침

[국가인권위원회 2007.3.9 결정 06진차263](여성차별 인정)

[29] 남성으로 지원자격을 제한한 직원채용

[국가인권위원회 2007.3.28 결정 07진차56](여성차별 인정)

[30] 특정과목 교사의 선배정에서의 여성배제

[국가인권위원회 2007.4.23 결정 06진차267](여성차별 인정)

[31] 소방공무원의 채용분야와 채용인원의 남녀차등

[국가인권위원회 2007.8.27 결정 05진차430](여성차별 인정)

[32] 유사한 업무를 하는 남녀근로자의 기본급 차등

[국가인권위원회 2007.10.8 결정 07진차232](여성차별 인정)

[33] 무형문화재의 전승자지정에서의 여성배제

[국가인권위원회 2007.10.30 결정 07진차350](여성차별 인정)

[34] 모자복지시설과 부자복지시설의 설치차등

[국가인권위원회 2008.1.14 결정 07진차550](여성차별 인정)

[35] 간호사의 모집·채용에서의 남성배제

[국가인권위원회 2008.1.28 결정 07진차654](남성차별 인정)

[36] 폐암치료제의 건강보험적용에서의 남녀차등

[국가인권위원회 2008.1.28 결정 07진차536](남성차별 불인정)

[37] 승진에서의 고졸여사원 제외

[국가인권위원회 2008.3.10 결정 07진차225](여성차별 불인정)

[38] 임신 등을 이유로 한 계약직여성의 계약해지

[국가인권위원회 2008.3.24 결정 07진차797](여성차별 인정)

[39] 출산휴가자와 육아휴직자에 대한 사직강요

[국가인권위원회 2008.5.19 결정 07진차953](여성차별 인정)

[40] 여성취업지원사업의 전문직종 양성과정

[국가인권위원회 2008.7.15 결정 08진차536](남성차별 불인정)

[41] 비행기 승무원의 채용방법의 남녀차등

[국가인권위원회 2008.10.27 결정 07직차2](남성차별 인정)

[42] 성별 직종과 직무분리채용에 따른 남녀임금차등

[국가인권위원회 2008.10.27 결정 07진차981](여성차별 인정)

[43] 교도소 여성수형자의 정보화교육 기회의 배제

[국가인권위원회 2008.11.10 결정 08진차197](여성차별 인정)

[44] 학력·병역·근속연수의 승진심사기준에 따른 여성의 승진지체

[국가인권위원회 2008.12.29 결정 08진차325](여성차별 인정)

[45] 출산휴가를 한 수련의에게 추가교육훈련 요구

[국가인권위원회 2009.5.20 결정 08진차818](여성차별 인정)

[46] 임신·출산한 여성에 대한 시험응시 편의의 미제공

[국가인권위원회 2009.6.3 결정 08진차1393](여성차별 불인정)

[47] 성희롱 관련 고소를 한 여성들의 채용탈락

[국가인권위원회 2009.6.22 결정 08진차1048·08진차1049(병합)](여성
차별 인정)

[48] 조합원자녀의 장학금 신청심사에서의 남녀차등

[국가인권위원회 2009.7.6 결정 09진차200](여성차별 불인정)

[49] 조달청 입찰에서 여성기업인에게 특별가산점을 부여한 조치

[국가인권위원회 2009.7.6 결정 08진차1379](남성차별 불인정)

[50] 남성전업주부에 대한 신용카드 발급거부

[국가인권위원회 2009.8.17 결정 09진차225](남성차별 인정)

[51] 항공마일리지 합산대상 가족에 외조부모·외손자녀를 제외한 조치

[국가인권위원회 2009.8.17 결정 09진차487·09진차1006(병합)](여성
차별 인정)

[52] 여성공원도우미의 30세 정년

[국가인권위원회 2009.9.30 결정 09진차736·09진차1022(병합)](여성
차별 인정)

[53] 공군사관후보생 조종장교 지원자격을 남성으로 제한한 조치

[국가인권위원회 2010.5.25 결정 09진차773](여성차별 인정)

[54] 사립 미용고등학교의 입학생을 여성으로 제한

[국가인권위원회 2010.5.25 결정 09진차1218](남성차별 인정)

[55] 기혼여직원의 친부모 사망을 경조금 지급대상에서 제외한 조치

[국가인권위원회 2011.7.15 결정 11진정0115900](여성차별 인정)

[56] 임신·출산한 도립 국악원 단원들에 대한 인격침해

[국가인권위원회 2011.8.1 결정 11진정0191300, 11진정0199100(병
합)](여성차별 인정)

[57] 교사의 성과상여금 지급감점사유에 출산휴가와 수유시간의 사용 포함

[국가인권위원회 2011.8.26 결정 10진정796500](여성차별 인정)

[58] 해사고등학교의 입학생을 남성으로 제한

[국가인권위원회 2011.11.25 결정 11직권0002000](여성차별 인정)

[59] 남성에 대한 시립여성전용도서관의 이용 제한

[국가인권위원회 2011.11.25 결정 11진정0316500](남성차별 인정)

[60] 항공운항학과의 여성신입생을 입학정원의 6%로 제한

[국가인권위원회 2012.4.12 결정 12진정0077900](여성차별 인정)

[61] 기혼여성의 친부모를 진료비 감면에서 제외 또는 차등시킨 조치

[국가인권위원회 2012.8.22 결정 12진정0315200](여성차별 인정)
[62] 전문대학 간호과의 입학생을 여성으로 제한
[국가인권위원회 2012.9.17 결정 12진정0486102](남성차별 인정)

4 노동위원회(22건)

4-1 지방노동위원회(15건)

1) 1990년대

[1] 결혼통보한 여성사보기자의 지방 계열사 전보
[서울지방노동위원회 1990.5.11 결정](여성차별 인정)
[2] 결혼한 여성아나운서와 PD의 해고
[경남지방노동위원회 1990.5.26 결정](여성차별 인정)
[3] 대학의 임시직 기혼여직원의 재임용 탈락
[전남지방노동위원회 1990.5.28 결정](여성차별 인정)
[4] 기계부서 남녀근로자의 2세 정년차등
[경기지방노동위원회 1991.6.17 결정](여성차별 인정)
[5] 결혼통보한 여성의 부서변경
[부산지방노동위원회 1991.6.17 결정](여성차별 인정)
[6] 직무가 다른 남녀근로자의 정년차등
[서울지방노동위원회 1992.10.30 결정](여성차별 불인정)
[7] 여성전화교환원과 다른 직종의 5세 정년차등
[서울지방노동위원회 1993.5.4 결정](여성차별 불인정)
[8] 단체협약의 결혼퇴직조항에 따른 여성의 해고
[서울지방노동위원회 1995.8.25 결정](여성차별 인정)
[9] 결혼한 정규직 여성의 임시직 전환과 해고

[충남지방노동위원회 1996.4.26 결정](여성차별 인정)

[10] 기혼여성의 지방 전보발령

[서울지방노동위원회 1998.4.7 결정](여성차별 인정)

[11] 브랜드폐지에 따른 여성디자이너의 정리해고

[서울지방노동위원회 1998.7.8 결정 98부해416, 98부해448](여성차별 불인정)

[12] 30세 이상 10년 이상 근속한 여성사원의 집단해고

[서울지방노동위원회 1999.1.28 결정](여성차별 인정)

[13] 여성결혼퇴직각서의 이행 강요

[강원지방노동위원회 1999.2.10 결정](여성차별 인정)

2) 2000년대

[14] 직제개편으로 인한 여성직군의 승진지체

[서울지방노동위원회 2002.4.2 결정 2002부해86](여성차별 불인정)

[15] 출산휴가 후 부당해고

[서울지방노동위원회 2007.3.15 결정](여성차별 인정)

4-2 중앙노동위원회(7건)

1) 1990년대

[1] 결혼한 여성아나운서와 PD의 해고

[중앙노동위원회 1990.8.16 결정](여성차별 인정)

[2] 결혼통보한 여성사보기자의 지방 계열사 전보

[중앙노동위원회 1991.3.8 결정](여성차별 인정)

[3] 기계부서 남녀근로자의 2세 정년차등

[중앙노동위원회 1991.9.3 결정](여성차별 인정)

[4] 직무가 다른 남녀근로자의 정년차등

[중앙노동위원회 1993.3.19 결정](여성차별 불인정)

[5] 여성전화교환원과 다른 직종의 5세 정년차등

[중앙노동위원회 1993.9.3 결정](여성차별 인정)

[6] 여성결혼퇴직각서의 이행 강요

　　[중앙노동위원회 1999.5.15 결정](여성차별 인정)

2) 2000년대

[7] 직제개편으로 인한 여성직군의 승진지체

　　[중앙노동위원회 2002.10.29 결정 2002부해342](여성차별 불인정)

5 　고용문제조정(고용평등)위원회(5건)

1) 1990년대

[1] 단체협약의 결혼퇴직조항에 따른 여성의 직권면직

　　[대전지방노동청 고용문제조정위원회 1990.5 조정성립](여성차별 인정)

[2] 결혼을 이유로 한 여직원의 해고

　　[인천지방노동청 고용문제조정위원회 1991.7.12 조정성립](여성차별 인정)

[3] 생산직 남녀근로자의 2세 정년차등

　　[인천지방노동청 고용평등위원회 1993.5.3 조정성립](여성차별 인정)

[4] 여성에 대한 임금인상협약의 적용배제

　　[인천지방노동청 고용평등위원회 1995.6.28 조정성립](여성차별 인정)

2) 2000년대

[5] 은행원의 성별 직군분리채용

　　[서울지방노동청 고용평등위원회 2004.11.16 조정성립](여성차별 인정)

6 대통령직속 여성특별위원회(14건)

1) 1990년대

[1] 승진에서의 여직원 제외

[여성특별위원회 1999.10.13 결정 99고용-17](여성차별 인정)

[2] 징계대상자인 여교사의 의원면직

[여성특별위원회 1999.12.21 결정 99고용-23](여성차별 불인정)

[3] 결혼퇴직제를 거부한 여성의 무연고지 전보

[여성특별위원회 1999.12.21 결정 99고용-29](여성차별 인정)

2) 2000년대

[4] 부서통폐합에 따른 여직원의 부서변경과 사직권고

[여성특별위원회 2000.3.31 결정 99고용-34](여성차별 불인정)

[5] 결혼퇴직제를 거부한 여성에 대한 대기발령

[여성특별위원회 2000.3.31 결정 99고용-33](여성차별 인정)

[6] 전공과 학과가 불일치한 기간제 여교수의 재임용탈락

[여성특별위원회 2000.3.31 결정 99고용-219](여성차별 불인정)

[7] 결혼퇴직제를 거부한 여성에 대한 대기발령

[여성특별위원회 2000.3.31 결정 99고용-33](여성차별 인정)

[8] 통장의 남성우선 위촉

[여성특별위원회 2000.3.31 결정 00법집행1, 2](여성차별 인정)

[9] 근로자주택장기저축의 소득세 공제대상을 '부양가족이 있는 세대주'로 한 조치

[여성특별위원회 2000.3.31 결정 00법집행3](여성차별 불인정)

[10] 서민전세자금대출대상을 '무주택 세대주'로 한 조치

[여성특별위원회 2000.7.14 결정 00법집행10](여성차별 불인정)

[11] 여행원의 승진지체

[여성특별위원회 2000.7.14 결정 00고용-23](여성차별 불인정)

[12] 독립유공자의 유족에서 외손자녀를 제외한 조치

[여성특별위원회 2000.9.8 결정 00법집행6](여성차별 인정)
[13] 성별 직군분리에 따른 남녀임금차등
[여성특별위원회 2000.10.27 결정 00고용38](여성차별 인정)
[14] 여성에게만 수건을 무상대여하지 않은 온천장의 조치
[여성특별위원회 2000.10.27 결정 00재시용1](여성차별 인정)

7 남녀차별개선위원회(37건)

1) 2000년대

[1] 임신을 이유로 한 퇴직권유와 대기발령
[남녀차별개선위원회 2001.5.14 결정 01고용10](여성차별 불인정)
[2] 부모 중 '국가유공자를 주로 부양한 자'에게 유족증을 발급한 조치
[남녀차별개선위원회 2001.5.14 결정 00법집행13](여성차별 인정)
[3] 대학의 행정직원채용직급의 남녀차등
[남녀차별개선위원회 2001.6.18 결정 00고용49](여성차별 인정)
[4] 중학교 출석부 앞번호를 남학생들에게 배정한 조치
[남녀차별개선위원회 2001.6.18 결정 01교육1](여성차별 인정)
[5] 정규직 여직원의 결혼을 이유로 한 계약직 전환
[남녀차별개선위원회 2001.10.8 결정 01고용29](여성차별 인정)
[6] 대학기숙사의 입소기준의 남녀차등
[남녀차별개선위원회 2001.10.8 결정 01재시용3](여성차별 불인정)
[7] 호텔 웨이터와 웨이트레스의 성별 분리승진체계
[남녀차별개선위원회 2002.3.4 결정 01고용9](여성차별 인정)
[8] 보건소장 채용에서의 여성지원자 탈락
[남녀차별개선위원회 2002.3.4 결정 01고용35](여성차별 불인정)
[9] 쌍방 폭행사건 당사자 중 여성근로자만을 징계한 조치

[남녀차별개선위원회 2003.8.11 결정 03남녀차별22](여성차별 인정)

[25] 남성에 대한 시민회관 수영강습반의 수강 제한

[남녀차별개선위원회 2003.8.11 결정 03남녀차별31](남성차별 불인정)

[26] 기간제 여교사에게 차접대업무 지시

[남녀차별개선위원회 2003.10.6 결정 03남녀차별14](여성차별 인정)

[27] 여학생에게 치마교복착용 의무 부과

[남녀차별개선위원회 2003.11.24 결정 03남녀차별56](여성차별 인정)

[28] 남성으로 모집대상을 제한한 시험감독 아르바이트 채용

[남녀차별개선위원회 2004.4.6 결정 04남녀차별16](여성차별 인정)

[29] 민주화보상대상자 선정에서 품위손상으로 해임된 여교사의 탈락

[남녀차별개선위원회 2004.4.6 결정 04남녀차별6](여성차별 불인정)

[30] 여성에 대한 골프장의 입회 제한

[남녀차별개선위원회 2004.5.10 결정 04남녀차별20](여성차별 인정)

[31] 출산예정자에 대한 퇴직강요

[남녀차별개선위원회 2004.7.19 결정 04남녀차별30](여성차별 인정)

[32] 기혼여성의 친부모를 진료비 감면에서 제외 또는 차등시킨 조치

[남녀차별개선위원회 2004.7.26 결정 04남녀차별34](여성차별 인정)

[33] 출산휴가와 육아휴직의 사용을 이유로 한 퇴직강요

[남녀차별개선위원회 2004.10.11 결정 04남녀차별42](여성차별 인정)

[34] 출산을 이유로 한 퇴직강요

[남녀차별개선위원회 2004.10.11 결정 04남녀차별44](여성차별 인정)

[35] 남성의 숙직근무

[남녀차별개선위원회 2004.11.22 결정 04남녀차별47](남성차별 불인정)

[36] 국립대 기능직공무원 채용에서의 여성지원자 탈락

[남녀차별개선위원회 2004.11.22 결정 04남녀차별54](여성차별 불인정)

[37] 근무평정이 낮은 여성의 승진탈락

[남녀차별개선위원회 2005.4.25 결정](여성차별 불인정)

부록 2

분야별 · 사안별 성차별 관련 판례와 결정례 목록

1 가족 분야(39건)

1-1 혼인과 가정생활에 관한 법제도 관련(15건)

1) 법률행위능력의 부부차등

[1] [전주지방심리원 1947.3.27 선고](여성차별 인정)

[2] [대법원 1947.9.2 선고 민상 제88호](여성차별 인정)

2) 혼인제도 : 동성동본금혼제(同姓同本禁婚制)

[3] [서울가정법원 1995.5.17 선고 95호파3029 내지 3036](위헌법률심판제청, 여성차별 인정)

[4] [헌법재판소 1997.7.16 선고 95헌가6](헌법불합치결정, 여성차별 인정)

3) 호주제

[5] [서울지방법원 서부지원 2001.3.27 선고 2001헌가9](위헌법률심판제청, 여성차별 인정)

[6] [서울지방법원 북부지원 2001.3.29 선고 2001헌가10 내지 15](위헌법률심판제청, 여성차별 인정)

[7] [대전지방법원 2004.2.9 선고 2002헌가5](위헌법률심판제청, 여성차별 인정)

[8] [헌법재판소 2005.2.3 선고 2001헌가5, 9](헌법불합치결정, 여성차별 인정)

4) 친자관계의 부모차등

[9] 모(母)의 친권행사의 제한

　　[대법원 1954.9.7 선고 민상 제50호](여성차별 불인정)

■ 부계(父系)혈통주의에 의한 국적취득([10], [11])

[10] [서울고등법원 1997.8.20 선고 97부776](위헌법률심판제청, 여성차별 인정)

[11] [헌법재판소 2000.8.31 선고 97헌가12](헌법불합치결정, 여성차별 인정)

■ 자녀의 부성(父姓)계승주의의 전면적용([12], [13])

[12] [서울지방법원 북부지원 2003.2.13 선고 2002호파84](위헌법률심판제청, 여성차별 인정)

[13] [헌법재판소 2005.12.22 선고 2003헌가5,6(병합)](헌법불합치결정, 여성차별 인정)

5) 재산상속에서의 출가녀(出嫁女)제외

[14] [부산지방법원 1946.4.21 선고](여성차별 불인정)

[15] [대법원 1946.10.11 선고 민상 제32호](여성차별 불인정)

1-2　종중 관련(24건)

1) 여성의 종중원자격

■ 여성의 종중회원자격을 불인정하는 관습([16], [17])

[16] [서울고등법원 1992.6.16 선고 91나38312](여성차별 인정)

[17] [대법원 1992.12.11 선고 92다30153](여성차별 불인정)

■ 여성성년후손의 종중원자격 불인정([18]~[20])

[18] [수원지방법원 2001.3.23 선고 2000가합5711](여성차별 불인정)

[19] [서울고등법원 2001.12.11 선고 2001나195994](여성차별 불인정)

[20] [대법원 2005.7.21 선고 2002다1178](여성차별 인정)

■ '성년후손'에서 '남자후손'으로 종중원의 자격을 개정한 종중규약([21], [22])
[21] [서울고등법원 2002.1.11 선고 2000나36097](유효, 여성차별 불인정)
[22] [대법원 2005.7.21 선고 2002다13850](무효, 여성차별 인정)

■ 남성후손만을 종중원으로 한 종중의 대표자선임([23], [24])
[23] [대전지방법원 2008.8.20 선고 2008나977](유효, 여성차별 불인정)
[24] [대법원 2009.11.5 선고 2008다70220](무효, 여성차별 인정)

2) 여성종중원에게 소집통지를 하지 않은 종중총회의 의결
■ 여성종중원을 배제한 종중총회의 회원자격과 수용보상금 대여 의결([25]~ [27])
[25] [대전지방법원 2006.7.26 선고 2006가합1545](무효, 여성차별 인정)
[26] [대전고등법원 2007.5.2 선고 2006나8847](무효, 여성차별 인정)
[27] [대법원 2007.9.6 선고 2007다34982](무효, 여성차별 인정)

■ 여성종중원을 배제한 종중총회에서 선출된 대표자의 지위([28], [29])
[28] [서울고등법원 2007.12.20 선고 2006나89673](유효, 여성차별 불인정)
[29] [대법원 2009.2.26 선고 2008다8898](무효, 여성차별 인정)

■ 여성종중원을 배제한 종중총회의 소집권자 선정([30], [31])
[30] [대구고등법원 2009.2.12 선고 2007나9789](무효, 여성차별 인정)
[31] [대법원 2010.12.9 선고 2009다26596](무효, 여성차별 인정)

■ 여성종중원을 배제한 종중총회의 총유재산 보존 의결([32], [33])
[32] [서울고등법원 2009.9.22 선고 2008나113082](무효, 여성차별 인정)
[33] [대법원 2010.2.11 선고 2009다83650](무효, 여성차별 인정)

■ 여성종중원을 배제한 종중총회의 회원자격 개정([34], [35])
[34] [부산고등법원 2009.10.28 선고 2009라86](유효, 여성차별 불인정)
[35] [대법원 2010.7.22 선고 2009마1948](무효, 여성차별 인정)

3) 종중재산의 여성에 대한 차등분배
[36] 종중재산의 남녀차등분배

[수원지방법원 2009.10.18 선고 2008가합19235](여성차별 인정)

■ 종중재산의 출가녀(出嫁女)에 대한 차등분배([37]~[39])

[37] [서울지방법원 서부지원 2006.11.10 선고 2006가합2070](여성차별 불
인정)

[38] [서울고등법원 2007.9.5 선고 2006나112351](여성차별 불인정)

[39] [대법원 2010.9.30 선고 2007다74775](여성차별 불인정)

2 고용 분야(195건)

2-1 모집 · 채용 관련(31건)

1) 모집 · 채용대상에서의 여성배제

[40] 남성으로 지원자격을 제한한 사원모집광고
   [서울형사지방법원 1990.5.26 선고(약식명령)](여성차별 인정)

[41] 남성으로 모집대상을 제한한 시험감독 아르바이트 채용
   [남녀차별개선위원회 2004.4.6 결정 04남녀차별16](여성차별 인정)

[42] 남성으로 지원자격을 제한한 직원채용
   [국가인권위원회 2007.3.28 결정 07진차56](여성차별 인정)

■ 남성으로 지원자격을 제한한 생산직원 모집광고([43], [44])

[43] [대전지방법원 천안지원 2009.5.21 선고 고단310](여성차별 인정)

[44] [대전지방법원 2009.7.22 선고 2009노1195](여성차별 인정)

2) 모집 · 채용대상에서의 남성배제

[45] 주 · 정차단속검사원 채용에서의 '18~29세 여성'의 응시자격
   [국가인권위원회 2005.12.12 결정 05진차273](남성차별 불인정)

[46] 간호사의 모집·채용에서의 남성배제

　　[국가인권위원회 2008.1.28 결정 07진차654](남성차별 인정)

■ 병원의 '원무행정 여 대졸이상'의 채용공고([47]~[49])

[47] [청주지방법원 충주지원 2011.8.26 선고 2009고단681 등(병합)](남성
　　차별 불인정)

[48] [청주지방법원 2011.12.30 선고 2010노1035-1(분리)](남성차별 불인정)

[49] [청주지방법원 2011.1.13 선고 2010노1035(분리)](남성차별 불인정)

3) 모집·채용방법의 남녀차등

(1) 채용의 인원과 연령의 남녀차등

[50] 병원외과 인턴합격자 인원의 남녀차등

　　[전주형사지방법원 1991.8.19 선고(약식명령)](여성차별 인정)

[51] 경찰공무원 채용인원의 남녀차등

　　[국가인권위원회 2005.12.5 결정 04진기213](여성차별 인정)

[52] 소방공무원의 채용분야와 채용인원의 남녀차등

　　[국가인권위원회 2007.8.27 결정 05진차430](여성차별 인정)

[53] 경찰공무원 채용시험의 응시연령의 남녀차등

　　[국가인권위원회 2004.10.18 결정 03진차589](여성차별 인정)

(2) 여성의 용모채용기준

[54] 고졸여사원의 용모채용기준

　　[서울형사지방법원 1995. 선고(약식명령)](여성차별 인정)

[55] KTX 여승무원의 용모채용기준

　　[국가인권위원회 2006.9.11 결정 06진차116, 06진차136(병합)](여성차
　　별 인정)

(3) 채용직종과 직급의 남녀차등

[56] 금융회사의 직원채용직종의 남녀차등

　　[서울지방법원 1998.9.19 선고 97가합55091](여성차별 불인정)

[57] 대학의 행정직원채용직급의 남녀차등

　　[남녀차별개선위원회 2001.6.18 결정 00고용49](여성차별 인정)

[58] 은행원의 성별 직군분리채용

  [서울지방노동청 고용평등위원회 2004.11.16 조정성립](여성차별 인정)

■ 사무직채용 직급의 남녀차등([59], [60])

[59] [부산지방법원 2007.11.21 선고 2007고정405](여성차별 인정)

[60] [부산지방법원 2008.5.22 선고 2007노4889](여성차별 인정)

(4) 비행기 승무원 채용방법의 남녀차등

[61] [국가인권위원회 2008.10.27 결정 07직차2](남성차별 인정)

4) 모집 · 채용에서의 여성지원자의 탈락

(1) 여성지원자 탈락의 여성차별 인정

[62] 보건소 의사채용에서의 임신 중인 여성지원자 탈락

  [국가인권위원회 2007.3.9 결정 06진차618](여성차별 인정)

[63] 성희롱 관련 고소를 한 여성들의 채용 탈락

  [국가인권위원회 2009.6.22 결정 08진차1048 · 08진차1049(병합)](여성차별 인정)

(2) 여성지원자 탈락에 대한 여성차별 불인정

[64] 전공과 학과가 불일치한 기간제 여교수의 재임용 탈락

  [여성특별위원회 2000.3.31 결정 99고용219](여성차별 불인정)

[65] 교수채용에서의 여성지원자 탈락

  [남녀차별개선위원회 2003.6.16 결정 03남녀차별13](여성차별 불인정)

[66] 전문연구원 채용에서의 여성지원자 탈락

  [남녀차별개선위원회 2003.3.24 결정 02남녀차별44](여성차별 불인정)

[67] 국립대 기능직공무원 채용에서의 여성지원자 탈락

  [남녀차별개선위원회 2004.11.22 결정 04남녀차별54](여성차별 불인정)

[68] 보건소장 채용에서의 여성지원자 탈락

  [남녀차별개선위원회 2002.3.4 결정 01고용35](여성차별 불인정)

5) 양성평등채용목표제의 적용

[69] 검찰사무직렬에 대한 양성평등채용목표제의 적용제외

[국가인권위원회 2003.9.1 결정 03진차10](여성차별 인정)
[70] 공립중등학교 교사임용후보자 선정 경쟁시험에 대한 양성평등채용목
표제의 적용제외
[헌법재판소 2006.5.25 선고 2005헌마362](합헌결정, 남성차별 불인정)

2-2   임금 관련(34건)

1) 남녀동일가치노동에 대한 동일임금지급

(1) 환경미화원의 남녀임금차등

[71] 여성청소원과 남성방호직 사이의 임금차등
[서울지방법원 서부지원 1991.6.27 선고 90가단7848](여성차별 불인정)
[72] 환경미화원의 남녀임금차등
[인천지방법원 2012.8.16 선고 2011가합15717](여성차별 인정)

(2) 생산직의 남녀임금차등

■ 성별 임금책정과 직무분리에 따른 임금차등([73]~[75])
[73] [수원지방법원 평택지원 2001.9.23 선고 1997고단1484](여성차별 인정)
[74] [수원지방법원 2002.7.11 선고 2001노3321](여성차별 불인정)
[75] [대법원 2003.3.14 선고 2002도3883](여성차별 인정)

■ 유사한 업무를 하는 남녀근로자의 기본급차등([76]~[79])
[76] [국가인권위원회 2007.10.8 결정 07진차232](여성차별 인정)
[77] [서울행정법원 2008.6.12 선고 2007구합45057](여성차별 인정)
[78] [서울고등법원 2009.5.28 선고 2008누17631](여성차별 인정)
[79] [서울형사지방법원 2010.2.11 선고 2009노195](여성차별 인정)

■ 남성정규직과 여성비정규직의 임금차등([80], [81])
[80] [서울남부지방법원 2008.7.2 선고 2007가단16179](여성차별 불인정)
[81] [서울고등법원 2010.10.29 선고 2009나41184](여성차별 불인정)

■ 성별 직종과 직무 분리채용에 따른 남녀임금차등([82]~[84])

[82] [국가인권위원회 2008.10.27 결정 07진차981](여성차별 인정)

[83] [울산지방법원 2009.2.19 선고 2007가단22834](여성차별 불인정)

[84] [부산고등법원 2010.1.27 선고 2009나4947](여성차별 불인정)

■ 동일가치노동을 수행한 남녀근로자 사이의 임금격차

[85] [광주지방법원 2002.1.9 선고 2001고단2938](여성차별 인정)

■ 남녀동일가치노동·동일임금원칙의 위반죄([86]~[88])

[86] [대전지방법원 논산지원 2008.8.8 선고 2007고단731](여성차별 인정)

[87] [대전지방법원 2008.10.10 선고 2008노2053](여성차별 인정)

[88] [대법원 2009.5.14 선고 2009도9909](여성차별 인정)

■ 남녀동일가치노동에 대한 동일임금액의 청구소송([89]~[91])

[89] [서울남부지방법원 2010.7.28 선고 2008가소346192](여성차별 인정)

[90] [서울고등법원 2010.12.24 선고 2010나90298](여성차별 인정)

[91] [대법원 2011.4.28 선고 2011다6632](여성차별 인정)

■ 업무가 다른 계약직 남녀근로자의 임금차등([92], [93])

[92] [서울남부지방법원 2009.10.12 선고 2008고정3051](여성차별 인정)

[93] [서울남부지방법원 2010.2.11 선고 2009노1951](여성차별 인정)

2) 임금체계의 남녀차등

[94] 군경력 유무를 이유로 한 성별 분리보수체계

　　[남녀차별개선위원회 2002.8.26 결정 02남녀차별15](여성차별 인정)

[95] 여성에게 불리한 직제개편에 따른 남녀임금차등

　　[서울지방법원 1998.1.8 선고 96가합32886](여성차별 인정)

[96] 성별 직군분리에 따른 남녀임금차등

　　[여성특별위원회 2000.10.27 결정 00고용38](여성차별 인정)

[97] 남성직원의 호봉을 여성보다 높게 책정한 임금체계

　　[남녀차별개선위원회 2002.10.21 결정 02남녀차별40](여성차별 인정)

3) 임금의 남녀차등지급

[98] 여성에 대한 임금인상 협약의 적용배제

　　[인천지방노동청 고용평등위원회 1995.6.28 조정성립](여성차별 인정)

[99] 남성직원에 대한 일률적 군경력 인정에 따른 남녀임금차등

　　[서울형사지방법원 1996.2.27 선고(약식명령)](여성차별 인정)

[100] 여교사에 대한 낮은 성과급 등급 배정

　　[남녀차별개선위원회 2002.4.15 결정 01고용123](여성차별 불인정)

[101] 지방공무원 가족수당의 지급대상을 남편으로 정한 지침

　　[남녀차별개선위원회 2002.12.30 결정 02남녀차별31](여성차별 인정)

4) 출산휴가 사용에 따른 임금의 불이익

[102] 출산휴가 사용자에 대한 성과상여금 지급배제 지침

　　[남녀차별개선위원회 2003.4.28 결정 02남녀차별35](여성차별 인정)

[103] 출산휴가기간을 상여금 지급대상기간에서 제외한 지침

　　[국가인권위원회 2007.3.9 결정 06진차263](여성차별 인정)

[104] 교사의 성과상여금 지급감점사유에 출산휴가와 수유시간의 사용 포함

　　[국가인권위원회 2011.8.26 결정 10진정796500](여성차별 인정)

2-3　전근과 업무배정 등 인사관리 관련(18건)

1) 전근과 부서변경에서의 여성불이익

(1) 여성의 결혼 관련 전근·부서변경

■ 결혼통보한 여성사보기자의 지방 계열사 전보([105], [106])

[105] [서울지방노동위원회 1990.5.11 결정](여성차별 인정)

[106] [중앙노동위원회 1991.3.8 결정](여성차별 인정)

[107] 결혼통보한 여성의 부서변경

　　[부산지방노동위원회 1991.6.17 결정](여성차별 인정)

[108] 사보담당 기혼여성을 지방소재 지사의 판매부로 전보

　　[서울고등법원 1997.2.28 선고 94구36973](여성차별 불인정)

[109] 기혼여성의 지방 전보발령

　　[서울지방노동위원회 1998.4.7 결정](여성차별 인정)

[110] 결혼퇴직제를 거부한 여성의 무연고지 전보

　　[여성특별위원회 1999.12.21 결정 99고용29](여성차별 인정)

[111] 지역순환근무제에 따른 기혼여성의 원격지 전보발령

　　[남녀차별개선위원회 2003.5.19 결정 03남녀차별5](여성차별 불인정)

(2) 성별 관련 전근

[112] 성(性)을 기준으로 한 남녀교사의 전보

　　[남녀차별개선위원회 2002.6.17 결정 02남녀차별16](여성차별 인정)

[113] 특정과목 교사의 선배정에서의 여성배제

　　[국가인권위원회 2007.4.23 결정 06진차267](여성차별 인정)

■ 여성부에 대한 여성차별시정신청을 이유로 한 보복적 전보([114], [115])

[114] [서울행정법원 2008.3.13 선고 2007구합31751](여성차별 불인정)

[115] [서울고등법원 2008.12.2 선고 2008누9104](여성차별 불인정)

2) 업무배정의 남녀차등

[116] 기간제 여교사에게 차접대업무 지시

　　[남녀차별개선위원회 2003.10.6 결정 03남녀차별14](여성차별 인정)

[117] 출산 후 복직한 여성학습지교사에게 관리업무배정

　　[남녀차별개선위원회 2003.6.16 결정 03남녀차별17](여성차별 불인정)

[118] 남성의 숙직근무

　　[남녀차별개선위원회 2004.11.22 결정 04남녀차별47](남성차별 불인정)

3) 여성정규직의 계약직 전환

[119] 정규직 여직원의 결혼을 이유로 한 계약직 전환

　　[남녀차별개선위원회 2001.10.8 결정 01고용29](여성차별 인정)

[120] 일반직 여성의 계약직 전환

　　[남녀차별개선위원회 2002.8.26 결정 02남녀차별10](여성차별 불인정)

4) 징계에서의 남녀차등

[121] 쌍방 폭행사건 당사자 중 여성근로자만을 징계한 조치

    [남녀차별개선위원회 2002.3.4 결정 01고용27](여성차별 인정)

[122] 결혼퇴직제를 거부한 여성에 대한 대기발령

    [여성특별위원회 2000.3.31 결정 99고용33](여성차별 인정)

2-4　승진 관련(15건)

1) 승진에서의 여성의 배제 또는 탈락

[123] 승진에서의 여직원 제외

    [여성특별위원회 1999.10.13 결정 99고용17](여성차별 인정)

[124] 육아휴직 중인 여성승진대상자를 승진에서 제외

    [국가인권위원회 2006.10.10 결정 06진차308](여성차별 인정)

[125] 승진에서의 고졸여사원 제외

    [국가인권위원회 2008.3.10 결정 07진차225](여성차별 불인정)

[126] 근무평정이 낮은 여성의 승진탈락

    [남녀차별개선위원회 2005.4.25 결정](여성차별 불인정)

2) 여성의 승진지체

[127] 여행원의 승진지체

    [여성특별위원회 2000.7.14 결정 00고용23](여성차별 불인정)

■ 직제개편으로 인한 여성직군의 승진지체([128]~[132])

[128] [서울지방노동위원회 2002.4.2 결정 2002부해86](여성차별 불인정)

[129] [중앙노동위원회 2002.10.29 결정 2002부해342](여성차별 불인정)

[130] [서울행정법원 2004.4.16 선고 2002구합39750](여성차별 불인정)

[131] [서울고등법원 2006.1.12 선고 2004누885](여성차별 인정)

[132] [대법원 2006.7.28 선고 2006두3476](여성차별 인정)

[133] 승진소요연수와 상위직급의 점유율에서의 남녀차이

[국가인권위원회 2006.11.16 결정 06진차42](여성차별 인정)

[134] 학력 · 병역 · 근속연수의 승진심사기준에 따른 여성의 승진지체

[국가인권위원회 2008.12.29 결정 08진차325](여성차별 인정)

3) 승진요건의 남녀차등

[135] 호텔 웨이터와 웨이트레스의 성별 분리승진체계

[남녀차별개선위원회 2002.3.4 결정 01고용9](여성차별 인정)

[136] 주임승진소요기간의 남녀차등

[남녀차별개선위원회 2003.8.11 결정 03남녀차별22](여성차별 인정)

[137] 초 · 중등학교 교장 · 교감 승진에서의 여성우대정책

[국가인권위원회 2006.5.29 결정 06진차14](남성차별 불인정)

2-5 정년 관련

1) 정년의 남녀차등

(1) 전화교환원의 정년차등

■ 여성전화교환원과 다른 직종의 12세 정년차등([138]~[141])

[138] [서울민사지방법원 1983.6.21 선고 83가합221](여성차별 불인정)

[139] [서울고등법원 1985.2.15 선고 83나3100](여성차별 불인정)

[140] [대법원 1988.12.27 선고 85다카657](여성차별 인정)

[141] [서울고등법원 1989.4.19 선고 89나2136](여성차별 인정)

■ 여성전화교환원과 다른 직종의 5세 정년차등([142]~[145])

[142] [서울지방노동위원회 1993.5.4 결정](여성차별 불인정)

[143] [중앙노동위원회 1993.9.3 결정](여성차별 인정)

[144] [서울고등법원 1994.9.29 선고 93구25563](여성차별 인정)

[145] [대법원 1996.8.23 선고 94누13589](여성차별 불인정)

■ 희망퇴직자인 여성전화교환원들의 정년차별무효확인([146], [147])

[146] [서울지방법원 1997.2.20 선고 95가합103071](여성차별 불인정)

[147] [서울지방법원 1997.3.27 선고 96가합51559](여성차별 불인정)

(2) 생산직 정년의 남녀차등

■ 기계부서 남녀근로자의 2세 정년차등([[148]~[151]])

[148] [경기지방노동위원회 1991.6.17 결정](여성차별 인정)

[149] [중앙노동위원회 1991.9.3 결정](여성차별 인정)

[150] [서울고등법원 1992.9.17 선고 91구19434](여성차별 인정)

[151] [대법원 1993.4.9 선고 92누15765](여성차별 인정)

■ 선별포장직 여성과 기능직 남성의 3세 정년차등([152], [153])

[152] [서울지방법원 동부지원 1992.10.28 선고 92가합6220](여성차별 인정)

[153] [서울고등법원 1993.5.11 선고 92나67621](여성차별 인정)

[154] 생산직 남녀근로자의 2세 정년차등

[인천지방노동청 고용평등위원회 1993.5.3 조정성립](여성차별 인정)

(3) 여성사무직의 차등정년제

[155] 승진에서 여성의 불이익이 있는 직급의 정년

[서울남부지방법원 2008.5.9 선고 2007가합9697](여성차별 인정)

[156] 하위직 여성근로자의 정년단축

[서울행정법원 2008.7.29 선고 2008구합8888](여성차별 불인정)

■ 직무가 다른 남녀근로자의 정년차등([157], [158])

[157] [서울지방노동위원회 1992.10.30 결정](여성차별 불인정)

[158] [중앙노동위원회 1993.3.19 결정](여성차별 불인정)

2) 여성의 조기정년

[159] 여성사무보조원의 28세 정년

[대구형사지방법원 1991.9 선고(약식명령)](여성차별 인정)

[160] 여성공원도우미의 30세 정년

[국가인권위원회 2009.9.30 결정 09진차736 · 09진차1022(병합)]
(여성차별 인정)

1) 여성의 결혼퇴직제

■ 미혼여성의 교통사고 손해배상액 산정에서 결혼퇴직제의 적용([161]~[163])

[161] [서울민사지방법원 1985.4.1 선고 84가합4162](여성차별 불인정)

[162] [서울고등법원 1986.3.4 선고 85나1683](여성차별 인정)

[163] [대법원 1987.9.8 선고 86다카816](여성차별 인정)

[164] 단체협약의 결혼퇴직조항에 따른 여성의 직권면직
　　　[대전지방노동청 고용문제조정위원회 1990.5 조정성립](여성차별 인정)

[165] 단체협약의 결혼퇴직조항에 따른 여성의 해고
　　　[서울지방노동위원회 1995.8.25 결정](여성차별 인정)

■ 결혼한 여성아나운서와 PD의 해고([166]~[168])

[166] [경남지방노동위원회 1990.5.26 결정](여성차별 인정)

[167] [중앙노동위원회 1990.8.16 결정](여성차별 인정)

[168] [서울고등법원 1991.5.30 선고 90구13941](여성차별 인정)

[169] 결혼을 이유로 한 여직원의 해고
　　　[인천지방노동청 고용문제조정위원회 1991.7.12 조정성립](여성차별
　　　인정)

[170] 대학의 임시직 기혼여직원의 재임용탈락
　　　[전남지방노동위원회 1990.5.28 결정](여성차별 인정)

[171] 결혼한 정규직 여성의 임시직 전환과 해고
　　　[충남지방노동위원회 1996.4.26 결정](여성차별 인정)

■ 여성결혼퇴직각서의 이행 강요([172]~[176])

[172] [강원지방노동위원회 1999.2.10 결정](여성차별 인정)

[173] [중앙노동위원회 1999.5.15 결정](여성차별 인정)

[174] [서울행정법원 2000.2.15 선고 99구18615](여성차별 인정)

[175] [서울고등법원 2000.8.30 선고 2000누2817](여성차별 불인정)

[176] [대법원 2001.12.27 선고 2000두7797](여성차별 불인정)

■여성에 대한 결혼퇴직 강요([177]~[179])

[177] [서울지방법원 2002.10.11 선고 2002가합9726](여성차별 불인정)

[178] [서울고등법원 2003.11.5 선고 2002나62700](여성차별 불인정)

[179] [대법원 2004.4.26 선고 2003다55745](여성차별 불인정)

■결혼퇴직제 등 여성차별적 직장관행에 항의한 여사원의 징계해고([180], [181])

[180] [서울민사지방법원 1994.1.13 선고 93가합5385](여성차별 인정)

[181] [서울고등법원 1994.9.2 선고 97나6347](여성차별 인정)

[182] 결혼퇴직제를 거부한 여성에 대한 대기발령
    [여성특별위원회 2000.3.31 결정 99고용33](여성차별 인정)

[183] 방송사 계약직 여사원의 결혼퇴직관행
    [국가인권위원회 2006.12.22 결정 06진차481](여성차별 인정)

2) 여성의 임신·출산을 이유로 한 퇴직권유와 해고

(1) 임신한 여성근로자에 대한 퇴직권유와 해고

[184] 임신을 이유로 한 퇴직권유와 대기발령
    [남녀차별개선위원회 2001.5.14 결정 01고용-10](여성차별 불인정)

[185] 임신 중인 디자인실장에 대한 해고
    [남녀차별개선위원회 2002.4.1 결정 01고용-96](여성차별 인정)

[186] 출산예정자에 대한 퇴직강요
    [남녀차별개선위원회 2004.7.19 결정 04남녀차별30](여성차별 인정)

■임신 등을 이유로 한 계약직 여성의 계약해지([187], [188])

[187] [국가인권위원회 2008.3.24 결정 07진차797](여성차별 인정)

[188] [창원지방법원 2010.8.19 선고 2008가합10556](여성차별 인정)

■출산예정인 계약직 여성의 계약해지([189], [190])

[189] [인천지방법원 부천지원 2009.1.14 선고 2008가단23516](여성차별 불
    인정)

[190] [인천지방법원 2009.9.8 선고 2009나2347](여성차별 불인정)

(2) 출산한 여성에 대한 해고

[191] 출산을 이유로 한 퇴직강요

[남녀차별개선위원회 2004.10.11 결정 04남녀차별44](여성차별 인정)

[192] 출산휴가와 육아휴직의 사용을 이유로 한 퇴직강요

[남녀차별개선위원회 2004.10.11 결정 04남녀차별42](여성차별 인정)

[193] 출산휴가 중 부당해고

[창원지방법원 2007.2.15 선고 2006노499](여성차별 인정)

■ 출산휴가 후 부당해고([194], [195])

[194] [서울지방노동위원회 2007.3.15 결정](여성차별 인정)

[195] [서울행정법원 2007.12.20 선고 2007구합28410](여성차별 인정)

■ 출산휴가자와 육아휴직자에 대한 사직강요([196], [197])

[196] [국가인권위원회 2008.5.19 결정 07진차953](여성차별 인정)

[197] [서울동부지방법원 2009.10.28 선고 2009가합1267](여성차별 인정)

[198] 육아휴직 중 부당해고

[대구지방법원 경주지원 2008.4.1 선고 2007고단229](여성차별 인정)

3) 구조조정에서의 여성집단해고

(1) 부서 또는 직종의 폐지에 따른 여성해고

[199] 브랜드폐지에 따른 여성디자이너들의 정리해고

[서울지방노동위원회 1998.7.8 결정 98부해416, 98부해448](여성차별 불인정)

[200] 부서통폐합에 따른 여직원들의 부서변경과 사직권고

[여성특별위원회 2000.3.31 결정 99고용34](여성차별 불인정)

■ 여성으로만 구성된 산업상담원의 직권면직처분([201]~[207])

[201] [서울행정법원 2000.6.27 선고 2000구2623](여성차별 불인정)

[202] [전주지방법원 2001.4.6 선고 2000구297](여성차별 불인정)

[203] [서울고등법원 2001.4.4 선고 2000누8631](여성차별 불인정)

[204] [부산지방법원 2001.4.12 선고 2000구1669](여성차별 불인정)

[205] [부산고등법원 2001.7.13 선고 2001누69](여성차별 불인정)

[206] [대법원 2002.11.18 선고 2001두3051](여성차별 불인정)

[207] [부산고등법원 2003.2.14 선고 2001누1406](여성차별 불인정)

■ 주로 여성인 경찰청 고용직 공무원의 직권면직([208]~[214])

[208] [서울행정법원 2005.9.22 선고 2005구합10002](여성차별 불인정)

[209] [서울행정법원 2005.9.22 선고 2005구합20108](여성차별 불인정)

[210] [창원지방법원 2005.10.13 선고 2005구합850](여성차별 불인정)

[211] [춘천지방법원 2005.11.17 선고 2005구합768](여성차별 불인정)

[212] [대구지방법원 2005.11.18 선고 2005구합1796](여성차별 불인정)

[213] [광주지방법원 2005.12.1 선고 2005구합1176](여성차별 불인정)

[214] [전주지방법원 2005.12.8 선고 2005구합78](여성차별 불인정)

(2) 정리해고기준에 따른 여성해고

[215] 30세 이상 10년 이상 근속한 여성사원의 집단해고
[서울지방노동위원회 1999.1.28 결정](여성차별 인정)

[216] 객관적 평가기준 없이 여성을 정리해고시킨 조치
[서울고등법원 2001.6.29 선고 2000누8839](여성차별 인정)

[217] 정리해고 기준(배우자의 직업유무와 부양가족수)에 따른 기혼여성해고
[서울고등법원 2008.9.3 선고 2008누1261](여성차별 불인정)

■ 정리해고대상을 주로 여성으로 선정한 조치([218], [219])

[218] [서울행정법원 2009.10.7 선고 2008구합50605](여성차별 인정)

[219] [서울고등법원 2010.7.21 선고 2009누33807](여성차별 인정)

(3) 주로 여성이 담당하던 업무의 외주화

[220] 여성담당업무의 외주화
[남녀차별개선위원회 2002.11.11 결정 02남녀차별4, 5](여성차별 불인정)

[221] 콜센터 여성근로자에 대한 경영상 해고
[서울중앙지방법원 2011.3.29 선고 2010가합86193](여성차별 불인정)

(4) 부부사원 중 여성의 집단퇴직

■ '부부사원 중 1인'의 명예퇴직기준과 특별수당 부가에 따른 여성집단퇴직([222]~[225])

[222] [서울민사지방법원 2000.11.30 선고 99가합48608](여성차별 불인정)

[223] [서울고등법원 2002.5.17 선고 2001나1661](여성차별 불인정)

[224] [서울지방법원 2002.12.21 선고 2000가합232168](여성차별 불인정)

[225] [대법원 2002.11.8 선고 2002다35379](여성차별 불인정)

■ '부부사원 중 1인'의 명예퇴직기준에 따른 여성집단퇴직([226]~[231])

[226] [서울지방법원 2000.7.20 약식명령](여성차별 인정)

[227] [서울지방법원 2001.4.12 선고 2000가합38454](여성차별 불인정)

[228] [대구지방법원 2001.6.28 선고 2001가합10707](여성차별 불인정)

[229] [서울고등법원 2002.2.26 선고 2001나25018](여성차별 인정)

[230] [대구고등법원 2002.11.13 선고 2001나6092](여성차별 인정)

[231] [대법원 2002.7.26 선고 2002다19292](여성차별 인정)

4) 여성에 대한 부당해고 여부

[232] 징계대상자인 여교사의 의원면직
　　　[여성특별위원회 1999.12.21 결정 99고용-23](여성차별 불인정)

■ 근무태도 불성실 등을 이유로 한 여성해고([233], [234])

[233] [서울행정법원 2003.1.24 선고 2002구합16306](여성차별 불인정)

[234] [서울고등법원 2003.9.26 선고 2003누33126](여성차별 불인정)

3 사회보장 분야(9건)

3-1 사회보험 관련(5건)

1) 얼굴 흉터에 대한 장해등급의 남녀차등
[235] 「산업재해보상보험법 시행령」의 장해등급의 남녀차등
　　　[국가인권위원회 2002.11.25 결정 02진차2, 36](남성차별 인정)
[236] 「자동차손해배상보험법 시행령」의 장해등급의 남녀차등
　　　[국가인권위원회 2003.6.20 결정 03진차5](남성차별 인정)

2) 유족보상연금수급자격의 부부차등
[237] [서울행정법원 2006.1.12 선고 2005아1596](위헌법률심판제청, 남성차별 인정)
[238] [헌법재판소 2008.11.27 선고 2006헌가1](합헌결정, 남성차별 불인정)

3) 폐암치료제의 건강보험적용에서의 남녀차등
[239] [국가인권위원회 2008.1.28 결정 07진차536](남성차별 불인정)

3-2 사회서비스 관련

[240] 얼굴 흉터에 대한 상이등급의 남녀차등
　　　[국가인권위원회 2004.6.21 결정 04진차130](남성차별 인정)
[241] 모자복지시설과 부자복지시설의 설치차등
　　　[국가인권위원회 2008.1.14 결정 07진차550](여성차별 인정)
[242] 여성복지관의 여성전용프로그램
　　　[국가인권위원회 2005.8.22 결정 05진차469](남성차별 불인정)
[243] 남성인 가정폭력피해자의 임시조치신청의 미처리
　　　[국가인권위원회 2006.12.12 결정 06진차391](남성차별 불인정)

4 재화 · 용역 · 시설 분야(29건)

4-1 재화 관련(16건)

1) 재화의 남녀차등 제공

[244] 여성에게만 수건을 무상대여하지 않은 온천장의 조치

[여성특별위원회 2000.10.27 결정 00재시용-1](여성차별 인정)

[245] 민주화보상대상자 선정에서 품위손상으로 해임된 여교사의 탈락

[남녀차별개선위원회 2004.4.6 결정 04남녀차별6](여성차별 불인정)

[246] 조합원자녀의 장학금 신청심사에서의 남녀차등

[국가인권위원회 2009.7.6 결정 09진차200](여성차별 불인정)

[247] 조달청 입찰에서 여성기업인에게 특별가산점을 부여한 조치

[국가인권위원회 2009.7.6 결정 08진차1379](남성차별 불인정)

2) 재화의 성중립적 제공기준에 따른 남녀차등

[248] 근로자주택장기저축의 소득세 공제대상을 '부양가족이 있는 세대주'로 한 조치

[여성특별위원회 2000.3.31 결정 00법집행3](여성차별 불인정)

[249] 서민전세자금대출대상을 '무주택세대주'로 한 조치

[여성특별위원회 2000.7.14 결정 00법집행10](여성차별 불인정)

[250] 부모 중 '국가유공자를 주로 부양한 자'에게 유족증을 발급한 조치

[남녀차별개선위원회 2001.5.14 결정 00법집행13](여성차별 인정)

[251] '등기부등본, 농지원부의 소유자 등'의 농업종사경력인정기준

[국가인권위원회 2005.9.28 결정 05진차4677](여성차별 인정)

[252] 마라톤대회의 남녀혼합시상

[국가인권위원회 2005.12.12 결정 05진차740](여성차별 불인정)

3) 재화의 출가외인(出嫁外人)관념에 따른 차등제공

(1) 외손자녀를 가족에서 제외시킨 조치

[253] 독립유공자의 유족에서 외손자녀를 제외한 조치
　　　[여성특별위원회 2000.9.8 결정 00법집행6](여성차별 인정)

[254] 항공마일리지 합산대상 가족에 외조부모·외손자녀를 제외한 조치
　　　[국가인권위원회 2009.8.17 결정 09진차487·09진차1006(병합)](여
　　　성차별 인정)

[255] 철거이주민에 대한 장학금 지급에서 외손자녀를 제외한 조치
　　　[국가인권위원회 2006.5.29 결정 06진차35](여성차별 인정)

(2) 기혼여직원의 친정부모를 제화제공 대상자에서 제외시킨 조치

■ 기혼여직원의 친부모 사망을 경조금 지급대상에서 제외한 조치([256],
　[257])

[256] [남녀차별개선위원회 2003.3.24 결정 02남녀차별35](여성차별 인정)

[257] [국가인권위원회 2011.7.15 결정 11진정0115900](여성차별 인정)

■ 기혼여성의 친부모를 진료비 감면에서 제외 또는 차등시킨 조치([258],
　[259])

[258] [남녀차별개선위원회 2004.7.26 결정 04남녀차별34](여성차별 인정)

[259] [국가인권위원회 2012.8.22 결정 12진정0315200](여성차별 인정)

4-2　용역 관련(9건)

1) 통장의 남성우선 위촉

[260] [여성특별위원회 2000.3.31 결정 00법집행1, 2](여성차별 인정)

2) 시민단체의 여성회원에 대한 총회의결권 미부여

[261] [서울중앙지방법원 2004.2.20 선고 2004카합392](가처분청구 기각, 여
　　　성차별 불인정)

[262] [국가인권위원회 2004.5.10 결정 04진차12](여성차별 인정)

[263] [서울중앙지방법원 2005.2.23 선고 2005카합53](가처분청구 기각, 여성차별 불인정)

[264] [서울중앙지방법원 2007.6.28 선고 2005가82852](여성차별 불인정)

[265] [서울고등법원 2009.2.10 선고 2007나72665](여성차별 인정)

[266] [대법원 2011.1.27 선고 2009다19864](여성차별 인정)

3) 임신·출산한 여성에 대한 시험응시 편의의 미제공

[267] [국가인권위원회 2009.6.3 결정 08진차1393](여성차별 불인정)

4) 남성전업주부에 대한 신용카드 발급거부

[268] [국가인권위원회 2009.8.17 결정 09진차225](남성차별 인정)

4-3   시설 관련(4건)

1) 여성에 대한 시설의 이용 제한

[269] 여성에 대한 골프장의 입회 제한

[남녀차별개선위원회 2004.5.10 결정 04남녀차별20](여성차별 인정)

2) 남성에 대한 시설의 이용 제한

[270] 남성에 대한 시민회관 수영강습반의 수강 제한

[남녀차별개선위원회 2003.8.11 결정 03남녀차별31](남성차별 불인정)

[271] 남성에 대한 시립여성전용도서관의 이용 제한

[국가인권위원회 2011.11.25 결정 11진정0316500](남성차별 인정)

3) 시설의 입소기준의 남녀차등

[272] 대학기숙사 입소기준의 남녀차등

[남녀차별개선위원회 2001.10.8 결정 01재시용-3](여성차별 불인정)

5 교육 · 문화 분야(16건)

5-1 학교의 입학 관련(5건)

1) 입학자격의 남녀차등

[273] 사립 미용고등학교의 입학생을 여성으로 제한

[국가인권위원회 2010.5.25 결정 09진차1218](남성차별 인정)

[274] 전문대학 간호과의 입학생을 여성으로 제한

[국가인권위원회 2012.9.17 결정 12진정0486102](남성차별 인정)

[275] 해사고등학교의 입학생을 남성으로 제한

[국가인권위원회 2011.11.25 결정 11직권0002000](여성차별 인정)

2) 여성의 입학정원 제한

[276] 해양대의 여성신입생을 입학정원의 10%로 제한

[국가인권위원회 2006.5.29 결정 06진차37](여성차별 인정)

[277] 항공운항학과의 여성신입생을 입학정원의 6%로 제한

[국가인권위원회 2012.4.12 결정 12진정0077900](여성차별 인정)

5-2 교육의 과정 관련(4건)

1) 출석부 순서의 성별 구분

[278] 중학교 출석부 앞번호를 남학생들에게 배정

[남녀차별개선위원회 2001.6.18 결정 01교육1](여성차별 인정)

[279] 초등학교 출석부 앞번호를 남학생들에게 배정

[국가인권위원회 2005.9.28 결정 05진차517](여성차별 인정)

2) 여학생에게 치마교복착용 의무 부과

[280] [남녀차별개선위원회 2003.11.24 결정 03남녀차별56](여성차별 인정)

3) 어머니 학부모에 대한 급식당번의 배정

[281] [국가인권위원회 2006.5.29 결정 05진차523](여성차별 불인정)

5-3 교육(직업)훈련 관련(4건)

1) 출산휴가를 한 수련의에 대한 추가교육훈련 요구

[282] [국가인권위원회 2005.3.7 결정 05진차308](여성차별 인정)

[283] [국가인권위원회 2009.5.20 결정 08진차818](여성차별 인정)

2) 여성취업지원사업의 전문직종 양성과정

[284] [국가인권위원회 2008.7.15 결정 08진차536](남성차별 불인정)

3) 교도소 여성수형자의 정보화교육 기회의 배제

[285] [국가인권위원회 2008.11.10 결정 08진차197](여성차별 인정)

5-4 문화 관련(3건)

1) 무형문화재의 여성전수교육조교의 지정해제

[286] [국가인권위원회 2006.7.4 결정 05진차798](여성차별 불인정)

2) 무형문화재의 전승자지정에서의 여성배제

[287] [국가인권위원회 2007.10.30 결정 07진차350](여성차별 인정)

3) 임신·출산한 도립 국악원 단원들에 대한 인격침해

[288] [국가인권위원회 2011.8.1 결정 11진정0191300, 11진정0199100(병합)](여성차별 인정)

6 군사 분야(8건)

6-1 남성의 군복무 관련(3건)

1) 제대군인의 취업시험 가산제
[289] [헌법재판소 1999.12.23 선고 98헌마363](위헌결정, 여성차별 인정)

2) 남성의 징병제
[290] [헌법재판소 2010.11.25 선고 2006헌마328](합헌결정, 남성차별 불인정)
[291] [헌법재판소 2011.6.30 선고 2010헌마460](합헌결정, 남성차별 불인정)

6-2 군인의 양성과 대우 관련(5건)

1) 여성을 배제한 조치
[292] 군장학생 선발에서 여성을 배제한 조치
    [국가인권위원회 2006.11.28 결정 06진차326](여성차별 인정)
[293] 특전사 부사관 선발에서 이혼여성을 배제한 조치
    [국가인권위원회 2006.12.22 결정 06진차399](여성차별 인정)
[294] 공군사관후보생 조종장교 지원자격을 남성으로 제한한 조치
    [국가인권위원회 2010.5.25 결정 09진차773](여성차별 인정)

2) 남성을 배제한 조치
[295] 국군간호사관생도 모집에서 신입생의 자격을 여성으로 제한한 조치
    [국가인권위원회 2006.7.18 결정 06직차6](남성차별 인정)
[296] 단기복무 남성군인에게 육아휴직을 허용하지 않은 조치
    [헌법재판소 2008.10.30 선고 2005헌마1156](합헌결정, 남성차별 불인정)

7 형사 분야(8건)

7-1 성범죄의 대상(객체) 관련

1) 강간죄의 '부녀' 대상
[297] [서울고등법원 1966.12.10 선고 66노259](남성차별 불인정)
[298] [대법원 1967.2.28 선고 67도1](남성차별 불인정)

2) 혼인빙자간음죄의 '음행의 상습 없는 부녀' 대상
[299] [서울지방법원 1999.5.1 선고 99헌바40](위헌법률심판신청의 기각, 남성차별 불인정)
[300] [서울지방법원 2002.5.24 선고 2002헌바50](위헌법률심판제청신청의 기각, 남성차별 불인정)
[301] [헌법재판소 2002.10.31 선고 99헌바40, 2002헌바50(병합)](합헌결정, 남성차별 불인정)
[302] [대법원 2008.6.12 선고 2008헌바58](위헌법률심판제청신청의 기각, 남성차별 불인정)
[303] [서울동부지방법원 2009.7.16 선고 2009헌바191](위헌법률심판신청의 기각, 남성차별 불인정)
[304] [헌법재판소 2009.11.26 선고 2008헌바58](위헌결정, 남성차별 인정)

부록 3

여성차별 인정여부별 판례와 결정례 목록

1 여성차별을 인정한 판례와 결정례(172건)

1. 성별 역할분업관 관련 여성차별(80건)

1-1 혼인과 가족생활 관련

■ 법률행위능력의 부부차등
[1] [전주지방심리원 1947.3.27 선고]
[2] [대법원 1947.9.2 선고 민상 제88호]

1-2 모집·채용 관련

1) 모집·채용 대상의 여성 배제
[3] 남성으로 지원자격을 제한한 사원모집광고
　　[서울형사지방법원 1990.5.26 선고(약식명령)]
[4] 남성으로 모집대상을 제한한 시험감독 아르바이트 채용
　　[남녀차별개선위원회 2004.4.6 결정 04남녀차별16]
[5] 남성으로 지원자격을 제한한 직원채용

[국가인권위원회 2007.3.28 결정 07진차56]

■ 남성으로 지원자격을 제한한 생산직원 모집광고([6], [7])
[6] [대전지방법원 천안지원 2009.5.21 선고 고단 310]
[7] [대전지방법원 2009.7.22 선고 2009노1195]

2) 모집 · 채용방법의 남녀차등

(1) 채용의 인원과 연령의 남녀차등
[8] 병원외과 인턴합격자 인원의 남녀차등
  [전주형사지방법원 1991.8.19. 선고(약식명령)]
[9] 경찰공무원 채용인원의 남녀차등
  [국가인권위원회 2005.12.5 결정 04진기213]
[10] 소방공무원의 채용분야와 채용인원의 남녀차등
  [국가인권위원회 2007.8.27 결정 05진차430]
[11] 경찰공무원 채용시험의 응시연령의 남녀차등
  [국가인권위원회 2004.10.18 결정 03진차589]

(2) 채용직종과 직급의 남녀차등
[12] 대학의 행정직원채용직급의 남녀차등
  [남녀차별개선위원회 2001.6.18 결정 00고용49]
[13] 은행원의 성별 직군분리채용
  [서울지방노동청 고용평등위원회 2004.11.16 조정성립]

■ 사무직 채용직급의 남녀차등([14], [15])
[14] [부산지방법원 2007.11.21 선고 2007고정405]
[15] [부산지방법원 2008.5.22 선고 2007노4889]

3) 양성평등채용목표제의 적용
[16] 검찰사무직렬에 대한 양성평등채용목표제의 적용제외
  [국가인권위원회 2003.9.1 결정 자03진차10]

1-4 성별 기준 전근 관련

1-5 업무배정과 징계의 남녀차등

1-6 승진 관련

[여성특별위원회 1999.10.13 결정 99고용-17]

■ 직제개편으로 인한 여성직군의 승진 지체([42], [43])
[42] [서울고등법원 2006.1.12 선고 2004누885]
[43] [대법원 2006.7.28 선고 2006두3476]

[44] 승진소요연수와 상위직급의 점유율에서의 남녀차이
[국가인권위원회 2006.11.16 결정 06진차42]
[45] 호텔웨이터와 웨이트레스의 성별 분리 승진체계
[남녀차별개선위원회 2002.3.4 결정 01고용9]
[46] 주임의 승진소요기간의 남녀차등
[남녀차별개선위원회 2003.8.11 결정 03남녀차별22]

1-7 정년 관련

1) 전화교환원의 정년차등
■ 여성전화교환원과 다른 직종의 12세 정년차등([47], [48])
[47] [대법원 1988.12.27 선고 85다카657]
[48] [서울고등법원 1989.4.19 선고 89나2136]

■ 여성전화교환원과 다른 직종의 5세 정년차등([49], [50])
[49] [중앙노동위원회 1993.9.3 결정]
[50] [서울고등법원 1994.9.29 선고 93구25563]

2) 생산직 정년의 남녀차등
■ 기계부서 남녀근로자의 2세 정년차등([51]~[54])
[51] [경기지방노동위원회 1991.6.17 결정]
[52] [중앙노동위원회 1991.9.3 결정]
[53] [서울고등법원 1992.9.17 선고 91구19434]
[54] [대법원 1993.4.9 선고 92누15765]

■ 선별포장직 여성과 기능직 남성의 3세 정년차등([55], [56])

[55] [서울지방법원 동부지원 1992.10.28 선고 92가합6220]

[56] [서울고등법원 1993.5.11 선고 92나67621]

■ 생산직 남녀근로자의 2세 정년차등

[57] [인천지방노동청 고용평등위원회 1993.5.3 조정성립]

3) 여성사무직의 차등정년제

[58] 승진에서 여성의 불이익이 있는 직급의 정년
　　[서울남부지방법원 2008.5.9 선고 2007가합9697]

4) 여성조기정년제

[59] 여성사무보조원의 28세 정년
　　[대구형사지방법원 1991.9 선고(약식명령)]

[60] 여성공원도우미의 30세 정년
　　[국가인권위원회 2009.9.30 결정 09진차736·09진차1022(병합)]

1-8　정리해고기준에 따른 여성해고

[61] 30세 이상 10년 이상 근속한 여성사원의 집단해고
　　[서울지방노동위원회 1999.1.28 결정]

[62] 객관적 평가기준 없이 여성을 정리해고시킨 조치
　　[서울고등법원 2001.6.29 선고 2000누8839]

■ 정리해고대상을 주로 여성으로 선정한 조치([63], [64])

[63] [서울행정법원 2009.10.7 선고 208구합50605]

[64] [서울고등법원 2010.7.21 선고 2009누33807]

[남녀차별개선위원회 2004.5.10 결정 04남녀차별20]

1-13   학교의 입학관련

[73] 해사고등학교의 입학생을 남성으로 제한
    [국가인권위원회 2011.11.25 결정 11직권0002000]
[74] 해양대의 여성신입생을 입학정원의 10%로 제한
    [국가인권위원회 2006.5.29 결정 06진차37]
[75] 항공운항학과의 여성신입생을 입학정원의 6%로 제한
    [국가인권위원회 2012.4.12 결정 12진정0077900]

1-14   교육의 과정 관련

[76] 중학교 출석부의 앞번호를 남학생들에게 배정
    [남녀차별개선위원회 2001.6.18 결정 01교육1]
[77] 초등학교 출석부 앞번호를 남학생들에게 배정
    [국가인권위원회 2005.9.28 결정 05진차517]
[78] 여학생에게 치마교복착용 의무 부과
    [남녀차별개선위원회 2003.11.24 결정 03남녀차별56]

1-15   교육 · 문화 관련

[79] 교도소 여성수형자의 정보화교육 기회의 배제
    [국가인권위원회 2008.11.10 결정 08진차197]
[80] 무형문화재의 전승자지정에서의 여성배제
    [국가인권위원회 2007.10.30 결정 07진차350]

2. 가부장적 가족관 관련 여성차별

2-1 가부장주의 관련 여성차별

1) 혼인과 가족생활 관련

■ 혼인제도: 동성동본금혼제(同姓同本禁婚制)([81], [82])

[81] [서울가정법원 1995.5.17 선고 95호파3029 내지 3036](위헌법률심판제청)

[82] [헌법재판소 1997.7.16 선고 95헌가6](헌법불합치결정)

■ 호주제([83]~[86])

[83] [서울지방법원 서부지원 2001.3.27 선고 2001헌가9](위헌법률심판제청)

[84] [서울지방법원 북부지원 2001.3.29 선고 2001헌가10 내지 15](위헌법률심판제청)

[85] [대전지방법원 2004.2.9 선고 2002헌가5](위헌법률심판제청)

[86] [헌법재판소 2005.2.3 선고 2001헌가5, 9](헌법불합치결정)

■ 부계(父系)혈통주의에 의한 국적취득([87], [88])

[87] [서울고등법원 1997.8.20 선고 97부776](위헌법률심판제청)

[88] [헌법재판소 2000.8.31 선고 97헌가12](헌법불합치결정)

■ 자녀의 부성(父姓) 계승주의의 전면적용([89], [90])

[89] [서울지방법원 북부지원 2003.2.13 선고 2002호파84](위헌법률심판제청)

[90] [헌법재판소 2005.12.22 선고 2003헌가5, 6(병합)](헌법불합치결정)

2) 종중 관련

(1) 여성의 종중원자격

[91] 여성의 종중회원자격을 불인정하는 관습

[서울고등법원 1992.6.16 선고 91나38312]

[92] 여성성년후손의 종중원자격의 불인정

[대법원 2005.7.21 선고 2002다1178]

[93] '성년후손'에서 '남자후손'으로 종중원의 자격을 개정한 종중규약

[대법원 2005.7.21 선고 2002다13850]

[94] 남성후손만을 종중원으로 한 종중의 대표자선임

[대법원 2009.11.5 선고 2008다70220]

(2) 여성종중원에게 소집 통지를 하지 않은 종중총회의 의결

■ 여성종중원을 배제한 종중총회의 회원자격과 수용보상금 대여 의결
([95]~[97])

[95] [대전지방법원 2006.7.26 선고 2006가합1545]

[96] [대전고등법원 2007.5.2 선고 2006나8847]

[97] [대법원 2007.9.6 선고 2007다34982]

[98] 여성종중원을 배제한 종중 총회에서 선출된 대표자의 지위

[대법원 2009.2.26 선고 2008다8898]

■ 여성종중원을 배제한 종중총회의 소집권자 선정([99], [100])

[99] [대구고등법원 2009.2.12 선고 2007나9789]

[100] [대법원 2010.12.9 선고 2009다26596]

■ 여성종중원을 배제한 종중 총회의 총유재산 보존 의결([101], [102])

[101] [서울고등법원 2009.9.22 선고 2008나113082]

[102] [대법원 2010.2.11 선고 2009다83650]

■ 여성종중원을 배제한 종중총회의 회원자격 개정

[103] [대법원 2010.7.22 선고 2009마1948]

(3) 종중재산의 여성에 대한 차등분배

[104] 종중재산의 남녀차등분배

[수원지방법원 2009.10.8 선고 2008가합19235]

3) 임금 관련

[105] 지방공무원 가족수당의 지급대상을 남편으로 정한 지침
　　　[남녀차별개선위원회 2002.12.30 결정 02남녀차별31]

■ "부부사원 중 1인"의 명예퇴직 기준에 따른 여성집단퇴직([106]~[109])

[106] [서울지방법원 2000.7.20.약식명령]

[107] [서울고등법원 2002.2.26 선고 2001나25018]

[108] [대구고등법원 2002.11.13 선고 2001나6092]

[109] [대법원 2002.7.26 선고 2002다19292]

2-2　재화 관련

[110] '등기부등본, 농지원부의 소유자 등'의 농업종사경력인정기준
　　　[국가인권위원회 2005.9.28 결정 05진차4677]

2-3　출가외인의 통념 관련 여성차별

(1) 재화 제공대상자에서 외손자녀를 제외시킨 조치

[111] 독립유공자의 유족에서 외손자녀를 제외한 조치
　　　[여성특별위원회 2000.9.8 결정 00법집행6]

[112] 철거이주민에 대한 장학금지급대상에서 외손자녀를 제외한 조치
　　　[국가인권위원회 2006.5.29, 06진차35]

[113] 항공마일리지 합산대상 가족에 외조부모·외손자녀를 제외한 조치
　　　[국가인권위원회 2009.8.17 결정 09진차487·09진차1006(병합)]

(2) 기혼여직원의 친정부모를 제화제공대상자에서 제외시킨 조치

■ 기혼여직원의 친부모 사망을 경조금 지급대상에서 제외한 조치([114], [115])

[114] [남녀차별개선위원회 2003.3.24 결정 02남녀차별35]

[115] [국가인권위원회의 2011.7.15 결정 11진정0115900]

■ 기혼여성의 친부모를 진료비 감면에서 제외 또는 차등시킨 조치([116], [117])
[116] [남녀차별개선위원회 2004.7.26 결정 04남녀차별34]
[117] [국가인권위원회 2012.8.22 결정 12진정0315200]

③. 결혼 · 임신 · 출산 · 육아 관련 여성차별

3-1 결혼 관련 여성차별

1) 여성의 결혼 관련 전근 · 부서변경
■ 결혼통보한 여성사보기자의 지방 계열사 전보([118], [119])
[118] [서울지방노동위원회 1990.5.11 결정]
[119] [중앙노동위원회 1991.3.8 결정]

[120] 결혼통보한 여성의 부서변경
  [부산지방노동위원회 1991.6.17 결정]
[121] 기혼여성의 지방전보발령
  [서울지방노동위원회 1998.4.7 결정]
[122] 결혼퇴직제를 거부한 여성의 무연고지 전보
  [여성특별위원회 1999.12.21 결정 99고용29]
[123] 결혼퇴직제를 거부한 여성에 대한 대기발령
  [여성특별위원회 2000.3.31 결정 99고용33]

2) 퇴직 · 해고 관련
■ 미혼여성의 교통사고 손해배상액 산정에서 결혼퇴직제의 적용([124], [125])
[124] [서울고등법원 1986.3.4 선고 85나1683]
[125] [대법원 1987.9.8 선고 86다카816]

[126] 대학의 임시직 기혼여직원들의 재임용 탈락

[전남지방노동위원회 1990.5.28 결정]
[127] 단체협약의 결혼퇴직조항에 따른 여성의 직권면직
[대전지방노동청 고용문제조정위원회 1990.5 조정성립]

■ 결혼한 여성아나운서와 PD의 해고 ([128]~[130])
[128] [경남지방노동위원회 1990.5.26 결정]
[129] [중앙노동위원회 1990.8.16 결정]
[130] [서울고등법원 1991.5.30 선고 90구13941]

[131] 결혼을 이유로 한 여직원의 해고
[인천지방노동청 고용문제조정위원회 1991.7.12 조정성립]

■ 결혼퇴직제 등 여성차별적 직장관행에 항의한 여사원의 징계해고([132], [133])
[132] [서울민사지방법원 1994.1.13 선고 93가합5385]
[133] [서울고등법원 1994.9.2 선고 97나6347]

[134] 단체협약의 결혼퇴직조항에 따른 여성의 해고
[서울지방노동위원회 1995.8.25 결정]
[135] 결혼한 정규직 여성의 임시직 전환과 해고
[충남지방노동위원회 1996.4.26 결정]

■ 여성결혼퇴직각서의 이행 강요([136]~[138])
[136] [강원지방노동위원회 1999.2.10 결정]
[137] [중앙노동위원회 1999.5.15 결정]
[138] [서울행정법원 2000.2.15 선고 99구18615]

[139] 결혼퇴직제를 거부한 여성에 대한 대기발령
[여성특별위원회 2000.3.31 결정 99고용33])
[140] 정규직 여직원의 결혼을 이유로 한 계약직 전환
[남녀차별개선위원회 2001.10.8 결정 01고용29]
[141] 방송사 계약직 여사원의 결혼퇴직관행
[국가인권위원회 2006.12.22 결정 06진차481]

3-2 임신 · 출산 관련 여성차별

1) 모집 · 채용 관련
[142] 보건소 의사채용에서 임신 중인 여성지원자 탈락
　　　[국가인권위원회 2007.3.9 결정 06진차618]

2) 퇴직 · 해고 관련
[143] 임신 중인 디자인실장에 대한 해고
　　　[남녀차별개선위원회 2002.4.1 결정 01고용96]
[144] 출산예정자에 대한 퇴직강요
　　　[남녀차별개선위원회 2004.7.19 결정 04남녀차별30]

■ 임신 등을 이유로 한 계약직 여성의 계약해지([145], [146])
[145] [국가인권위원회 2008.3.24 결정 07진차797]
[146] [창원지방법원 2010.8.19 선고 2008가합10556]

[147] 출산을 이유로 한 퇴직강요
　　　[남녀차별개선위원회 2004.10.11 결정 04남녀차별44]
[148] 임신 · 출산한 도립 국악원 단원들에 대한 인격침해
　　　[국가인권위원회 2011.8.1 결정 11진정0191300, 11진정0199100(병합)]

3-3 출산휴가와 육아휴직의 사용 관련 여성차별

1) 임금 관련
[149] 출산휴가 사용자에 대한 성과상여금 지급배제 지침
　　　[남녀차별개선위원회 2003.4.28 결정 02남녀차별35]
[150] 출산휴가기간을 상여금 지급대상기간에서 제외한 지침
　　　[국가인권위원회 2007.3.9 결정 06진차263]
[151] 교사의 성과상여금 지급감점사유에 출산휴가와 수유시간의 사용 포함
　　　[국가인권위원회 2011.8.26 결정 10진정796500]

2) 승진 관련

[152] 육아휴직 중인 여성승진대상자를 승진에서 제외

[국가인권위원회 2006.10.10 결정 06진차308]

3) 퇴직 · 해고 관련

[153] 출산휴가와 육아휴직의 사용을 이유로 한 퇴직강요

[남녀차별개선위원회 2004.10.11 결정 04남녀차별42]

[154] 출산휴가 중 부당해고

[창원지방법원 2007.2.15 선고 2006노499]

■ 출산휴가 후 부당해고 ([155], [156])

[155] 서울지방노동위원회 2007.3.15 결정]

[156] [서울행정법원 207.12.20 선고 2007구합28410]

■ 출산휴가자와 육아휴직자에 대한 사직강요([157], [158])

[157] [국가인권위원회 2008.5.19 결정 07진차953]

[158] [서울동부지방법원 2009.10.28 선고2009가합1267]

[159] 육아휴직 중 부당해고

[대구지방법원 경주지원 2008.4.1 선고 2007고단229(병합)]

3-4 교육(직업)훈련 관련

■ 출산휴가를 한 수련의에 대한 추가교육훈련 요구([160], [161])

[160] [국가인권위원회 2005.3.7 결정 05진차308]

[161] [국가인권위원회 2009.5.20 결정 08진차818]

4. 남성의 군복무 관련 여성차별

4-1 모집 · 채용

[162] 제대군인의 취업시험 가산제

　　　[헌법재판소 1999.12.23 선고 98헌마363]

[163] 특전사 부사관 선발에서 이혼여성을 배제한 조치

　　　[국가인권위원회 2006.12.22 결정 06진차399]

[164] 공군사관후보생 조종장교 지원 자격을 남성으로 제한한 조치

　　　[국가인권위원회 2010.5.25 결정 09진차773결정]

4-2 임금 관련

[165] 남성직원에 대한 일률적 군경력 인정에 따른 남녀임금차등

　　　[서울형사지방법원 1996.2.27 선고(약식명령)]

[166] 군경력 유무를 이유로 한 성별분리 보수체계

　　　[남녀차별개선위원회 2002.8.26 결정 02남녀차별15]

[167] 남성직원의 호봉을 여성보다 높게 책정한 임금체계

　　　[남녀차별개선위원회 2002.10.21 결정 02남녀차별40]

4-3 승진 관련

[168] 학력 · 병역·근속년수의 승진심사기준에 따른 여성의 승진지체

　　　[국가인권위원회 2008.12.29 결정 08진차325]

4-4 군장학생 선발

[169] 군장학생 선발에서 여성을 배제한 조치
　　　[국가인권위원회 2006.11.28 결정 06진차326]

5. 여성의 용모중시 관련 여성차별

[170] 고졸여사원의 용모채용 기준
　　　[서울형사지방법원 1995. 선고(약식명령)]
[171] KTX여승무원의 용모채용기준
　　　[국가인권위원회 2006.9.11결정 06진차116, 06진차136(병합)]

6. 성희롱고소 관련 여성차별

[172] 성희롱 관련 고소를 한 여성들의 채용탈락
　　　[국가인권위원회 2009.6.22 결정 08진차1048·08진차1049(병합)]

2 여성차별을 불인정한 판례와 결정례(96건)

1. 가부장주의

1-1 혼인과 가정생활에 관한 법제도 관련

■ 재산상속의 출가녀(出嫁女)차등([1], [2])
[1] [부산지방법원 1946.4.21 선고]
[2] [대법원 1946.10.11 선고 민상 제32호]

[3] 모(母)의 친권 행사의 제한
　　[대법원 1954.9.7 선고 민상 제50호]

1-2 종중 관련

1) 여성의 종중원자격
[4] 여성의 종중회원자격을 불인정하는 관습
　　[대법원 1992.2.11 선고 92다30153]

■ 여성성년후손의 종중원자격의 불인정]([5], [6])
[5] [수원지방법원 2001.3.23 선고 2000가합5711]
[6] [서울고등법원 2001.12.11 선고 2001나195994]

[7] '성년후손'에서 '남자후손'으로 종중원의 자격을 개정한 종중규약
　　[서울고등법원 2002.1.11 선고 2000나36097]
[8] 남성후손만을 종중원으로 한 종중의 대표자선임
　　[대전지방법원 2008.8.20 선고 2008나977]

2) 여성종중원에게 소집 통지를 하지 않은 종중총회의 의결

[9] 여성종중원을 배제한 종중총회에서 선출된 대표자의 지위
　　　[서울고등법원 2007.12.20. 선고 2006나89673]
[10] 여성종중원을 배제한 종중총회의 회원자격 개정
　　　[부산고등법원 2009.10.28 선고 2009라86]

3) 종중재산의 여성에 대한 차등분배

■ 종중재산의 출가녀(出嫁女)에 대한 차등분배([11]~[13])
[11] [서울지방법원 서부지원 2006.11.10 선고 2006가합2070]
[12] [서울고등법원 2007.9.5 선고 2006나112351]
[13] [대법원 2010.9.30 선고 2007다74775])

1-3　결혼퇴직제 인정

[14] 미혼여성의 교통사고 손해배상액 산정에서 결혼퇴직제의 적용
　　　[서울민사지방법원 1985.4.1 선고 84가합4162]

2.　경영의 자율

2-1　모집 · 채용 관련

[15] 금융회사의 직원채용직종의 남녀차등
　　　[서울지방법원 1998.9.19 선고 97가합55091]

2-2　여성의 결혼 관련 전근 · 부서변경

[16] 사보담당 기혼여성을 지방소재 지사의 판매부로 전보

[서울고등법원 1997.2.28 선고 94구36973]
[17] 기혼여성의 지역순환근무제에 따른 원격지 전보발령
　　　[남녀차별개선위원회 2003.5.19 결정 03남녀차별5]

2-3　업무배정의 남녀차등

[18] 출산 후 복직한 여성학습지교사에게 관리업무배정
　　　[남녀차별개선위원회 2003.6.16 결정 03남녀차별17]

2-4　여성정규직의 계약직 전환

[19] 일반직 여성의 계약직 전환
　　　[남녀차별개선위원회 2002.8.26 결정 02남녀차별10]

2-5　승진

■ 직제개편으로 인한 여성직군의 승진지체([20]~[22])
[20] [서울지방노동위원회 2002.4.2 결정 2002부해86]
[21] [중앙노동위원회 2002.10.29 결정 2002부해342]
[22] [서울행정법원 2004.4.16 선고 2002구합39750]

2-6　정년 관련

■ 여성전화교환원과 다른 직종의 12년 정년차등([23], [24])
[23] [서울민사지방법원 1983.6.21 선고 83가합221]
[24] [서울고등법원 1985.2.15 선고 83나3100]

■ 여성전화교환원과 다른 직종의 5세 정년차등([25], [26])
[25] [서울지방노동위원회 1993.5.4 결정]
[26] [대법원 1996.8.23 선고 94누13589]

■ 희망퇴직자인 여성전화교환원의 정년차별무효확인([27], [28])
[27] [서울지방법원 1997.2.20 선고 95가합103071]
[28] [서울지방법원 1997.3.27 선고 96가합51559]

[29] 하위직 여성근로자의 정년단축
    [서울행정법원 2008.7.29 선고 2008구합8888]

■ 직무가 다른 남녀근로자의 정년차등([30], [31])
[30] [서울지방노동위원회 1992.10.30 결정]
[31] [중앙노동위원회 1993.3.19 결정]

2-7 구조조정 관련

(1) 부서의 폐지
[32] 브랜드폐지에 따른 여성디자이너들의 정리해고
    [서울지방노동위원회 1998.7.8 결정 98부해416, 98부해448]
[33] 부서통폐합에 따른 여직원의 부서변경과 사직권고
    [여성특별위원회 2000.3.31결정 99고용34]

■ 여성으로만 구성된 산업상담원들의 직권면직처분([34]~[40])
[34] [서울행정법원 2000.6.27 선고 2000구2623]
[35] [전주지방법원 2001.4.6 선고 2000구297]
[36] [서울고등법원 2001.4.4 선고 2000누8631]
[37] [부산지방법원 2001.4.12 선고 2000구1669]
[38] [부산고등법원 2001.7.13 선고 2001누69]
[39] [대법원 2002.11.18 선고 2001두3051]
[40] [부산고등법원 2003.2.14 선고 2001누1406]

■ 주로 여성인 경찰청 고용직 공무원의 직권면직([41]~[47])

[41] [서울행정법원 2005.9.22 선고 2005구합10002]

[42] [서울행정법원 2005.9.22 선고 2005구합20108]

[43] [창원지방법원 2005.10.13 선고 2005구합850]

[44] [춘천지방법원 2005.11.17 선고 2005구합768]

[45] [대구지방법원 2005.11.18 선고 2005구합1796]

[46] [광주지방법원 2005.12.1 선고 2005구합1176]

[47] [전주지방법원 2005.12.8 선고 2005구합78]

(2) 정리해고기준에 따른 여성해고

[48] 정리해고기준(배우자의 직업유무와 부양가족수)에 따른 기혼여성해고
    [서울고등법원 2008.9.3. 선고 2008누1261]

(3) 주로 여성이 담당하던 업무의 외주화

[49] 여성담당업무의 외주화
    [남녀차별개선위원회 2002.11.11 결정 02남녀차별4,5]

[50] 콜센터 여성근로자에 대한 경영상 해고
    [서울중앙지방법원 2011.3.29 선고2010가합86193]

2-8   재화 관련

[51] 근로자주택장기저축의 소득세 공제대상을 '부양가족이 있는 세대주'
    로 한 조치
    [여성특별위원회 2000.3.31 결정 00법집행3]

[52] 서민전세자금대출대상을 '무주택 세대주'로 한 조치
    [여성특별위원회 2000.7.14 결정 00법집행10]

[53] 마라톤대회의 남녀혼합시상
    [국가인권위원회 2005. 12.12 결정 05진차740]

[54] 조합원자녀의 장학금 신청심사에서의 남녀차등
    [국가인권위원회 2009.7.6 결정 09진차200]

2-9 용역 관련

- 시민단체의 여성회원에 대한 총회의결권 미부여([55], [56])

[55] [서울중앙지방법원 2005.2.23 선고 2005카합53]

[56] [서울중앙지방법원 2007.6.28 선고 2005가82852]

[57] 임신·출산한 여성에 대한 시험응시 편의의 미제공
  [국가인권위원회 2009.6.3 결정 08진차1393]

2-10 시설 관련

[58] 대학기숙사의 입소기준의 남녀차등
  [남녀차별개선위원회 2001.10.8 결정 01재시용3]

2-11 교육의 과정 관련

[59] 어머니 학부모에 대한 급식당번의 배정
  [국가인권위원회 2006.5.29 결정 05진차523]

3. 여성의 자격미달 등의 귀책사유

3-1 모집·채용에서 여성지원자의 탈락

[60] 전공과 학과가 불일치한 기간제 여교수의 재임용 탈락
  [여성특별위원회 2000.3.31 결정 99고용219]

[61] 교수채용에서의 여성지원자 탈락
  [남녀차별개선위원회 2003.6.16 결정 03남녀차별13]

[62] 전문연구원 채용에서의 여성지원자 탈락
　　[남녀차별개선위원회 2003.3.24 결정 02남녀차별44]
[63] 국립대 기능직공무원 채용에서의 여성지원자 탈락
　　[남녀차별개선위원회 2004.11.22 결정 04남녀차별54]
[64] 보건소장 채용에서의 여성지원자 탈락
　　[남녀차별개선위원회 2002.3.4 결정 01고용35]

3-2　임금의 남녀차등지급

[65] 여교사에 대한 낮은 성과급 등급 배정
　　[남녀차별개선위원회 2002.4.15 결정 01고용-123]

3-3　승진 관련

[66] 승진에서의 고졸여사원 제외
　　[국가인권위원회 2008.3.10 결정 07진차225]
[67] 근무평정이 낮은 여성의 승진탈락
　　[남녀차별개선위원회 2005.4.25 결정]
[68] 여행원의 승진지체
　　[여성특별위원회 2000.7.14 결정 00고용-23]

3-4　해고 관련

[69] 징계대상자인 여교사의 의원면직
　　[여성특별위원회 1999.12.21 결정 99고용-23]

3-5 재화 관련

[70] 민주화보상대상자 선정에서 품위손상으로 해임된 여교사의 탈락
　　　[남녀차별개선위원회 2004.4.6 결정 04남녀차별6]

3-6 용역 관련

[71] 시민단체의 여성회원에 대한 총회의결권 미부여
　　　[서울중앙지방법원 2004.2.20 선고 2004카합392]

3-7 문화 관련

[72] 무형문화재의 여성전수교육조교의 지정해제
　　　[국가인권위원회 2006.7.4 결정 05진차798]

4. 남녀의 격차와 차이

4-1 임금 관련

1) 남녀동일가치노동애 대한 동일임금 지급
[73] 여성청소원과 남성방호직 사이의 임금차등
　　　[서울지방법원 서부지원 1991.6.27 선고 90가단7848]
[74] 성별 임금책정과 직무분리에 따른 남녀임금차등
　　　[수원지방법원 2002.7.11 선고 2001노3321]

■ 남성정규직과 여성비정규직의 임금차등([75], [76])
[75] [서울남부지방법원 2008.7.2 선고 2007가단16179]
[76] [서울고등법원 2010.10.29 선고 2009나41184]

■ 성별 직종과 직무분리채용에 따른 남녀임금차등([77], [78])
[77] [울산지방법원 2009.2.19 선고 2007가단22834]
[78] [부산고등법원 2010.1.27 선고 2009나4947]

5. 차별의 증거불충분

5-1 성별 관련 전근

■ 여성부에 대한 여성차별시정신청을 이유로 한 보복적 전보([79], [80])
[79] [서울행정법원 2008.3.13 선고 2007구합31751]
[80] [서울고등법원 2008.12.2 선고 2008누9104]

5-2 퇴직과 해고 관련

■ 여성결혼퇴직각서의 이행 강요([81], [82])
[81] [서울고등법원 2000.8.30 선고 2000누2817]
[82] [대법원 2001.12.27 선고 2000두7797]

■ '부부사원 중 1인'의 명예퇴직 기준과 특별수당 부가에 따른 여성집단퇴
   직([83]~[86])
[83] [서울민사지방법원 2000.11.30 선고 99가합48608]
[84] [서울고등법원 2002.5.17 선고 2001나1661]
[85] [서울지방법원 2002.12.21 선고 2000가합232168]
[86] [대법원 2002.11.8 선고 2002다35379]

부록 4

남성차별 인정여부별 판례와 결정례 목록

---

1 남성차별을 인정한 판례와 결정례(12건)

1. 성별 역할분업관을 사유로 한 남성차별

1-1 모집 · 채용 관련

[1] 간호사의 모집 · 채용에서의 남성배제
  [국가인권위원회 2008.1.28 결정 07진차654]
[2] 비행기 승무원 채용방법의 남녀차등
  [국가인권위원회 2008.10.27 결정 07직차2]

1-2 사회보험 관련

[3] 유족보상연금수급자격의 부부차등
  [서울행정법원 2006.1.12 선고 2005아1596](위헌법률심판제청, 남성차별 인정)

2-2 사회서비스 관련

[10] 얼굴 흉터에 대한 상이등급의 남녀차등
　　　[국가인권위원회 2004.6.21 결정 04진차130]

3. 여성전용시설을 사유로 한 남성차별

[11] 남성에 대한 시립여성전용도서관의 이용 제한
　　　[국가인권위원회 2011.11.25 결정 11진정0316500]

4. 성범죄에 대한 여성보호를 사유로 한 남성차별

[12] 혼인빙자간음죄의 '음행의 상습 없는 부녀' 대상 관련
　　　[헌법재판소 2009.11.26 선고 2008헌바58]

2 남성차별을 불인정한 판례와 결정례(24건)

1. 합리적 남녀차등조치

1-1 모집 · 채용 관련

[1] 주 · 정차단속검사원 채용에서의 '18~29세 여성'의 응시자격

[국가인권위원회 2005.12.12 결정 05진차273]
[2] 공립중등학교 교사임용후보자선정 경쟁시험에 대한 양성평등채용목표
제의 적용제외
[헌법재판소 2006.5.25 선고 2005헌마362]

2. 차별증거 불충분

- 병원의 '원무행정 여 대졸이상'의 채용공고
[9] [청주지방법원 충주지원 2011.8.26 선고 2009고단681 등(병합)]
[10] [청주지방법원 2011.12.30 선고 2010노1035 – 1(분리)]
[11] [청주지방법원 2011.1.13 선고 2010노1035(분리)]

3. 적극적 차별시정조치

3-1 승진 관련

[12] 초 · 중등학교 교장·교감 승진에서의 여성우대정책
[국가인권위원회 2006.5.29 결정 06진차14]

3-2 사회서비스 관련

[13] 여성복지관의 여성전용프로그램
[국가인권위원회 2005.8.22 결정 05진차469]

3-3 재화의 남녀차등 제공

[14] 조달청 입찰에서 여성기업인에게 특별가산점을 부여한 조치
[국가인권위원회 2009.7.6 결정 08진차1379]

5-2 혼인빙자간음죄의 '음행의 상습 없는 부녀' 대상 관련

[20] [서울지방법원 1999.5.1 선고 99헌바40]
[21] [서울지방법원 2002.5.24 선고 2002헌바50]
[22] [헌법재판소 2002.10.31 선고 99헌바40,2002헌바50(병합)]
[23] [대법원 2008.6.12 선고 2008헌바58]
[24] [서울동부지방법원 2009.7.16 선고 2009헌바191]

I. 성차별 관련 판결문과 결정문

국가인권위원회(2004), 『2004년도 차별행위분야 결정례 제1집』.

국가인권위원회(2007), 『2005년~2006년 차별시정분야 결정례 제2집』.

국가인권위원회(2009), 『2007년~2008년 차별시정분야 결정례 제3집』.

국가인권위원회 홈페이지(http://www.humanrights.go.kr)

김엘림(1999), 『남녀고용평등법의 시행 10년의 성과와 과제의 부록: 여성고용차별분쟁사례』, 한국여성개발원.

김주수(1978), 『주석 판례가족법』, 삼영사.

대법원 홈페이지(http://www.scourt.go.kr)

대통령직속 여성특별위원회(2002), 『1999년도~2000년도 남녀차별결정례집』.

박선영 외(2012), 『여성·가족관련판례에 대한 성인지적 분석 및 입법과제(Ⅰ)-여성노동판례집』, 한국여성정책연구원.

여성부 남녀차별개선위원회(2002), 『2001년도 남녀차별결정례집』.

여성부 남녀차별개선위원회(2003), 『2002년도 남녀차별결정례집』.

여성부 남녀차별개선위원회(2004), 『2003년도 남녀차별결정례집』.

여성부 남녀차별개선위원회(2005), 『2004년도 남녀차별결정례집』.

여성차별정년무효소송후원회 편(1986), 『여성차별정년소송기록집-김영희사건 재판을 중심으로』, 일월서각.

윤후정·신인령(2001), 『법여성학-평등권과 여성』, 이화여자대학교출판부.

이화여자대학교 젠더법학연구소(2011), 『젠더법학판례: 가족』.

이화여자대학교 젠더법학연구소(2011), 『젠더법학판례: 노동』.

이화여자대학교 젠더법학연구소(2011), 『젠더법학판례: 형사』.

이화여자대학교 젠더법학연구소(2011), 『젠더법학판례: Gender Equality』.

정광현(1967), 『한국가족법연구』, 서울대학교출판부.

한국가정법률상담소(2009), 『가족법개정운동60년사』.

헌법재판소 홈페이지(http://www.ccourt.go.kr)

II. 성차별 관련 법 · 판례 · 결정례에 관한 종합연구자료

국가인권위원회(2005), 『진정직업자격 등 고용차별 판단기준에 관한 외국판례 조사』.

국가인권위원회 차별판단지침 테스크포스(2008), 『차별판단지침』.

김문현(1997), "남녀평등에 관한 미연방대법원 판례의 분석", 『헌법학연구』 제3집, 한국헌법학회.

김문현(2006), "평등에 관한 헌법재판소 판례의 다단계 위헌심사기준에 대한 평가", 『미국헌법연구』 제17권 제2호, 미국헌법학회.

김선욱 · 장면선(2003), "적극적 조치에 관한 유럽사법재판소 판례의 최근 동향", 『법학논집』 제8권 제1호, 이화여자대학교 법학연구소.

김엘림(2003), 『남녀차별금지 및 구제에 관한 법률 해설서』, 여성부.

김엘림(2006), "광복 60년, 여성입법운동의 전개와 성과", 『여성과 역사』 제4집, 한국여성사학회.

김엘림(2008), "헌정 60년의 법과 여성의 관계", 『젠더법학』 제1권 제1호, 한국젠더법학회.

김엘림(2009), 『남녀평등과 법』, 한국방송통신대학교출판부.

김엘림(2011), "성 · 사랑 · 사회와 법", 『성 · 사랑 · 사회』, 한국방송통신대학교출판부.

김엘림(2013), "젠더법학에 관한 고찰", 『젠더법학』 제4권 제2호, 한국젠더법학회.

김엘림 · 윤덕경 · 장영아(2001), 『20세기 여성인권법제사』, 한국여성개발원.

김엘림 · 최연희 · 장영아(1995), 『현행 남녀차별법령의 개정방향』, 한국여성개발원.

김영란(2011), "법정과 젠더-재판에서 젠더는 극복되었는가"(특별연구강연원고), 『젠더법학』 제3권 제1호, 한국젠더법학회.

김태선 · 오정진 · 조은희 · 차선자(2011), 『법여성학』, 세창출판사.

나달숙(2005), "미국헌법상 평등보호를 위한 사법심사", 『법학연구』 제20집, 한국법학회.

민주사회를 위한 변호사모임 여성복지위원회(2006), 『사법정의와 여성』.

박선영(2012), "한국의 차별시정·구제제도의 현황 및 과제", 『젠더법학』 제4권 제1호, 한국젠더법학회.

박승호(2006), "여성에게 유리한 성차별에 관한 미연방대법원 판례", 『미국헌법연구』 제17권 제2호, 미국헌법학회.

석인선(2008), "젠더구분에 근거한 차별의 합헌성 심사-미연방대법원 판례분석을 중심으로", 『공법연구』 제36집 제4호, 한국공법학회.

신옥주(2012), "실질적 양성평등의 실현을 위한 국가인권위원회의 역할", 『국가인권위원회의 성과, 그리고 도전과 전망』(위원회 설립 10주년 기념 공동 심포지엄 자료집), 국가인권위원회·한국헌법학회.

안경환(1997), "평등권-미국헌법을 중심으로-", 『기본권의 개념과 범위에 관한 연구』, 헌법재판소.

양현아(2002), "서구의 여성주의 법학-평등과 차이의 논쟁사-", 『법사학연구』, 한국법사회학회.

양현아(2005), "실증주의 방법론과 여성주의 법학", 『서울대학교법학』 제46권 제2호, 서울대학교 법과대학.

오정진(2007), "한국 최고재판소 판결에 대한 여성주의적 분석-여성 당사자 사건을 중심으로-", 『법철학연구』 제10권 제1호, 한국법철학회.

윤후정·신인령(2001), 『법여성학-평등권과 여성』 제3개정판, 이화여자대학교 출판부.

이원희(2002), "남녀차별 금지 및 구제제도의 현황과 발전방향", 『남녀차별금지법 시행 3주년 기념세미나 자료집』, 여성부.

이유정(2010), "국가인권위원회의 차별판단기준검토: 성차별사건을 중심으로", 『이화젠더법학』 제1권 제2호, 이화여자대학교 젠더법학연구소.

이유정(2011), "성차별사건과 국가인권위원회의 역할", 『인권위 10년, 무엇을 남겼나』(국가인권위원회 설립 10주년 대토론회 자료집), 서강대학교 법학연구소.

이준일(2012), 『차별없는 세상과 법』, 홍문사.

이지현(2006), "여성주의 관점에서 본 헌법상의 양성평등", 『중앙법학』 제8집 제1호, 중앙법학회.

한상운·이창훈(2008), "성별에 따른 평등권의 문제-헌법재판소 판례를 중심으로", 『헌법학연구』 제14권 제1호, 한국헌법학회.

Cynthia Grant Bowman et.al(2011), *Feminist Jurisprudence-Taking Women Seriously: Cases and Materials(Fourth Edition)*, West Group.

淺倉むつ子·角田由紀子(2007), 『比較判例ジェンダーと法』, 不磨書房.

Ⅲ. 가족 분야 성차별 관련 판례·결정례 연구자료

1. 가족 분야 성차별 관련 판례·결정례의 종합연구자료

김엘림(1991), 『개정가족법과 가족법개정운동에 관한 연구』, 한국여성개발원.

김주수(1993), 『한국가족법과 과제』, 삼영사.

박종택(2012), "젠더관련 가족분야 법과 판례의 최근 변화와 쟁점, 그리고 가정법원의 변화", 『젠더법학』 제4권 제1호, 한국젠더법학회.

양현아(2011), 『한국가족법 읽기』, 창작과비평사.

윤진수(2004), "헌법이 가족법의 변화에 미친 영향", 『서울대학교법학』 제45권 제1호, 서울대학교 법학연구소.

윤진수(2006), "전통적 가족제도와 헌법: 최근의 헌법재판소 판례를 중심으로", 『서울대학교 법학』 제47권 제2호, 서울대학교 법학연구소.

한국가정법률상담소(2009), 『가족법개정운동60년사』.

2. 법률행위능력의 부부차등 관련

양창수(1999), "우리나라 최초의 헌법재판논의-처의 행위능력 제한에 관한 1947년 대법원판결에 대하여-", 『서울대학교법학』 제40권 제2호, 서울대학교 법학연구소.

3. 동성동본금혼제 관련

김지수(2001), "연구논단: 동성동본불혼례법의 역사철학적 배경과 현대적 해석-헌법재판소의 결정 논거에 대한 비평을 중심으로-", 『사법행정』 제42권 제

6호, 한국사법행정학회.

이화숙(1997), "판례비평: 동성동본 불혼제에 대한 헌법불합치 결정을 환영하며", 『법과 사회』 제15권, 법과사회이론학회.

임지봉(2000), "동성동본금혼규정에 관한 한국헌법재판소 결정과 행복추구조항", 『공법연구』 제29권 제1호, 한국공법학회.

전광석(1998), "동성동본금혼제도의 헌법문제: 헌법재판소의 결정을 중심으로", 『법학논총』 제5권, 목원대학교 사회과학연구소 법학연구부.

정극원(2008), "혼인의 자유에 관한 헌법재판소의 판례의 동향", 『세계헌법연구』 제14권 제1호, 국제헌법학회.

정환담(2004), "동성동본금혼의 법리: 1997.7.16 민제809조 제1항에 대한 헌법재판소의 불합치결정과 그 후속입법에 대한 비판론적 판례평석", 『법학논총』 제24집, 전남대학교 법률행정연구소.

4. 호주제 관련

김상용·이제수(2005), "호주제의 사적 전개와 폐지 그리고 가족관의 변화", 『여성학연구』 제14권, 부산대학교 여성학연구소.

양현아(2010), "호주제도 헌법불합치결정에 나타난 성차별 판단의 논증-'전통'과 식민지성의 관련성 속에서-", 『경제와 사회』 제88호, 비판사회학회.

윤진숙(2005), "헌법재판소의 호주제헌법불합치결정에 대한 법여성학적 분석", 『연세법학연구』 제12권 제1호, 연세법학회.

이희배(2004), "호주제의 헌법불합치결정과 가족부제의 제안-헌법재판소, 2005.2.3(2001헌가9,10 등)결정과 관련하여-", 『인천법학논집』 제7집, 인천대학교 법학연구소.

조숙현(2006), "호주제에 대한 헌법불합치결정과 새로운 신분등록제체계에 관한 검토", 『사법정의와 여성』, 민주사회를 위한 변호사모임 여성복지위원회.

조은희(2005), "호주제의 헌법불합치결정과 개인별신분등록제도", 『민주사회와 정책연구』 통권 8호, 민주사회정책연구원.

5. 자녀의 부성(父姓)계승주의 관련

김범철(2005), "자의 성에 대한 규정의 비교법적 접근: 독일민법규정의 변천을 중심으로”, 『가족법연구』 제19권 제2호, 한국가족법학회.

김병두(2006), “자의 성(姓) 취득과 그 변경-개정민법 제781조와 관련하여-”, 『법학연구』 제14권 제2호, 경상대학교 법학연구소.

김영규(2007), “우리 민법상의 부성주의”, 『법학연구』 제25집, 한국법학회.

오승이(2010), “판례를 통해 본 ‘자의 성과 본 변경허가’ 판단기준”, 『젠더법학』 제2권 제2호, 한국젠더법학회.

6. 종중(宗中) 관련

강인철(2010), “종중재산을 둘러싼 법적 분쟁에 관한 연구”, 『저스티스』 통권 제119호, 한국법학원.

김인숙(2006), “종중과 관련된 판례”, 『사법정의와 여성』, 민주사회를 위한 변호사모임 여성복지위원회.

문무일(2003), “종중 관련 판례 연구”, 『검찰』 통권 제114호, 대검찰청.

문영화(2005), “종원의 자격을 성년남자로 제한하는 종래 관습법의 효력”, 『21세기 사법의 전개』, 박영사.

박선영(2008), “관습법에 관한 사법부 해석의 범위와 한계-여성의 종중원자격을 중심으로-”, 『공법학연구』 제8권 제4호, 한국비교공법학회.

이덕승(2010), “여성의 종중구성원 자격”, 『재산법연구』 제26권 제3호, 한국재산법학회.

이승우(2004), “종중재산분배문제와 헌법상의 문제점”, 『인권과 정의』 통권 제334호, 대한변호사협회.

이우석(2008), “종중재산의 귀속과 분배에 관한 연구”, 『재산법연구』 제25권 제1호 6월, 한국재산법학회.

이유정(2010), “사법관계(私法關係)에서 평등권의 적용에 관한 연구”, 『법학논집』 제14권 제3호, 이화여자대학교 법학연구소.

이창현(2010), “종중의 자율권과 그 한계”, 『가족법연구』 제24권 제1호, 한국가족법학회.

이화숙(2001), “종중의 여성문제”, 『사회과학연구』 제8집, 경원대학교 사회과학연구소.

차선자(2007), “종중에 대한 고찰: 단체법과 여성주의적 시각에서”, 『인권과 정의』통권 제371호, 대한변호사협회.

Ⅳ. 고용 분야 성차별 관련 판례 · 결정례 연구자료

1. 고용 분야 성차별 관련 판례 · 결정례의 종합연구자료

구미영(2012), "고용상 성차별 관련 판결례의 분석", 『제2차 여성노동 판례포럼 자료집』, 한국여성정책연구원 인권 · 안전센터.

구미영(2013), "한국의 임금차별 관련 판례의 동향", 『한 · 일 임금차별사건 판례의 동향과 평가』(한일 여성노동포럼 자료집), 한국여성정책연구원.

구미영(2009), "고용상 성차별의 개념과 판단", 서울대 대학원 박사학위 논문.

김엘림(1999), 『남녀고용평등법의 시행 10년의 성과와 과제』, 한국여성개발원.

김엘림(2002). "고용상의 성차별의 개념과 판단기준", 『노동법학』 제15호, 한국노동법학회.

김엘림(2010), "고용차별분쟁처리제도의 문제와 정비과제", 『법제연구』 제39호, 한국법제연구원.

김엘림 · 박현미(1993), 『성차별 고용분쟁의 처리제도에 관한 연구』, 한국여성개발원.

문강분(2011), "2010년 여성노동판례리뷰", 『젠더법학』 제3권 제2호, 한국젠더법학회.

문강분(2011), "여성노동분쟁해결을 위한 대안모색: 여성노동분쟁의 자율해결촉진방안", 『이화젠더법학』 제2권 제1호, 이화여자대학교 젠더법학연구소.

박귀천(2011), "독일의 성차별금지 법리와 현황", 『이화젠더법학』 제3권 제2호, 이화여자대학교 젠더법학연구소.

박귀천(2012), "젠더 관련 노동 · 사회보장분야 법과 판례의 최근 변화와 쟁점", 『젠더법학』 제4권 제1호, 한국젠더법학회.

박선영 외(2012), 『여성 · 가족관련판례에 대한 성인지적 분석 및 입법과제(Ⅰ)-여성노동분야』, 한국여성정책연구원.

양승엽(2012), "고용상 성차별 관련 국가인권위 결정례의 분석", 『제2차 여성노동 판례포럼 자료집』, 한국여성정책연구원 인권 · 안전센터.

오정진(2003), 『여성노동현안에 관한 국내외 판례의 동향과 과제』, 한국여성개
　　　발원.

이승욱·김엘림(2005), 『여성고용에서의 차별판단기준마련』, 노동부.

이유정(2009), "고용차별관련 판례의 문제점과 개선방안", 『법학연구』제10집
　　　제3호, 인하대학교 법학연구소.

이유정(2010), "고용상 성차별 사례분석", 『여성노동법제의 과거, 현재 그리고
　　　미래』(창립 10주년 기념토론회 자료집), (사)여성노동법률지원센터.

장민선(2011), "미국의 고용상 성차별금지법제의 현황 및 시사점", 『이화젠더법
　　　학』제3권 제2호, 이화여자대학교 젠더법학연구소.

정형옥(2007), "성차별적 고용현실과 법의 정치: KTX 여승무원 사건을 중심으
　　　로", 『젠더법학 세미나자료집』, 한국젠더법학회.

정형옥(2009), 『여성노동권과 법의 정치』, 푸른사상.

조순경 엮음(2000), 『노동과 페미니즘』, 이화여자대학교출판부.

大脇雅自·中野麻美·林陽子(1996), 『働く女たちの裁判』, 學陽書房.

2. 모집·채용 관련

김엘림(1994), "여성의 인권침해고발사건: 고용상의 여성용모제한문제", 『민주
　　　법학』제8호, 민주주의법학연구회.

모집, 채용고발사건대책 교수모임(1994), 『용모제한, 어떻게 볼 것인가?-모집,
　　　채용차별 고발사건을 계기로』(남녀고용평등을 위한 교수의견발표회 자
　　　료집).

임인숙(2003), "여성의 취업과 용모차별", 『한국여성학』제19권 제1호, 한국여성
　　　학회.

조순경(2007), "여성직종의 외주화와 간접차별: KTX 여승무원 간접고용을 통해
　　　본 철도공사의 체계적 성차별", 『한국여성학』제23권 제2호, 한국여성학회.

3. 임금 관련

구미영(2011), "콜텍 임금차별 소송판결의 의의", 『이화젠더법학』제3권 제2호,
　　　이화여자대학교 젠더법학연구소.

김선수(2004), "남녀고용평등법상 동일가치노동 판단기준", 『노동판례비평』, 민

주사회를 위한 변호사 모임.

김엘림(2003), "남녀동일가치노동의 동일임금원칙의 적용 대상판결: 대법원 2003.3.14 선고 2002도3883 남녀고용평등법위반", 『노동법률』 통권 144호 (2003.5), (주)중앙경제.

김엘림(2003), "동일가치노동·동일임금원칙에 관한 쟁점", 『노동법학』 제17호, 한국노동법학회.

김진(2006), "남·여의 동일가치노동을 인정하고 동일노동지급을 명한 사례", 『사법정의와 여성』, 민주사회를 위한 변호사모임 여성복지위원회.

김진 외(2009), 『임금차별 판단기준』, 국가인권위원회.

박은정(2005), "동일노동 동일임금의 판단에 관한 소고(小考)", 『노동정책연구』 제15권 제1호, 한국노동연구원.

박주영(2012), "임금결정기준이 불투명한 사업장에서 차별적 임금의 차액 산정기준", 『젠더법학』 제4권 제1호, 한국젠더법학회.

송강직(2009), "동일가치노동 동일임금원칙과 한국적 과제", 『강원법학』 제28권, 강원대학교 법학연구소.

이달휴(2003), "남녀근로자에 있어서 동일가치노동의 판단기준: 대상판결: 대법원 2002.3.14 선고 2002도3883", 『노동법률』 통권 145호, (주)중앙경제.

이승욱(2005), "남녀고용평등법상 동일가치의 판단기준", 『조정과 심판』 제21호, 중앙노동위원회.

이승욱·김엘림(2005), 『여성고용에서의 차별판단기준마련』, 노동부.

전윤구(2009), "남녀 동일가치노동 동일임금원칙의 해석과 적용: 노동의 동일가치 증명을 중심으로", 『법학논집』 제31권 제2호, 청주대학교 법학연구소.

정형옥(2010), "성별에 근거한 임금차별 판단기준과 쟁점", 『한국여성학』 제26권 제1호, 한국여성학회.

조상균(2003), "동일가치노동에 대한 여성임금차별의 위헌성", 『민주법학』 제24호, 민주주의 법학연구회.

황정근(2004), "동일가치노동 동일임금의 원칙", 『대법원판례해설』 제45호, 법원도서관.

村和雄(2001), "同一價値勞働同一賃金原則の確立に向けて一歩前進", 『勞働法律旬報』 第1517卷.

4. 승진 관련

구미영(2010), "과거에 누적된 차별과 직급별 정년제도(대법원 2006.7.28 2006두 3476판결)", 『이화젠더법학』 제1권 제1호, 이화여자대학교 젠더법학연구소.

김인재(2006), "직급별 차등정년제와 간접차별", 『노동법률』 통권 186호, (주)중앙경제.

손향미(2003), "채용배치 및 승진에 있어서의 성차별에 따른 정년차별 사례: 한국전기공사협회 사례를 중심으로", 『계간 노무사』 통권 2호, 여름호, 한국공인노무사회.

5. 정년 관련

금동신(1993), "동일부서 내 남녀정년차등제 유효성-대법원 1993.4.9 판결, 92누 15765, 우림산업 사건-", 『월간 경영계』 제188호, 한국경영자총협회.

김엘림(1996), "교환직렬 정년차등의 남녀고용평등 위반여부", 『노동법률』 10월호, (주)중앙경제.

신용자 · 서경숙 · 김엘림 외(1988), 『여성근로자의 정년에 관한 연구』, 한국여성개발원.

신인령(1985), "여성차별정년문제 연구-교환원 43세 정년무효확인소송 사건 사례-", 『여성 · 노동 · 법』, 풀빛.

오문완(1997), "전화교환직렬 직원만의 정년을 차등규정한 규정의 효력", 『노동판례비평』, 민주사회를 위한 변호사모임.

여성차별정년 무효소송 후원회 편(1986), 『여성차별정년소송기록집-김영희 사건 재판을 중심으로』, 일월서각.

정금나(2000), "고용 차별 개념의 새로운 이해를 위하여", 조순경 엮음, 『노동과 페미니즘』, 이화여자대학교출판부.

조영래 변호사를 추모하는 모임 엮음(1992), "제3부 여성조기정년제 사건", 『조영래 변호사 변론선집-그 인권변론의 발자취』, 까치.

최윤희(2006), "현행 남녀고용평등법상에서의 정년차별 문제-간접차별을 중심으로", 『인권과 정의』 2월호, 대한변호사협회.

6. 퇴직과 해고 관련

김엘림(2000), "결혼퇴직의 부당해고 여부: 대상판결: 서울고등법원 2000.8.30 선고 2000누2817 판결", 『노동법률』 통권 114호. 11월호, (주)중앙경제.

김엘림(2002), "부부사원 중 여성의 절대다수가 명예퇴직한 사건의 위법성 여부", 『노동법률』 통권 134호, 7월호, (주)중앙경제.

김진(2006), "사내부부 중 아내직원에 대한 사직권고와 그 효력", 『사법정의와 여성』, 민주사회를 위한 변호사모임 여성복지위원회.

윤자야(2002), "사례로 읽는 여성노동법: 결혼퇴직-D제분사건", 『노동법률』 통권 133호, 6월호, (주)중앙경제.

정형옥(2007), "성차별적 노동현실과 법의 실효성-해고소송사건을 중심으로", 『한국여성학』 제23권, 한국여성학회.

조성혜(2002), "부부사원에 대한 퇴직의 종용: 알리안츠제일생명 사건과 농업협동조합중앙회 사건의 비교", 『노동교육』 통권 제36호, 한국노동교육원.

조순경(2001), "합법을 가장한 위법의 논리: 농협의 사내부부 우선해고와 '의도적 차별'", 『노동과 페미니즘』, 이화여자대학교출판부.

V. 사회보장 분야 성차별 관련 판례 · 결정례 연구자료

1. 사회보장 분야 성차별 관련 판례 · 결정례의 종합연구자료

박승두(2010), "고용보험법상 양성평등의 실현을 위한 과제", 『남녀고용평등과 사회보장법상 여성의 지위향상』(심포지엄 자료집), 한국노동조합총연맹 · 한국사회법학회.

조성혜(2010), "국민연금법상 양성평등의 실현과제", 『남녀고용평등과 사회보장법상 여성의 지위향상』(심포지엄 자료집), 한국노동조합총연맹 · 한국사회법학회.

2. 유족급여에서의 배우자의 차등대우 관련

강선희(2010), "산재보험법상 유족보상연금의 남녀차별적 지급기준", 『노동정책연구』 제10권 제4호, 한국노동연구원.

박종희·강선희·이승현·차동욱(2010), 『산재보험 유족급여 지급기준의 개선방안』, 고용노동부.

이상광(2001), "사회법에 있어서의 배우자 유족급여의 문제점", 『아세아여성법학』, 아세아여성법학회.

차성안(2010), "유족연금 수급자격상 남녀차별", 『사회보장판례연구』, 법문사.

Ⅵ. 군사 분야 성차별 관련 판례·결정례 연구자료

1. 제대군인의 취업시험가산제 관련

권인숙(2007), "군가산점제와 사회복무제의 여성참여", 『젠더리뷰』 제7호, 한국여성정책연구원.

김선화·김미숙(2011), "군가산점제도 재도입문제", 『이슈와 논점』, 국회입법 조사처.

김엘림(2000), "판례평석: 제대군인가산점제도와 고용차별-헌법재판소 1999.12.23 선고 98헌마363 결정-", 『노동법연구』 제9권, 서울대학교 노동법연구회.

김하열(2009), "군가산점제도에 대한 헌법적 평가", 『젠더법학』 제1권 제1호, 한국젠더법학회.

박귀천(2011), "공무원시험에서의 제대군인가산점제도를 둘러싼 논의에 관한 검토: 독일, 싱가포르에서의 의무복무자 지원제도와 관련하여", 『이화젠더법학』 제2권 제1호, 이화여자대학교 젠더법학연구소.

송강직(2006), "가산점제도와 고용차별-헌법재판소 결정 2006.2.3 2004헌마675를 소재로-", 『법학논고』 제25집, 경북대학교 법학연구소.

이상명(2010), "평등심사의 기준-가산점제도를 중심으로-", 『사회과학연구』 제16권, 순천향대학교 사회과학연구소.

이준일(2001), "법적 평등과 사실적 평등-'제대군인 가산점제도'에 관한 헌법 재판소의 결정을 중심으로-", 『안암법학』 제12권, 안암법학회.

정진성(2001), "군가산점제에 대한 여성주의 관점에서의 제고", 『한국여성학』제17권 제1호, 한국여성학회.

조주현(2003), "군가산점제 논쟁과 젠더정치 가능성 접근법의 관점에서", 『한국여성학』제19권 제1호, 한국여성학회.

한국여성정책연구원(2007), 『군가산점제 부활안의 쟁점과 대안』(토론회자료집), 한국여성정책연구원.

2. 남성의 병역의무 관련

권인숙(2008), "징병제의 여성참여: 이스라엘과 스웨덴의 사례 연구를 중심으로", 『여성연구』제74권 제1호, 한국여성정책연구원.

김창수(2000), "현행 징병제의 문제점과 대안", 『여성과 사회』제11호, (사)한국여성연구소.

양현아(2008), "병역법 제3조 제1항 등에 관한 헌법소원을 통해 본 '남성만의' 병역의무제도", 『여성연구』, 한국여성정책연구원.

윤진숙(2007), "여성의 병역의무에 대한 법이론적 고찰", 『공법연구』제8권 제4호, 한국비교공법학회.

정혜영(2007), "여성의 병역의무-제대군인가산점 부활 논의에 대한 비판적 고찰", 『토지공법연구』제37집 제2호, 한국토지공법학회.

Ⅶ. 형사 분야 성차별 관련 판례 · 결정례 연구자료

1. 형사 분야 성차별 관련 법 · 판례의 종합연구자료

김명식(2003), "성적 자기결정권의 헌법적 근거에 대한 재고찰", 『성균관법학』, 성균관대학교 비교법연구소.

김엘림(2007), "성적 행동에 대한 법의 규제에 관한 연구", 『논문집』제43집, 한국방송통신대학교.

김엘림 · 윤덕경 · 박현미(1999), 『성폭력 · 가정폭력 관련법의 시행실태와 과제』, 한국여성개발원.

김엘림 · 윤덕경 · 박현미(1999), 『성폭력특별법 제정 이후 성폭력범죄에 관한 판례연구』, 대통령직속 여성특별위원회.

박강우(2006), "서구의 여성주의 법운동 및 강간죄 개혁의 성과와 성적 자기결정
　　권의 함의",『형사법연구』제26호, 한국형사법학회.

박선영 외(2007),『성폭력·가정폭력·성매매관련 법제 정비방안』, 한국여성정책
　　연구원.

법무부(2005),『여성과 법: 한국과 미국의 법·이론·판례』.

이영란(2002), "형법에서의 여성의 인권",『아시아여성연구』제41호, 숙명여자대
　　학교 연구소.

이용식(2009), "판례를 통해서 본 성(性)에 대한 법인식의 변화: 혼인빙자간음
　　죄·강간죄·간통죄를 중심으로",『형사법연구』제21권 제1호, 한국형사법
　　학회.

조국(2003),『형사법의 성편향』, 박영사.

한국성폭력상담소(2007),『성폭력, 법정에 서다-여성의 시각에서 본 법담론』, 푸
　　른사상.

2. 강간죄의 객체 관련

김엘림(2007), "성적 행동에 대한 법의 규제에 관한 연구",『논문집』제43집, 한
　　국방송통신대학교.

김엘림·윤덕경·박현미(1999),『성폭력·가정폭력 관련법의 시행실태와 과제』,
　　한국여성개발원.

박혜진(2010), "법여성주의에서 바라본 성에 대한 법인식의 문제-강간죄의 객체
　　를 중심으로-",『형사정책』제22권 제1호, 한국형사정책학회.

이유정(2004), "법여성학적 관점에서 본 성폭력특별법 10년",『반성폭력운동의
　　성과와 과제』, 한국성폭력상담소.

이인숙(2007), "진화생물학 고찰을 통한 강간죄 검토",『형사법연구』제19권 제3
　　호, 한국형사법학회.

이호중(2005), "성폭력처벌규정에 대한 비판적 성찰 및 재구성",『형사정책연구』
　　제17권, 한국형사정책학회.

정혜욱(2007), "강간죄의 행위객체에 관한 연구",『법정논총』제42권, 중앙행정
　　대 학교 법과대학.

3. 혼인빙자간음죄 관련

김엘림(2009), "혼인빙자간음죄 위헌결정의 의미", 『학보』 1565호, 2009.12.7, 한국방송통신대학교.

손병현(2010), "혼인빙자간음죄 위헌결정에 대한 소고", 『논문집』 제13집, 한라대학교.

이동훈(2003), "성적 자기결정권에 대한 헌법소원: 헌재결 2002.10.31 99헌바 2002헌바50(병합)-형법 제304조 위헌소원과 관련하여-", 『비교법학연구』 제2권, 한국비교법학회.

이호중(2011), "성형법 담론에서 섹슈얼리티(Sexuality)의 논의지평과 한계- 혼인빙자간음죄와 간통죄 폐지 논의를 중심으로-", 『혼인, 섹슈얼리티 (Sexuality)와 법』, 서울대학교 법학연구소 공익인권법센터 · 한국젠더법학회 기획, 양현아 · 김용화 편, 경인문화사.

조국(2009), "혼인빙자간음죄 위헌론 소고", 『형사법연구』 제21권 제3호, 한국형사법학회.